史思之間

近代中國的思想文化轉型論集

郭國燦 著

中華書局

目　錄

序

張磊

　　有幸先睹了國燦同志的新書的稿本，十分高興。即將付梓的這部結集，收錄了作者多年來的研究成果，主要內容包括：嚴復思想與近代中國文化轉型；尚力思潮與近代感性重建；歷史哲學特別是歷史認識論的重新思考；中國近代史的重大事件與人物思想論述；近代中國思想文化史研究札記。全書內容豐富，許多論述閃爍着發人深省的思想火花，對嚴復思想的定位與剖析更具開拓性，堪稱為一部優秀的力作。爰是不揣譾陋，為之紹介。

　　嚴復思想研究在文集中居於突出地位，因為這是中國近代思想文化史的重大課題。嚴復的思想與實踐在社會文化和政治領域中留下了深刻的印記，兼具學術價值與社會意義，是以國內外學者頗為關注，從周振甫、王栻教授到美國學者史華茲的著述即為實績。近年來，更有不少有關成果陸續問世。國燦同志的一組饒有新意的論文，則把嚴復思想研究深化和拓展到新階段。作者從近代中國文化轉型 —— 人文精神重建的角度重新解讀嚴復，對他的「鼓民力，開民智，新民德」的觀念加以再估，確認這位真正學貫中西的思想家的哲理和見解具有里程碑的意義，不愧為包涵近代理性精神、倫理精神和感性精神的近代人文精神重建的發軔標誌。然後，漸次深入考察了嚴復的話語系統與「五四」新文化運動、白話運動的內在聯繫，揭示了「鼓民力、開民智、新民德」與辛亥國魂及稍後的國民性問題的相互關係，指出了「群學」思想對推進傳統國學向近代社會科學轉型的作用。作者着力破除把嚴復與康有為、梁啟超、譚嗣同籠統劃歸戊戌時期維新派的陳見，對嚴復與康有為的思想作了過細辨析比較，從「進化」史觀着手揭示了他們之間在進化的動力、目標

諸方面的根本差異，判明嚴復是理性的「劃界」自由主義的代表，而康有為則是浪漫的現代烏托邦的鼻祖。正是這兩種思想的相互消長，對20世紀的中國產生了深遠影響。此外，作者還對嚴復與英國文化的關係作了獨到的闡述。可以毫不誇張地斷言：作者從獨具的視角考察了嚴復的學說，體現了頗為特出的思辯力度和相當深厚的理論、業務根底，代表了嚴復研究的最新進展。

　　本書的又一個鮮明和優長的特色，顯然是對近代中國尚力思潮的發掘以及所作的全新闡釋。在以往的中國近代思想文化史的研究中，尚未有專家學者涉獵過這股思潮。作者通過掌握大量第一手素材，展示出不可忽略的具有重要意義的尚力思潮，更從感性重建的角度予以論述，認為它構成了人文精神重建的三大主題之一。作者的有關成果引起了學術界的廣泛注意，因為中國近代思想文化史的研究領域由此得以拓展。

　　從歷史認識論的角度重新闡釋歷史哲學的基本問題，無疑是本書的重要內容。對於歷史科學說來，科學的理論、方法論至關重要。作者提出了一系列創見，認為傳統歷史哲學關注的主要是歷史本體，追尋其真實的面目和發展的規律，遂成為史學家職業良知所在；但實際上歷史已成過去並且不可再現，史學家面對的必然是二重客體，即歷史本來面目（本體）和史料。作者指出史料具有局限性，且滲透着記述者的主體性，所以與歷史本體永遠不能完全重合，只能無限地趨近。歷史認識對象的二重性，打破了史學家「揭開歷史本來面目」的「理性的僭妄」。歷史規律不過是「人為歷史立法」的主客體雙重建構，不應視之為不以史學家意志為轉移的純客體──本體的屬性。作者的這種見解具有某種挑戰性，曾在史學理論界引起了討論。這是可喜的現象，頗有助於促進史學理論、方法論的發展。應當指出，作者的上述觀點決非不可知論，恰恰相反，他正是強調了歷史認識論，並力求使歷史認識論更為科學，越發切近實際。因為作者決非否定史料的意義，也重申了正確的歷史研究定會獲致不斷接近本體的近似值，還承認了歷史規律的存在和被認識的可能性（只是否認它的純客體屬性）。可見，作者的見解符合辯證唯物主

義。事實上，歷史是人們活動的結果，而人的活動總是以他們的思想、感情和意願為指導，至於語言則是意識的載體。但是，「古史記言，大半出於想當然」——錢鍾書教授在《管錐編》第一冊中作出了這一論斷。他先以《左傳》記載介之推與母親的談話等為例，指出「上古既無錄音之具，又乏速記之方，駟不及舌，而何其口角親切，如聆謦欬歟？或為密勿之談，或乃心口相語，屬垣燭隱，何所依據……皆生無旁證，死無對證者。」關於《史記・項羽本紀》中「鴻門宴」的描述，他認為「其論文筆之繪聲傳神，是也；苟衡量史筆之足證可信，則尚未探本」。要之，應當強化歷史哲學的導向，更為實事求是地評估史學家的認識能力和史料的認識意義，以便使歷史研究不斷地接近本體的真實和揭示客觀的規律。

綜觀全書，雖然涉獵了有關史學的許多方面和課題，但給人以形散神不散的感受，因為文集的重心在於中國近代思想文化史與歷史哲學兩個領域。加以全書主線非常明確，即從思想文化轉型或人文精神重建的角度重新審視處於劇變時期的思想文化進程，並以嚴復思想研究為切入點，與當世的幾個重要人物的思想進行比較，從而，對中國近代思想文化轉型的主題作出開拓性研究。

掩卷沉思，不禁為青年學者的茁壯成長而感奮。當然，國燦同志的成就不是偶然的。他對社會科學事業十分熱愛，長期從事史學研究，鍥而不捨，孜孜以求，確實難能可貴，令我欽佩。但是，國燦同志和我都確認在科學領域中的攀登永無止境。即以嚴復研究為例，他那「闊視遠想」的氣度和視野，「苞中外而計其全」的博學與深思，顯然有待持續的探究。內涵十分豐富的中國近代思想文化史研究更需要深化和拓展，自不待言。我切盼着作者能夠早日完成關於「嚴復與近代文化轉型」的專著，並在中國近代思想文化史，尤其是學術史領域中辛勤耕耘，多結碩果，奉獻於偉大的時代！

1998 年 5 月於香港

（張磊係原廣東省社會科學院院長，研究員，中國史學會副會長）

嚴復與近代文化轉型

　　在中國文化從傳統走向現代的轉型過程中，嚴復的文化闡釋成為一個「界標」。作為中國近代第一個能嫻熟運用兩種語言（古漢語和英語）、且受過嚴格科學訓練的中西兼通的思想家，嚴復在文化闡釋方面作出了重要貢獻。

一、嚴氏話語系統與近代文化載體轉型

　　按照現代解釋學理論，語言文字不僅是一種表意符號，而且「是儲存傳統的水庫」❶，是文化的載體，它保存着人與傳統、人與歷史的聯繫。因此，語言文字形式的變化，無不折射着文化的變遷和轉型。

　　嚴復的成就和影響，很大程度上是由他的翻譯所奠定的，據統計，嚴復譯著共計 11 部，達 170 萬字 ❷，當時就被公認為「清季輸入歐化之第一人」❸。但是，僅僅把嚴復視為一流翻譯家，顯然低估了他在思想文化史上的地位，嚴復的成功，不僅是徹底打破了長期以來由西人口譯、華人筆錄的兩人翻譯模式，而且創造了一套獨特的嚴氏話語系統來對西學進行新的文化釋讀，推動中國文化載體的轉型。

　　所謂嚴氏話語系統，是指嚴復在譯介西學著作時通過創造性闡釋而

---

❶ 伽達默爾：《人與語言》，轉引自殷鼎《理解的命運》，三聯書店，1988 年，第 176 頁。
❷ 商務印書館編輯部編：《論嚴復與嚴譯名著》，商務印書館，1982 年，第 17 頁。
❸ 梁啟超語。見《嚴譯名著叢刊·嚴群序》，商務印書館，1981 年。

形成的一整套獨特的表達方式和語句系統。它包括：（1）意譯＋按語的翻譯方式。嚴復自己說《天演論》主要採取「取便發揮」的「達旨」❶方式，魯迅也說嚴復「做」了一部《天演論》。據統計，嚴復譯作中的按語達 17 萬字，佔了其譯著的 1/10。嚴復這一獨特的「做」的方式，實際上為超越文本進行文化闡釋留下了空間；（2）「先秦文體」。嚴復曾經自己談過這套話語的特點是「用漢以前字法、句法」❷，桐城名師吳汝綸稱之為「與晚周諸子相上下」❸，梁啟超更明確地說它是「摹仿先秦文體」❹；（3）中西兩種文化的融合導致現代話語的產生。這套用古老文體包裝出來的話語系統，卻成了近代文化載體轉型之先聲。

第一，嚴復話語系統的出現，實際上是為了讓西學獲得與中學對等的文化闡釋的正統地位，同時也使西學傳道者獲得與科舉士子同等的文化闡釋權。長期以來，國學壟斷了文化闡釋的正統地位，成為「治身心」的「內學」，科舉士子則壟斷了文化闡釋權，而西學充其量只能成為「應世事」的「外學」，只不過是「汽機兵械之倫」等「形下之粗跡」，而懂西學的留學生，一如魯迅所說的「沒有現在這麼闊氣，社會上大抵以為西洋人只會做機器 —— 尤其是自鳴鐘 —— 留學生只會講鬼子話，所以算不了『士』人的。」❺ 為了打破國學一統的文化霸權，嚴復採取了兩個辦法：一是他所闡釋的西學必須能回答當下國學所不能回答的救亡圖存的熱點問題。民族危機呼喚新的救亡理論，成為嚴復闡釋西學的原始起點和前結構，這也就導致嚴復的意譯＋按語必然是對文本的「誤讀」。於是，反對社會達爾文主義的《進化論與倫理學》就變成了鼓吹社會達爾文主義以宣傳「自強保種」的《天演論》；一本捍衛個人自由和個人獨特價值的《論自由》變成了一本國家自由高於個人自由的《群己權界

---

❶ 嚴復：《天演論·譯例言》。
❷ 嚴復：《天演論·譯例言》。
❸ 《天演論》吳汝綸序。
❹ 《紹介新著〈原富〉》，載《壬寅新民叢報彙編》，第 851 頁。
❺ 魯迅：《二心集·關於翻譯的通信》。

論》。正是在嚴復對文本的合理「誤讀」中，「物競」「天擇」的「自強」理論很快激起了強烈反響，梁啟超自稱讀嚴著「據案狂叫，語人曰：不意數千年悶葫蘆，被此老一言揭破。」❶可以說，如果嚴復闡釋的西學滿足不了人們的期待，是不可能打破國學一統的文化霸權地位的。二是文體形式的講究。只有通過典雅的先秦文體才能適應傳統士大夫們的閱讀習慣和興趣，才能讓他們逐步認識西學並非「形下之粗跡」。對此，桐城派吳汝綸的看法可為佐證。他認為，赫胥黎「欲儕其書於太史氏、揚氏之列，吾知其難也；即欲儕之唐宋作者，吾亦知其難也」，但是經過嚴復的文化包裝，「其書乃駸駸與晚周諸子相上下。」❷也就是說，在吳汝綸眼中，赫胥黎著作是不能與司馬遷、揚雄的著作相比的，但經過嚴復的包裝，赫胥黎的著作可以獲得先秦諸子的地位，這說明嚴氏話語在西學進入中國，尤其是進入中國士林文化中發揮着橋梁作用。正是在嚴氏話語的影響下，西學迅速進入中學的陣地，進而與中學平分天下。

　　第二，嚴復對先秦諸子文體的「返古」本身，也是對佔據統治地位的科舉八股、試帖文體的超越。八股在長期使用過程中逐漸程序化，陷入起承轉合的死板、僵化的套路中。非正途出身的嚴復對此必然進行猛烈的扦擊，「今日之經義八股，則適足以破壞人材，復何民智之開之與有耶？」❸在《救亡決論》中，嚴復力陳八股文「錮智慧」等三大弊害，這直接開啟後來胡適之《文學改良芻議》批判八股文之先聲。對現實的批判，激發了嚴復對極富原創性思想而且流暢、清新的先秦文體的推崇。「復古」是為了「開新」，這在世界文化史上亦是通例。意大利文藝復興的最大成就之一，乃是一批人文主義學者從被神職人員所壟斷的「笨拙的、累贅的」「中世紀拉丁語的泥坑中擺脫出來」❹，從兩方面開始了文化載體的轉型：一是從古羅馬的西塞羅、維吉爾等人的名作中尋找拉丁語

---

❶《嚴復集》，中華書局，1986 年，第 5 冊，第 361 頁。
❷《天演論》吳汝綸序。
❸《嚴復集》第 1 冊，第 29 頁。
❹ 丹尼斯・哈伊：《意大利文藝復興的歷史背景》，三聯書店，1988 年，第 88 頁。

最富活力和魅力的生命之源；二是大膽運用被教會所歧視的意大利俚語和方言進行創作。正是從這兩方面的突破，才導致了中世紀文化載體的轉型，開創了不朽的文藝復興時代。因此，嚴氏文體的「復古」在一定程度上是對現實文體（八股之類）的超越，《天演論》以「赫胥黎獨處一室之中，在英倫之南，背山而面野⋯⋯」作為開場白，讀來「音調鏗鏘，使人不自覺其頭暈」**❶**，與僵死的八股文體形成鮮明的對照。

　　第三，嚴復經過對中西兩種文化的融合，獨創了一套新的現代話語，在客觀上加速了白話文時代的到來。由於文化語境不同，文化釋讀往往困難，嚴復曾認為，讀「本文」則「一舉其形聲，則章別源流，靡弗具焉，不獨易為稱而便記憶也。」但是一到讀譯文則「一名之轉寫，輒聚佶屈鈎磔雅俗互有之字以為之，少者一文，多至八九，羌無文義，而其音又終不相肖。雖有至敏強識之夫，尚猶苦之。」**❷** 因此，只有通過西學術語的中國化與中學術語的西學化，才能推陳出新，嚴復正是通過中西互釋，創造了大量包含現代意識的語匯。西學術語中國化的有「天演」「天擇」「計學」「群學」「泉幣」「生貨」「熟貨」等；中文西化或歐化語言有：拓都（total）、幺匿（unit）、版克（bank）、葉科諾密（economy）、費拉索非（philosophi）等；而更多的是滲透着現代意識和思想的詞組，如「開民智」「鼓民力」「新民德」「自由為體，民主為用」「小己」「愛力」「莫破」「吸力」「阻力」「離心力」⋯⋯正是這一套具有強烈時代氣息的話語，給讀者打開了一個嶄新的世界。這套話語很快不脛而走，甚至還未正式出版，梁啟超等人即已代為傳播。嚴復以先秦文體譯書，本意「非以餉學僮而望其受益也，吾譯正以待多讀中國古書之人」**❸**，而結果卻不僅影響一代「多讀中國古書之人」，更影響

---

❶ 魯迅：《二心集・關於翻譯的通信》。
❷《嚴復集》第 1 冊，第 153 頁。
❸《嚴復集》第 3 冊，第 516 頁。

了一代又一代「學僮」❶。胡適、魯迅、毛澤東等人都是在中小學時期開始接受《天演論》的，「物競」「天擇」甚至「拓都」「幺匿」都曾成為中小學時期的胡適、郭沫若的作文習題❷。現代話語的廣泛流佈，開了白話文運動的先河。

近代白話文運動淵源有二：西學和中國俗文學。梁啟超、胡適、陳獨秀等人深知西方也有「文言」（拉丁文）和「白話」（近代各民族語言），而西方的「白話」是近代文明的產物。伴隨大規模翻譯的出現，必然帶來文體變化。佛教典籍之翻譯和傳播，帶來中國古代的白話文運動；而西學著作的翻譯，則加速了中國近代白話文運動的到來。嚴復雖然拒絕使用白話來翻譯，但由於大量西學話語、音譯語匯的傳入，歷史將不會按個人意願前進。嚴復話語對「俗」的迴避，恰好給梁啟超留下了發展空間。梁啟超正是在嚴氏話語影響下接受西學的，並與嚴復討論「文體革命」問題，從而創造了一種迥異於嚴氏話語的筆端常帶感情的准白話體「新民體」。與此同時，留日學生中大量白話、俗話報刊的出現，使白話進入知識界書面文字，而且通俗易懂的日式西學術語也開始取代嚴氏話語。「五四」新文化運動作了一次白話理論總結，白話文體遂成文化載體的主流。

二、嚴氏「三民」思想與中國人文精神的近代轉型

以儒家文化為主體的古典人文精神，是一種泛道德主義的人文精神。其一，把個體的道德完善作為人性論的目的。孔孟的「仁」「性善」論自不必說，荀子的「性惡」也不具有西方性惡論中的原罪意識，而是強調一個「偽」（人為），通過人為的努力使本性惡逐步臻於「善」，其

---

❶ 如梁啟超的《新民說》是嚴復「三民」思想的拓展，章太炎的「善惡俱進」的《俱分進化論》，在嚴復《天演論‧演惡篇》中可尋到蹤跡。

❷ 參見魯迅《朝花夕拾‧瑣記》，胡適《四十自述》，郭沫若自傳《少年時代》。

目的仍指向「善」；其二，把個體的道德完善的「內聖」當作「外王」的
基礎，「格」自然之「物」，「致」倫理之「知」，人們只要正心誠意，修
身齊家，也就標誌着人格完成，把「治國平天下」的實現，建立在「太
上立德」的個體道德完善基礎上；其三，將倫理道德向宇宙、社會、人
生領域泛化，從而把宇宙倫理化，確立一種倫理本體論，使古典人文精
神成為一種泛道德主義和倫理中心主義人文精神❶。

　　19 世紀中期以來的西方殖民侵略，在造成中華民族生存危機的同
時，也帶來了古典人文精神的根本性價值危機，即把統一在泛道德主義
原則基礎上的「內聖」與「外王」之道無情地撕裂開來。如果「內聖」
就能「外王」，那麼，鴉片戰爭以來的歷次中外戰爭，那些「內聖」的
君子們何以屢戰屢敗，不僅沒有治國平天下反而誤國失天下，終至於貽
笑於蠻夷之邦？嚴峻的民族危機使一些先覺的中國知識人開始認識到傳
統的「內聖」之道支撐不了「外王」，必須尋找支撐「外王」的新的人
文精神。

　　如果說，在康有為的《實理公法全書》的人文思想中，康有為還在
試圖以傳統人性論的概念、範疇和基本框架來接納西方一些新的價值理
念而扮演第一個近代「新儒家」角色的話，那麼，正是在嚴復「三民」
思想中，傳統人性論的基本概念、範疇和框架，被闡釋為人的全面發展
的現代概念範疇體系，從而使近代人文精神開始突破古典人文精神的泛
道德主義。

　　1860 年，英國實證主義哲學家斯賓塞出版了《教育論：智育、德育
和體育》，而嚴復於 1895 年 3 月在天津《直報》上發表《原強》一文，
將該書譯為《明民論》或《明民要論》，並將其「三育」的教育思想釋
讀為「鼓民力、開民智、新民德」的「三民」文化思想。「三民」思想的
提出，對於中國近代人文精神的重建具有劃時代的意義。

---

❶ 參見拙著《中國人文精神的重建 —— 從戊戌至五四》，（博士論叢），湖南教育出版社，1992
　　年，第 8—17 頁。

　　第一，它超越了傳統人性論中的泛道德主義精神，第一次提出人的德智力全面發展的近代人文精神。這樣，傳統意義上的那個無限膨脹泛化、覆蓋一切、甚至主宰一切的至高無上的價值理念「德」開始從本體地位跌落下來，受到必要的限制，並獲得明確的定位，即「德」不過是和「智」「力」並列的人的全面發展的三要素之一。「德」的泛道德主義神話的打破，為人性的開放和自由，為個體的知識、能力和意志力量的提升提供了前提和可能性。

　　第二，人的全面發展理論的提出，不僅動搖了無限膨脹泛化的泛道德主義神話，而且也為「治國平天下」的「外王」確立了新的「內聖」之道。傳統的「治國平天下」是落實在道德完善的個體踐履上，而嚴復「三民」思想則強調：

　　　　所謂富強云者，質而言之，不外利民云爾。然政欲利民……必自皆得自由始……尤必自其各能自治始……顧彼民之能自治而自由者，皆其力、其智、其德誠優者也。❶

　　也就是說，中國的「富強」（治國平天下）將不再是按照「格物致知 —— 正心誠意 —— 修身齊家 —— 治國平天下」的傳統內聖外王的「大學之道」邏輯地展開，而是按照「富強 —— 利民 —— 自利 —— 自由 —— 自治 —— 鼓民力、開民智、新民德」的新的邏輯展開。這樣，中國的「富強」（治國平天下）將不再是建立在個體的道德完善上，而是建立在國民整體的綜合素質的提高上，這是一條新的現代的「內聖」之道。

　　第三，新的「內聖」之道的確立，使嚴復成為中國關於現代國民素質的最早的闡釋者。嚴復關於國民素質的討論是從對鴉片戰爭到甲午戰

---

❶《嚴復集》第 1 冊，第 27 頁。

爭的歷次中外戰爭的反思開始的，他認為中國的慘敗既不是洋務派所說的歸結於武器不如人，也不是維新派一般人所說的政治制度不如人，從根本上說，乃是一個國民整體素質問題，即「民力已苶、民智已卑、民德已薄」，這種國民素質雖有「富強之政，莫之能行」[1]。正是在這種認識下，嚴復在士林文化中，第一次把孔子以來（子不語怪力亂神）遭受鄙棄的「力」抬高到與「開民智」「新民德」的同等地位，國恥重新喚起了嚴復對尚武冒險精神和力量的肯定和追求，喚起了對體育和軍國民精神的重視，並由此引發了一個長達半個世紀的尚力思潮[2]。「開民智」則是對中國傳統智力結構和思維方式中那種「半部論語治天下」的求同、崇聖、崇古的封閉被動式注經思維方式和單純從書本上求學問的致思方式的根本性批判，而強調一種獨立思考、親身實踐、懷疑求異的理性精神和「以宇宙為簡編、民物為文字」的向書本外的大自然和社會求知識的新的致思方式和科學實證精神。「新民德」中的「德」已經不再是傳統意義上的個體完善的道德意義上的「德」，而是強調「自由」「平等」基礎上的「各私中國」的一種現代公民意識、一種現代政治倫理。嚴復認為，中國傳統道德實質上是一種「以奴虜待吾民」和「奴虜自待」的奴隸道德，而現代公民道德強調只有當國民不再是「奴虜」而是主人，承擔相應的權利和義務時，才會把中國視為自己的中國。嚴復的「三民」思想所要求的國民整體素質，必須具有健康強壯的體魄和堅毅冒險的精神氣質；必須具有獨立思考，敢於懷疑求異、敢於向權威挑戰的理性批判精神和勇敢地探索大自然和社會的科學精神；必須具有在自由平等基礎上享有相應的權利和義務的現代公民意識。

　　嚴復「三民」思想的提出，展示了中國人文精神從傳統向現代的轉型。當中國被捲入整個資本主義世界體系時，傳統人文精神出現全面的價值危機。資本主義近代化，是一場歷史性的大競賽。這場大競賽包

---

[1]《嚴復集》第1冊，第26頁。
[2] 參見拙文《近代尚力思潮述論》，中國香港《二十一世紀》，1992年第3期。

括軍事、商業、工業和科技等全方位的競爭，對此，道德完善幾乎無濟於事，正心誠意，修身齊家不僅不能治國平天下，甚至連保種保國都成問題。正是在這種道德困境中，能力與知識、體魄與冒險被突出地提出來。嚴復「德、智、力」的人的全面發展論模式的提出，是對這種世界性潮流的積極回應，標誌着中國傳統人文精神向現代人文精神的結構轉型。在嚴復之後，梁啟超接過了嚴復關於國民素質的理論，著《新民說》《十種德性相反相成義》等。辛亥時期出現了「陶鑄」國魂思潮，魯迅等一批新文化主將更突出改造國民性問題，孫中山後期也強調「心理建設」，從而匯成近代改造國民性思潮，推動着近代人文精神、近代國民素質的重建和轉型。

三、嚴氏「群學」思想與傳統學術的現代轉型

傳統學術以經史子集為文本，以儒、釋、道精神為旨歸，以漢學宋學為學派，以義理辭章考據為方法，形成了源遠流長的國學傳統。嚴復以「統新故而視其通，苞中外而計其全」[1] 的宏大氣魄，置國學於「古今中西」大融合中，以國學科學化推動了傳統學術向現代社會科學的轉型。

中國近代學術轉型是在「存亡危急之秋」開始被催生的。甲午戰爭前，中國士大夫一直謹守着「變器不變道」的原則來學習西學。甲午戰爭中，中國以泱泱大國敗於日本「蕞爾小邦」，使天朝上國一變而為「病夫之國」。覺醒的知識分子開始了根本反思。嚴復將批判矛頭直指中國傳統學術，「四千年文物，九萬里中原，所以至於斯極者，其教化學術非也，不徒嬴政、李斯千秋禍首，若充類至義言之，則六經五子亦皆責有難辭；嬴、李以小人而陵轢蒼生，六經五子以君子而束縛天下。」[2] 因此，嚴復認為中國傳統學術有幾大弊端：一是「無實」「無用」。嚴復認為中

---

[1] 《嚴復集》第 3 冊，第 560 頁。
[2] 《嚴復集》第 1 冊，第 53─54 頁。

國「學術末流之大患，在於徇高論而遠事情，尚氣矜而忘實禍」，漢學宋學，義理考據辭章一類「所託愈高，去實滋遠」，「其高過於西學而無實」，「其事繁於西學而無用」，只可以「怡情遣日」，不足以「救弱救貧」**❶**；二是「崇聖」「崇古」，重學術繼承，缺乏學術創新。中國學術往往「誇多識」而不似西學「尊新知」，而且中土之學，必求古訓，其結果是「古人之非，既不能明，即古人之是，亦不知其所以是」，靠記誦詞章、訓詁注疏，只能是「事資強記，何裨靈襟！」**❷** 三是缺乏科學實驗精神。嚴復認為陸王之學，「自以為不出戶可以知天下」，實際上是閉門造車、向壁虛造，是「師心自用而已」**❸**。

為了推動傳統的學術轉型，嚴復極力推崇近代科學方法。在嚴復看來，這類方法，一是實證方法，包括「考訂」「貫通」「試驗」三個層次。「考訂」又叫「觀察」或「演驗」，經過觀察收集整理材料，「乃會通之以求所以然之理」，形成「公例」。嚴復認為「中西古學，其中窮理之家，其事或善或否，大致僅此兩層」，因此公例「往往多誤」，「於是近世格致家乃救之以第三層，謂之試驗。試驗愈周，理愈靠實矣。」而「試驗」不是在書本上試驗，而要走向自然和社會，因此，「為學窮理，志求登峰造極，第一要知讀無字之書」，他引用赫胥黎的話說：「能觀物觀心者，讀大地原本書，徒向書冊記載中求者，為讀第二手書矣。」**❹** 這是對近代實證方法的第一次系統介紹。二是邏輯方法，「於格物窮理之用，其塗術不過二端。一曰內導（歸納），一曰外導（演繹）。」**❺** 嚴復對邏輯方法的重視，曾被美國學者史華慈教授評價為「具有阿基米德式高瞻遠矚的能力。」**❻**

---

❶《嚴復集》第 1 冊，第 44 頁。
❷《嚴復集》第 1 冊，第 29 頁。
❸《嚴復集》第 1 冊，第 44 頁。
❹《嚴復集》第 1 冊，第 93 頁。
❺ 嚴復：《西學門徑功用》，《嚴復集》第 1 冊，第 94 頁。
❻ Benjamin Schwartz, In Search of Wealth and Power: Yen Fu and West, P. 142, Cambridge, Mass, 1964.

除了引入科學方法外，嚴復在《西學門徑功用》一文中推出了他的科學分類，並從科學分類中正式提出了社會科學 ——「群學」分類和概念。

這個科學分類包括五類。玄學：名學（邏輯學）、數學；玄著學：力學、質學（化學）；著學：天學、地學、人學（生理學、心理學）；群學（社會科學）：政治、刑名（法學）、理財（經濟學）、史學；專門之學：衣、兵、御舟、機器、醫藥、礦務……

嚴復的科學分類有兩點值得注意：一是將社會科學置於科學範圍內，使社會科學享有與自然科學平等的地位。這雖然反映了早期「文理不分家」的特點，但實際上比起後人將社會科學納入意識形態範圍充當一般宣傳工具的做法，仍有其相當的合理性；二是未將社會科學與社會學嚴格區分。嚴復的「群學」概念在這個分類中是指社會科學，但是在翻譯斯賓塞《群學肄言》時又是指「社會學」❶。嚴復曾對「群學」下過一個定義：「群學何？用科學之律令，察民群之變端，以明既往測方來也。」❷ 這個「群學」定義與其說是對「社會學」而言，倒不如更準確地說是對社會科學下的定義。這大概是近代關於社會科學的一個最早的經典定義，它基本把握了社會科學的對象、性質、方法和作用。

嚴復屬技術出身，卻沒有譯過一本科技方面的著作，其主要精力用在譯述西方近代社會科學名著，其譯著涉及了社會科學的絕大部分學科。嚴譯的 11 種著作中，涉及哲學倫理學（《天演論》）、經濟學（《原富》）、法學（《法意》）、社會學（《群學肄言》）、政治學（《社會通詮》《群己權界論》）、邏輯學（《穆勒名學》《名學淺說》）、史學（《歐戰緣起》《支那教案論》）、教育學（《中國教育議》）。他通過大量譯述介紹西方社會科學各學科著名學者、思想家及其學術思想，為國學的改造提供了一個參照系。

---

❶ 嚴復在《政治講義》中亦說：「政治者，群學一門」，亦可佐證「群學」即指社會科學。
❷ 《嚴復集》第 1 冊，第 123 頁。

　　綜上所論，嚴復以其「學貫中西」的氣魄，通過對中西學術異同之比較，提示了傳統學術「無實」「無用」、缺乏創新和實驗的三大弊端，提出了學術走向近代的「實」「用」之道，即以自然、社會為文本，以科學實證精神為旨歸，以「考訂」「貫通」「試驗」的實證方法與「內導」「外導」的邏輯方法為基礎的主張，確立了經濟學、哲學、法學、史學、政治學的「群學」（社會科學）分類，並揭示了近代社會科學的基本特徵，從而為社會科學確立了第一個近代定義。嚴譯的 11 種譯作也奠定了他作為中國近代第一位具有現代意識的百科全書式社會科學奠基人的地位。

　　但是，嚴復並沒有來得及運用科學方法研究國學以取得近代意義上的社科成果，於是這個空白就由後人來填補了。梁啟超運用嚴復提供的西學素養開始了對西學大規模的學案式介紹；胡適用實驗主義科學方法研究哲學、文學，從而取得了《中國哲學史大綱》《中國名學史》、紅樓夢研究等公認的近代成就；王國維、顧頡剛運用科學方法研究甲骨文、古史考辨和文學、民間文學，亦取得了一批近代意義上的社科成果，從而使國學真正走上了向現代社會科學的轉型之路。

　　　　（原載《深圳大學學報》（人文社會科學版）1996 年
　　　　第 4 期，《新華文摘》1997 年第 2 期）

嚴復「三民」思想簡論

在討論嚴復思想的諸多專著論文中，嚴復《原強》提出的「鼓民力、開民智、新民德」思想往往被忽視，或被貶為「西學救國論」「教育救國論」❶，思想「落後於」康梁❷，「溫和的改良主義」❸。本文認為，恰恰就是嚴復的「三民」思想，在從社會學到歷史文化心理學的角度變換過程中，率先提出改良深層的土壤問題，即改造國民劣根性問題，從而把中國主體文化—心理結構的近代化即人的近代化問題突出地提了出來。這是把握嚴復思想的歷史地位的關鍵。

一、問題的提出：「淮橘」如何「為枳」？

鴉片戰爭中英國的大炮，轟開了「保存在密閉棺木裏」的「天朝」的大門，也震醒了一部分官僚士大夫，林則徐、魏源們首先看到了對手的「船堅炮利」，提出「師夷之長技以制夷」。但這時的「長技」不過三大件：戰艦、火器、養兵練兵之法❹。「師夷之長技」思想在洋務運動中得到了更加廣泛的展開和現實化：引進社會化大生產的機器設備、辦船政、武備、工藝、電報、鐵路、礦務、同文館……生產力的改變，標誌着中國客體（經濟社會政治結構）近代化的開始，而且也起到了某些文

---

❶ 王栻：《嚴復傳》，第 109 頁，上海人民出版社，1976 年版。
❷ 李澤厚：《中國近代思想史論》，第 282 頁，人民出版社，1979 年版。
❸ 張豈之、楊超：《論嚴復》，《中國近代人物論叢》，三聯書店，1965 年版。
❹ 魏源：《海國圖志·籌海篇》三議戰。

化學意義上的進步作用，馬克思說過：「在再生產的行為本身中，不但客體條件改變着……而且生產者也改變着，煉出新的品質，通過生產而發展和改造着自身，造成新的力量和新的觀念，造成新的交往方式，新的需要和新的語言。」❶ 但這相對於中國傳統文化幾千年來在社會心態上的積澱滲透而言，其作用顯然是有限的。而且洋務派首領在主觀上根本就不想越出「中體西用」這個框架。這樣，當中法戰爭、中日戰爭把中華民族推向更加深重的災難深淵時，就引發了嚴復對洋務運動的重新反思，他列舉了洋務派舉辦的近 20 件洋務事業，然後說：「此中大半皆西洋以富以強之基，而自吾人行之則淮橘為枳，若存若亡，不能實收其效者，則又何也？」❷

學界在探討嚴復思想淵源時，往往大談達爾文的生物進化論的影響。但是對上面這個問題的解答，確切地說，主要淵源於英國社會學家斯賓塞的「生物社會學」❸。「生物社會學」主要是把生物機體的結構 —— 功能原理與歷史進化觀結合起來研究社會而建立的社會學理論。大致有四方面內容：

第一，把社會理解為生物有機體。如他認為社會有三個系統：保持系統、分配系統、調節系統，相當於生物機體的營養、循環、神經三系統。

第二，社會進化思想，是一種「平面進化論」，社會進化中有矛盾，但基本是平穩的、漸進的、自動的過程，不容許有意識的「加速」或「人為的」干預。

第三，社會是由具有多功能的各種局部結構組成的統一整體。

---

❶《馬恩全集》卷 46（上），第 494 頁。

❷《嚴復集》第 1 冊詩文（上），第 26 頁，中華書局 1986 年版。

❸ 嚴復從社會學問題切入，進而探討文化的心理學問題，此說似為主觀，其實不然。嚴不一定讀過斯賓塞《心理學原理》，但在「光緒六、七年之交」讀過《群學肄言》（見該書《譯餘贅語》），而該書《智絜》第六、《情瞀》第七、《述神》第十五等，「皆言群學人心之梗」即心理學問題，這是嚴復探討文化心理的重要思想來源，《原強》不僅思想，甚至很多原話均出自《群學肄言》，「牆磚」之喻便出自《喻術》第三。

　　第四，與孔德強調社會存在先於個人存在不同，他強調個體的獨立自由，認為社會是個人的集合體，他說：「凡群者，皆一之積也，所以為群之德，自其一之德而已定。」❶ 因此社會被歸結為個體。❷

　　那麼，嚴復是怎樣繼承和發揮斯賓塞的思想呢？

　　我們知道，洋務派「求富」「求強」的視野集中在「汽機兵械之倫」；戊戌維新派大部分人則表現為政治學的眼光，着重於政治體制的改革；而嚴復則利用他的「學貫中西」的優勢，從斯賓塞理論中得到啟發後獨闢蹊徑，他認為國家盛衰的根本問題是一個社會學問題，他說：「故學問之事，以群學（社會學）為要歸，唯群學明而後知治亂盛衰之故，而能有修齊治平之功。」❸ 而這又主要集中在社會群體與個體、社會客體（國家）與主體的關係問題上。

　　且一群之成，其體用功能，無異生物之一體，小大雖異，官治相准。知吾身之所生，則知群之所以立矣；知壽命之所以彌永，則知國脈之所以靈長矣。一身之內，形神相資；一群之中，力德相備。身貴自由，國貴自主。生之與群，相似如此。❹

　　而其本單之形法性情，以為其總之形法性情，欲論其合，先考其分。❺

　　這是不折不扣的「社會有機體論」。社會的機制功能與生物個體是一樣的，因此了解了生物個體也就了解了社會群體，要研究社會整體，必先考察個體。他說：「大抵萬物莫不有總有分，總曰拓都，譯言全體；

❶ 嚴譯叢刊本《群學肄言‧喻術第三》，第 38 頁。
❷ 參見前蘇聯科恩：《十九世紀至二十世紀初資產階級社會學史》第三章，上海譯文出版社，1985 年。
❸ 《嚴復集》第 1 冊（上），第 18 頁。
❹ 《嚴復集》第 1 冊（上），第 17 頁。
❺ 《嚴復集》第 1 冊（上），第 18 頁。

分曰幺匿，譯言單位……國拓都也，民幺匿也。社會之變象無窮，而
一一基於小己之品質。是故群學謹於其分。」❶因此社會群體被歸結為個
體。這與斯賓塞思想是一致的。

社會（或國家）就其與有理智、情感和意志的人即主體相較而言，
又是對象客體。他認為主體人的優劣決定了客體國家的盛衰，因此，他
說：「貧民無富國，弱民無強國，亂民無治國。」這樣，客體又被歸結為
主體。

既然社會群體、客體被歸結為個體、主體，而個體、主體就其實質
而言，就是現實的、社會的人，嚴復謂之「生民」，那麼，就必然地
邏輯地得出一個結論：「淮橘為枳」的深層原因就在於主體人的問題沒
有解決。

二、「三民」思想述評

主體人的內涵是什麼？在嚴復看來，這裏的人不是指生物學意義
上的人，而是在時間（歷史）的遷延中積澱着傳統文化的心理學意義上
的人，體現為斯賓塞所說的民力、民智、民德，這才是治國的根本。他
說：「至於其本，則亦於民智、民力、民德三者加之意而已。果使民智日
開，民力日奮，民德日和，則上雖不治其標，而標將自立……」❷在嚴譯
八種名著按語和相當一部分文章中，「三民」思想是佔據了重要位置的，
茲舉幾例：在《原富》中談到德智與法的關係時說：「自古無無弊之法，
方民德未進，民智未宏，則法之為弊尤眾。」❸談到邏輯學的歸納法時
說：「西學之所以翔實，天函日啟，民智滋開，而一切皆歸之於有用者，
正以此耳。」❹「但民智既開之後，則知非明道則無以計功，非正誼則無

---

❶《群學肄言‧譯餘贅語》。
❷《嚴復集》第 1 冊（上），第 14、17 頁。
❸ 嚴譯叢刊本《原富》，第 392 頁。
❹ 嚴譯叢刊本《穆勒名學》部乙，第 66 頁。

以謀利。」❶ 談到言論自由與真理時說：「使中國民智民德而有進今之一時，則必自寶愛真理始。」❷ 談到保留君主時，「乃今將早夜以孳孳求所以進吾民之才德力者，去其所以困吾民之才德力者……吾將悉聽其自由。」❸ 當然「三民」思想最集中的還在《原強》篇中。

那麼進一步的問題，就是探討嚴復「三民」思想的性質和內容了。

第一，「三民」思想提出了中國歷史文化的心理積澱問題。嚴復認為：「蓋欲救當前之弊，其事存於人心風俗之間，夫欲貴賤貧富之均平，必其民皆賢且少不肖，皆智而無甚愚而後可。」❹ 他在分析管仲、商鞅變法時指出：「管、商變法而行，介甫變法而敝，在其時之風俗人心與其法之宜不宜而已矣。」❺ 因此他預言：「由今之道，無變今之俗，十年以往，吾恐其效將不止貧與弱而止也。」後來嚴復在《論中國之阻力與離心力》中，進一步揭示了這種「人心風俗」中的「離心力」特點：「不在大端，而在細事，不在顯見，而在隱微，故……有不可見之弊……並有不可思及之弊……此病中於古初，發於今日，積之既久，療之實難。」❻ 這實際就是指中國傳統文化在歷史的變遷中，滲透積澱在普遍的社會心態中所形成的一種心理定勢、一種集體潛意識，它似乎無所不在，但又看不見，甚至有些不可思議，可又處處受其掣肘。嚴復已經敏銳地意識到了這種歷史積澱下來的文化劣根性，腐蝕着中華民族活的機體，使得「民力已茶，民智已卑，民德已薄」，使國民有如「病夫」，他感受到，在這種國民精神狀態下，「雖有富強之政，莫之能行。」

第二，「三民」思想提出了主體文化—心理結構問題。就形式而言，文化心理結構表現為思維方式、行為方式、價值判斷、審美判斷等

❶《天演論·群治》。
❷《群己權界論·譯凡例》。
❸《嚴復集》第 1 冊，第 35 頁。
❹《嚴復集》第 1 冊，第 25 頁。
❺《嚴復集》第 1 冊，第 26 頁。
❻《嚴復集》第 2 冊，第 467—468 頁。

因素；就結構而言，它又包括智力結構、倫理結構、審美結構以及整體的國民精神狀態 ❶（民族性格或心理素質），嚴復「三民」思想也就是指智力結構（民智）、倫理結構（民德）與普遍的國民精神狀態（民力），這也就基本構成了文化—心理結構的主要要素。

第三，「三民」思想提出了一個「土壤改良」問題。近代西方社會化大生產移植到中國來所發生的「變異」「變態」現象，嚴復認為是人的問題，而且是人的文化—心理結構的問題。因此他提出要進行改造國民心理中的文化劣根性即「土壤改良」的工作。「蓋政如草木焉，置之其地而發生滋大者，必其地之肥磽燥濕寒暑，與其種性最宜者而後可。否則萎薾而已，再甚則僵槁而已。」❷嚴復進而分析了「土壤改良」問題的特點。由於中國是一個長期缺乏民主傳統的國家，去掉國民奴性、培養自治能力等，不能「期之以驟」，而是一個長期的潛移默化的過程。我們認為，不能簡單地把這個思想斥之為庸俗進化論，這個思想源於斯賓塞，但也包含有嚴復對中國現狀的冷靜觀照和分析，就其對主體文化—心理近代化的認識而言是相當深刻的，他把握了不同於經濟、政治的文化心理意識形態的相對獨立性特點。他曾估計這種「土壤改良」工作大致需要六十年才能使中國富強起來 ❸。事實上，六十年後，社會主義祖國富強起來了。今天，當我們感受到傳統文化—心理結構、觀念形態對當前的改革產生的巨大阻力而重溫嚴復這一思想時，它仍引起我們思想上的強烈共鳴。當然，真理跨出一步，往往就是謬誤，嚴復的錯誤就在於把「漸進」性特點擴大到其他領域。

這樣，我們就可以清楚地看出嚴復「三民」思想是怎樣一步步展開的：嚴復首先用社會學的眼光，「沿流討原、執因責果」，把國家社會的盛衰歸結為個體或主體即現實的社會的人的問題，而當他探討「人」的

---

❶ 可比較李澤厚所言智力（智）、倫理（意）、審美（情）三結構，參見《李澤厚哲學美學文選》第 148－163 頁，湖南人民出版社，1985 年版。

❷《嚴復集》第 1 冊，第 26 頁。

❸《嚴復集》第 1 冊，第 35 頁。

力、智、德時，就把社會學的探討方法轉換為歷史文化心理學的方法，即從社會的、現實的人進而探討主體人的深層的文化心理結構，尤其是着重探討潛藏在「人心風俗」中的文化劣根性問題。這樣，就把被人忽視的近代中國的兩大課題之一 —— 主體文化心理結構近代化的問題，突出地提了出來。

嚴復把「土壤改良」工作即人的近代化集中在：「一曰鼓民力，二曰開民智，三曰新民德。」❶

第一，鼓民力。「民力」提出的現實來源是甲午戰爭的刺激。「日本以寥寥數艦之師，區區數萬人之眾」而大敗中國，而中國「猛虎深山，徒虛論也」，國恥重新喚起了嚴復對久已不為國人所齒的尚武冒險精神和力量的肯定和追求；其次，嚴復考察了中國歷史認為，中國是一個農業文明國，以「耕鑿蠶織」「禮樂刑政」「養生送死」「君臣之分」等為特徵，重文治而輕武事，是「文勝之國」，所以「其民偷生而畏法……是以及其末流，每轉為質勝者之所制。」而且長期以來，統治者「崇柔讓之教，則囂凌之氛泯」，「民力無由以圖」，造成「病夫」式國民精神狀態。因此，必須改變重文輕武，「君子勞心、小人勞力」的傳統價值觀念。他說：「有最勝之精神，而後有最勝之智略，是以君子小人勞心勞力之事，均非體氣強健者不為功。」「民力」問題在後來之所以引人注目，嚴復首倡之功是不可沒的。

第二，開民智。有兩點是值得注意的。首先，他認為中國「顧功名之士多有，而學問之人難求，是則學問貴也。」中國傳統智力結構，思維方式帶有強烈的實用性和急功近利性，這突出地表現為中國人只關心與倫理人生密切相關的知識，即表現為「為人生而智慧」「不為功名不讀書」，而缺乏古希臘和近代西方那種「為智慧而智慧」的科學精神，所以嚴復慨歎「學問之人難求」，直觀地把握了這點。其次，中國文化中

---

❶《嚴復集》第 1 冊，第 27 頁。

缺乏西方那種獨立思考、冷靜觀照的批判意識和懷疑求異的理性精神，而表現為盲從地依賴古人、聖人。「中土之學，必求古訓。古人之非，既不能明，即古人之是，亦不知其所以是，記誦詞章既已誤，訓詁注疏又甚拘，江河日下，以至於今日之經義八股，則適足以破壞人才，復何民智之開之與有耶？」所謂「半部論語治天下」正是這種求同、崇古、崇聖的封閉被動式思維結構的典型概括。而西方則是「使自竭其耳目，自致其心思，貴自得而賤因人，喜善疑而慎信古」，也就是說，西方思維方式重視親身體驗、冷靜觀照和積極主動的求知精神，懷疑求異的理性批判意識。這種對比，使嚴復大聲疾呼：「欲開民智，非講西學不可；欲講實學，非另立選舉之法，別開用人之途，而廢八股、試帖、策論諸制科不可。」因此他積極宣傳近代西方實證科學和邏輯學。可以說，他平生所致力的譯介西學名著，正是他的「三民」思想的實踐產物。

　　第三，新民德。洋務派和早期改良派都大談「變器不變道」「以中國之倫常名教為原本」，張之洞強調使人們「熟知孝悌、忠信、禮義、廉恥、綱常、倫紀、名教、氣節以明體」❶。而嚴復的「批判的武器」就集中在這個「中體」上。我們知道，中國傳統倫理結構是建立在宗法家族共同體基礎上，作為體現宗法共同體意志的家族倫理，隨着專制主義的不斷滲入、強化，實際已成了個體異己的對立物，表現為「道德專制」，形成了對個體的壓抑、束縛，於是產生了沒有責任感、主人感的奴隸道德（奴性），這樣一旦國家有難，「則獨知有利而已」。而近代西方倫理結構是奠基在天賦人權、自由平等等原則基礎上，表現為一種強調「自我防衞」「自我保存」「追求我們自己的好處」、以個人為本位的功利主義倫理觀 ❷。因此，嚴復特別強調個體的自由：「侵人自由者，斯為逆天理，賊人道」，也特別強調個體自由基礎上的「各私中國」。在這裏，他

---

❶ 《勸學篇·明綱》。
❷ 見嚴譯《群己權界論》首篇，可對看商務印書館 1982 年新譯本《論自由》第 1 章第 11 頁：「在一切道德問題上，我最後總是訴諸功利的，但是這裏所謂功利必須是最廣義的，必須是把人作前進的存在而以其永久利益為根據的。」

認為個人的權利自由（利己）是義務責任（利群）的前提，也就是說，只有當國民不再是「奴虜」而是主人時，才會把中國視為自己的中國，才會承擔主人翁的責任。因此，他提倡利群利己的「開明自營」的功利主義倫理觀。這標誌着中國「價值轉換」的開始。

　　從上可看出，嚴復「三民」思想主要通過中西對比的方式，提出了三方面的內容：「鼓民力」，實際上提出了用「壯佼長大」的強健體魄和「驍猛堅毅」的尚武冒險精神來改造國民「病夫」般精神狀態和羸弱體質；「開民智」就是一方面用近代實驗科學來代替中國「無實」「無用」的八股之類，另一方面，是提倡用科學的思維方式、批判理性和進化的世界觀來取代中國那種被動消極、封閉繁瑣的思維方法和急功近利的實用理性；「新民德」則是用既利群又利己的「開明自營」式功利主義倫理觀來衝擊那些摧殘壓抑個體的宗法家族倫理名教。這標誌着中國主體文化心理結構近代化的開始。

三、中國近代史的再認識與嚴復的歷史地位

　　馬克思說過：「世界史不是過去一直存在的，作為世界史的歷史是結果。」[1] 歷史形成為世界史即從古代的分散的、封閉性的縱向發展向全球性的橫向發展，形成為整體性、統一性世界史的過程，也就是資本主義近代化過程。15—16 世紀以來，資本主義不僅「使一切國家的生產和消費都成為世界性的了」，而且「精神的生產也是如此」[2]。因此，近代中國也開始被納入整體性資本主義世界體系並開始近代化過程，這個過程無疑體現了人類歷史的進步。但是人類歷史往往是在一種「血與火」的悲劇性「二律背反」中前進的，這在近代就突出表現在：一方面，中國要走出中世紀，順應世界潮流，邁向近代化，就有賴於西方近代文明；另

[1] 《馬恩選集》卷 2，第 112 頁。
[2] 《馬恩選集》卷 1，第 254—255 頁。

一方面，中國作為一個民族實體，它又不能無視西方近代文明對自己的挑戰，衝擊和輾壓，它必須在應戰和反抗中，保存和確證自己。因此，近代中國就在救亡圖存的焦點上凝聚着兩大課題：作為客體的經濟──社會政治結構（包括經濟基礎、上層建築各部分）的近代化和作為主體的文化──心理結構的近代化（即人的近代化），這是一個雙重近代化過程，用梁啟超不確切的表述是「環境之變遷與心理之感召」❶，在馬克思主義傳入中國前，可以這樣說，中國在何等程度上完成了雙重近代化，也就決定了中國在何等程度上獲得解放、獨立和富強。這是一條積極救國的途徑，捨此別無出路。

從洋務運動到戊戌維新到辛亥革命，這是中國客體近代化進程，即從引進社會化大生產，到變革政治體制到推翻舊的上層建築。與主體近代化過程比較，這過程以其可見性大、影響之轟轟烈烈和急風暴雨式的群眾鬥爭等特點而為世人所矚目，各種中國近代史專著、教材，基本上是闡發這個過程，但是人們卻長期忽視或誤解了主體人的近代化過程。

我們知道，長期以來，不論客體環境怎樣變化，中國傳統文化總是以儒家文化為主體來同化消融新的客體因素，直到近代，所謂「中體西用」，同樣還是把新的客體因素納入原有的以儒家倫理名教為主體的框架內。這種同化方式成了嚴重阻礙中國近代化的桎梏。嚴復把握了這一點，所以堅決反對「中體西用」❷，而且集中抨擊這種綱常名教的「中體」。因此我們認為，嚴復的歷史地位就在於他在中國第一次有理論（生物社會學）、有方法（中西比較法、邏輯學）、有體系（「三民」思想），全面深刻地批判和反省了中國傳統文化的劣根性，率先提出了改良深層土壤，即改造國民的智力結構、倫理結構和病態的國民精神狀態等問題。他提出的「鼓民力、開民智、新民德」思想，標誌着中國知識分子群體批判意識的開始覺醒，也就標誌着中國主體文化──心理結構

---

❶ 梁啟超：《清代學術概論》，第 1 頁。
❷《嚴復集》第三冊，第 558 頁。

近代化即人的近代化的正式開始。從此以後，梁啟超繼承並展開了他的「三民」思想而正式提出「新民」的口號，而他們的批判精神和思想又為「五四」新文化運動尤其為魯迅所繼承，魯迅長期探討「國民性問題」即是對這一問題的深化。而且，從事客體近代化的民主革命領袖孫中山先生在《建國方略》中也提出了「心理建設」問題。這樣從嚴復到後期孫中山的思想發展歷程就構成了中國主體文化—心理近代化發展的基本線索。它與客體經濟社會政治結構的近代化構成了一種雙重近代化的建構過程。因此，我們就不能把近代史看成是一種農民革命→洋務運動→戊戌維新→辛亥革命的單線進化過程，也不能僅僅看到革命派與改良派的對立的一面，在很大程度上，這兩派是互為補充的。革命派偏重於客體近代化，改良派偏重於主體近代化，正是在這種既相互對立又相互補充中，中國主客體雙重近代化的既驚心動魄又豐富多彩、既有流血革命又有思想文化改良的整體歷史發展行程才得以被展示。這就是我們對中國近代史的總體認識。

當然，從雙重近代化的整體發展行程把握嚴復的歷史地位，並不是一味地拔高。的確，嚴復那種直觀式的中西對比中還有幼稚、偏頗之處，他的「三民」思想由於來不及展開而不及梁啟超「新民」思想豐富等。而且更主要的是嚴復把主體近代化絕對化，尤其是主體近代化的漸變性特點絕對化、誇大化，從而影響他對客體近代化的認識。他認為經濟社會、政治結構的演變也是漸進的，因此對政治運動表現出冷淡態度，尤其反對政治民主革命。這裏很顯然有斯賓塞的「平面進化論」思想的滲透，嚴復後期的政治悲劇與此也有重要關係，不過這已超出本文範圍，就不多說了。

（原載《福建論壇》（文史哲版）1986 年第 6 期）

嚴復、康有為與
近代兩大進化史觀的離合

在馬克思主義傳入前的近代中國，影響最大的思潮當推進化論。進化論進入中國主要不是以自然科學理論形式出現的，而是作為觀察和認識社會歷史的思想而傳播的，因此，準確地說，是進化史觀。本文嘗試從嚴復、康有為的進化史觀入手，揭示近代兩大進化史觀的最初分野、演變和匯流，從而為研究進化論思潮提供一個新的視角。

一、嚴復、康有為進化史觀的基本分野

學術界一般均將嚴、康歸入主張漸變的「庸俗進化論」一派，以示與主張革命的進化論者相區別，然而卻忽視了二者的根本區別。事實上，二者的進化史觀，除了在進步（progress）觀念上和不能「躐等」等方面有着某種一致性外，更多地代表了兩種截然對立的進化觀。康氏進化觀可謂是仁愛進化觀，而嚴氏則為競爭進化觀。

首先，從二者的思想淵源看，康有為主要是以傳統變易思想為主體，而嚴復則以西方進化論為主體。儘管康有為早年曾靠遊歷中國香港、上海，通過製造局和西方傳教士翻譯的二手西方資料，了解「猿猴生人」的自然進化思想，但作為一種系統歷史觀，康氏進化觀還是源於傳統變易思想，即把《春秋公羊傳》的「所見世」「所聞世」「所傳聞世」的「三世」說與《禮記·禮運》的「大同」「小康」思想和《易》變易思

想糅合起來，構建其「公羊三世」說。而嚴復在英留學期間，直接經歷了達爾文生物進化論的洗禮以及斯賓塞的社會達爾文主義和赫胥黎對進化的闡釋的熏陶，嚴復正是在這一基礎上來構建其進化史觀的。思想淵源不同，進化史觀則大異其趣。

其次，從進化的動力來看，康有為帶有濃厚的傳統泛道德主義痕跡，也就是說，進化的動力來源於仁愛道德和智慧，即他的「仁智」學說，而嚴復則強調進化的根本動力在於自我保存以及為自我保存而進行的「競爭」。在康氏看來，社會進化的原因和動力，首先是愛人（利群）和愛己，正是通過人際之間互愛合作，才能逐漸和諧發展，「人道以智為導，以仁為歸」，又說：「故人宜以仁為主，智以輔之」❶，並強調：「人惟有智，能創作飲食宮室衣服，飾之以禮樂政事文章」❷，也就是說，人類從野蠻進化到文明，從動物進化到人類，恰恰依靠的是仁─智一體化力量，「唯人直立有智慧文理，故口能食味，耳能別聲，目能被色，精益求精，以求進化，禮以節之，此所以日啟文明也。」❸ 這裏一個「智慧」，一個「禮」，「禮」不過是「仁」的外在化規範。強調「智」，反映了新時代理性的覺醒；強調「仁─禮」，則帶有明顯的古典泛道德主義痕跡。康有為鄙視「慾」在進化中的作用，「最無慾者聖人，縱其仁義之慾」❹，在這裏他偷換了「慾」的概念，「慾」作為一種生存本能，卻被化之以倫理道德的「仁」。在康氏進化史觀中，幾乎沒有「競爭」的地位。但在嚴復思想中卻非常明確，在介紹達爾文進化論時，他就指出其核心，「其一篇曰物競，又其一曰天擇。物競者，物爭自存也；天擇者，存其宜種也。」❺ 正是由於相互競爭，才能保證優勝劣汰，才能推動社會前進。嚴復是中國近代第一個明確從理論上闡述「競爭」與社會進步關係的思想

---

❶《康子內外篇·仁智篇》。
❷《長興學記》。
❸《禮運注》。
❹《康子內外篇·愛惡篇》。
❺《嚴復集》第 1 冊，第 16 頁。

家。當康有為大談「仁，天心」，「取仁以天」時，嚴復卻對《老子》的「天地不仁，以萬物為芻狗，聖人不仁，以百姓為芻狗」表示讚賞，並加評語說：「此四語括盡達爾文新理。」● 在嚴復看來，自然界並不遵循仁愛道德原則，而人類歷史也不是一曲仁愛溫馨的小夜曲，而恰恰是一幕幕充滿着野蠻、爭鬥的悲劇，而且正是在這種血與火、刀與劍的悲劇中為自己開闢前進的道路。

再次，從進化的目標看，康有為着重的是未來大同社會的理想，人人平等的太平世界，而嚴復的着重點卻始終是個體的自由和國家富強。康有為把進化的序列分成據亂世、升平世、太平世，而矚望於「太平世」的「親親、仁民、愛物」●，在《大同書》裏，更矚望於一種破「九界」達到一切平等的絕對平均主義烏托邦社會，這種關注無差別的「平等」觀念帶有濃厚的古典仁本主義色彩。而嚴復沒有康有為那種准宗教家預卜未來的先知色彩，他並不十分關注世界未來的走向問題，對於一個具有英國實證經驗派風格的思想家來說，對未來過分的幻想空談，本身就意味着對科學實證精神的背叛。因此，嚴復沒有康有為那種幻想家的浪漫情調，也不對未來進行廉價的許諾。他要解決的是每個中國人面對的無法迴避的迫切現實問題，也就是中國人自身的自由發展和國家民族的富強發展問題。可以說，進化的真正意義就是人的能力的全面自由發展和國家的發達興旺，具體說來，即如何實現「以自由為本，以民主為用」● 和「民智、民德、民力」的發展問題，只有這樣，才能使中國自立於世界民族之林。這就是他關注的進化目標。

這兩大進化史觀是近代進化史觀的最初分野。由於嚴復的《天演論》突出傳播了「物競天擇，適者生存」的理念，在處於民族危亡關頭的中國社會激起強烈反響，一如胡適所言，在中國屢戰屢敗後，「這個『優

● 《嚴復集》第 4 冊，第 1077 頁。
● 《南海康先生口説‧學術源流》。
● 《嚴復集》第 1 冊，第 23 頁。

勝劣敗，適者生存』的公式確是一種當頭棒喝，給了無數人一個絕大的刺激，幾年之中，這種思想像野火一樣燃燒着許多少年人的心和血。『天演』『物競』『淘汰』『天擇』等術語都漸漸成了報紙文章的熟語，漸漸成了一班愛國志士的『口頭禪』。」❶ 嚴復被人們稱為「天演家」，他的進化史觀則被冠以「天演哲學」之名。無疑，嚴復的進化史觀在最初幾年壓倒了康有為被稱為「大同哲學」的仁愛進化史觀。

二、兩大進化史觀的演變

然而，在嚴復進化史觀佔有壓倒性優勢不久以後，對嚴復進化史觀的反思和批判就已開始，而康有為進化史觀中的道德仁愛促進化、大同理想世界等在互助進化論思潮中獲得新的發揮和延伸。兩大進化史觀在演變中，出現了三種衍生形式。

第一，兩大進化史觀調和論。

這可以 1904 年發表的署名「君平」的文章《天演大同辨》❷ 為代表。該文以相互詰難的方式介紹了主張競爭進化論的「天演家」和主張平等博愛的「大同家」的思想，最後由文章作者出場而表現為對二者的中和協調。「天演家」與「大同家」詰難的思路，基本上沿襲了嚴、康兩大進化史觀的思路。

作者設計的兩種模式的對話，恰恰表明當時人們既看到了競爭進化論所揭示的無情的現實和實力競爭的工業文明社會那種不可避免的社會陣痛，同時也看到了仁愛進化論的充滿溫情的博愛主義、人道主義熱腸。前者是現實的，後者是理想的；前者是冷酷的，後者是仁愛的；前者是「科學」的，後者是人文的……二者各有利弊，於是作者在二者之間進行折衷調和，將人的追求分為現實與理想兩個層次，在社會現實

---

❶ 胡適：《四十自述》。
❷ 載《辛亥革命前十年時論選》第 1 卷（下），第 872 頁。

中，到處是「相妒相仇，相殘相殺，弱肉強食」，因此，「今日未足以語大同也」，而且，不具備競爭力的人，甚至連「禮讓」的權利都會被強者剝奪：「不能爭者，不足以言讓，吾不能爭而徒言讓，則吾雖不爭，其奈人之不我容何？」而且，從人口與土地的關係看，「競爭」將是一個幾乎永恆的現象：「地球有盡，而生育無涯，所以不見人滿之患者，特因天擇太嚴，稍不自立，即歸消滅。」這裏保留了馬爾薩斯人口論的某些痕跡，地球有限與人類的無窮繁衍之間的矛盾，必然導致競爭「可稍息而不可消滅也」；但是從人類理想層面看，「無大同思想者，其志行必淺薄，而大同遂無可期之一，故我儕雖不足語大同，而究不可不以大同思想為之竟。」最後，作者將二者兼收並蓄：「大同者，不易之公理也；而天演者，又莫破之公例也。公理不可剎那棄，而公例不能瞬息離。公理固可寶愛，而公例又非能避棄，當事者亦惟循天演之公例，以達大同之公理也。」作者的綜合顯然留下了一個漏洞，前面說「競爭」是「不可消滅」的永恆現象，又如何由生存競爭而達致仁愛的大同理想呢？顯然，這個至今仍困擾當代人的課題，這位作者也無力解決，於是便有了第二種衍生方式。

第二，互助進化史觀高於競爭進化史觀。

如果說《天演大同辨》是以兩種進化史觀的半分天下的均勢進行綜合的話，那麼，隨着克魯泡特金的無政府主義思想特別是他的《互助論》傳入後，則天平開始傾斜，「競爭」模式逐漸向「互助」模式傾斜。克氏《互助論》是對生存競爭進化論的「一種抗議」。首先，他認為「互助」是一種宇宙人類的普遍現象，不僅存在於動物自然界，也存在於從「蒙昧人和半野蠻人的社會」到「現代文明」的人類社會，它是從動物到人類的一種「生活法規」，一種本能，所以他說：「合群、互助與互相扶持的需要與人類的本性是不能分離的。」其次，「互助」也是人類社會進化的重要原因，「互助的根源很早就深深地滲入人類過去的進化中」，而且比「競爭」更重要，「我們可以堅決地承認互助與互爭皆是自然界中的法則；但是論起進化的原因，互助或許比較互爭重要得多，因為互助大有利於種族的保存和發展，互助能以較少的勞力予各個體的較大的安

適和愉快」；其三，「互助」本身就是一種道德情感，就是「愛、同情、犧牲」，「人類道德之進步，如按大體立論，亦由互助的原理逐漸擴張而成。」❶克魯泡特金的「互助論」，與康有為的「仁愛進化論」有着很大程度上的一致性和道德主義色彩，只不過克氏「互助論」更理論化。

　　克魯泡特金的思想是伴隨着無政府主義思潮和西方各種社會主義思潮而傳入中國的。至遲在 1907 年，他的《告少年》《秩序》就曾由新世紀書報局作為《新世紀叢書》被譯介到中國（譯者為「真民」），中國無政府主義者正是以克氏「互助論」來挑戰競爭進化論的，也就是說，嚴復進化史觀在風靡了多年後，遭到了比康氏進化史觀更具現代意味、也更具有某種實證科學意味的互助模式的挑戰。這可以中國無政府主義代表李石曾的《無政府說》來分析。李文雖然也承認「競爭」和「互助」是進化過程中的兩種力量，不可偏廢，「互助而不競爭，則偏於太柔；競爭而不互助，則偏於太烈；太柔，則不及進化之效力；太烈，則過進化之作用。不柔不烈，相遇得當，無過無不及之患，是謂最得進化之大道」❷，但是他明確強調「互助」高於「競爭」：

　　首先，在進化的動力方面，「互助」比「競爭」更具有重要性：「人謂世界無競爭，則無進步。吾更言曰：無互助，則更無進步，且欲競爭而不能。」又說：「夫生存未必賴競爭，競爭未必有進步。所以賴以生存，生存而有進步者，在互助而不在競爭也。」其次，「競爭」只能導致一個「慘殺世界」，「世界之所以終不能免為慘殺世界者，以競爭時多，而互助時少也」，而且，「自有生物以來，淪於天演之淘汰者多，出於自然之進化者少，蓋皆重競爭而輕互助也……此世界之所以至今日尚為慘殺之世界也。」其三，從作用來看，「互助」的作用高於「競爭」，李石曾從四方面進行比較：（甲）互助，則優劣俱勝，並進。（乙）不互助，則優劣俱敗，同退。（丙）競爭，則優勝劣敗，單進。（丁）不競爭，則優敗

---

❶　克魯泡特金：《互助論‧導言》XXV 第 179 頁、261 頁，開明書店，1939 年版。
❷　李石曾：《無政府說》，載《辛亥革命前十年時論選集》第 3 卷，第 152 頁。

劣勝，只退。從這一比較中，作者傾向於「互助」。

第三，「智識進化」與「道德退化」的「俱分進化論」。

無論是「兩種進化史觀調和論」，還是「互助」高於「競爭」論，都還沒有對「進化」本身提出懷疑，然而，章太炎1906年發表的《俱分進化論》❶，則明確對「進化」本身作出反思和質疑，使近代進化史觀的發展獲得了一種新的理論深度。應該承認，「善惡俱進」論從進化論一傳播就已開始存在了。《天演論‧演惡》中說：「以天演言之，則善固演也，惡亦未嘗非演。」只是嚴復在「按語」中反對赫胥黎這一觀點而少被人注意，章太炎則將之發揮到極致，從而表現出對人類歷史進化過程中「二律背反」複雜現象的深刻認識。

章太炎首先是從對「真、善、美」的懷疑開始的。真善美本是人類追求的一種價值理想，嚴復就曾多次肯定：「東西古哲之言曰：人道之所貴者，一曰誠，二曰善，三曰美。」❷ 然而章太炎卻對此表示懷疑：「希臘古德以為人之所好，曰真、曰善、曰美，好善之念，惟是善性；好美之念，是無記性；好真之念，半是善性，半無記性。雖然，人之所好，止於三者而已乎？」❸ 如果人類追求的是真善美的美好理想，那麼，人類社會到現在怎麼會仍到處是「伏屍百萬，喋血千里」。因此，章太炎更進一步指斥道：「希臘學者，括人心之所好而立真、善、美三，斯實至陋之論。」❹ 那麼人的追求和理想還有什麼呢？章太炎補充道：

今於人性好真、好善、好美而外，復有一好勝心。好勝有二：一、有目的之好勝；二、無目的之好勝。凡為追求五慾、財產、權位、名譽而起競爭者，此其求勝非以勝為限界，而亦在其事、其物之可成，是為有目的之好勝；若不為追求五慾、財產、權位、名譽而起競爭者，如雞

---

❶《章太炎全集》（四），第390頁。

❷《嚴復集》第4冊，第988頁。

❸ 章太炎：《俱分進化論》。

❹ 章太炎：《五無論》。

如蟋蟀等，天性喜鬥，乃至人類亦有其性，如好奕棋與角力者，不必為求博賭，亦不必為求名譽，惟欲得勝而止，是為無目的之好勝……❶

　　這樣，人類的追求便是真、善、美、勝「四好」，這「四好」中，前三者屬於「善」，後者屬於「惡」，因此「其所好者，不能有善而無惡，故其所行者，亦不能有善而無惡。」

　　當他從現實經驗中總結出人的「好勝」的「惡」本性之後，便試圖從佛教唯識宗基礎上予以解釋，並參照德國哲學家哈特曼（Hartmann）的宗教哲學。唯識宗主張「我」「法」兩空，「一切唯識所現」，「識」指眼、耳、鼻、舌、身、意、末那識、阿賴耶識「八識」，阿賴耶識作為世界的本性雖然無善無惡，但由於末那識「常執藏識以為自我」，便產生了「我執」，於是生出所謂「我癡」「我見」「我慢」「我愛」四種心，「我慢心」便產生了「惡」，因此人性本身就潛藏着善惡二重性，「抑吾嘗讀赫爾圖門之《宗教哲學》矣，其說曰：有惡根在，必有善根」❷，正是在認識到人類「惡根性」這一意義上，章太炎說，人是「萬物之元惡」❸，從而推出他的「俱分進化論」：

　　進化之所以為進化者，非由一方直進，而必由雙方並進，專舉一方，惟言智識進化可爾。若以道德言，則善亦進化，惡亦進化；若以生計言，則樂亦進化，苦亦進化，雙方並進，如影之隨形，如罔兩之逐景。非有他也，智識愈高雖欲舉一廢一而不可得。曩時之善惡為小，而今之善惡為大；曩時之苦樂為小，而今之苦樂為大。然則以求善求樂為目的者，果以進化為最幸耶？其抑以進化為最不幸耶？進化之實不可非，而進化之用無所取。

---

❶ 章太炎：《俱分進化論》。
❷ 章太炎：《俱分進化論》。
❸ 章太炎：《五無論》。

　　章太炎的思想是很深沉的，這裏既沒有康有為那種樂觀地將道德的
進步視為人類進化的動因的仁本主義心態，也沒有嚴復那種以天演哲學
理直氣壯地為「自我保存」為「惡」（人的自然本質）正名的昂揚的吶喊，
而是帶有更多的感傷和憂慮，一種對近代工業文明的深刻懷疑和否定，
他意識到了智識進步與道德退化的二律背反現象：「自微生以至人類，進
化惟在智識，而道德乃日見其反張。進化愈甚好勝之心愈甚，而殺亦愈
甚」❶，意識到了文明進步與非人道的根本衝突：「知文明之愈進者，斯蹂
踐人道亦愈甚」❷，也意識到了道德本身善、惡並進、苦樂同行的內在矛
盾，這些認識都是相當深刻而超前的。馬克思曾經說過，近代工業文明
「一方面產生了以往人類歷史上任何一個時代都不能想像的工業和科學的
力量；而另一方面卻顯露出衰頹的徵象。」又說：「新發現的財富的源泉，
由於某種奇怪的、不可思議的魔力而變成貧困的根源。技術的勝利，似
乎是以道德的敗壞為代價換來的。」❸ 章太炎以其特有的睿智表現出對
近代工業文明的深刻洞察。但是這種對近代文明歷史進步與道德退化的
敏銳感受，並沒有使他有勇氣來承受這種不可避免的二重分裂的歷史事
實，他沒有也不可能有歷史前進中不可避免的社會陣痛的代價意識，因
此，他反對近代工業文明：政治上反代議制，經濟上反資本主義，價值
理想上反真善美等等，而歌頌鄉村文明和道德，於是又回到傳統的思路
上去了。因此，章太炎的進化史觀並沒有獨立地形成第三大進化思潮。
形成持久影響的依然還是競爭與仁愛 ── 互助論。

三、近代進化史觀的匯流

　　兩大進化史觀經歷了「變異」「衝突」後，在「五四」期間，在早

---

❶ 章太炎：《五無論》。
❷ 章太炎：《記印度西婆耆王紀念會事》，《章太炎全集》（四），第 357 頁。
❸ 《馬恩選集》第 2 卷，第 78─79 頁。

期馬克思主義思潮中最終匯流，某些思想被吸收進了早期的唯物史觀。

第一，「互助」進化論逐漸壓倒競爭進化論，使早期馬克思主義在「互助」論影響下帶有濃厚的倫理主義色彩。第一次世界大戰的結果，深刻地影響到中國近代價值觀念的變化，突出表現為「競爭」進化論逐漸讓位於「互助」進化論。杜亞泉《金權與兵權》指出：「自 19 世紀物競天擇之說興，而利己主義、重金主義、強權主義、軍國主義相繼迭起。」❶ 有人甚至認為，正是競爭進化論導致了「此次慘無人道之歐洲大戰」，競爭造成了「一面為進化，一面為墮落」，而「互助」卻「惟有幸樂，而無苦難」❷。朱謙之更明確宣佈：「像那『物競天擇，適者生存』的信條，是過去了，克魯泡特金的互助論已代替他了。」❸ 而張東蓀在《第三種文明》中則宣佈「自由與競爭」為過時了的「第二種文明」，而歡呼「提倡互助」「培植協同」的「第三種文明」❹。孫中山先生也呼應了這一思潮，1919 年出版的《孫文學說》強調：「物種以競爭為原則，人類則以互助為原則」，並提出「互助」體用論：「社會國家者，互助之體也；道德仁義者，互助之用也。人類順此原則昌，不順此原則則亡」，並認為「人類進化之主動力，在於互助，不在於競爭。」❺ 與此同時，「工讀互助團」，新村主義則在實踐操作層面為這一思潮助力，而且克魯泡特金的著作繼辛亥以後再次在「五四」後期乃至更後時期，以報刊連載和專號的形式，更以一版再版甚至中譯本全集的形式，在中國形成一股「互助熱」。

互助進化論在「五四」時期的熱潮，無疑影響到了早期馬克思主義者李大釗、毛澤東、惲代英等人 ❻，也影響到了他們對馬克思主義、社會主義的理解。在早期傑出的馬克思主義者李大釗的理論中，社會主義

---

❶ 載《東方雜誌》15 卷，第 5 號。

❷ 石子：《動植物間之互助生活》，《勞動》第 1 卷，第 1 號，1918 年。

❸ 朱謙之：《革命的目的與手段》，《奮鬥》第 4 號，1920 年。

❹ 張東蓀：《第三種文明》，《解放與改造》第 1 卷，第 1 號，1919 年。

❺ 《孫中山選集》上卷，人民出版社，1956 年版，第 141 頁。

❻ 參見李大釗：《階級競爭與互助》，毛澤東：《民眾的大聯合》，惲代英：《未來之夢》等文。

更多地體現為一種倫理精神，一種強調互助、協作、平等和諧的倫理精神。雖然他也談經濟基礎，但他並不十分注重馬克思的關於建立在生產力高度發達的社會化大生產基礎上的社會主義。恰恰相反，李大釗更多地是把克魯泡特金的互助思想，康有為模式所代表的傳統大同平均理想和家族倫理融入馬克思主義中。李大釗的《階級競爭與互助》就明確了這種融合，他說：「一切形式的社會主義的根萌，都純粹是倫理的。協合與友誼，就是人類社會生活的普遍法則。」而且「不論他是夢想的，或是科學的，都隨着他的知識與能力，把他的概念建立在這個基礎」，這個基礎就是「協合、友誼、互助；博愛的精神，就是把家庭的精神推及於四海，推及於人類全體的生活的精神。」❶ 由於他把社會主義視為一種家族倫理原則和精神，因此他強調要把這種倫理精神補充到馬克思主義中去：

> 有許多人所以深病「馬克思主義」的原故，都因為他的學說全把倫理的觀念抹煞一切，他那階級競爭說尤足以使人頭痛……那社會主義倫理的觀念，就是互助、博愛的理想……近來哲學上有一種新理想主義出現，可以修正馬氏的唯物論，而救其偏蔽。各國社會主義者，也都有注重於倫理的運動，人道的運動的傾向……可是當這過渡時代，倫理的感化，人道的運動，應該倍加努力，以圖鏟除人類在前史中所受的惡習染，所養的惡性質，不可單靠物質的變更。這是馬氏學說應加糾正的地方。❷

李大釗的倫理主義方式「修正」馬克思理論表明，康有為的仁愛進化論和克魯泡特金的互助論思想已經融匯到早期馬克思主義思潮中去了。

第二，「競爭」進化論在「退潮」中，也逐步被轉化成「競爭」—「階級競爭」和「進化—革命」的激進主義話語結構。早在 1903 年，馬

---

❶ 李大釗：《階級競爭與互助》，《李大釗選集》，第 222 頁。
❷ 李大釗：《我的馬克思主義觀》，《李大釗選集》，第 193—194 頁。

君武在《社會主義與進化論比較》一文中，就曾指出過從達爾文進化論的生存競爭到馬克思的「階級競爭」的某些共同點，他說：「馬氏（指馬克思）嘗謂階級競爭為歷史之鑰……是實與達爾文言物競之旨合。」[1] 所以，到「五四」時期，這一深入人心的「競爭」觀念便構成了人們接受馬克思主義的階級鬥爭學說的心理基礎，李大釗就把「階級鬥爭」說成「階級競爭」，他在解釋唯物史觀與階級鬥爭學說時說：

> 歷史的唯物論者，既把種種社會現象不同的原因，總約為經濟原因，更以社會上競爭的法則，認許多組成歷史明顯的社會事實，只是那直接、間接、或多、或少，各殊異階級間團體競爭所表現的結果。[2]

當嚴復談論的是國家之間、種族之間、個人之間的生存競爭時，李大釗卻接過這一話語來闡釋馬克思的階級競爭。陳獨秀、蔡和森等人在《社會主義批評》和《馬克思學說與中國無產階級》等文中更直接稱「階級鬥爭」為「階級戰爭」。「競爭」觀念短短三十年（戊戌至「五四」）的影響同樣為階級鬥爭學說的廣泛傳播和實踐準備了一定心理基礎。

與此同時，進化史觀的核心概念「進化」思想經過辛亥、「五四」兩代人的努力，也逐步轉化為「革命」。早在資產階級革命派章太炎、鄒容那裏，就有了「革命」促「進化」的聯繫，無政府主義者李石曾所主張的社會主義更從語源上來揭示二者的聯繫，「革命之名詞來自西文，其字作 revolution, re 猶言更也，重也。volution，猶言進化也。故革命猶重進化也。」[3] 朱謙之對「革命」的理解也幾乎同一思路：

> 總之，進化與革命的關係，只是動與變的關係，革命是動，進化

---

[1] 馬君武：《社會主義與進化論比較》，《譯書匯編》第 2 年 11 號。
[2] 李大釗：《我的馬克思主義觀》。
[3] 李石曾：《革命》，《辛亥革命前十年時論選集》第 2 卷（下），第 998 頁。

是變，動的時候，便是變的時候，所以革命的時候，就是進化的時候，依照西文原名，革命叫做 revolution，進化叫做 evolution，可見革命是更進化的意思，假使要承續不斷地更進化，就不可不時時刻刻地去革命了。然我可更進一層，決定革命是促進「進化」的唯一因子。[1]

「五四」時期，陳獨秀也作如是觀：「歐語所謂革命者，為革故更新之義……莫不因革命而新興而進化。」[2] 蔡和森 1921 年也認為「馬克思主義的骨髓在綜合革命說與進化說（revolution et evolution）」[3]。因此，當中國選擇了一條俄國式「暴力革命」的道路時，人們在觀念上並沒有多少心理障礙，30 餘年進化史觀的薰陶，可以直接從 evolution（進化）過渡到 revolution（革命）。

這樣，兩大進化史觀從最初的嚴、康分野，嚴復競爭進化論的壓倒性影響，經過演變，競爭進化論逐漸向互助進化論傾斜，到互助進化論逐漸壓倒競爭進化論，走了一條「競爭」進化史觀逐步讓位於「互助—仁愛」進化史觀的歷程，這是一條逐漸向泛道德主義傳統復歸的歷程。到早期馬克思主義者，他們一方面接納了互助—仁愛進化史觀的泛道德主義觀念從而構築了早期社會主義烏托邦理想；一方面接納了「革命」促「進化」觀念和「競爭」觀念，從而融入到早期階級鬥爭學說。於是，兩大進化史觀的一些核心觀念都融入到或轉化成早期馬克思主義或早期社會主義思潮了，為唯物史觀的誕生作了必要的準備。

（原載《史學理論研究》1997 年第 4 期）

---

[1] 朱謙之：《革命的目的與手段》，《奮鬥》第 4 號，1920 年。
[2] 陳獨秀：《文學革命論》。
[3] 蔡和森：《馬克思學說與中國無產階級》，《新青年》9 卷 4 號。

嚴復、康有為思想分野
與近代人文重建的歷史演進

　　戊戌至「五四」是中國文化的現代轉型和人文精神重建的黃金時期，此後這一工作即告中輟。其中的原因除了客觀民族救亡的形勢變化外，從思想史角度考察則能發現，嚴復與康有為作為第一代人文啟蒙思想家的思想分野與異趣，實際上演化為近代人文重建過程中基本理論的內在矛盾和衝突，從而導致其在「五四」後期被新的激進主義理論所取代。

一、嚴復、康有為的思想分野

　　毛澤東曾經把嚴復與康有為並稱為「在中國共產黨出世以前向西方尋找真理的一派人物」[1]。顯示出二者在中國近代啟蒙史上地位的不可忽視和同等重要。但是，當我們仔細考察二者的人生經歷、思想旨趣以及文化背景等方面時，就會發現二者的內在分野與對立。

　　首先，康有為主要是用佛教慈悲學說、儒家仁愛學說來闡釋其倫理思想，思想軌跡是從佛、儒到康有為，其基本傾向是道德論，而嚴復是用社會進化論來闡釋其倫理思想，思想軌跡是從斯賓塞、赫胥黎到嚴復，其基本傾向是人性非道德論。

---

[1] 毛澤東：《論人民民主專政》。

任何思想都是一定歷史時空的產物，康、嚴的經歷、文化背景在某種意義上就決定了二者的分野。作為粵中名族，又以理學傳家的康有為，從小就生活在儒家文化環境中，並且跟隨理學名儒朱次琦習宋明理學，後離開朱而轉修佛學，直到 1879 年才到當時的英國殖民地香港並轉學《瀛環志略》《西國近事匯編》，開始了對西學的廣泛吸收，但是直到具有近代人文思想的代表作《康子內外篇》《實理公法全書》寫成前，他沒有遊歷過或考察過西方，也沒有接觸過西方近代啟蒙思想家的啟蒙名著或其他經典人文著作，他對西方的了解基本上來自西方一些在思想和學術方面處於低層次的傳教士的轉手材料。這種三四流的西方文化所闡發的「平等」「自主」，與西方經典人文精神往往大異其趣，更多地表現為一種基督教的博愛、平等精神。因此也就不能不影響到康有為的思想深度以及對西方的理解。我們只要讀一讀《康子內外篇》和《實理公法全書》，就能發現康氏所論西學往往使人有一種「隔靴搔癢」不得要領之感。但是他對中學與佛學的闡發，則往往顯得得心應手、遊刃有餘，相當嫻熟和老道。可以說，構成其思想框架的仍然是儒家文化和佛學，其知識結構的轉換遠不如嚴復。其弟子梁啟超就曾明確指出：「先生之理論，以仁字為唯一之宗旨……其哲學之本，蓋在於是。」[1] 康有為對「仁」的闡發是「仁者在天為生生之理，在人為博愛之德。」[2]「孔子本仁，最重兼愛。」[3] 又說：「不忍人之心，仁也……一切仁政，皆從不忍之心生，為萬化之海，為一切根，為一切源……人道之仁愛，人道之文明，人道之進化，至於太平大同，皆從此出。」[4] 這裏表現出對古典人文精神的仁本主義的認同。也就是說，人性的根本落實在性善，即「不忍人之心」，並且，康有為把這種思想與佛家的「平等」

---

[1] 梁啟超：《康有為傳》，《戊戌變法》（叢刊）Ⅳ，第 19 頁。

[2] 《中庸注》。

[3] 《春秋董氏學》。

[4] 《孟子微》。

聯繫起來，「孔子治及草木，與佛氏治及眾生同義」**❶**；佛家慈悲觀念奠基於佛性平等，既然佛性平等，就須慈悲為懷，然後再滲進西方傳教士所謂「自主之權」。

　　而嚴復則出身於「家貧有質券，賒錢不充債」「門戶支已難，往往遭無賴」**❷**的一個「布衣」家庭。因此，很小便進了當時不為人所齒的福州船政學堂。這種來自布衣家庭又非儒家科舉正途出身憑個人奮鬥而自立的經歷，也許就潛在地傾向於奮鬥（競爭）哲學。待到 25 歲後赴英留學，廣覽博涉亞當‧斯密、邊沁、孟德斯鳩、達爾文、赫胥黎、斯賓塞、穆勒等英法大師級一流思想原著後，嚴復也就無疑超越了靠讀製造局或西方傳教士翻譯的三四流著作而了解西學的青年康有為。嚴復倫理思想的基礎來自斯賓塞和赫胥黎，雖然嚴復的思想搖擺於兩者之間，一方面，他反對斯賓塞的「任天為治」的放任主義，按照斯賓塞的思想，「物競天擇，適者生存」不僅適用於自然界，也適用於人類社會，因此，只有放任人與人之間、國家之間、民族之間的殘酷爭鬥，無情地廝殺，才能保存優者、淘汰弱者，推動社會進步。而赫氏「與天爭勝」的思想則與之相反，認為「物競天擇，適者生存」只適用於自然界，而人類社會則是一個「倫理的過程」**❸**。他認為，「如果任其在內部自由發展，也就成了破壞社會的必然因素」，因此必須「約束在社會福利的限度之內」，並強調「社會的倫理進展並不依靠模仿宇宙過程，更不在於逃避它，而是在於向它作鬥爭」。嚴復對此表示讚賞，但更多地是用斯賓塞的觀點來批評赫胥黎，尤其在人性自私「安利」自存這一基本觀點上。他對赫氏所謂「群道由人心善相感而立」這一先驗道德論持否定態度。

　　這樣，嚴復就從根本上把人還原為動物，還原為不可否認的原始本

❶《萬木草堂口說‧春秋繁露》。
❷《嚴復集》第 2 冊，第 383－389 頁。
❸ 赫胥黎：《進化論與倫理學》，科學出版社，1978 年版，第 57、19、21、58 頁。

能。恰恰是人的自私安利，為了自我保存，才結成群體，人先天地只服從於自己的本能、慾望，即「快樂原則」。他說：

> 有叩於復者曰：人道以苦樂為究竟乎？以善惡為究竟乎？應之曰：以苦樂為究竟，而善惡則以苦樂之廣狹為分。樂者為善，苦者為惡，苦樂者，所視以定善惡者也，使苦樂同體，則善惡之界混矣……然則人道所為，皆背苦而趨樂，必有所樂，始名為善，彰彰明矣，故曰善惡以苦樂之廣狹分也。❶

不是以善惡的先驗標準來裁定人們的現實的苦樂利益，而恰恰是現實的苦樂慾望來裁定善惡。嚴復正是從這裏引出「開明自營」的合理利己主義和功利主義。

其次，兩者的經歷、思想淵源的根本差異，導致二者的人文思想基本內涵的分野：康有為更傾向於傳統人性問題，強調的是人的自我完善問題；而嚴復則吸收斯賓塞的教育思想，更重視的是人的全面發展的發展論問題。

「人性論」是康有為人文思想的一個核心，所謂「道不離人，故聖人一切皆因人性以為教」❷；所謂「孔子道之出於人性，而人性之本於天生，以明孔教之原於天而宜於人也」❸，談的都是人性論問題。有些學者稱之為資產階級自然人性論，這未免有些誇張。我們並不否認其中的某些近代成分，但是其人性論的主要成分，尤其是基本構架，仍然沒有超越傳統的泛道德主義和傳統人性論。（一）構建其人性論的思維框架、邏輯範疇和概念體系，沿用了傳統方式。最能代表其人性平等觀的是他的《實理公法全書》，但是僅從該書《目次》就可見一斑，如「總論人類門」「夫

---

❶《天演論》導言十八按語，第 46 頁。
❷《孟子微・中庸注・禮運注》，中華書局 1987 年版，第 263 頁。
❸《孟子微・中庸注・禮運注》，中華書局 1987 年版，第 189 頁。

婦門」「父母子女門」「師弟門」「君臣門」「長幼門」「朋友門」……康的倫理構架，幾乎沿襲了舊的「三綱」「五倫」體系；而在嚴復或梁啟超的倫理思想中，倫理結構已經突破了「君臣」「父子」「長幼」等舊的倫常關係網絡，而代之以「群」與「己」，「國家」「社會」與「個人」等新的關係結構。另外，《康子內外篇》（1886 年）、《毛詩禮徵》（約 1888年前）中仍然可見的是「愛惡篇」「性學篇」「不忍篇」「人我篇」「五倫篇」等傳統倫理範疇體系，而缺乏嚴復、梁啟超的「權利與義務」「自由與制裁」等近代範疇體系。儘管康有為的人性論包含着某些新時代種子的萌芽，但他所使用的那套舊的倫理概念、範疇和結構以及語言本身，就規定了他無法突破舊的人性論框架，無法完成新的倫理結構的轉換。（二）康有為同樣保留了以「天道」證「人道」的傳統。人們為了認證「人道」的合理性，就需要尋找「天道」的宇宙論根據，或者把「自然人化」，「人自然化」（劉澤華語），於是就有所謂「天人合一」之說。康有為的「天道仁化」也可以說就是這種傳統文化的變種。反覆強調「仁、天心」❶，「孔子本天，以天為仁，人受命於天，取仁以天」❷，在這一點上，康有為也同樣繼承了傳統倫理觀這種將倫理宇宙化、本體化的傳統。（三）人們一般將康有為對「人慾」的肯定視為近代自然人性論，這同樣也有可商榷之處。照此說來，孔子所謂「食、色，性也」，《詩·大序》所謂「發乎情，止於禮義」的節慾論並不排斥人慾，是否也是近代自然人性論呢？在中國傳統文化中，更多的不是西方中世紀的宗教禁慾主義，而是節慾主義，只是在宋明理學中才有某種「存天理，滅人慾」的禁慾主義傾向。因此，一般地肯定「人慾」，並非就是近代自然人性，只有當「人慾」與「個性」結合起來，肯定個體化的情慾本能，包括自我保存的本能，並將個體的慾望作為人的存在和發展（乃至社會發展）的內在驅力時，才達到了近代自然人性論的認識深度。康有為的

---

❶《春秋董氏學·春秋指第一》。
❷《春秋董氏學》卷 6（上）。

人性論思想體系的內核不是「個體」或「個性」，而是《實理公法全書》中的「人類」和「五倫」關係網，儘管他也談「自主之權」，但對「自主之權」仍缺乏一種近代意義的明確規定。

而嚴復的倫理思想、倫理結構、概念體系，首先就表現出對傳統的超越。嚴復最關注的是「群己」關係及其劃界問題，這是其倫理結構中的兩個基本範疇。對此，他曾在《群己權界論·譯凡例》中明確指出：

> 貴族之治，則民對貴族而爭自繇；專制之治，則民對君上而爭自繇；乃至立憲民主，其所對而爭自繇者，非貴族非君上。貴族君上，於此之時，同束於法制之中，固無從以肆虐。故所與爭者乃在社會，乃在國群，乃在流俗⋯⋯故所重者，在小己國群之分界⋯⋯使其事宜任小己之自繇，則無間君上貴族社會，皆不得干涉者也。

而且嚴復矛頭所向，直指「綱常名教」，「西國言論，最難自繇者，莫若宗教⋯⋯中國事與相方者，乃在綱常名教，事關綱常名教，其言論不容自繇，殆過西國之宗教。」[1]因此嚴復的倫理思想，已經從結構上超越了舊的三綱五常為核心的體系。同時，由於以「群」「己」關係來構建其倫理體系，這樣，「小己」便在中國倫理思想史上獲得了獨立的地位。這裏的「小己」也不同於儒家倫理那種「日三省乎己」「反求諸己」「己所不欲，勿施於人」的個體完善的「己」，而是強化自身德、智、力的獨立的個體。也就是說，不是人性論問題，而是發展論問題，才是嚴復倫理思想的核心和關鍵。嚴復「三民」思想中的「德」，突出了「私」的地位：「居今之日，欲進吾民之德⋯⋯則非有道焉，使各私中國不可也。」[2]這個「私」強調的是基本權利，即公民作為國家的權利主體地位；

---

[1]《群己權界論·譯凡例》。
[2]《嚴復集》第 1 冊，第 31 頁。

「智」則是強調培養一種自我意識的理性精神和智力水平；「力」突出體魄意志鍛煉。總之，嚴復是中國第一個表述關於人的德、智、體（力）全面發展的思想家，發展論思想的提出，使之從根本上超越了傳統倫理結構，超越了儒家文化喋喋不休的人性論課題。

　　第三，宗教式博愛平等與經典自由的分野。如果仔細考察康有為的人文思想，我們會發現康更關心的是「博愛」和「平等」，而很少論及「自由」，尤其是經典意義的個性自由；而且其博愛與平等又多少含有某種宗教意識，更多地融合了佛教「慈悲」觀念和儒家仁愛大同思想。梁啟超介紹其師的學說時說：「（康）大有得於佛為一大事出世之旨，以為人相我相眾生相既一無所取無所著，而獲現身於世界者，由性海渾圓，眾生一體，慈悲普渡，無有已時。」❶康氏揭開性海、法界的神祕虛幻的袈裟，認為性海、法界不過就是現世中的眾生和塵世，因此「眾生同源於性海，捨眾生亦無性海，世界原具含於法界，捨世界亦無法界」❷，同時亦將佛性轉換成人性：「天命之謂性，清淨法身也」❸，因此佛性平等也就是人性平等。康有為正是從佛性平等來批判舊的綱常名教：「吾謂百年之後必度三者：君不尊臣不卑，男女輕重同，良賤齊一。嗚乎！是佛氏平等之學矣。」❹同時他也搬出儒家大同學說來構築其「平等」思想：「公者，人人如一之謂，無貴賤之分，無貧富之等，無人種之殊，無男女之異……此大同之道，太平之世，行之惟人人皆公，人人皆平，故能與人大同也。」又說：「孔子以群生同出於天，一切平等，物為同胞，特為同氣，故常懷大同之志，制太平之法。」因此，康有為的「平等」主要是從佛家、儒家學說中推演出來。而且，康還將佛家「慈悲」「普渡」觀念與儒家「仁愛」相結合而形成「博愛」觀念。他說：

---

❶ 梁啟超：《康有為傳》，《戊戌變法》（叢刊）Ⅳ，第9頁。
❷ 梁啟超：《康有為傳》，《戊戌變法》（叢刊）Ⅳ，第17頁。
❸ 《萬木草堂口説‧中庸》。
❹ 《康子內外篇‧人我篇》。

「孔子宗旨在仁，佛亦雖能仁，聖人言大生、廣生，佛言眾生。」❶ 而「仁」的基本內核就是「博愛」:「仁也，以博愛為本」❷，「博愛之謂仁」。因此，梁啟超說:「先生之哲學，博愛派哲學也」，❸ 並在《康有為傳》中直接稱之為「宗教家」。

正因為康有為是從佛學和儒家文化中引出的「平等」觀念，因此缺乏近代平等觀念的內在規定性，這樣，難免落入以傳統反傳統的怪圈中，而表現出中國古典農業社會主義的平均主義色彩。

> 故全世界人，欲去家界之累乎，在明男女平等，各有獨立之權始矣，此天予人之權也。全世界人，欲去私產之害乎，在明男女平等，各自獨立始矣，此天予人之權也。全世界人，欲去國之爭乎，在明男女平等，各自獨立始矣，此天予人之權也。全世界人，欲去種界之爭乎，在明男女平等，各自獨立始矣，此天予人之權也。全世界人，欲致大同之世，太平之境乎，在明男女平等，各自獨立始矣，此天予人之權也……❹

姑且不論其孩童般幼稚、天真的浪漫氣息，即以倫理言之，其「平等」的根本解決辦法，是奠立在去「家界」「產界」「國界」「種界」的「大同太平之世」的基礎上，也就是一種絕對平均主義的理想天國境界。這個「境界」既反公平競爭，更反競爭結果的不平等，并且致力於建立一個「結果平等」而不是「規則平等」的社會，因此，這種「平等」觀恰恰是反近代平等觀念的，它並沒有超越古典人文精神儒家文化的平均主義「大同」空想。

而在嚴復的著作中，我們幾乎看不到康有為式的悲天憫人的慈悲胸

---

❶《南海康先生口説・正蒙》。
❷《論語注》卷 3。
❸ 梁啟超:《康有為傳》,《戊戌變法》(叢刊) IV,第 19 頁。
❹ 康有為:《大同書》,第 252－253 頁。

懷，看不到那種無差別平等博愛的人道熱腸，而更多地是冷峻無情的理性批判與孤傲悲憤的個性（「小己」）吶喊與自由呼號。我們幾乎找不到嚴復著作中的「博愛」思想，而「平等」，也不佔其核心地位 ❶ —— 構成嚴復思想核心的是「以自由為體」，以及與自由相聯繫的、以個體為基礎的一系列「自主」「自強」「自立」等概念。

　　美國著名的中國近代思想史專家史華慈教授（B.I.Schwartz）在其代表作《嚴復與西方》中指出：「假如說穆勒常視個人自由為目的本身，而在嚴復的譯述中，它卻成為促進民德與民智，並成為服務於國家之目的的工具。」❷ 史華慈教授認為嚴復主張自由的目的最終仍是服務於國家富強，這是深中肯綮的。但是在這個前提下，我們仍要充分估計到嚴復對自由和自我意識的重視和理解比較接近於經典自由主義的理論，這在中國近代可以說是自由史上第一人。近代自由主義主張者大多數缺乏一種理論上的辨析和嚴復留學英國時那種親身體驗，而更多地流於一種浪漫自由主義。只有嚴復最早充分認識到自由乃是一種群己劃界問題，這樣，個體的基本人權、個體的不可侵犯和不可入性，以及自由與法律的關係，都成為突出的問題。而且，由於對個體的強調，個體的批判意識、懷疑精神、個體作為倫理的主體性（自營、自利）、自我的擴展、充實和錘煉（自強、自立），自我作為權利主體即公民的意義（「自主」「私」），便成為近代人的基本標誌，成為近代人文精神重建的基本內涵，以自由為基礎的個體在嚴復這裏獲得了豐富的內在規定性。這是嚴復在近代思想史上的突出貢獻。

　　第四，仁 — 愛進化論與競爭進化論的分野。長期以來，學術界談論改良派的進化思想或進化史觀時，一概斥之為庸俗進化論，而對各代表

---

❶ 嚴復也談「平等」，如「夫歐亞之盛衰異者，以一其民平等，而一其民不平等也」（《嚴復集》第 4 冊，第 962 頁），但常與「自由」聯繫起來：「西之教平等，故以公治眾而貴自由」（《嚴復集》第 1 冊，第 31 頁）。

❷ Benjamin I. Schwartz, In Search of Wealth and Power: Yen Fu and the West P. 141, Cambridge, Mass, 1964.

人物的進化史觀的分野缺乏細緻的辨析。事實上，在嚴復的進化觀與康有為的進化觀之間，除了在進步觀念上和不能「躐等」等方面有着某種一致性外，更多地是代表了兩種截然對立的進化觀。康氏進化觀可謂是仁愛進化觀，而嚴氏進化觀則為競爭進化觀。我們不妨從兩個主要方面進行考察。

從進化的動力來看，康有為帶有濃厚的仁本主義痕跡，也就是說，進化的動力來源於仁愛道德和智慧，即他的「仁智」學說，而嚴復則強調進化的根本動力在於自我保存，以及為自我保存而進行的「競爭」。在康有為看來，社會進化的基礎和動力，首先是愛人（利群）和愛己，正是通過人際之間互愛合作，才能逐漸和諧發展，「人道以智為導，以仁為歸」，又說：「故人宜以仁為主，智以輔之。」[1] 強調：「人惟有智，能創作飲食宮室衣服，飾之以禮樂政事文章。」[2] 也就是說，人類從野蠻進化到文明，從動物進化到人類，恰恰依靠的是仁─智一體化力量，「唯人直立有智慧文理，故口能食味，耳能別聲，目能被色，精益求精，以求進化，禮以節之，此所以日啟文明也。」[3] 這裏一個「智慧」，一個「禮」，「禮」不過是「仁」的外在化規範。強調「智」，反映了新時代理性的覺醒；強調「仁─禮」則帶有明顯的古典仁本主義痕跡。康有為鄙視「慾」在進化中的作用，「最無慾者聖人，縱其仁義之慾。」[4] 在這裏他偷換了「慾」的概念，「慾」作為一種生存本能，卻被代之以倫理道德化的「仁」。而在康氏的人道主義思想中（19 世紀 90 年代前所形成），幾乎沒有「競爭」的地位，但在嚴復思想中卻相當明確，在介紹達爾文進化論時，他就指出其核心，「其一篇曰物競，又其一曰天擇。物競者，物爭自存也；天擇者，存其宜種也。」[5] 正是由於相互競爭，才能保證優

---

[1]《康子內外篇·仁智篇》。
[2]《長興學記》。
[3]《禮運注》。
[4]《康子內外篇·愛惡篇》。
[5]《嚴復集》第 1 冊，第 16 頁。

勝劣汰，才能推動社會前進。嚴復是中國近代第一個明確從理論上闡述「競爭」與社會進步關係的思想家。當康有為大談「仁、天心」，「取仁以天」時，嚴復卻對《老子》的「天地不仁，以萬物為芻狗，聖人不仁，以百姓為芻狗」表示讚賞，並加評語說：「此四語括盡達爾文新理。」❶自然界並不遵循仁愛道德原則，而人類歷史也不是一曲仁愛溫馨的小夜曲，而恰恰是一幕充滿着野蠻、爭鬥的悲劇，而且正是在這種血與火、刀與劍的悲劇中為自己開闢前進的道路。

從進化的目標看，康有為強調的是未來大同社會的理想，人人平等的太平世界，而嚴復的着重點卻始終是個體的自強與國家富強。康有為把進化的序列分成亂世、升平世、太平世，而矚望於「太平世」的「親親、仁民、愛物」❷，矚望於這樣一種一切平等的絕對平均主義社會，這種理想境界帶有濃厚的古典仁本主義色彩。而嚴復沒有康有為那種准宗教家預卜未來的先知色彩，他並不十分關注世界未來的走向問題，對於一個具有英國實證經驗派風格的思想家來說，對未來過分的玄想空談，本身就意味着對科學實證精神的背叛。因此，嚴復沒有康有為那種玄想家的浪漫情調，也不對未來進行廉價的許諾，他要解決的是每個中國人面對的無法迴避的迫切現實問題，也就是中國人自身的自強發展和國家民族的富強發展問題。

二、兩種模式的二重變奏和最後匯流

在 19 世紀末的價值危機中，先進的思想家們轉向西方文化。嚴復模式在短期內填補了這種價值真空，這種以進化論為象徵的自我保存的個人主義、群己權界的自由主義、優勝劣敗的強者哲學，德、智、力的發展論，的確使那些處在價值真空的人們，強烈地感受到了落後就要

---

❶《嚴復集》第 4 冊，第 1077 頁。
❷《南海康先生口說・學術源流》。

捱打、愚弱就要被欺侮的鐵的事實，同時也頗能激勵國人奮發向上的進取精神和自由人格意識的覺醒。然而這畢竟與有着幾千年重倫理、講道德、倡仁愛、主尚同的中國文化土壤相扞格，尤其是社會達爾文主義成為一種發達國家對落後國家進行奴役的理論支柱時，就更難為中國知識人所普遍接受。這樣，中國近代思想界便在兩大模式之間徘徊、彷徨，陷入一種選擇的困惑，雖然他們力圖進行一種更高層次的理論綜合，但又往往顯得力不從心。大體說來，可以歸納為以下幾方面。

（一）個人還是整體？嚴復、梁啟超在近代人文重建過程中是先驅者，然而從他們開始，個人與整體的矛盾和衝突便不可調和了。作為一種理想社會而言，個人與整體需要保持一定的張力，才能保證一個既充滿活力與創造、又和諧穩定的社會，才能既維持個人的基本權利，又維持社群的整體利益。對於這一點，嚴復並非沒有意識到，他將「自由」表述為一種「群己權界」，並且「反覆三致意焉」便是相當深刻的。但他更感覺到在實踐操作上二者的難以調和與衝突，一方面，中國面臨着走出中世紀的啟蒙任務，而啟蒙時代的中心便是激發個人的創造潛力，呼喚個性，強調個人自由、自存、自主、自強、自立的基本權利；但另一方面，由於民族救亡的突出，使人（個體）的解放和國家民族的解放兩大課題混在一起，處於戰爭狀態的非常時期，民族救亡似乎更多需要的是強有力的領導、軍營式鐵的紀律約束和集團合作精神，尤其是當中國還處於民智未開、民德未和、民力已荼的狀態時，自由的個人主義也許難以促成西方那種人的解放；相反，卻可能導致國家整體的「一盤散沙」和一袋打破了的「馬鈴薯」狀態。因此，嚴復、梁啟超、章太炎、孫中山、陳獨秀幾乎都曾陷入這種尷尬的二難困惑中。於是，嚴復一面說：「侵人自由者，斯為逆天理，賊人道。」[1] 一面又說：「小己之自由，非今日之所急。」[2] 梁啟超作為一個自由主義者所說的「一身自由云者，

---

[1] 《嚴復集》第 1 冊，第 3 頁。
[2] 《嚴復集》第 4 冊，第 985 頁。

我之自由也」,「團體自由者,個人自由之積也」❶,話音未落,《國家思想變遷異同論》便換上了一副國家主義面孔。章太炎「大獨必群,群必以獨成」❷,似乎從理論上相當辯證,無懈可擊,然而在操作實踐層面究竟是「獨」優先還是「群」優先,二者何為手段、何為目的,相對嚴復的「劃界」問題,更帶有一種模糊性。

　　辛亥革命的果實落入大野心家袁世凱手中,他接過了國家主義的某些觀點而強調國權,「力謀國權之統一」,要求「建行國家之威信」,提倡「人人以國為本位,勿以一身一家為本位」❸。這種整體優先的國家主義,竟然成為政治野心家強化獨裁的招牌和工具,於是在整體主義的困境中,又開始對個人主義的重新反思。

　　1914 年東京創刊的《甲寅》雜誌首先開始反擊國家主義的整體目的、個人手段論。章士釗的《國家與責任》引用一個美國學者的觀點說:「國家之基礎,權利也。欲求一合乎公道之國家,非於權利之精髓見之絕瑩,殆不可能。」❹高一涵也強調:「何謂一體,以國家者建築於人民權利之上,非離外人民權利,別能建一國家於無何有之鄉也。」❺他們將侵犯個體權利的國家主義斥為「偽國家主義」。章士釗說:「吾人有倡為國家主義者,意在損個人以益國家,此說之可取,亦視夫所為損益界說若何,若侵無經界,犯吾人權根本之說,愚敢斷言之曰:此偽國家主義者也。」❻並進一步指出:「凡言毀民而崇國者,皆偽國家主義也,無論倡之者動因何似,吾人一例辭而辟之。」❼特別值得一提的是陳獨秀對「愛國主義」的重新理解。在他看來:「國家者,保障人民之權利,謀益人民

❶ 《新民說・論自由》。

❷ 章太炎:《明獨》。

❸ 《袁世凱蒞任宣言書》,《近代稗海》第 3 輯,第 56 頁。

❹ 章士釗:《國家與責任》,《甲寅雜誌存稿》,商務印書館,1921 年版,上冊。

❺ 高一涵:《民福》,《甲寅》1 卷 4 號。

❻ 章士釗:《國家與責任》,《甲寅雜誌存稿》,商務印書館,1921 年版,上冊。

❼ 章士釗:《自覺》,《甲寅雜誌存稿》,商務印書館,1921 年版,上冊。

之幸福也。」❶ 一個國家如果不能保證這些目的，人民就不必愛國，若是
人民連國家的目的都不明確，而對國家表示愚忠，就會為竊國大盜所利
用。所以他說：「蓋保民之國家，愛之宜也，殘民之國家，愛之也何居
乎？」個體的基本權利又開始壓倒整體主義，到「五四」前期，強調人
權、個體的個人主義思潮達到高潮。

（二）競爭進化論還是互助進化論？這對問題的出現，實際上是「個
人還是整體」命題的某種延伸。以個人為本位，勢必就要強調為了自我
保存，只有通過競爭來強化自身，以競爭來爭取自己的基本權利，從而
確立自身的優勝地位；以整體為本位，勢必反對競爭，強調人際之間的
妥協、互助、友愛、忍讓，以達成整體和諧與穩定。對於一種理想的政
治倫理生活，應該是既以競爭促成一個有活力有創造性的社會，一種社
會進步；同時又使競爭不致於破壞人際和諧和互助友愛精神。然而，在
操作實踐層面，究竟以競爭的進化論為主導，還是以互助的進化論為優
先，也呈現出二重變奏的趨勢。

康有為的大同理想和仁愛論，與嚴復的天演哲學構成了互助進化與
競爭進化的最初分野和對峙。這種分野中，嚴復模式顯然具有壓倒優勢
的影響。但是，這種分野又只具有相對的意義，嚴復並不是社會達爾文
主義那種絕對競爭主義者，當他反對斯賓塞的「任天為治」而傾向於赫
胥黎的「與天爭勝」思想時，就開始了近代啟蒙中最早對競爭放任主義
的遏制，這種遏制無疑是倫理的。但是在嚴復這裏，互助的仁愛的思想
似乎還沒有抬頭。

比較早對斯賓塞的社會達爾文主義的弊病有所認識的，可以梁啟超
於 1901 年發表的《國家思想變遷異同論》為例。梁在該文中將斯賓塞稱
為強權派，認為「及其弊也，陷於侵略主義，蹂躪世界之和平」，表現
出對優勝劣汰理論的某種憂慮。而康有為模式與嚴復模式所代表的兩種

---

❶ 陳獨秀：《愛國心與自覺心》，《甲寅》1 卷 4 號。

倫理取向出現在同一篇文章中的，大概要以 1904 年發表的署名「君平」的文章《天演大同辨》為早 ❶。該文以相互詰難的方式介紹了主張競爭進化論的「天演家」和主張平等博愛的「大同家」的思想，最後由文章作者出面而表現出對二者的中和協調。「天演家」與「大同家」詰難的思路，基本上沿襲了嚴、康模式的思路。

作者所設計的兩種模式的對話，恰恰展示了作者人文取向中的二重困惑：既看到了競爭進化論所揭示的無情的現實和勢力競爭的工業文明社會那種不可避免的社會陣痛，同時，他也看到了大同模式的充滿溫情的博愛主義、人道主義熱腸。前者是現實的，後者是理想的；前者是冷酷的，後者是仁愛的；前者是科學的，後者是人文的……二者各有利弊，於是作者在二者之間進行折衷調和，即將人的追求分為現實與理想兩個層次，在社會現實中，到處是「相妒相仇，相殘相殺，弱肉強食」，因此「今日未足以語大同也」，而且，不具備競爭力的人，甚至連「禮讓」的權利都會被強者剝奪：「不能爭者，不足以言讓，吾不能爭而徒言讓，則吾雖不爭，其奈人之不我容何」。而且從人口與土地的關係看，「競爭」將是一個幾乎永恆的現象：「地球有盡，而生育無涯，所以不見人滿之患者，特因天擇太嚴，稍不自立，即歸消滅。」這裏保留了馬爾薩斯人口論的某些痕跡，物質的增長趕不上人口的增長，尤其是地球的有限與人類的無窮繁衍之間的矛盾，必然導致競爭「可稍息而不可消滅也」；但是從人類理想層面看：「無大同思想者，其志行必淺薄，而大同遂無可期之一，故我儕雖不足語大同，而究不可不以大同思想為之竟。」而後，作者將二者兼收並蓄：「大同者，不易之公理也，而天演者，又莫破之公例也。公理不可剎那棄，而公例不能瞬息離。公理固可寶愛，而公例又非能避棄，當事者亦惟循天演之公例，以達大同之公理耳。」作者的綜合顯然留下了一個漏洞，前面說「競爭」是「不可消滅」的永恆現象，那

---

❶ 君平：《天演大同辨》，《辛亥革命前十年間時論選集》第 1 卷（下），第 872 頁。

麼又如何由此而達到大同理想呢？假如「天演」競爭與大同理想沒有一個最佳結合點的話，那麼，作者的這種結合便只是貌合神離。

　　但是，這裏出現的一個歷史現象便是，到了 20 世紀初，近代思想界已經沒有 19 世紀 90 年代後期那種對天演競爭一邊倒的現象，人們已經開始把這種帶有濃厚的中國特色的大同理想嫁接到天演進化論的西方文化之上。這樣，當西方文化中出現了無政府社會主義思潮，尤其克魯泡特金的《互助論》傳入中國時，它們便和大同理想結合起來，迅速風行於思想界，並逐漸壓倒競爭天演論。

　　自從 1907 年在日本創辦的留學生雜誌《天義報》和在巴黎創辦的《新世紀》連篇累牘地大量翻譯和介紹克魯泡特金思想以後，大同、博愛、互助、平等等思想在知識界、學生界迅速風行起來，其中論述比較充分的可以《新世紀》的主筆李石曾的《無政府說》為例。如果說 1904 年君平的《天演大同辨》是以天演家與大同家的半分天下的均勢為基礎來進行綜合的，那麼到《無政府說》則天平開始傾斜，「競爭」模式開始向「互助」模式傾斜，也就是說嚴復模式在風靡了十餘年後，遭到了比康有為大同模式更具有現代意味，也更具有某種實證科學意味的互助模式的挑戰，而且互助模式開始佔上風。李文雖然也承認「競爭」與「互助」是進化過程中兩種力量，就猶如一則古老寓言所昭示的一樣，一塊盾牌有金銀兩面，兩者各執一端相持不下：「苟有第三人見盾之兩面，無不笑二人之瞎鬧也」。因此，從兩方面考慮，「互助而不競爭，則偏於太柔；競爭而不互助，則偏於太烈；太柔，則不及進化之效力；太烈，則過進化之作用。不柔不烈，相遇得當，無過無不及之患，是謂最得進化之大道。」❶ 但是正如克魯泡特金一樣，李石曾對「互助」模式的傾向性是十分明顯的。

　　（三）歷史原則還是道德原則？康有為模式與嚴復模式在歷史與道

---

❶ 李石曾：《無政府說》，《辛亥革命前十年間時論選集》第 3 卷，第 152 頁。

德問題上也發生了尖銳的對峙。按照康有為的仁愛進化論模式，則人類的進化必然表現為倫理道德的進化，所以康有為以樂觀的心態描述着人類文明道德水平的進化序列，「夫人類之始，有雌雄牝牡之合，即有父子、兄弟之親，有慾而有爭，則有豪長以治之，有冥而合精，則有鬼神以臨之」「人治而後有士，誦言以教之，則最後者也，三人具，則豪長上坐，而禮生焉，聲音暢，則歌謠起，而詩出焉，同時而起者也，士鼓簧桴以為樂，立章約法以為書，更其後者也。」❶ 按照這種仁愛進化模式，最後進入人人相親相愛的大同社會，歷史與道德在這裏幾乎是和諧合一的，而按照嚴復引介的進化論模式，人天生服從自我保存原則，服從趨樂避苦、趨利避害原則，正是這種相互競爭以保存自我的原則，以「惡」的形式卻推動了社會歷史的進步。在這裏顯然更接近黑格爾的歷史高於道德論。

章太炎在 1906 年發表的《俱分進化論》更突出了歷史與道德的悖論性衝突，由這種衝突中表現出一種道德的困惑。

　　進化之所以為進化者，非由一方直進，而必由雙方並進，專舉一方，惟言智識進化可爾。若以道德言，則善亦進化，惡亦進化；若以生計言，則樂亦進化，苦亦進化，雙方並進，如影之隨形，如罔兩之逐景。非有他也，智識愈高雖欲舉一廢一而不可得。曩時之善惡為小，而今之善惡為大；曩時之苦樂為小，而今之苦樂為大。然則以求善求樂為目的者，果以進化為最幸耶？其抑以進化為最不幸耶？進化之實不可非，而進化之用無所取。❷

章太炎的思想是深沉的，這裏既沒有康有為那種膚淺而又樂觀地將道德的進步視為人類進化的標誌的仁本主義心態，也沒有嚴復那種以天

---

❶《康子內外篇‧性學篇》。
❷《俱分進化論》。

演哲學理直氣壯地為「惡」（實指人的自然本質）正名的昂揚的吶喊，而是帶有更多的感傷和憂慮，一種對近代工業文明的深刻懷疑和否定。他意識到了「智識」進步與道德退化的二律背反，「自微生以至人類，進化惟在智識，而道德乃日見其反張。進化愈甚好勝之心愈甚，而殺亦愈甚」❶，意識到了文明進步與非人道的根本衝突：「知文明之愈進者，斯蹂躪人道亦愈甚。」❷也意識到了道德本身善、惡並進、苦樂同步發展的內在矛盾，這些認識都是相當深刻的。馬克思曾經說過：近代工業文明「一方面產生了以往人類歷史上任何一個時代都不能想像的工業和科學的力量；而另一方面卻顯露出衰頹的徵象」，又說：

　　新發現的財富的源泉，由於某種奇怪的、不可思議的魔力而變成貧困的根源。技術的勝利，似乎是以道德的敗壞為代價換來的。隨着人類愈益控制自然、個人卻似乎愈益成為別人的奴隸或自身的卑劣行為的奴隸。❸

　　章太炎以其特有的睿智表現出對近代工業文明的深刻洞察。但是這種對近代文明歷史進步與道德退化的敏銳感受，並沒有使他本人有勇氣來承受這種不可避免的二重分裂的歷史事實，他沒有也不可能有歷史前進中不可避免的社會陣痛的代價意識，因此他反對近代工業文明：制度上反代議政治，經濟上反資本主義，價值理想上反真善美等等，而歌頌鄉村文明，歌頌下層道德，這樣便又回到了傳統道德決定論。
　　嚴、康兩種模式的二重變奏到「五四」後期，便開始了個體主義對整體主義的讓位，互助論逐漸取代競爭論，非道德論向道德論復歸，最後兩種模式匯入社會主義思想洪流中。我們不妨考察一下「五四」後期

---

❶《五無論》，《章太炎全集》（四），第 442—443 頁。
❷《記印度西婆耆王紀念會事》，《章太炎全集》（四），第 357 頁。
❸《馬恩選集》第 2 卷，第 78—79 頁。

的幾種轉向。

　　第一，從「人權」到「民主」。自從 1904 年《人權宣言》《獨立宣言》被譯介到中國後，短短幾年內曾形成了一個以個人主義為核心的人權思潮，後來在「五四」前期又形成了新的高潮。陳獨秀《敬告青年》正式提出「科學與人權並重」。他的《法蘭西人與近世文明》《一九一六年》等文都強調的是個體自然權利、獨立人格。但是到「五四」後期，陳獨秀就很少談人權了。比如 1919 年發表的《〈新青年〉罪案之答辯書》❶便不是「科學與人權」，而是「德」（民主）「賽」（科學）兩先生。學術界往往忽視了從「人權」到「民主」轉變的根本意義，而將二者混同起來。但事實上，「人權」觀念基本上保留了近代西方那種個體的自然權利的內涵，而「五四」後期的「民主」卻更多地體現為一種整體主義、一種平等傾向、一種民本主義和社會主義，而已經不是近代資產階級政治運作方式或價值觀念。比如有一篇文章就認為：「民主應用在經濟上，就是集產主義或共產主義，可稱為經濟的德莫克拉西。應用在社會上，就指無政府主義。」❷而另一篇文章則將「民主」解釋為「廢止資本主義的生產」，建立一個「平等的經濟組織」❸。毛澤東乾脆將民主稱為「平民主義」「民本主義」「民主主義」「庶民主義」❹。李大釗也將民主視為「一切福利的機會均等」「一種均等機會去分配那生產的結果」❺。這裏顯然談的都不是資產階級民主觀念，而表現出一種社會主義趨向，一種反資本主義趨向。

　　第二，由競爭到互助。第一次世界大戰的結果不僅在西方導致了全

---

❶ 陳獨秀：《敬告青年》，《青年雜誌》1915 年第 1 卷 1 號；《一九一六年》，《青年雜誌》1916 年第 1 卷第 5 號；《法蘭西人與近世文明》，《青年雜誌》1915 年第 1 卷第 1 號；《〈新青年〉罪案之答辯書》，《新青年》第 6 卷第 1 號。

❷ 仲九：《德莫克拉西的教育》，《教育潮》1919 年第 1 卷，第 1 期。

❸ 彭一湖：《新時代之根本思想》，《每周評論》1919 年第 8 號。另外，《教育潮》1919 年第 3 期中《什麼是現代的時代精神》亦認為，「德莫克拉西」的含義在於，經濟上消滅資本主義、政治上消滅階級差別、文化上消滅不平等，顯然與「五四」前期「人權」觀念完全不同。

❹ 毛澤東：《創刊宣言》，《湘江評論》1919 年創刊號。

❺ 李大釗：《勞動教育問題》，《李大釗選集》，人民出版社 1959 年版，第 138 頁。

面的文化價值危機，同時也影響到中國近代價值觀念的變化，這突出地
表現為「競爭」進化論在思想界影響的縮小，而互助論卻幾乎覆蓋了「競
爭論」。杜亞泉的《金權與兵權》指出：「自十九世紀物競天擇之說興，
而利己主義、重金主義、強權主義、軍國主義相繼迭起，於是金權、兵
權乃藉此學說，席此時期，愈益猖獗，非復法律、道德所能遏制。」[1] 石
子在一篇文章中亦強調，自從競爭進化論廣為流佈後，「生存競爭，優
勝劣敗一語，遂為人假以行惡。政府以之擴張軍備，野心家以之制做戰
爭，資本家以之攫取金錢」，因此導致了「此次慘無人理之歐洲大戰」，
競爭造成「一面為進化，一面為墮落」，而互助論卻「惟有幸樂，而無
苦難」[2]。偉大的革命家孫中山也呼應了這一思潮，他於 1919 年出版的
《孫文學說》表現出與這一思潮的同步性。他說：「物種以競爭為原則，
人類則以互助為原則。」[3] 並提出了「互助」的體用論：「社會國家者，
互助者之體也；道德仁義者，互助之用也。人類順此原則則昌，不順此
原則則亡。」並由此而譴責競爭進化論，導致「各國都以優勝劣敗、弱
肉強食為立國之主腦，至謂有強權無公理」，因此乃是「一種野蠻的學
問」[4]，他強調「人類進化之主動力，在於互助，不在於競爭。」[5] 而早期
共產主義者諸如李大釗、毛澤東、惲代英等參預到了互助論思潮的傳播
隊伍中 [6]。與此同時，「工讀互助團」、新村主義則在實踐操作層面為這一
思潮助力，而且克魯泡特金的著作在《天義報》（1907）、《新世紀》的
連載傳播的第一次高潮後，又在「五四」後期乃至更後時期，以報刊連
載和專號的形式，更以一版、再版甚至中譯本全集的形式，在中國形成
一股「克魯泡特金熱」或「互助熱」。

---

[1] 載《東方雜誌》第 15 卷，第 5 號。

[2] 石子：《動植物間之互助生活》，《勞動》1918 年，第 1 卷，第 1 號。

[3] 《孫中山選集》上卷，人民出版社，1956 年版，第 141 頁。

[4] 胡漢民編：《總理全集》第 2 卷，第 96 頁。

[5] 《孫中山選集》上卷，人民出版社，1956 年版，第 338 頁。

[6] 參見李大釗《階級競爭與互助》，毛澤東《民眾的大聯合》，惲代英《未來之夢》等文。

　　第三，從強者意識到平民意識，從城市意識到鄉村意識。從戊戌到辛亥時期，一個突出現象便是介紹或讚頌強者、英雄。嚴復引介的天演哲學實質上是一種強者哲學、優者哲學，它要求人們為自我保存、自我實現而去競爭、搏擊命運，去爭做一個強者、優者。魯迅在辛亥革命前發表的《文化偏至論》《摩羅 ❶ 詩力說》極度高揚尼采的「強力」意志、「超人」哲學，並推崇那種「一劍之力」的摩羅詩人拜倫等人，都反映了當時的青年留學生試圖以英雄為目標，不斷超越自身平庸而奮鬥的強者精神。與這種哲學相呼應的便是思想界普遍的對強者、英雄的宣傳。我們從梁啟超的《豪傑之公腦》《過渡時代論》《英雄與時勢》《文明與英雄之比例》等文，看到的都是對英雄、豪傑、俊傑、國魂的呼喚，以及對英雄素質諸如冒險、進取、耐力、強力的探求。同時彌漫在革命派報刊中的是對俄國虛無黨的暗殺、恐怖、炸彈、匕首等個人英雄主義行動的崇拜。《民報》等許多刊物的扉頁插圖，大多是華盛頓、拿破崙、秋瑾、陳天華等被視為精英的一類人的照片。

　　但是到「五四」後期，強者意識被一種扶弱的平民意識所取代，知識群更多關心的是工人、農民等普通百姓平民階層的生產、工作和疾苦。這種平民意識和對鄉村農業文化的重視，既是西方社會主義思潮的影響，同時又和康有為模式所蘊含的那種古代民本主義和均平思想有着文化上的承繼關係，辛亥時期章太炎《定版籍》「均配土田」和劉師培的《悲佃篇》，已經明確地突出了這種平民意識和鄉村意識。到「五四」後期，隨着十月革命的勝利，勞工主義、庶民主義思潮迅速佔領了中國思想界。陳獨秀的《勞動者的覺悟》《上海原生紗廠湖南女工問題》《貧民的哭聲》，李大釗的《庶民的勝利》《麵包問題》《勞動教育問題》《唐山煤廠的工人生活》等 ❷，都表明「五四」後期人們更關注的是下層工人、農民的生活狀況、平民教育以及社會平等問題，思想界的重心從強者、

---

❶ 梵語譯音，即魔，基督教稱撒旦。
❷ 參見《獨秀文存》《李大釗選集》。

精英移到下層平民。

　　與此同時，由章太炎曾經讚頌過的農民、工人道德的個別現象，迅速普遍為一種歌頌美化工人、農民以及勞動方式和他們所生活的環境如鄉村文明等的思潮，比如「工讀主義」思潮便是一種對傳統鄉村文明提倡的「耕讀為本」的繼承。而李大釗在提倡「工讀主義」時就強調了這一點，他說：「中國鄉村裏有句舊話說得很好，就是『耕讀傳家』。現在家族制度漸就崩壞，『傳家』二字已沒用了，可以改為『耕讀作人』，是一句絕好的新格言。」❶ 如農民、工人已經不再像戊戌、辛亥時期那樣成為被鄙視、被啟蒙、被改造的對象，而成為道德高尚者。李大釗在《低級勞動者》中說：「凡是勞作的人，都是高尚的、神聖的，都比你們這些吃人血不作人事的紳士、賢人、政客們強得多。」❷ 城市文明由於資本主義制度而成為罪惡的淵藪，而農村則成為一片未被工業文明污染的聖地：

　　青年阿！走向農村去吧！日出而作，日入而息，耕田而食，鑿井而飲，那些終年在田野工作的父老婦孺，都是你們的同心伴侶，那炊煙鋤影雞犬相聞的境界，才是你們安身立命的地方呵！❸

　　這三種轉向，實際上都指向了一條新的選擇道路：走馬克思主義，走社會主義。但是即便在早期傑出的馬克思主義者李大釗的理論中，社會主義也更多地體現為一種倫理精神，一種強調互助、協作、平等和諧的倫理精神，雖然他也談經濟基礎，但是他並不十分注重馬克思的社會主義的根本精神是必須建立在生產力高度發達的社會化大生產基礎上的社會主義。恰恰相反，李大釗更多地是把克魯泡特金的互助

❶《工讀》，《李大釗選集》，第 284 頁。
❷《李大釗選集》，第 305 頁。
❸ 李大釗：《青年與農村》，《李大釗選集》，第 149－150 頁。

思想、康有為模式所代表的傳統大同平均理想和家族倫理融合進馬克思主義中。李大釗在《階級競爭與互助》中就明確了這種克魯泡特金與馬克思的融合，尤其明確把社會主義視為一種倫理精神。他說：「一切形式的社會主義的根萌，都純粹是倫理的。協合與友誼，就是人類社會生活的普遍法則」，而且「不論他是夢想的，或是科學的，都隨着他的知識與能力，把他的概念建立在這個基礎」，這個基礎就是「協合、友誼、互助、博愛的精神，就是把家族的精神推及於四海，推及於人類全體的生活的精神。」❶

　　嚴復模式雖然在「五四」後期被替代和超越了，但是其中一些基本思想也匯入了馬克思主義思潮和早期社會主義思潮中。比如人們對「革命」的理解便反映出「進化」觀念的影響。「五四」時期，陳獨秀也便作如是觀：「歐語所謂革命者，為革故更新之義……莫不因革命而新興而進化。」❷ 因此，當中國選擇了一條俄國式「暴力革命」的道路時，人們在觀念上沒有多少心理障礙，可以直接從進化（evolution）過渡到革命（revolution）。如蔡和森 1921 年發表的《馬克思學說與中國無產階級》便明確指出：「竊以為馬克思主義的骨髓在綜合革命說與進化說（revolution et evolution）。」❸

　　嚴復模式匯入早期馬克思主義的另一觀念突出體現為「競爭」觀念。誠然，「五四」期間，互助、平等等倫理精神逐漸壓倒「競爭」觀念，但是「競爭」觀念不僅沒有消失，而且被早期馬克思主義者轉化為「階級競爭」或「階級鬥爭」。李大釗就把「階級鬥爭」說成「階級競爭」，李大釗在談到馬克思主義的三個組成部分時，便說：「他這三部理論都有不可分的關係，而階級競爭說恰如一條金線，把這三大原理從根本上聯

---

❶《階級競爭與互助》，《李大釗選集》，第 222 頁。
❷ 陳獨秀：《文學革命論》。
❸ 蔡和森：《馬克思學說與中國無產階級》。《新青年》第 9 卷第 4 號。

絡起來。」● 陳獨秀、蔡和森等人在《社會主義批評》和《馬克思學說與中國無產階級》中也直接稱「階級鬥爭」為「階級戰爭」。「競爭」觀念短短三十年（戊戌到「五四」）的影響，同樣為階級鬥爭學說的廣泛傳播和實踐準備了一定的心理前提，這是不能忽視的。

如前文所說，嚴復模式雖然在「五四」後期被替代和超越了，但是其中一些基本思想也匯入了馬克思主義思潮和早期社會主義思潮中。然而，作為嚴復模式靈魂的「群」「己」劃界的自由主義精神、對個體的尊重、對感性生命（力）、理性精神和國民意識昂揚吶喊的人文啟蒙精神，在整體上失落了，以致到 20 世紀末「人文精神熱」中，人們重新發現嚴復時，歷史已經付出了近一個世紀的時間代價。

（原載《中國人文精神的重建》，湖南教育出版社「博士論叢」1992 年版，新德卷第 6、7 章）

● 李大釗：《我的馬克思主義觀》。

近代化的思想遞進

—— 王韜與嚴復之比較

　　國內學術界通常將王韜劃入早期資產階級改良派，而將嚴復歸入資產階級維新派。這種簡單的階級分析，既難以尋找二者的思想共性，也難以辨析二者的思想差異。筆者擬從二者的思想比較入手，揭示近代化思想的發展軌跡。

一、英國模式：由「器」入「道」

　　王韜（1828—1897）長嚴復（1854—1921）26 歲，屬兩代人，雖然兩人未曾謀面，但卻在人生經歷、思想觀念和對中國近代社會的影響上有着某種共同性。但由於二者所處的時代和個人思想層次的差異，兩人的思想明顯呈現階段性和思想的遞進。首先體現在目標取向上，都傾向於英國模式，但對英國模式的理解又有明顯的差異。

　　王韜由於鄉試不第和父親去世，家境窘迫，而被迫脫離了儒家文化圈進入墨海書館，這一人生選擇為他提供接觸英國文化的歷史契機。與王韜相似的是嚴復幼年喪父、家道貧窮只好被迫脫離儒家文化圈而進入了福州馬尾船廠附設船政學堂（「求是堂藝局」），這一選擇也同樣為他提供接觸英國文化的歷史契機。爾後王韜由於上書太平天國而被清政府通緝流亡海外 22 年（1862—1884），這 22 年有兩年半（1867—1870）時間在英國，其餘時間基本都在當時英國殖民統治下的香港生活工作。

而且在王韜過從甚密的西方人中就有麥都思、麥華陀父子、理雅各、傅蘭雅、德臣、艾約瑟、合信、慕維廉、偉烈亞力等十餘名英國傳教士 ❶。這種特殊經歷必然使他傾心於英國文化。王韜在兩年半時間中，先後遊歷了多佛爾、倫敦、愛丁堡、阿貝丁、敦提、格拉斯哥和理雅各的故鄉蘇格蘭中部的一個小鎮杜拉。這種遊歷生涯使他獲得了大量關於英國文化的感性知識，對英國文化的「器物」層面倍加關注：如「車馬往來，絡繹如織」「左為郵部，右為電房」❷ 的市政建設和城市公共設施，「機器製造之妙」和格致諸實學等等，亦開始留意制度層面，如海關制度、政治制度和司法制度均有所認識，並且對英國的君主立憲制，作出這樣的評價：「君民共治，上下相通，民隱得以上達，君惠亦得以下逮，都俞籲咈，猶有三代以上之遺意」❸，並明確認為，「泰西諸國，以英為巨擘，而英國政治之美，實為泰西諸國所聞風向慕，則以君民上下互相聯絡之效也。」❹ 應該說，王韜作為中國知識人第一次以民間渠道遊歷歐洲，達到了當時中國人對英國文化和西方文化認識的最高水平，並且顯示出從「器物」層面的認識向制度層面的認識的過渡，顯示出從鼓吹洋務運動向超越洋務運動過渡。

　　但是，這種超越是有限的，這種過渡終究沒有來得及完成，歷史已經把思想遞進的「接力棒」傳給新一代戊戌維新思想家。王韜的「英國情結」在嚴復身上發展到了新的階段，那就是由「器」入「道」、由「用」入「體」，對英國文化的認識已經超出了「形而下」的器物層面而進入「形而上」的價值層面。

　　嚴復於 1877─1879 年在英國留學兩年，廣泛接觸英國社會，對英國文化的器物層面也發出由衷的感歎，如對英國城市管理，認為「莫不極治繕葺」。對英國政治制度、司法制度，嚴復也發出與王韜類似的感

---

❶ 參見張海林：《王韜評傳》，第 469─478 頁，南京大學出版社 1993 年版。
❷ 王韜：《漫遊隨錄》卷 2，第 107 頁。
❸ 王韜，《弢園文錄外編》卷 1，「重民下」。
❹ 王韜，《弢園文錄外編》卷 1，「重民下」。

歉：「觀其聽獄，歸邸數日，如有所失」，認為這就是「英國與歐之所以富強」[1]的原因——不僅「司法析獄之有術」，還有「辯護之律師，有公聽之助理，抵暇蹈隙，曲證旁搜，蓋數聽之餘，其獄之情，靡不得者」，正是這種制度導致「公理日伸」[2]。和王韜一樣，嚴復也認為英國「議院代表之制，地方自治之規」「合億兆之私以為公」，是專制政治無法比擬的。

　　然而嚴復很快就超越了英國文化的器物層面甚至制度層面，而率先從「用」「技」層面進入「體」和「道」的層面，即形而上的價值層面，思想觸角伸向英國文化的最深層次——思想理論，從而使他成為中國近代最具有英國風格的思想家。他廣泛涉獵了亞當・斯密、達爾文、赫胥黎、約翰・密爾、甄克思、耶方斯等英國科學家、思想家的著作。嚴復一生服膺漸變的進化論，這使他在政治上總是保留了英國派紳士的穩健和保守，同時他一生始終關注的是英國式理性的自由主義，而反對盧梭式法國浪漫自由主義，他沒有翻譯過盧梭的著作，反而寫了《民約評議》以批評盧梭，寧肯選擇翻譯曾在英國待過很長時期並接近英國派的孟德斯鳩的《法意》。他一生關注社會政治，但總是與政治實踐保持着一定距離，在戊戌維新時期，他寫過振聾發聵的啟蒙文章，然而他沒有參加變法運動，他從根本上認為當時中國還處於民智未開的狀態，但他並不主張專制。他雖曾被迫被列名於袁世凱的「籌安會」，但他沒有參加實際活動；他在學風上傾向英國派實證風格，而反對「心成之說」，力倡「宇宙為我簡編，民物為我文字」的科學實證精神，傾向於穆勒的歸納邏輯而輕視演繹邏輯，提倡斯賓塞的社會學和教育思想。嚴復的「三民」思想（鼓民力、開民智、新民德）、自由即劃界思想、群學思想等都脫胎

---

[1]《嚴復集》第 4 冊，第 969 頁。
[2]《嚴復集》第 4 冊，第 969 頁。

於英國文化 ❶。因此，嚴復在對英國文化乃至整個西方文化的認識和理解上，已經遠遠超越了他的前輩王韜，從關注英國的器物到制度到思想理論，這正是從王韜到嚴復的思想遞進。

二、教育改革：由先「增新」到先「廢舊」

相似的經歷，使王韜和嚴復把改革的重心放在文化教育上。兩人都非科舉正途出身，王韜以秀才身份，屢次參加鄉試而不第，使他對舊的科舉制度深惡痛絕。嚴復從幼年就脫離了舊教育體系，沒有走秀才→舉人→進士之路，進了新式船政學堂，然後又喝了洋墨水，這既是他的幸運，又是他的不幸。回國後，他曾先後在 32 歲（1886）、36 歲（1890）、37 歲（1891）、40 歲（1894）四次參加福建和順天 ❷ 鄉試，均以落敗告終。王韜與嚴復這種共同的遭遇，使他們對科舉制度有着許多共同的體會和認識，但也存在不同的改革要求。

第一，他們對當時的教育制度弊端的認識有着某種共識。

王韜拿當時的教育制度與「三代」時期比較，認為當時教學內容狹窄呆板，四書五經、詞章考據之外別無所學，士者圖務虛文而薄實行，「不惟其行惟其書，不惟其事惟其理」，學仕脫節，所學者為章句文詞，不通禮樂刑法、錢穀算數等實務，學而不專 ❸。嚴復在《救亡決論》中對中國傳統教學內容、教育制度進行系統的批判。傳統所學者無非是「制藝」「試律」「摺卷」「講章」，以及古今詞、古今體、碑版篆隸、漢學考

---

❶ 參見拙著《中國人文精神的重建 —— 從戊戌至五四》，第 43 — 53 頁，湖南教育出版社 1992 年版。

❷ 明、清兩代北京地區稱為順天府，順天府的轄區在清初多有變化，乾隆八年（1743 年）開始固定了下來，共領五州十九縣。即通、薊、涿、霸、昌平五州和大興、宛平、良鄉、房山、東安、固安、永清、保定、大城、文安、武清、香河、寶坻、寧河、三河、平谷、順義、密雲、懷柔十九縣，又混稱為順天府二十四州縣。《清史稿》（中華書局，1977 年版）記載：「順天府：明初曰北平府。後建北京，復改。自遼以來皆自此。正統六年，始定曰京師。領州六，縣二十五。

❸ 王韜：《去學校積弊以興人材論》，陳忠倚輯《皇朝經世文三編》卷 43。

據，或者是「侈陳禮樂，廣說性理」，學案、語錄等等，嚴復一概斥之為「無實」「無用」「非今日救弱救貧之切用也」，認為傳統教學內容「所托愈高，去實滋遠」，「徒多偽道，何裨民生」**❶**。

第二，他們都對科舉八股取士進行猛烈抨擊。

王韜終其一生都對科舉取士痛加鞭撻：「帖括一道，至今日而所趨益下，庸腐惡劣不可向邇。」**❷** 又說：「今國家取士，三年而登賢書，升之大廷，稱之曰進士，重之曰翰林，以為天下人才在是矣。不知……率天下之人才而出無用者，正坐此耳……敗壞人才，斲喪人才，使天下無真才，以至人才不能古若，無不由此。」**❸** 這種八股人才「問以錢穀不知，問以兵刑不知，出門茫然，一舉步即不識南北東西之向背哉？」嚴復在《救亡決論》中認為八股制有三大害：「錮智慧」「壞心術」「滋遊手」，八股制度「積將千年之弊，流失敗壞，一旦外患憑陵，使國家一無可恃。」**❹** 嚴復在《道學外傳》中更對八股制度下的道學先生作了精彩的刻畫，反映出作者對八股取士的鄙視。

第三，在教育改革方式上，王韜立足於不否定科舉制度的前提，「先增新」，而嚴復則明確必須從根本上「先廢舊」，廢除科舉制度大講西學。按照王韜的設想，改革教育制度分三步走，第一步在維持首場考題不變外，「二場之經題宜以實學，三場之策題宜以時務」，同時在制科外加設專科，以通達政體、曉暢實務者充其選；第二步廢除時文考試，武科廢除弓石刀矛考試 **❺**；第三步建立新式學校如外語學校等。

嚴復《救亡決論》開宗明義認為，當今變法，首先「莫亟於廢八股」，八股「害在使天下無人才」，並認為救亡的辦法就是「痛除八股而大講西學」，在嚴復看來「不獨破壞人才之八股宜除，舉凡宋學漢學，

---

❶《嚴復集》第 1 冊，第 44 頁。
❷ 王韜：《弢園文錄外編》卷 1「變法中」。
❸ 王韜：《弢園文錄外編》卷 1「原才」。
❹《嚴復集》第 1 冊，第 43 頁。
❺ 王韜：《弢園文錄外編》卷 1「變法下」。

詞章小道，皆宜且束高閣也。」❶嚴復在「廢舊」的同時，也在「增新」，他一生的主要精力在文化教育，從福州船政學堂教習到主持天津水師學堂近 20 年，創辦俄文館，與張元濟合辦通藝學堂到擔任北大校長，一生都在創辦新的近代教育制度和體系，在中國近代教育史上作出了傑出貢獻。

三、政治理念：由「重民」政治到「自由」政治

王韜與嚴復在考察西方政治時，都對英國的政治制度、司法制度表示讚賞，對英國的君主立憲制度表示肯定。由於兩人都有過辦報的經歷，並且都是名噪一時的主筆，王韜主筆《循環日報》，嚴復主筆《國聞報》，都發表過膾炙人口的政論文章，他們的政治理念大都體現在這一系列的政論文章中。然而，作為一種政治理念，王韜與嚴復之間又有着顯著的差異。

第一，王韜政治理念的邏輯起點是「君」「民」關係，而嚴復政治理念關注的是「拓都」（整體）與「幺匿」（個體）。王韜的政治思想集中在《重民》上、中、下三篇中，開篇就說：「天下之治，以民為先，所謂『民惟邦本，本固邦寧』也」，明確接過了古典時代的民本思想，在他看來「上有以信夫民，民有以愛夫上，上下之交既無隔閡，則君民之情自相浹洽。今夫富國強兵之本，繫於民而已矣。」又說：「治民之大者，在上下之交不至於隔閡」，「苟得君主於上，而民主於下，則上下之交固，君民之分親矣。」❷從這裏我們可以看出，王韜的思考重心是以「君」為一極，「民」為一極，從「君」「民」兩極關係來引申出他的政治理念，在這裏「民」仍是一個抽象的整體，沒有個體或公民的基礎，這就使他的政治理念不可能徹底走出古典民本主義思想範疇。而嚴復從社會有機

---

❶《嚴復集》第 1 冊，第 44 頁。
❷ 王韜：《弢園文錄外編》卷 1「重民上、中、下」。

體論出發，認為整體是由個體組成的，因此他的政治理念的出發點是「拓都」（整體）與「幺匿」（個體）的關係，他說：「大抵萬物莫不有總有分，總曰拓都（total），譯言全體；分曰幺匿（unit），譯言單位……國拓都也，民幺匿也。社會之變象無窮，而一一基於小己之品質。是故群學謹於其分。」❶ 在這裏，他明確把「民」理解為「小己」即個體性，強調「小己」的「莫破」性即不可入性，這就突破了王韜抽象的民本主義政治理念。可以說，嚴復是中國近代第一個準確把握民主政治的邏輯起點必須從「群」「己」關係點出發，把「小己」概念第一次引入政治理念中的思想家。

　　第二，王韜從「君」「民」關係出發，必然推出他的「重民」政治；嚴復從「群」「己」關係出發，必然推出「自由」政治。在王韜看來，解決君民關係是克服當時政治危機的根本出路，因此一切都圍繞改善君民關係，使君民之間不相隔閡。為此，他將西方政治制度按照他理解的君民親疏劃分為三種類型：第一種是君主政治，「一人主治於上而百執事萬姓奔走於下，令出而必行，言出而莫違」；第二種是民主政治，即「國家有事，下之議院，眾以為可行則行，不可則止，統領但總其大成而已」；第三種是「君民共主」政治，「朝廷有兵刑禮樂賞罰諸大政，必集眾於上下議院，君可而民否，不能行，民可而君否，亦不能行也，必君民意見相同，而後可頒之於遠近。」❷ 正是從君民關係出發，他明顯傾向於君民共主政治，這種思想在同時代的鄭觀應《盛世危言》中，亦得到了呼應，鄭觀應就認為「美國議院則民權過重」，「法國議院不免叫囂之風」，只有英國議院「斟酌損益，適中經久者」❸。嚴復的政治理念並不關心政體形式的差別，在他看來民主政治的根基是自由，民主政體不過是自由的引申或運用，這就是他的「以自由為體以民主為用」的經典表述。而且

---

❶《群學肄言‧譯餘贅語》。

❷ 王韜：《弢園文錄外編》卷 1「重民下」。

❸ 鄭觀應：《盛世危言》卷 1「議院」。

他把自由明確理解為一種「劃界」，即「群」「己」之間的劃界，而從根本上反對盧梭式浪漫自由主義，「人得自繇，而必以他人之自繇為界。」❶把自由理解為一種消極自由，理解為一種劃界自由，這就從根本上把握英美自由政治的實質，從而有別於法國浪漫自由主義傳統。這也就超越了王韜離開自由談民主的重民政治。

第三，王韜的重民政治由於沒有個體與自由的內核，其結論必然向傳統民本主義復歸，而嚴復的自由政治理念必然使他與近代激進主義政治實踐分道揚鑣。王韜從改善君民關係出發，一方面以英國「君民共主」政治，告誡清朝統治者要「信夫民」，要「得民心」，要充分認識「能與民同其利者，民必與上同其害；與民共其樂者，民必與上共其憂」❷；另一方面，則如龔自珍一樣，主張恢復宗族社會，以宗族血緣關係和宗族情感維繫民心，這樣，他的重民政治最終倒向傳統民本主義實踐。而嚴復則深知西方民主政治以個體自由為基礎，個體自由又是一種劃界的理性自由，因此，他不僅不可能得出王韜的重民結論，甚至根本就不同意康有為的「去九界」烏托邦式絕對平均主義和譚嗣同沖決一切網羅的浪漫自由主義，這一政治理念使他在政治實踐中，與戊戌變法和辛亥革命等政治實踐都保持一定距離，對激進主義政治、浪漫主義政治行為終身不予認同。遺憾的是，在近代中國，王韜對西方政治的三種劃分方式被激進主義接過來，純粹從政體形式判斷其高下，從而形成君主制（反動）—君主立憲制（落後）—民主共和制（先進）的思維定式，為我們留下了一筆值得反思的歷史遺產。

（原載香港《歷史與文化》1998 年第 2 期）

---

❶ 《群己權界論‧譯凡例》。
❷ 王韜：《弢園文錄外編》卷 1「重民中」。

近代倫理精神的重建

　　道德是人們一定行為規範的總和。人們依照一定的標準、規範所選擇的行為方式和人生觀總是帶有鮮明的時代特色，因為任何道德觀念、倫理精神都不是超歷史的，它作為一種意識形態總是與一定的經濟基礎和上層建築保持着某種適應性，儘管它本身亦有某種相對獨立性。在人類歷史上，幾乎每當重大歷史轉折時期或社會變革時期，經濟的、社會政治結構的轉型，總會伴隨着一場人生價值觀和倫理精神的革命。當舊的倫理精神、舊的道德觀念構成對新的生產力解放和新的生產關係的阻礙時，新的倫理啟蒙和倫理精神的重建便應運而生。近代倫理精神的重建正是在中國開始近代化的時候所進行的一場倫理啟蒙。

一、進化論與倫理重建

　　自從 19 世紀末嚴復介紹並翻譯《天演論》後，進化論思潮成為當時影響最大的一股社會思潮。傖父（杜亞泉）在《靜的文明與動的文明》一文中深有感觸地說：「生存競爭之學說，輸入吾國以後，其流行速於置郵傳命，十餘年來，社會事物之變遷，幾無一不受此學說之影響。」❶陳兼善在《進化論發達略史》中亦謂：「無論什麼哲學、倫理、教育以及社會之組織，宗教之精神，政治之設施，沒有一種不受它的影響。」❷從

---

❶《東方雜誌》第 13 卷第 10 號，1916 年。
❷《民鐸》第 3 卷第 5 號，1922 年。

嚴復、康有為、梁啟超始，及陳獨秀、魯迅、胡適、毛澤東等一代思想家、革命家的青年時代都無一不身受其賜而開始走向社會，以致當代學術界甚至有人把中國近代哲學主流概括為「進化唯物主義」❶。

　　然而，學術界一般多注重於進化論所帶來的政治影響和世界觀的影響，這固然有其合理性，但從最深層的文化意義上考察，進化論輸入的是一種全新的倫理精神、一種新的價值觀念，它在近代倫理精神重建過程中，帶來了如下觀念的轉換：

　　第一，從仁本論到自然本質論。中國古典人文精神的核心是仁本主義，也就是說，古典人文精神是從「仁」、從關係來定義人的本質的。人的本質就在於人的群倫性，從而把仁義禮智信、溫良恭儉讓視為人的先天良知。儒家倫理認為「人之所以異於禽獸」就在於「仁義」：「禽獸有知而無義，人有氣、有生、有知，亦且有義」❷，又如所謂「物疢疾莫能為仁義，唯人獨能為仁義」❸，所謂「故人為最靈，而備有五常之性，禽獸則昏而不能備」❹，這樣倫常道德便構成人的本質。然而在進化論行來，人不過是自然界進化的產物，嚴復介紹達爾文學說時指出：「自達爾文出，知人為天演中一境，且演且進，來者方將。」❺ 又說：「十九期民智大進步，以知人道為生類中天演之一境，而非篤生特造，中天地為三才，如古所云云者……達爾文《原人篇》、希克羅德國人《人天演》、赫胥黎《化中人位論》，三書皆明人先為猿之理。」❻ 這樣，當儒家文化不斷製造人類先天仁義良知的神話，以迴避那種低等動物的卑瑣、下賤和低劣的獸性而指向那高貴、神聖的「天使」般的倫理精神境界時，進化論卻揭開了人類過去那段卑瑣的爬行動物的歷史，人的祖先不過是一

❶ 參見《中國近代哲學史論文集》，第 128－155 頁，天津人民出版社，1984 年版。
❷《荀子‧王制》。
❸ 董仲舒：《春秋繁露‧人副天數》。
❹ 朱熹：《答余方叔》。
❺《嚴復集》第 5 冊，第 1325 頁。
❻《嚴復集》第 5 冊，第 1345 頁。

種四足哺乳類的猿猴動物而已，人類在無情的科學理性面前，完全展示了無法掩蓋的動物獸性的本來面目，人的自然本質就被揭開了。

第二，從自我完善到自我保存。儒家文化所規定的「三綱領八條目」所強調的正心誠意修齊治平，從根本上規定了個體的修養途徑，也就是說，人的行為準則是以自我完善為前提，同時也是以自我完善為目的。所謂「克己復禮」，所謂「寡慾」，所謂「慎獨」，所謂「反求諸己身」，強調的「己」不是自我實現原則而是個體完善的倫理原則，也就是梁啟超所說的「私德」。強調自我道德完善，便必然否定競爭而強調「息爭」「不爭」，老子的「不敢為天下先」和儒家的中庸挈矩之道都強調的是這一點。然而，自我完善原則在近代面臨的困境，首先就表現為「內聖」並不能導致「外王」，也就是說「修身齊家」無法「治國平天下」。對於近代中國的首要任務，便是如何救亡如何使國家富強，而國家的富強又不可與個體自強須臾分離。「拓都」（total 總體）離不開「幺匿」（unit 個體），這是嚴復引介的社會進化論的一個基本觀點，而進化論提出的基本前提就是，人的自然本性和感性慾求首先是「自我保存」，離開了這個前提而談自我完善，不過是一種偽道德而已。進化論強調生物進化的機制，一個是「物競」，一個便是「天擇」：

> 物競者，物爭自存也；天擇者，存其宜種也，意謂民物於世，樊然並生，同食天地自然之利矣，然與接為構民物，各爭有以自存，其始也種與種爭，群與群爭，弱者常為強肉，愚者常為智役，及其有以自存而遺種也，則必強忍魁傑，矯捷巧慧，而與其一時之天時地利人事最其相宜者也。❶

物競天擇，「動植如此，民人亦然，民人者，固動物之類也」，「人欲圖

---

❶《嚴復集》第 1 冊，第 16 頁。

存，必用其才力心思，以與是妨生者為鬥，負者日退，而勝者日昌」❶，人和一切生物一樣，服從於人的自然本質。也就是說首先面臨的是自我保存。要保存自己，就得加入競爭行列，競爭便會產生優勝劣汰的局面。這樣，人一開始就被投入一種險惡艱難的生死大搏鬥的環境中，與儒家倫理比較，進化論顯然更真實地直面人生那驚心動魄的一幕。

最早系統提出來「自我保存」的是英國哲學家霍布斯，他認為：人就其本性而言是利己的，人所應該服從的最高權威就是自我保護的自然本性，為了自我保存，不擇手段是他的權利，但當人人不擇手段時，人類便會陷入「每一個人對每一個人的戰爭」❷的殘殺狀態，而這種殘殺的戰爭狀態又和人的自我保護不相符合，於是理性告訴人們：為了和平，人們彼此之間必須同等地放棄某些任意妄為的權利，限制某種行為的自由，於是就產生了契約。契約產生公道，公道產生道德。進化論在某種程度上承襲了霍布斯的思想，只不過是把「自我保存」放在自然進化過程中來考察。恩格斯曾指出：「達爾文的全部生存鬥爭學說，不過是把霍布斯一切人反對一切人的戰爭的學說和資產階級經濟學的競爭學說以及馬爾薩斯的人口論從社會搬到生物界而已。」❸從自我完善轉化為自我保存，更突出了人的自然本性，也更突出了人的能力的發展論而不是人性修養論，並且只有通過這種足以自存、自強、自主的個體，才能保存國家。這就是嚴復所謂「弱民無強國」的內在含義。

第三，從性善論到性惡論。中國古代人性論哲學中，雖然有各種對立的理論，如孟子的性善論（良知）、告子的性無善惡論、荀子的性惡論和韓非子的性惡論，但是韓非子的理論不過是赤裸裸的暴君統治理

---

❶《嚴復集》第 5 冊，第 1351 頁。

❷ 霍布斯：《利維坦》，第 94 頁，商務印書館，1985 年版。

❸《馬恩選集》卷 3，第 572 頁。關於進化論與馬爾薩斯人口論的關係，中國近代思想家也有認識，馬君武在《社會主義與進化論》中指出，「欲論民數（指人口）問題，不可不先論馬爾泰司 Malthus 之民數論（指人口論），馬爾泰司之民數論，固達爾文主義之根據地也。」（《譯書匯編》第 2 年第 11 號 1903 年。）

論，而荀子儘管看到人性自私的一面，但卻又強調「人之性惡，其善者偽也」，即把「偽」（人為）作為克制自私的手段來達到「善」，也就是說荀子性惡論的最高目的仍是「善」，因此在指向人性完善這個終極意義上，傳統倫理觀中的各種人性論並無多大分歧，基本上傾向於性善論。也可以說儒家倫理是通過弘揚人的「一半天使」來抑制人的另「一半野獸」的本性以達到「內聖」；而進化論則冷靜地揭示了人的「一半野獸」的性質即儒家倫理所謂性惡部分：慾望、激情、自私、利己、競爭……事實上，當時一些頑固派正是從性善論角度來攻擊進化論的「性惡論」傾向，正如中國台灣學者郭正昭所言：「葉德輝之抨擊達爾文主義，其重點也只及於維護儒家的性善論，而認為達爾文主義傾向性惡說。」[1] 在進化論看來，自我保存、自私利己本身不過是人的自然本質，而且，如果忽視人的生存慾望，缺乏自強自利和競爭的能力，個體就會被淘汰，而一個以這種個體集合的民族或國家就會停滯、滅亡。社會要前進，民族要生存，個體要進步，就必須具備「自我保存」的能力，這既是人類自身進化，也是社會進步的內在驅力。也就是說，恰恰是為儒家所不齒的「人性惡」的因素即費爾巴哈所謂「野蠻的一半」，推動了歷史的前進。對此，一些敏銳的思想家都曾明確地表述過。盧梭就曾說過：「科學與藝術都是從我們的罪惡中誕生的。」[2] 康德也說過：「自然的歷史從善開始，因為它是上帝的工作。自由的歷史從惡開始，因為它是人的工作。」[3] 凱恩斯針對資本主義剝削等等「惡」說過：「至少在一百年內，我們還必須對己對人揚言美就是惡，惡就是美，因為惡實用，美不實用。我們還會有稍長一段時間要把貪婪、高利剝削、防範戒備奉為信條。只有它們才能把我們從經濟必然性的地道裏引領出來見到天

---

[1] 參見姜義華編：《港台及海外學者論近代中國文化》，第 184 頁，重慶出版社 1988 年版。

[2] 盧梭：《科學與藝術》。

[3] 康德：《人類歷史起源推測》。

日。」❶ 同時，我們也想起恩格斯對黑格爾一段理論所作的評價：

　　在黑格爾那裏，惡是歷史發展的動力藉以表現出來的形式。這裏有雙重的意思：一方面每一種新的進步都必然表現為對某一神聖事物的褻瀆，表現為對陳舊的、日漸衰亡的、但為習慣所崇奉的秩序的叛逆；另一方面，自從階級對立以來，正是人的惡劣的情慾——貪慾和權勢慾成了歷史發展的槓桿。❷

　　所以嚴復表示出對孟子性善論的某種懷疑：「是故知其大本，則孟子性善之未必是，而荀子性惡而善偽之論亦不必非。」❸ 當然他還沒有看到荀子在終極意義上仍是指向性善和內聖的。然而，畢竟人的自然本質、人的自利自存等因素第一次以進化論形式在近代中國得到首肯並很快傳播到社會，它標誌着舊的倫理精神的危機和近代倫理精神的重建的開端。

二、樂利主義倫理觀

　　作為輔助中國封建政治統治的意識形態，儒家倫理的一個突出特徵便是泛道德主義的非功利主義特徵。這樣一種否定現世利益追求的價值觀念，支配了中國人的行為方式達數千年之久。然而，只有到近代，才開始了中國倫理精神的系統重建，以營利為主的經濟倫理的理論形態便是樂利主義倫理觀，在近代中國開始獲得名正言順的合理肯定和弘揚。

　　資本主義時代是一個重利益、講實效的時代。它首先是對中世紀神學價值觀念的反叛，這種中世紀價值觀念強調人應該追求「至善」，追求上帝，因為上帝就是至善的道德化身，人應該迴避塵世、迴避物質慾

---

❶ 轉引自舒馬赫：《小的是美好的》，第 9 頁，商務印書館，1984 年版。
❷《馬恩選集》卷 4，第 233 頁。
❸《嚴復集》第 5 冊，第 1473 頁。

望，在沉靜冥想和修道中達到與上帝同一的精神境界。然而，隨着資本主義生產方式的逐步確立，一個重視現世利益、重視實效的時代開始出現了。路德改革和清教倫理首先使在現世中追求財富和創造財富具有神聖的價值，而且此岸中的成功就成為獲得「救贖」、成為上帝選民的根本標誌。馬克斯·韋伯認為宗教改革導致了一種「理性而有系統地追求利潤的態度」的產生，因此，人們「把賺錢視為人有責任實現的目的本身，視為神的召喚的思想」❶，這種通過嚴密計算，利用交換機會取得預期利潤的近代資本主義精神便構成了近代功利主義倫理觀的現實基礎。從此以後，「人生的目的不是去戰鬥、去祈禱、去沉思、去創造、去享樂，或者去變成什麼樣子，而是要去圖利。」❷特別是工業革命以後，馬克思指出生產力的解放所帶來的價值觀念的根本變化：

> 英國工業的這一番革命化是現代英國各種關係的基礎，是整個社會發展的動力。它的第一個結果，就是利益被提升為人的統治者……換句話說：財產、物成了世界的統治者。❸

一切都服從經濟邏輯而去追逐利潤和財富，功利主義倫理觀就是對資本主義精神的理論概括。中國被納入資本主義世界體系，自然也同時迎納了支撐資產階級行為方式的價值觀念——功利主義倫理觀。

我們知道，義利之辨是儒家倫理的一個基本問題。孔子最早倡言「君子喻於義，小人喻於利」；孟子見梁惠王時，劈頭就說：「王何必曰利？亦有仁義而已矣。」荀子亦言：「義勝利者為治世，利克義者為亂世。」重義輕利，重視道德價值而輕視個人的利益，成為儒家倫理相標榜的理想價值。到西漢中葉，董仲舒發展了這種以「道」即封建禮教來

---

❶ 韋伯：《新教倫理與資本主義精神》，第 64、76 頁。
❷ 哈孟德夫婦：《近代工業的興起》，第 63 頁。
❸ 《馬恩全集》第 1 卷，第 674 頁。

裁定營利慾望的主張，在系統闡述所謂道義人倫的同時，通過性三品說強調人之所以有惡無善，乃在於一種充滿情慾和營利衝動的「斗宵之性」，為此，董仲舒揭櫫「正其誼不謀其利，明其道不計其功」的著名命題。宋明理學時代則更主張「存天理，滅人慾」，並將利益視為「天下將亂」的標誌 ❶，而且認為：士大夫「勞身心以營雞豚蔬果之務以為利」，則「不足列於人類。」❷

　　道德是人們用理性對行為所作的一種規範，重在行為、實踐操作，所以被康德稱為「實踐理性」。如果儒家倫理在理想與實踐中一以貫之地堅持一種非功利主義精神，而表現出康德那種「位我上者燦爛的星空，道德律令在我心中」的道德的絕對命令，那麼，這將是中國古典人文精神對世界倫理文明的重大貢獻。然而，儒家倫理的根本性問題首先表現在理想層面與實踐操作層面的悖論性衝突。在理想層面倡言非功利主義，而在實踐層面卻是「學也，祿在其中」（孔子），「學而優則仕」；在理想層面標舉「明道正誼」，在實踐層面卻是「內聖」必然「外王」，這裏的「外王」，更多地不是「治國平天下」，而是「治人得天下」，即升官發財。因此，章太炎曾在《論諸子學》中表示鄙棄而斥之為「鄉愿」「國愿」之學，並明確指出：「儒家之病，在以富貴利祿為心」，「用儒家之道德，故艱苦卓厲者絕無，而冒沒奔競者皆是。」這種虛偽、乖巧的儒家倫理實際上卻朝兩極發展：一極發展為極端的道德專制主義、禁慾主義，即「禮教」，為了維持家族宗法共同體，個體思想、言論和行為方式甚至舉手投足都受到控制，所謂「坐如尸，立如齊」「話莫高聲，笑莫露齒」「餓死事小，失節事大」「存天理，滅人慾」「以理殺人」……倫常名教以一種異化了的形式反過來壓抑着人的自然本質和感性慾求；另一極則是絕大部分人的普遍禁慾主義則促長了極少部分人的極端功利主義和極端縱慾主義，而儒家倫理不過是為這極少部分人提供了欺騙、愚

---

❶ 即雍：《皇極經世觀物內篇》。

❷ 王夫之：《俟解》。

弄絕大多數人的工具而已。

嚴復對進化論和社會達爾文主義的介紹，構成了對傳統人性論的根本挑戰，從而揭開了人的自然本質即人的生存本能、慾望、激情、自利的一面。這種對人的自然本質的重新確認，實質上就為新的倫理觀提供了一個人性論基礎。樂利主義倫理觀與自然人性論有着某種內在的因果關連。隨後，嚴復對亞當・斯密《原富》的翻譯介紹，梁啟超《樂利主義泰斗邊沁之學說》等文的發表以及章士釗等人在新文化運動前夕的《論功利》等文的問世，掀起了一股功利主義思潮。它大致包括以下一些基本內容。

第一，快樂原則。人的自然本性在於「自我保存」，按照梁啟超介紹邊沁的功利主義解釋，保存自我首先服從的是「趨利避害」「去苦求樂」原則，能「使人增長其幸福者謂之善，使人減障其幸福者謂之惡」，「故道德云者，專以產出樂利預防苦害為目的。」[1] 章士釗亦說：「苦者人性之所避也」，「以苦為則，斷非人類共以為適之端。苦之對義為樂，惟樂可語於是，故曰當易之以樂也。」章氏明確表示：以「快樂」為原則，這是對儒家倫理的超越，「儒先治己之律曰苦，今當易之曰樂也。」[2] 那麼，苦樂怎樣去確定呢？梁啟超介紹了邊沁的「苦樂計量之法」：

謂苦樂之世有大小，取大樂去小樂者謂之善，取小樂去大樂者謂之惡，其計量之法：（一）較苦樂之強弱；（二）較苦樂之長短；（三）較苦樂之確否；（四）較苦樂之遠近……（五）較苦樂之增減……（六）較苦樂之純駁……（七）較苦樂之廣狹……

而且各種苦樂各有不同。以快樂而論就有：（一）感覺之樂，如味官之樂、酩酊之樂等九種；（二）富財之樂；（三）技巧之樂；（四）友交

---

[1] 梁啟超：《樂利主義泰斗邊沁之學說》，《飲冰室合集》文集之十三。

[2] 章士釗：《論功利》，《甲寅雜誌存稿》下冊，商務印書館，1921年版。

之樂;(五)令名之樂;(六)權力之樂;(七)信仰之樂;(八)慈惠之樂;
(九)惡意之樂;(十)記憶之樂;(十一)想像之樂;(十二)豫期之樂;
(十三)聯想之樂;(十四)救拯之樂。

　　以痛苦而論亦有:(一)缺亡之苦;(二)感覺之苦;(三)拙劣之苦;
(四)仇敵之苦;(五)惡名之苦;(六)信仰之苦;(七)慈惠之苦;(八)
惡意之苦;(九)記憶之苦;(十)想像之苦;(十一)豫期之苦;(十二)
聯想之苦 **❶**。

　　通過對以上兩類苦樂的嚴密計算,衡量其量上的多少,以決定自己
行動的選擇,從某種意義上可以說,這是對以金錢計算的資本人格精神
的精緻化和理論化。馬克斯·韋伯曾經把資本主義精神概括為「以利用
交換機會取得預期利潤為基礎的行動,卻依賴(形式上)和平的營利機
會而採取的行動」,而且通過採用「現代簿記方法」,「在做出每項個別
決策之前都要進行計算,以確定可能獲得的利潤。」**❷** 可以說苦樂計量法
不過是這種合乎「理性的」嚴密計算利潤的理論昇華。這種赤裸裸的苦
樂計量法遭到了人們普遍的呵斥,人們「以為是禽獸之教也」。於是梁
啟超又介紹約翰·密爾的「精神快樂論」,「謂別擇苦樂,不可不兼量與
質之二者,不徒校其多少,又當校其高卑,因立出『知力的快樂』『思想
的快樂』『道德的快樂』諸名目。」**❸** 在密爾看來,物質的快樂不如精神
的快樂,而精神的快樂恰恰是人之於動物快樂的根本區別。章士釗談到
「快樂」原則時,又將之與近代國民的權利聯繫起來,他說:「國民者,
宜享權利者也。何也,無權利不足以自行避苦趨樂也。」**❹** 這就使「快樂
原則」直接為追求民主權利服務,而且把苦樂計量法擴展為人民權利程
度和總數計量法。章士釗說:「聞人之言曰:『改造民國根本大法……首
在為多數人謀幸福』,何為幸福,請有以語我來,斯則邊氏功用之說尚

❶ 梁啟超:《樂利主義泰斗邊沁之學說》。
❷ 馬克斯·韋伯:《新教倫理與資本主義精神》,第 16—17 頁。
❸ 梁啟超:《樂利主義泰斗邊沁之學說》。
❹ 章士釗:《國家與責任》,《甲寅雜誌存稿》上冊。

矣。而哈氏［即霍蒲豪斯 L.T.Hobhouse（1864—1929），英國政治哲學家——引者］一言尤須記取：人群幸福云者，非以其分子所享權利之程度計之，不成意味。」❶ 高一涵也強調說：人民幸福「必合一國全體人民係有權利者之總數計之，乃為有當」❷，沒有權利的計算，所謂幸福、快樂全部落空。

第二，「開明自營」原則。在儒家倫理觀看來，個體不過是宗法倫理關係網上的一個紐結而已，個體只有通過對象化、群體化才具有其自身價值。嚴復提出「開明自營」原則，其意義就在於把個體從被家族群倫淹沒的關係網中解放出來，為個體的生存價值、合理營利爭得一席倫理上的正當地位：

　　自營一言，古今所諱，誠哉其足諱也，雖然，世變不同，自營亦異。大抵東西古人之說，皆以功利為與道義相反，若薰蕕之必不可同器。而今人則謂生學之理，捨自營無以為存……功利何足病？問所以致之之道何如耳，故西人謂此為開明自營，開明自營，於道義必不背也。❸

作為個人利益的「開明自營」與「道義」並不相悖，事實上只有在「利」（物質生活）富足之後，才有所謂「義」（精神道德），「實且以多為貴，而後其國之文物聲明，可以日盛，民生樂而教化行也。夫求財所以足用，生民之品量，與夫相生相養之事，有必財而後能盡其美善者」❹；其次，嚴復結合亞當·斯密的經濟學說論證個人「自營」的正當性。比如他從生產與消費關係原理上，論證個人追求財富和享受（自營）完全符合經濟發展規律，他指出：「夫民之所以盼盼勤動者，為利進耳，使靡所利，誰則為之？」利益刺激生產，而生產則帶來了財富的積累和增長，

---

❶ 章士釗：《國家與責任》。
❷ 高一涵：《民福》，《甲寅》第 1 卷，第 4 號。
❸ 《嚴復集》第 5 冊，第 1395 頁。
❹ 《原富》部乙篇三按語，第 288 頁。

必然導致人們對享受的追求,「今使一國之民,舉孜孜於求富。既富矣,又不願為享用之隆,則亦敝民而已。況無享用則物產豐盈之後,民將縵然止足,而所以勵其求益之情者不其廢乎?」❶ 也就是說,只有鼓勵人們消費、享受,才能刺激生產,促進生產的擴大和財富的增加。嚴復以個人自利自營為原則的思想,繼承了亞當‧斯密的理論,即每個人在從事經濟活動時首先考慮的是個人的最大利益,並不具有幫助別人和增進社會公共利益的動機,只是在通過競爭原則達到的自然平衡和調解,才產生彼此間的協作和互助,消除個人利益與社會利益之間的對立。嚴復認為這種「開明自營」思想「實能窺天道之全」❷,「為近世最有功生民之學者」❸;嚴復的「開明自營」不是絕對利己主義,不是損人利己,而是一種合理的利己主義,他強調「明兩利為利,獨利為不利」,「蓋未有不自損而能損人者,亦未有徒益人而無益於己者」❹;梁啟超更把這種合理的利己主義視為一種基本權利:「故人而無利己之思想者,則必放棄其權利,弛擲其責任,而終至於無以自立。彼芸芸萬類,平等競存於天演界中,其能利己者必優而勝,其不能利己者必劣而敗,此實有生之公例矣。」❺「自營」「利己」的個體意識和經濟營利原則構成了近代倫理觀的核心。

　　第三,「最大多數之最大幸福」原則。人們很容易誤解功利主義即絕對利己主義,而事實上,如果說「開明自營」強調的是個體價值的合理性的話,那麼,「最大多數之最大幸福」原則,則把個體與群體結合起來,梁啟超說:「近百年來於社會上有最有力之一語:曰最大多數之最大幸福,其影響於一切學理,殆與『物競天擇優勝劣敗』之語同一價

<hr>

❶《原富》部丁篇九按語,第 550 頁。
❷《嚴復集》第 4 冊,第 892 頁。
❸ 嚴復《天演論‧群治十六案語》
❹《嚴復集》第 4 冊,第 892－893 頁。
❺ 梁啟超:《十種德性相反相成義》。

值。」❶又說邊沁「常言最大多數之最大幸福，是其意認為公道與利益常相和合，是一非二者也。」❷嚴復在《天演論》按語中亦指出：「大利所存，必其兩益，損人利己非也，損己利人亦非，損下益上非也，損上益下亦非。」❸章士釗亦將「最大多數之最大幸福」原則作為立法原則，他指出：「自邊沁之說出……而非之者率在倫理一面，謂以其說作為道義之準繩，不無流弊。至用以立法原則，因由常人之所謂苦樂，以求最大多數之最大幸福，則無所容其非難。」❹這樣在合理利己主義理論中便滲入了利他主義因素，社會公道與個人主義原則有所融合。

樂利主義（功利主義）倫理觀的提出，是中國近代倫理重建的理論化標誌，它力圖在個體的「自我保存」的自然本質基礎上，建立起個體與群體、感性慾求與理性精神的新的統一和劃界（所謂「群己權界」），這樣就從根本上否定了傳統倫理觀中忽視個體的生存享受和發展的價值和意義，尤其對於反對儒家倫理所謂義利之辨的道德專制主義與禁慾主義具有極其重大的歷史意義。嚴復就曾經明確說過：

孟子曰：「亦有仁義而已矣，何必曰利？」董生曰：「正誼不謀利，明道不計功。」泰東西之舊教，莫不分義利為二塗。此其用意至美，然而於化於道皆淺，幾率天下禍仁義矣。自天演學興，而後非誼不利，非道無功之理，洞若觀火，而計學之論，為之先聲焉。❺

嚴復明確說明了「天演論」和斯密的政治經濟學中的功利主義精神對分為「二塗」的傳統義利觀的衝擊作用。同時，它對於近代資本主義發展，商業和工業的近代化，尤其對於人的近代化提供了一種新的價值取向和

❶《壬寅新民叢報匯編》，第 124 頁，日本帝國株式會社，明治 39 年版。
❷《樂利主義泰斗邊沁之學說》。
❸《嚴復集》第 5 冊，第 1349 頁。
❹ 章士釗：《國家與責任》，《甲寅雜誌存稿》上冊。
❺《嚴復集》第 4 冊，第 858－859 頁。

新的行為模式。

　　但是，我們必須同時看到，功利主義倫理觀作為一種外來文化雖然給近代中國帶來了一定的倫理啟蒙，但是這種倫理啟蒙並沒有完全取代中國傳統價值觀念，中國廣大的農村依然按照舊的價值體系、行為方式的固有軌道運行着，一如魯迅小說中所揭示的未莊文化、魯鎮文化一樣。事實上，這種新的價值觀念、行為方式只是在部分知識群、學生群和近代資本主義工商企業界聚集的沿海開放城市，才起到了某種解放或啟蒙的作用。這就如同法國著名中國近代史專家白吉爾夫人所指出的，它構成了一種新的「海岸文明」（civilisation de la côte），白吉爾夫人對此指出：「這種地區性的外來移植，這種與世界市場的部分性一體化，導致各口岸之間產生了一種新的行為方式，即『海岸文明』。」也即是一種「面向大海、面向商業、受工商企業共同體的資產階級價值所支配的」❶ 新的倫理精神。因此，準確地說，中國近代倫理精神的重建，不過是在沿海一些開放城市的知識分子群和資產階級群體中所確立的一種新的倫理觀念和行為方式，而且即使在知識分子群中，也往往是兩種或多種倫理模式的相互對峙與融合。中國的倫理重建仍是一個長期而艱巨的工作。

三、國民意識的誕生

　　如果說進化論主要是從人的本質的角度對舊的人性論的一種觀念超越，功利主義倫理觀主要體現為一種對個體營利的合理肯定的經濟倫理的話，那麼近代國民意識則主要體現為一種新的政治倫理、社會倫理，它要求解決的是人（個體）在社會、尤其在政治社會中（即作為公民）的地位和基本權利等問題。

　　（一）從「部民」到「國民」。嚴復《原強》中的「三民」思想尤其

---

❶ M.—C. Bergère, La Chine au XXᵉ Siècle P.295, P.298. Paris (Fayard), 1989.

是其中的「新民德」思想，實際上已不是斯賓塞意義上的教育思想，而是一種政治倫理思想。嚴復談到如何「新民德」時指出，中國文化與西方文化最大的區別就在於「西之教平等，故以公治眾而貴自由。自由，故貴信果。東之教立綱，故以孝治天下而首尊親。尊親，故薄信果」。嚴復反覆強調的是，自由的基礎首先是個體權利問題，即「是民各奉其所自主之約，而非率上之制也」，也就是使國家「私之以為己有而已矣」，「欲進吾民之德……則非有道焉使各私中國不可也。」❶ 這裏所謂「私」已經不是傳統倫理觀念，而是近代的政治參預含義，也就是說，只有當每個人具有參預政治、治理國家的基本權利，有作國家主人翁的資格，才談得上所謂愛國等等公德問題。梁啟超接過這個轉向政治倫理的命題，在《新民說》中提出了「道德革命」，通過道德革命而培養一種「新民」即近代國民意識，他說：「然則吾輩生於此群，生於此群之今日，宜縱觀宇內之大勢，靜察吾族之所宜，而發明一種新道德，以求所以固吾群、善吾群、進吾群之道，未可以前王先哲所罕言者，遂以自畫而不敢進也，知有公德，而新道德出焉矣，而新民出焉矣。」❷ 在這裏，梁啟超將「道德革命」明確為培養「新民」，「新民」在梁啟超看來就是「國民」。和嚴復一樣，他以社會有機體論來闡釋「國民」：

> 國民者，以國為人民公產之稱也。國者積民而成，捨民之外，則無有國。以一國之民，治一國之事，定一國之法，謀一國之利，捍一國之患。其民不可得而侮，其國不可得而亡，是謂國民。❸

這樣，國民就成為了權利主體。同時，他將「部民」與「國民」視為社會進化的兩個階段：

---

❶《嚴復集》第 1 冊，第 31 頁。
❷《新民說‧論公德》。
❸《論近世國民競爭之大勢》，《飲冰室合集》文集之四。

人群之初級也，有部民而無國民，由部民而進為國民，此文野所由分也，部民與國民之異安在？曰：群族而居自成風俗者，謂之部民。有國家思想能自佈政治者，謂之國民。天下未有無國民而可以成國者也。❶

也就是說，「部民」不過是那種聚族而居的農業宗法社會的產物，而「國民」則是近代民主社會的產物。以此而論，他認為中國正面臨着從「部民」社會向「國民」社會的過渡：「昔者，吾中國有部民而無國民，非不能為國民也，勢使然也。」那麼現在這個「勢」已經變化了，因此必須養成國民意識，「而以今日列國並立，弱肉強食，優勝劣敗之時代，苟缺此資格（即國民資格），則決無以自立於天壤。」❷ 因此爭取國民的資格和權利關係到民族存亡的大問題。

（二）國民意識的基本內涵。梁啟超提出培養「新民」即國民意識之後，就開始探索國民意識的基本內涵。以其《十種德性相反相成義》論，就包括五對範疇，即「獨立與合群」「自由與制裁」「自信與虛心」「利己與愛他」「破壞與成立」，而且還談到公德與私德、權利與義務、進取冒險、自治與自尊、毅力等。儘管梁啟超的思想充滿着「以今日之我鬥昨日之我」的邏輯混亂和前後矛盾，但是他繼嚴復之後，更系統全面地論述近代國民意識、近代國民所應具備的心理素質、價值觀念，事實上他也是影響了一代又一代青年學生的啟蒙思想家，並且由此奠立了一個新倫理範型。

（三）新的倫理範型的誕生。近代倫理範型是由嚴復首創而由梁啟超奠立的，構成梁啟超《新民說》基本思想的「鼓民力、開民智、新民德」直接繼承了嚴復的思想，梁啟超的社會有機體論也是通過嚴復譯介而獲得的。

梁啟超認為中國傳統倫理精神中，最大的缺陷是只有私德而無公

❶《新民説‧論國家思想》。
❷《新民説‧釋新民之義》。

德,「我國民所最缺者,公德其一端也」,「私德」與「公德」的區別就在於:「人人獨善其身者謂之私德,人人相善其群者謂之公德。」中國古典倫理精神對「私德」的規定相當繁複:

> 皋陶謨之九德,洪範之三德,論語所謂溫良恭儉讓,所謂克己復禮,所謂忠信篤敬,所謂寡尤寡悔,所謂剛毅木訥,所謂知命知言,大學所謂知止慎獨,戒欺求慊,中庸所謂好學,力行,知恥,所謂戒慎恐懼,所謂致曲,孟子所謂存心養性,所謂反身強恕,凡此之類,關於私德者,發揮幾無餘蘊。

但是以「中國舊倫理」與「泰西新倫理」相比較,則差異甚大:

第一,「舊倫理之分類,曰君臣,曰父子,曰兄弟,曰夫婦,曰朋友。新倫理之分類,曰家族倫理,曰社會(即人群)倫理,曰國家倫理」;

第二,「舊倫理所重者,則一私人對一私人之事也。新倫理所重者,則一私人對於一團體之事也」;

第三,舊倫理所重視的是「一私人之所以自處,與一私人之對於他私人」,新倫理重視的則是「合公私而兼善之者也」❶。如果以圖表示之則如下:

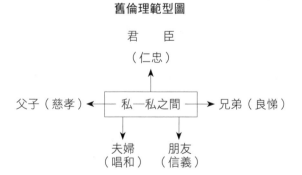

舊倫理範型圖

君　臣
(仁忠)

父子(慈孝)　←　私─私之間　→　兄弟(良悌)

夫婦
(唱和)　　朋友
(信義)

---

❶《新民説·論公德》。

新倫理範型圖

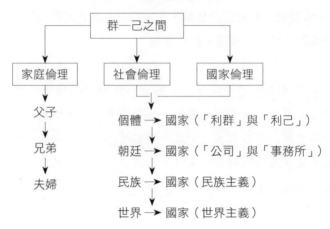

在梁啟超看來，如以舊倫理中的「五倫」關係納入「新倫理」中，除了「家族倫理」約略可保留傳統「三倫」（父子、兄弟、夫婦，如上圖）關係外，「朋友」一倫不足以概括「社會倫理」，而「君臣」一倫更無法囊括「國家倫理」。因此「道德革命」的根本意義不僅在於道德內容的更換，如對「十種德性」的闡發等等，更主要是一種倫理結構、道德範型的轉換，即在「家族倫理」之外，闡發新的「社會倫理」和「國家倫理」。

在梁啟超看來，「國家倫理」主要表現為四對關係：「一曰對於一身而知有國家；二曰對於朝廷而知有國家；三曰對於外族而知有國家；四曰對於世界而知有國家。」[1] 也就是個體→國家，朝廷（政府）→國家，民族→國家，世界→國家四對關係（見上圖所示）。

就第一對關係而言，國家並不神祕，它不過是自然法則下的產物，當個體的利益不能憑藉自身力量來保護時，人們便產生了「合群」的觀念，通過國家這一機器來保護自身的利益，因此，「利群」（保護國家）

---

[1]《新民說‧論國家思想》。

的根本意義就在於「利己」,「蓋非利群則不能利己,天下之公例也。」在這裏,梁啟超顯露出某種程度的個體性傾向,並且具有一種近代國家觀念,即國家不是從來就有的、神授的,而是歷史的產物。而且,國家或群體必須服從國民利己的需要:

　　為我也,利己也,私也,中國古義以為惡德者也。是果惡德乎?曰:惡,是何言!天下之道德法律,未有不自利己而立者也……故人而無利己之思想者,則必放棄其權利,弛擲其責任,而終至於無以自立。❶

在梁啟超看來,「利群」「愛國」都是從「利己」中推出去的,「利己心與愛他心,一而非二者也。近世哲學家謂人類皆有兩種愛己心,一本來之愛己心,二變相之愛己心,變相之愛己心者,即愛他心是也」,「故真能愛己者,不得不推此心以愛家愛國,不得不推此心以愛家人愛國人,於是乎愛他之義生焉,凡所以愛他者,亦為我而已」;就第二對關係而言,梁啟超主要是將「朝廷」與「國家」區別開來,「朝廷由正式而成立者,則朝廷為國家之代表,愛朝廷即所以愛國家也。朝廷不以正式而成立者,則朝廷為國家之蟊賊,正朝廷乃所以愛國家也。」❷ 他將國家比作「一公司」,把朝廷比作「公司之事務所」,國家成了人們入股經營的「公司」,人人都成了蒙受其福「多分紅」的股東;第三對關係強調的是「民族主義」;第四對關係強調的是一種理想的世界主義。

　　梁啟超在《論公德》中對「社會倫理」沒有直接闡發,但從整個倫理思想來考察,他所論的「十種德性」等等都屬於「群己」範圍的新的社會倫理,這些新的價值觀念和人生態度如果與傳統舊倫理觀念進行比較,我們會發現,無論是倫理結構,還是倫理內涵,都是一個新的轉型,即標誌着近代新的倫理範型的重建(如下表)。

---

❶《十種德性相反相成義》。
❷《新民說‧論國家思想》。

分　類	舊倫理範型（五倫）	新倫理範型（群己）
倫理結構	君臣、父子、兄弟、夫婦、朋友	家族倫理、社會倫理、國家倫理
理想人格	聖人、仁人	強者、優者（英雄、豪傑）
人我關係	絜矩之道 己所不欲，勿施於人	人人自由，而以他人自由為界
人生態度	樂天知命，知足常樂	進取、競爭、冒險
人與國家	忠君愛臣	利己推於利群
家庭關係	父慈子孝、夫唱婦隨	平等
修養方式	存心養性、知止慎獨	身心鍛煉、自信與虛心
處世方式	知白守黑、知雄守雌	獨立、自尊、自治

（原載《中國人文精神的重建》湖南教育出版社「博士論叢」1992 年版，「新德卷」第 5 章）

近代理性精神的重建

「智」並不是一個近代概念，早在中國古典人文精神中如孔子《論語》中便有了「智」的明確意識，然而「智」在中國古典時代從來就沒有成為一個獨立的觀念形態，而是附屬於「仁」，成為達「仁」的手段，「以仁統智」是古典人文精神的一個突出特徵。只有到近代人文重建時，從康有為的「理氣篇」「仁智篇」到嚴復的「開民智」，從梁啟超主編《清議報》的宗旨「廣民智，振民氣」以及「開官智」「開紳智」到革命派馮自由的《開智錄》雜誌等等，才激起了一股聲勢頗大的開智主義思潮，「智」的覺醒標誌着近代理性重建的開始。

一、從「以仁統智」到「智」高於「仁」

「以仁統智」是中國傳統哲學的一個基本特徵，它主要是指道德論高於知識論，善高於真，倫理高於認識，前者是目的，後者只是達到前者的手段，知識服務於群倫道德，對真理的認識不過是為了達到「返體歸仁」的道德境界，這是中國泛道德主義的根本要求。

孔子哲學是典型的「仁」學，「仁」是對血緣宗法倫常關係的哲學昇華，強調所謂「仁者人也，親親為大」的血緣倫常關係，然後以「能近取譬」的方法，由己推人，由近及遠，使「仁」從「親親」到「愛人」，同時「仁者愛人」又以「克己復禮」為前提，「禮」是「仁」的外化、規範化和具體化，以禮來約束自己，才能「立人」「達人」和成己成人，即所謂「忠恕絜矩之道」。「仁」作為最高規範統馭着「智」，孔子雖然

以仁、智並舉：「知者樂水，仁者樂山。知者動，仁者靜。知者樂，仁者壽」❶，但是歸根到底，還是「仁者安仁，知者利仁」❷，也就是說，「知」（智）不過是利於「仁」的手段。在孔子看來，「知」是一個低於「仁」的範疇，「仁」是目的範疇，而「智」不過是手段範疇，目的統馭手段，這一以仁統智的傳統，對後世產生了極大的影響。

《禮記·大學》中「格物致知」和宋明理學家們對此進行的闡釋，便承續了這一以仁統智的傳統而且將其推向了極端。

《大學篇》曰：

> 古之欲明明德於天下者，先治其國；欲治其國者，先齊其家；欲齊其家者，先修其身；欲修其身者，先正其心；欲正其心者，先誠其意；欲誠其意者，先致其知；致知在格物。物格然後知至……

在這裏，「格物致知」並沒有獨立的地位，這並不同於西方「愛智學」所謂「為知識而知識」的致知精神，即把知識本身當作追求目的的精神，而是將「格物致知」當作達到正心誠意、修齊治平的手段，也就是一種道德修養內聖外王的手段。這一點在宋明理學中更被推到極端。

宋明理學雖有朱熹客觀唯心主義和王陽明主觀唯心主義之分，然而在「以仁統智」即在道德論統馭知識論，善統馭真、倫理統馭認識上，卻難分軒輊。

朱熹對格物致知的闡釋，雖然是把人的道德修養奠立在知識（即物窮理）基礎上，但他所謂「格物」並非近代所謂對物質世界的觀察實驗，「窮理」更不是近代科學所謂對物質運動規律的考察，他強調的仍是內省直覺，「豁然貫通」而獲得的道德良知，「大凡道理，皆是我自有之物，

---

❶《論語·雍也》。
❷《論語·里仁》。

非從外得。」❶而張載則明確將「知」分為「德性所知」與「見聞之知」，前者以盡性功夫或道德修養為基礎，後者不過是感官經驗所得的知識，但是張載認為「德性所知」高於「見聞之知」，也就是說，道德良知高於感官知識，程伊川也強調：「致知在格物，非由外鑠我也，我固有之也。因物有遷，迷而不知，則天理滅矣，故聖人欲格之。」❷格物致知不過成為格除物慾而對天理良知的內在體驗而已。王陽明「七日格竹而病生」之後才幡然悟道：「夫物理不外於吾心，外吾心而求物理，無物理矣。」❸於是便把「格物致知」歸結為「一念發動」的頓悟良知，這樣，「知」不僅從屬於「仁」，認識從屬於悟道（倫理），真從屬於善，而且從根本上將「仁」等同於「知」，從而蘊含着對「知」（尤其是外在自然知識）的取消，只有對仁的體認才成了最高的智慧，於是到王學末流，就發展為對一切知識的鄙棄、排斥。「以仁統智」的傳統走入了死胡同。

伴隨着西學東漸尤其是科技知識在中國的廣泛傳播，「智」的覺醒便開始了。在近代，最早系統談到「智」的大概要算康有為，他在1886—1887年撰寫的《康子內外篇》中的《理氣篇》《仁智篇》突出了「智」的重要作用。康有為「智」的重新提出，既標誌着新時代理性的萌芽，又保留了古典人文精神智不離仁的傳統。

1882年康有為25歲時，他的理學老師朱次琦先生逝世，於是康出遊上海，「大購西書以歸……自是大講西學，始盡釋故見」❹，他開始接觸到《萬國公報》《佐治芻言》和各種自然科學知識，從這些知識中，他發現了一個新的世界，而《康子內外篇》正是在這種背景下完成的。因此，「智」的突出便與近代西方早期那種重視科學、弘揚「知識就是力量」的理性覺醒具有相同的邏輯起點。康有為認為，「智」是人類文明發展的根本條件，「人惟有智，能造作飲食宮室衣服，飾之以禮樂政事文章，條之

---

❶《朱子語類》卷十七。
❷《語錄》二五。
❸《答顧東橋書》。
❹《康有為自編年譜》。

以倫常，精之以義理，皆智來也」，無疑也就是人的倫理道德「仁」「義」「禮」「信」的前提條件：「物質有相生之性，在於人則曰仁；充其力所能至，有限制矣，在於人則曰義……為仁之後，有禮與信矣。而所以有此四者，皆由於智，」「智」被提到突出的地位；其次，康有為又認為，「智」是人與動物的根本區別，是人的本質所在：「人道之異於禽獸者全在智，惟其智者，故能慈愛以為仁，斷制以為義，節文以為禮，誠實以為信。」其三，認為「仁」「智」互為體用：「就一人之本然而論之，則智其體，仁其用也。就人人之當然而論之，則仁其體、智其用也。」最後，他對各個時代作了一個總結，認為「上古」時候「智」為重，三代之世「禮」為重，秦漢至今「義」為重，後此之世「智」為重，這種描述當然帶有極大的主觀色彩，但是他把「後此之世」視為「智為重」的時代，則體現了他對即將到來的知識時代、理性時代和科學時代的一種朦朧自覺。「智」在康有為哲學中獲得了突出地位 ❶。

　　但是，康有為哲學的過渡特徵仍十分明顯，仍然沒有擺脫古典人文精神中以仁統智的歷史傳統，當他認為「仁」「智」互為體用的時候，說明他在「仁」「智」之間搖擺不定，當他說「人道以智為導，以仁為歸」時，顯然仍將「仁」作為最高目的，也就是說，「人道」的根本乃是通過「智」來導向最高目的「仁」，「智」仍然沒有徹底擺脫「仁」而獨立，反而是「仁與智所以成終成始者也」。

　　「智」的啟蒙即理性啟蒙，只有到嚴復這裏才達到了真正意義上的近代水平，嚴復在《原強》中突出了「開民智」的重要地位，認為德、智、力三者「又以民智為最急也」，嚴復「開民智」思想既是對斯賓塞的智育思想的繼承，又是對其思想的深化和創新。它包含着這樣兩個層面：作為措施行動層面指的是「變通學校，設學堂，講西學」以及「另立選舉之法，別開用人之途」和「廢八股、試帖、策論諸制科」；而作為精神

----

❶ 以上引語均見康有為《康子內外篇》中的《理氣篇》《仁智篇》。

層面，則指的是近代理性精神的重建，這種理性重建則是強調「即物實測」的科學實證精神，提倡邏輯啟蒙、突出懷疑精神，以真理優先於倫理，「智」高於「仁」，並且弘揚理性主體（「自我」），即所謂「自竭其耳目，自致其心思，貴自得而賤因人，喜善疑而慎信古」和「宇宙為我簡編，民物為我文字」❶，它標誌着近代知識分子自我意識的理性覺醒。

如果說康有為還徘徊於古典人文精神以仁統智與近代人文精神的理性重建的十字交叉路口的話，那麼，嚴復則明確強調「智」高於「仁」，真理高於倫理。嚴復認為，經過科學方法得到真理，「當此之時，所謂自明而誠（即『真』），雖有君父之嚴，賁育之勇，儀秦之辯，豈能奪其是非？」❷ 也就是說並不因為君主、父母的倫常關係（善）就改變自己求真的信念，正是在這個前提下，嚴復多次引用亞里士多德的名言：「吾愛吾師柏拉圖，然吾愛真理勝於吾師」，又說：「蓋世間一切法，惟至誠（真）大公，可以建天地不悖，俟百世不惑，未有不重此而得為聖賢，亦未有倍此而終不敗者也，使中國民智民德而有進今之一時，則必自寶愛真理始。」❸ 這裏至少具有三層意義：

第一，「真理」是屬於認識系統的，而「吾師」則是屬於倫常關係系統的，中國歷來有所謂「天地君親師」「師道尊嚴」之說，「師」是倫常關係網中的一個特定環節。如前所論，中國的傳統是倫理高於認識的，蔡尚思亦曾認為，在中國，學生向老師求知是不許隨便問難的，在孔子那裏就形成了這樣的傳統：「樊遲請學稼圃……則詆為小人，子路問鬼神與死……則以事人與知生拒絕之，宰我以三年之喪為久……則責其不仁，宰我、樊遲、子路之被呵斥，不敢申辯，猶曰此陳述異端邪說也。」❹ 當「真理」與「師」發生矛盾時，真理只能讓位於師，認識只有在確證倫理時，才有其自身存在的價值。所以張岱年先生說：「中國哲人

---

❶《嚴復集》第 1 冊，第 29 頁。
❷《嚴復集》第 2 冊，第 282 頁。
❸ 嚴復：《群己權界論·譯凡例》。
❹ 蔡尚思：《中國傳統思想總批判》，第 54 頁，湖南人民出版社，1981 年版。

認為真理即是至善，求真乃即求善，真善非二，至真的道理即是至善的原則。」❶ 不過其次序則是至善高於至真。但在嚴復看來，認識不僅要與倫理分離（詳下文），而且必須確立認識的優先地位，其高於善，所以嚴復強調「於學術則黜偽而崇真」，強調「愛真理甚於愛吾師」。後來在 1901 年當章太炎面對着「真理」（反清革命）與「吾師」（俞樾）的矛盾衝突時，章太炎毅然以轟動一時的《謝本師》與老師決裂，從實踐上確認了嚴復提倡的「愛真理甚於愛吾師」的信念。「真理」在近代中國開始獲得高於倫理的地位。

第二，一旦確立這種「建天地不悖、俟百世不惑」的「至誠大公」的真理信念，追求真理的人格高於個體完善的人格。在古典時代，最受崇敬的是「太上立德」的聖賢，但是到近代，人們更推崇追求真理的科學家，康有為對追求真理鍥而不捨的哥白尼、伽利略、牛頓要「尸祝而馨香之」❷，顯示着真理的人格力量，嚴復對此更是推崇不已：「故歐洲科學發明之日，如布盧奴（布魯諾）、葛理遼（伽利略）等，皆寧受牢獄焚殺之酷，雖與宗教齟齬，不肯取其公例而勿之也。」❸ 為真理獻身的價值高於為倫理獻身（殺身成仁）的價值。

第三，「必自寶愛真理始」，則意味着把體現人類理性精神的科學擺在首位：「非為數學、名學，則其心不足以察不遁之理，必然之數也，非為力學、質學，則不知因果功效之相生也。」❹ 真理恰恰是對宇宙自然的「不遁之理」「必然之數」的客觀探求。

這種「智高於仁」，真高於善的價值取向還突出地體現為近代理性的重建。

---

❶ 張岱年：《中國哲學大綱》，第 7 頁，中國社科出版社，1982 年版。
❷ 康有為：《諸天講》卷 2《地篇》。
❸ 《嚴復集》第 2 冊，第 282 頁。
❹ 《嚴復集》第 1 冊，第 7 頁。

二、近代理性精神的重建

在康德批判哲學體系中，理性被分為「純粹理性」和「實踐理性」，前者屬於認識論領域，科學本身就是一種對自然的認識，因此也屬於純粹理性領域，後者則屬於倫理道德領域。因此所謂「近代理性的重建」意指從傳統的「實踐理性」（倫常道德）的泛道德主義束縛中解放出來的「純粹理性」的重建，它主要體現為近代自然本體的探求，近代認識論的誕生和理性主體（「自我」「心力」）的確立，而這一切又首先反映為近代知識結構的轉換。

第一，從傳統知識結構到近代知識結構的轉換。知識結構屬於主體能力結構中的信息系統，它對於主體思維方式的改變起着一種先導的媒介作用。要塑造具有主體自我意識的近代人，必須具有一定合理的近代知識結構。為了更好地了解近代知識結構的轉換，我們不妨通過兩種知識結構模式進行比較：

第一種是曾國藩模式。直到新中國成立前，曾國藩一直是作為「立德」「立功」「立言」三不朽的「完人」而被優禮崇奉的。在他的《家書》中，他曾為其弟開列如下「課程」：

主敬：整齊嚴肅，無時不懼。無事時心在腔子裏，應事時專一不雜。

靜坐：每日不拘何時，靜坐一會，體驗靜極生陽來復之仁心。正位凝命，如鼎之鎮。

早起：黎明即起，醒後勿沾戀。

讀書不二：一書未點完斷不看他書。東翻西閱，都是徇外為人。

讀史：二十三史每日讀十葉，雖有事不間斷。

寫日記：須端楷。凡日間過惡，身過、心過、口過，皆記出。終身不間斷。

日知其所亡：每日記茶餘偶談一則。分德行門、學問門、經濟門、藝術門。

月無忘所能：每日作詩文數首，以驗積理之多寡、養氣之盛否。

謹言：刻刻留心。

養氣：無不可對人言之事。氣藏丹田。

保身：謹遵大人手諭：節慾、節勞、節飲食。

作字：早飯後作字。凡筆墨應酬，當作；自己功課。

夜不出門：曠功疲神、切戒切 ❶。

　　所謂「主敬」「靜坐」「謹言」「養氣」「保身」「夜不出門」旨在修身養性，其他幾項看、讀、寫作才算「致知」知識。從這裏可以窺見知識結構之一斑。在曾國藩給曾紀澤的信中，「讀書之法，看、讀、寫、作，四者每日不可缺一。」「看」的項目有《史記》《漢書》《近思錄》《周易折中》之類；「讀」的項目有《四書》《詩》《書》《易經》《左傳》、諸經、《昭明文選》、李杜韓蘇之詩、韓歐曾王之文；「寫」的項目有：真行篆隸；「作」的項目有：四書文、試帖詩、律賦、古今體詩、古文、駢體文 ❷。

　　這個傳統知識結構模式在嚴復《救亡決論》中，一概被斥為「無實」「無用」，而嚴復則在《原強》和《西學門徑功用》中兩度提供了一個嶄新的知識結構模式，《西學門徑功用》更完備、更有代表性，他把這個模式分為「玄學」「玄著學」「著學」三類，他說：

　　玄學一名二數，自九章至微積，方維皆麗焉，人不事玄學，則無由審必然之理，而擬於無所可擬……玄著學，一力，力即氣也。水、火、音、光、電磁諸學，皆力之變也；二質，質學即化學也，力質學明，然後知因果之相待。

---

❶《曾國藩家書》（一），第 49 頁，嶽麓書社，1985 年版。

❷《曾國藩家書》（一），第 406 頁，嶽麓書社，1985 年版。

然而還不夠，因為

> 玄著學明因果矣，而多近果近因，如汽動則機行，氣輕則風至是也，而無悠久繁變之事，而心德之能，猶未備也，故必受之以著學，著學者用前數者之公理大例而用之，以考專門之物者也。如天學，如地學，如人學，如動植之學，非天學無以真知宇之大，非地學無以真知宙之長，二學者精，其人心猶病卑狹鄙陋者，蓋亦罕矣！至於人學，其蕃變猶明，而於人事至近。

還要加上「生理之學……而分之則體用學、官骸學是也，又必事心理之學……而後終之以群學。群學之目，如政治、如刑名、如理財、如史學……凡此云云，皆煉心之事，至如農學、兵學、御舟、機器、醫藥、礦務，則專門之至溢者……」❶若簡化一下，嚴復模式大致如下：

> 玄學：名學（邏輯學）、數學。
> 玄著學：力學、質學（化學）。
> 著學：天學、地學、人學（生理學、心理學）。
> 群學（社會學）：政治、刑名、理財、史學。
> 專門之學：農、兵、御舟、機器、醫藥、礦務……

曾國藩模式是道光廿二年（1842 年）、咸豐八年（1858 年）在家信中提出的，雖已進入近代，但這個模式並沒有近代痕跡，加之曾氏是近代大理學家，因此作為傳統知識結構模式頗具代表性，而嚴復模式則是光緒廿一年（1895 年）、廿四年（1898 年）提出的，前後相差半個世紀左右，卻是兩種迥然相異的知識結構：（一）曾模式裏，倫理（修身養

---

❶《嚴復集》第 1 冊，第 94－95 頁。

性）與知識沒有分離，「主敬」排在首位，可見倫理高於知識，嚴復模式則完全清除了倫理的干預，樹立了知識的權威，並且使知識純粹化、科學化和系統化；（二）曾模式從內容上沒有超出經史子集，從形式上全是書本上學問，嚴模式從內容則基本囊括了人文學科、社會科學和自然科學，從形式上擺脫單一的書本知識，走出書齋，融社會、宇宙大自然於一爐，強調的是向外探求的自然科學；（三）曾模式在方法上，重視的是「看」「讀」，死記硬背，「誇多識」，嚴模式強調科學方法（名、數），重「因果必然之理」，「尊新知」。

嚴復模式奠立了中國最早的完備而系統的近代知識結構模式，標誌着中國知識結構的近代化的開始。

第二，從倫理本體論走向自然本體論。我們知道，在世界文明的「軸心時代」，古希臘哲學家的哲學重心首先是宇宙世界萬物的本體、始基或本原，他們或歸結為「水」（泰勒斯），或歸結為「數」「火」（如畢達哥拉斯、赫拉克利特），或歸結為「原子」（德謨克利特），總之，他們尋求的是一種「自然本體」。然而在中國，雖然哲學家們往往把宇宙世界的本體歸結為「氣」（至於「金木水火土」五行則不屬於自然本體論而是附會於政治，成為一種五行相生相克的神祕的循環政治理論），但是「氣」在中國古典時代並不純然為一種自然物質，而是倫理精神與物質相混合的統一體，而且以「氣」作為本體的宇宙自然完全是以社會人倫為依歸的，「天人合一」的意義就在於使自然宇宙服務於倫理本體，這就如同李澤厚在概括宋明理學時所言：「無論是格物致知，或知行合一的認識論，無論是『無極』『太極』『理』『氣』等宇宙觀世界觀，實際上都只是服務於建立這個倫理本體，並把它提到『與天地參』的超道德的本體地位。」[1]中國文化的本體論不同於古希臘的自然本體論，而是一種典型的倫理本體論。

---

[1] 李澤厚：《中國古代思想史論》，第 220 頁，人民出版社，1984 年版。

到了近代，隨着大量自然科學知識的傳入，本體論在戊戌時期開始了一個重大的轉型，那就是從倫理本體走向自然本體。戊戌思想家仿佛是在補古希臘哲學家探求自然本體的一課，開始用「以太」「電」「阿屯」（atom 原子）等概念來改造傳統本體論。

譚嗣同將宇宙萬物的始基歸結為「細胞」：「天地萬物之始，一泡焉耳，泡分萬泡，如熔金汁，因風旋轉，卒成圓體，日又再分，遂得此土。」●描繪了一番從細胞到人類的進化歷程，而且這種進化的根本動因歸結為「以太」：「日新烏乎本？曰：以太之動機而已矣。」●唐才常則把宇宙世界的本體歸結為「質點」（元素）：「天無天，分寄於地球所有之質之點之謂天；天無質無點，分質點於地球所有六十四元質暨引線面之無數點而為千萬億兆恆河天。」又說：「六十四元質配成世界萬物。」●章太炎在 1899 年寫的《菌說》篇，認為世界的本原是「阿屯」：「凡物之初，只有阿屯，而其中萬殊，各原質皆有欲惡去就，欲就為愛力、吸力，惡去為離心力、驅力……而相易相生相摩，漸以化為異物。」●

在近代西方，人們的思維能力不是像古希臘時代那樣把宇宙的本體直觀地歸結為某種特殊的物質（如「水」「火」），而是可以高度抽象地概括為具有「客觀實在」的「物質」（如機械唯物主義），加之近代科學的長足發展，於是哲學的重心已經從古希臘那種本體論的探求轉化為認識論的研究。也就是說，古希臘哲學首先需要了解自然世界「是什麼」，但是到近代，「是什麼」的問題已經不成其為問題，而要探求的是「如何可能」的問題，即人類如何才能認識自然、認識世界，這樣便產生了以主客體分離為前提，以概念把握為手段的近代認識論。但是在中國，由於沒有出現一個像古希臘那種以天人分離為前提的自然本體論的直觀

● 《譚嗣同全集》（增訂本）（下），第 330 頁。
● 《譚嗣同全集》（增訂本）（下），第 319 頁。
● 唐才常：《質點配成萬物說》，《唐才常集》，第 66—67 頁，中華書局，1980 年版。
● 《章太炎選集》，第 62—63 頁，上海人民出版社，1981 年版。

階段，也就是說還沒有了解自然世界「是什麼」的問題。因此，近代理性重建首先要進行的便是對探究「是什麼」問題的補課，然後才是探討「如何可能」的問題。某些論者往往批評近代中國思想家這種本體探討的直觀性，卻恰恰忽視了另一個問題：走向自然本體（儘管是直觀地走向）是中國走出天人合一的倫理本體、走出中世紀和哲學近代化的一個重要標誌。

第三，近代認識論與方法論的產生。如果說康有為、譚嗣同突出了本體論探求的特點的話，那麼，嚴復則與西方近代哲學潮流保持着同步性，側重於認識論方面，尤其是經驗派的認識論，而胡適則更多地強調方法論方面。

金嶽霖先生曾經說過：「中國哲學的一個特徵，可以稱為邏輯和認識論觀念的不發達。」❶ 這突出體現為認識論依附於倫理學，認識論只是達到道德完善的手段，從孟子的良知良能到王陽明的致良知都無不歸結為一種對先驗道德的體悟。而近代西方哲學則是以主客體分離為前提，以概念把握為手段的認識論。以此而論，中國哲學只有到嚴復，才開始有了主體與客體、本體與現象的自覺而又明確的分離，才有了近代意義上的認識論和方法論。嚴復哲學由於主要是吸收了英國從培根、洛克到穆勒的經驗派實證主義傳統，因此他從根本上拒斥超驗的形而上學，並為人的認識能力劃下一條界線，他說：

　　竊嘗謂萬物本體，雖不可知，而可知者止於感覺……（時空中）有其井然不紛、秩然不紊者……為自然之律令……亦盡於對待之域而已。是域而外，固無從學，即學之，亦於人事殆無涉也。❷

---

❶ 金嶽霖：《中國哲學》，載《哲學研究》1985 年第 9 期。
❷ 《穆勒名學》部甲按語。

他將對象世界劃分為「本體」與「對待之域」（現象界），並認為人類認識能力只能達到後者，至於自在本體，由於在人的感覺之外，因此只能覺於形而上的領域存而不論。哲學界通常據此指斥嚴復從唯物主義滑到唯心主義不可知論。實際上，不可知論有兩種形式，一種是否認人類認識能力有可能達到真理的絕對不可知論；另一種不可知論乃是要為人類認識能力進行劃界，它反對那種無限誇大人類認識能力的「理性的僭妄」，這種不可知論並不悲觀，但是立足於經驗領域，而對一切沒有充分證據的超驗事物則持存疑態度。嚴復以「迷信」為例：「迷信者，言其必如是，固差；不迷信者，言其必不如是，亦無證據。故哲學大師如赫胥黎、斯賓塞諸公皆於此事謂之 Unknowable（不可知），而自稱為 Agnostic（不可知論者）。蓋人生智識至此而窮，不得不置其事於不論不議之列。」❶ 這就很明白地宣示了不可知論的含義乃在於對沒有證據的超驗事物持存疑態度：「不論不議」，這對於剛剛步入近代的中國來說，仍然不失為一種科學啟蒙。所以後來胡適乾脆將之譯為「存疑主義」，似更妥當。其次，嚴復引進了經驗派洛克的著名觀點「白板說」，他說：「心體為白甘，而閱歷為采和，無所謂良知者矣。」❷ 人的心靈就如一張白紙，而閱歷則如在白紙上作畫，這個觀點在當代看來就顯得陳舊而過時了，因為皮亞傑的發生認識論觀點告訴我們，任何認識都只能是主體以其特定的心理圖式去建構客體，認識是主客體的雙向選擇和建構，心靈在認識之前並非白板。但是嚴復引進「白板」說在當時的意義就在於，既然人心是一塊白板，那麼當然就不存在孟子或王陽明所謂道德良知，這樣就從根本上把道德良知從認識論中驅逐出去，使中國理性擺脫倫常道德而走向獨立和純粹化，從而保證了認識論對倫理學的獨立性。而近代方法論的產生則從嚴復對歸納邏輯（也包括演繹邏輯）的引進開始，到胡適，則其哲學重心便是實驗主義方

---

❶《嚴復集》第 3 冊，第 825 頁。
❷《穆勒名學》部乙篇六按語。

法，並且將近代方法論直接運用於學術領域從而使中國學術逐漸被納入近代化軌道。

近代認識論和方法論的產生，標誌着中國思維方式開始近代化，也就是從那種道德良知的泛道德主義體悟式的致思方式和崇聖崇古的經學思維方式開始向近代實證歸納的邏輯化思維方式過渡，進而思維方式的轉型，最後便導致近代理性主體的確立。

第四，理性主體的確立。近代理性主體性的確立突出體現為對「心力」「自我」與思想自由的自我意識的弘揚。

康有為把主體性提到救亡的高度：「欲救亡無他法，但激勵其心力，增長其心力。」[1] 而增長「心力」的辦法則是「勉強為學，務在逆乎常緯」[2]，即敢於向正統觀念和習俗常規挑戰，康有為以其驚世駭俗的《新學偽經考》與《孔子改制考》實踐了這一「逆乎常緯」的思想。譚嗣同的《仁學》也強調「心力」的作用：「心力可見否？曰：人之所賴以辦事者是也。」[3] 梁啟超也曾和嚴復一樣呼籲「鼓民力」，而其中的民力則包括心力、膽力和體力。嚴復哲學的基本傾向雖是英國經驗論，但也藉介紹黑格爾哲學來弘揚主體意識：「歐洲之言心性，至迪迦爾（Descartes）而一變，至汗德（Kant）而再變……汗德所以為近代哲學不祧之宗者，以澄澈宇宙二物，為人心之良能，其於心也，猶五官之於形幹，夫空間、時間二者，果在內而非由外矣……黑格爾本於此說，故惟心之論興焉。」他解釋黑格爾學說時指出：「主觀心者（Subjective mind），就吾一人而得之者也，黑格爾曰：人之所以為人，心；心之德，曰知覺、曰自由。」[4] 我們知道，黑格爾哲學主要是改造了斯賓諾莎的實體學說和費希特的「自我意識」而發展為「絕對精神」，強調自我的能動作用，要求使自我意識成為一種創造性本源，不僅創

---

❶《戊戌變法》（四），第 412 頁。

❷ 康有為：《長興學記》。

❸《譚嗣同全集》（增訂本）（下），第 363 頁。

❹《嚴復集》第 1 冊，第 217 頁。

造主體而且外化為客觀世界，為近代中國弘揚心力主體意識提供了思想來源，嚴復將「心之德」釋為「知覺」與「自由」，實質上就是指向人的理性自由。

　　而理性自由首先便是對一切外在專制束縛、思想禁錮的否定。梁啟超就曾認為中國人「腦質之思想，受數千年古學所束縛，曾不敢有一線之走開，雖盡授以外國學問，一切普通學皆充入其記性之中，終不過如機器砌成之人形，毫無發生氣象……故今日而知民智之為急，則捨自由無他道矣。」❶梁啟超提倡「異言」「異想」的理性自由，首先就強調破除對孔子的迷信，他認為孔子並不比今人高明多少，「若必一一而比附之納入之，然則非以此新學新理厘然有當於吾心而從之也，不過以其暗合於我孔子而從之耳，是所愛者仍在孔子，非在真理也。」❷梁啟超號召「勿為古人之奴隸」「勿為世俗之奴隸」❸，以自我主體為核心：「我有耳目，我有心思，生今日文明燦爛之世界，羅列中外古今之學術，坐於堂上而判其曲直。」❹梁啟超對主體性的弘揚，幾乎走向「唯我主義」的意志論傾向。到新文化運動時期，陳獨秀在《東西民族根本思想之差異》中更明確指出：「自唯心論言之，人間者，性靈之主體也；自由者，性靈之活動力也。自心理言之，人間者，意思之主體；自由者，意思之實現力也。」❺「性靈」「意識」均為個體主體性的體現，而其實現力則是「自由」，但「自由」首先是以「自我」為基礎的：「人間百行，皆以自我為中心，此而喪失，他何足言。」❻

　　以自我為核心的理性主體性的確立，是近代理性精神重建的根本標誌，近代思想家們將一切訴諸自己的理性與良知，來推倒束縛、壓抑人

---

❶《梁啟超選集》，第 137—138 頁。
❷《保教非所以尊孔論》，《飲冰室合集》文集之九。
❸《新民說・論自由》。
❹《保教非所以尊孔論》，《飲冰室合集》文集之九。
❺《獨秀文存》，第 28 頁，安徽人民出版社，1987 年版。
❻ 陳獨秀：《一九一六年》，《新青年》1 卷 5 號。

們思想的一切政治和意識形態權威，這就如同馬克思在評價法國啟蒙思想家時所指出的：「在法國為行將到來的革命啟發過人們頭腦的那些偉大人物⋯⋯他們不承認任何外界的權威⋯⋯一切都受到了最無情的批判，一切都必須在理性的法庭面前為自己的存在作辯護或者放棄存在的權利，思維着的悟性成了衡量一切的唯一尺度。」[1] 經典作家似乎也為中國近代理性精神的重建作了最恰當的評價。

（原載《中國人文精神的重建》湖南教育出版社「博士論叢」1992 年版，「開智卷」第 12 章）

---

[1]《馬恩選集》第 3 卷，第 404 頁。

近代理性自由思想與浪漫自由主義

　　「民主」作為中國知識人追求的目標，曾經在近代中國產生了持久的魅力。並在「五四」後期與「科學」並列為兩大口號。然而延續了幾十年的近代民主啟蒙，卻並沒有將中國導向民主法制的現代軌道。除了當時各種客觀因素如民族危機等等外，是否近代民主啟蒙思潮理論本身從一開始就有誤導的傾向呢？也就是說，中國沒有步入現代民主社會，有沒有根本的理論失誤呢？這的確是一個引人深思的課題。筆者認為，民主作為現代政治運作形式僅僅只是手段。「民主」真正的目的是「自由」。現代西方民主制度的理論基礎根源於近代西方兩大自由思想體系。即洛克體系和盧梭體系。洛克體系貌似英國保守風格卻孕育了現代英美民主自由體制，盧梭體系貌似激進民主卻在近代西方帶來了始料未及的負面效應並在一定程度上反而構成了對自由與民主的否定。而在近代中國，洛克體系卻影響甚微，評價甚低。而盧梭體系尤其是盧梭精神卻在中國產生了持久的影響。中國近代以中國式民本主義傳統接納了盧梭精神而排斥了洛克體系，浪漫自由主義壓倒了理性自由。

一、西方兩大自由體系的分野

　　西方世界第一個以法律形式頒佈的人權宣言是美國獨立戰爭時期由傑佛遜起草的《獨立宣言》（1776 年）。被馬克思稱為「第一個人權宣言」。但這個宣言很大部分是討論民族獨立與自由問題。真正影響最大、最完整的人權宣言則是 1789 年法國大革命時期的《人權和公民權宣言》

（Déclaration des Droits de l'Homme et du Citoyen）。

　　人們普遍認為，《人權與公民權宣言》體現了法國啟蒙思想。這自然有一定道理。但仔細考察就會發現，《人權與公民權宣言》之所以在歐陸引起強烈反響，並不僅在於它是法國啟蒙思想的產物，而是在很大程度上，融合了西歐兩大自由思想體系精神。也就是洛克體系（法國伏爾泰、孟德斯鳩實際更接近於這一體系）和盧梭體系。洛克派強調「人權論」，而盧梭強調「人民主權論」。洛克關心的是獨一無二的個體「人」。而盧梭關注的是「人民」或「公民」。正如美國學者薩拜因指出的：在盧梭思想中，「正是由於社會，他們才成其為人；基本的倫理範疇是公民而不是人。」❶ 與此十分吻合的是《人權與公民權宣言》標題就包含了兩個部分：人權與公民權。這不啻是說宣言就是洛克（人權）＋盧梭（公民權）。

　　《人權與公民權宣言》，全文條文共 17 條。前面兩條作為基本原則強調的是人的自然權利即人權。後 15 條則是對主權性質以及公民的權利、義務等的基本規定。第二條認定「保存人的自然的和不受時效約束的權利是任何政治結合的目的。這些權利是自由、財產、安全以及對壓迫的反抗」；第 17 條重申「財產是神聖不可侵犯的權利。除非在公眾必需，經合法認定並係顯然需要，且在公平和預先賠償的條件下，不得剝奪任何人的財產。」這兩條對個人財產、自由的關注不屬於盧梭體系，而是洛克自由思想的精髓所在。其中比較典型反映盧梭體系的是第三、六條。第三條規定：「整個主權（Toute souveraineté）原則本質上屬於國民（Nation）。」第六條規定：「法律表達總意志（La volonté generale）。」❷ 前者是「主權在民」，後者是盧梭的「總意志」說。

　　總的來說，洛克側重的是「人權」（Les droits de L'homme）。盧梭關注的是「主權」（Souverainete）。其思想分野在於：

---

❶ 薩拜因：《政治學說史》下冊，第 652 頁，商務印書館，1986 年版。
❷ La Grande Encyclopédie Vol. 7, P.3080, Larousse.

第一，洛克強調的是個體（Individu）的人權，他把個體視為自由的實體，強調個體的開明的自利性。而盧梭關注的是「總意志」（La volonté generale）、是「集體」（Communauté）、是「人民」（Peuple）、是「公共之我」（Moi commun）。薩拜因指出，在洛克派看來，「是以完全成熟的個人為出發點，賦予他們一整套利益和籌劃盤算的能力 ——追求快樂的慾望、所有權的觀念，同別人交往討價還價、訂立協議的能力……」❶而盧梭強調的恰恰相反：「我們每個人都以其自身及其全部的力量共同置於總意志的最高指導之下。並且我們在共同體中接納每一個成員作為全體之不可分割的一部分。」❷於是就產生了一種「公共之我」：

　　這一由全體個人的結合所形成的公共人格（Personne Publique），以前稱為城邦（Cité），現在則稱為共和國（République）或政治實體（Corps Politique），當它是被動時，它的成員就稱它為國家（Etat）；當它是主動時，就稱它為主權者（Souverain）；而以之和它的同類相比較時，則稱它為政權（Puissance）。至於結合者，他們集體地就稱為人民（Peuple）。個別地，作為主權權威的參預者，就叫做公民（Citoyens）；作為國家法律的服從者，就叫做國民（Nation）。但是這些名詞往往互相混淆，彼此通用。❸

　　盧梭首先關注的是人的「公共性」（即「公共人格」），並且在他看來，公共人格和國家、政權、人民、公民是合而為一的。在這裏他幾乎排斥了個人的「私人性」、排斥了個體作為獨立的實體的「不可入性」，他把「人格」賦予「公共性」從根本上說是反歐美傳統的。

　　第二，洛克強調從自然狀態走向契約社會，個體的基本人權是不可

---

❶ 薩拜因：《政治學說史》下冊，第 651 頁。
❷ Rousseau Oeuvres Complètes Vol.2, P.522, Editions du Seuil, 1971.
❸ Rousseau Oeuvres Complètes Vol.2, P.522－523.

轉讓、不可委託的,洛克所謂人權就是指「生命、健康、自由和財物」[1]
的神聖性,這些基本人權任何人都不能以任何名義(無論個人名義還是
諸如人民「大多數人」名義)予以剝奪,而盧梭強調的是「平等」,尤
其在結成契約社會後,必須把自由、財產等基本人權無保留地、一次性
地全部轉讓給人民的「總意志」。盧梭強調:「每個人都把自己全部地奉
獻出來。所以對於所有的人條件便都是同等的。」[2]英國哲學家羅素一針
見血地指出,盧梭的民主思想中恰恰包含了最不民主的思想。即「取消
自由和全盤否定人權說的意思」[3]。因為「總意志」在實際操作中只能是
大多數人的意見。只要「人民」(大多數人)同意,就可以取締人權。盧
梭對待財產更是反洛克式的,「共同體的每個成員,在集體形成的那一瞬
間,便把當時實際情況下所存在的自己 ── 他本身和他的全部力量,而
他所享有的財富也構成其中的一部分 ── 獻給了共同體」[4],盧梭明確反
洛克原則的私有財產神聖不可侵犯性,實質上是反中產階級財產私有制。

　　第三,洛克強調個體的自利性,從某種意義上也就是強調人性非道
德論,並從非道德論推出民主政治的非神聖性。馬基雅弗里、霍布斯、
洛克等人幾乎都從人性本惡的角度,來推出民主政治。在洛克看來,「墮
落的人的腐化和罪惡」總是存在的[5]。人的本質總是自私的,個體總是不
斷地追求金錢,地位和權力,因此在政治社會中,權力總是一種誘惑,
一種腐蝕劑。權力衝動幾乎是人的一種本能,用西方政治學的名言說:
「權力就是墮落,絕對權力就是絕對墮落。」因此,政體政治從本質上
說,沒有理想類型,而只能追求最低要求,也就是說不存在最理想最好
的政治類型,只能尋找比較不壞的政治類型,民主政治不是最好的政體
形式,它可以是一種比較不壞的政體形式,這也就是美國著名政治哲學

[1] 轉引自羅素:《西方哲學史》下卷,第 158 頁。
[2] Rousseau Oeuvres Complètes Vol.2, P.522.
[3] 羅素:《西方哲學史》下冊,第 238 頁。
[4] Rousseau Oeuvres Complètes Vol.2, P.524.
[5] 洛克:《政府論》下冊,第 79 頁,商務印書館,1964 年版。

家羅爾斯《正義論》中的著名原則「最大的最小值」（Maximin rule），即「選擇那種其最壞結果相比於其他選擇對象的最壞結果來說是最好結果的選擇對象」。因此，「人民」首先必須以個體為前提，個體的基本人權在任何條件下都不能委託或轉讓給任何個體自身之外的人或群體，一旦「人民」成為一種偶像，它就會掏空個體，必將產生暴政，個體人權將喪失殆盡。

　　而盧梭則將「人民主權」論立足於道德論、倫理論基礎之上。薩拜因教授認為，盧梭從柏拉圖那裏接受了兩點影響：首先，政治基本上屬於倫理性質，法律和權力只是第二位的；其次，一切城邦的內在原則是，社會必須主要是一個道德感化機構。因此，盧梭強調「個人乃是從社會得到精神和道德的能力的」❶，薩拜因進而指出，盧梭的《論人類不平等的起源和基礎》恰恰認為，人是能夠「超越於自利思想之上，人們有一種固有的感情，即厭惡別人受苦，社會交往的共同基礎不是理性而是感情，除了反常的人以外，無論什麼地方有苦難，總是直接令人感到痛苦的。就這一點而言，人是『天生』性善的。」❷盧梭「總意志」的結果便是「產生了一個道德的與集體的共同體（Un corps moral et collectif），以代替每個訂約者的個人。」❸盧梭又說：「什麼是公共人格？我回答說，它就是人們所稱之為主權者的，由社會公約賦之以生命而其全部的意志就叫做法律的那個道德人格。」❹盧梭之所以相信「人民」的「總意志」是正確的，代表公意的，其基礎就在於他相信人性本善，相信人的道德力量。因此，「總意志」恰恰是一個道德集合、道德化身，是不會失誤的。

　　第四，洛克的「自由」觀是一種「劃界」的自由，是一種理性自由。所謂「劃界」，強調在個體與群體（如國家、人民等等）之間，有

---

❶ 薩拜因：《政治學說史》下冊，第 652 頁。

❷ 薩拜因：《政治學說史》下冊，第 654 頁。

❸ Rousseau Oeuvres Complètes Vol.2, P.522.

❹ 盧梭：《社會契約論》，第 25 頁，注 [4]，商務印書館，1963 年版。

一條不能逾越的界線，屬於個體基本人權範圍的可以自由行使，任何他人或群體都不能干涉。所謂「理性自由」，強調的是政治社會中理性秩序的自由，即法治下的自由，除了法律之外，個體不服從任何法治外的權威。在法律之下，個人放棄了某些任意妄為的權利，是為「消極自由」，即一種操作上的最低要求。而盧梭「自由」觀的深刻矛盾就在於，它一方面提倡情感上的浪漫自由，盧梭作為「浪漫主義運動之父，是從人的情感來推斷人類範圍以外的事實這派思想體系的創始者」[1]，而浪漫主義自由觀實質在於「把人的人格從社會習俗和社會道德的束縛中解放出來」，它鼓勵一種「狂縱不法的自我」[2]。它表現為對一切秩序的憤恨和衝破，體現為一種理想的最高要求，是謂「積極自由」；而另一方面他又強調「總意志」高於個體。他說：「任何人拒不服從『總意志』的，全體就要迫使他服從『總意志』，這恰恰就是說，人們要強迫他自由（On le forcera d'être libre!）。」[3]「強迫」（Forcer）從本質上就是反「自由」（Liberté）的，在盧梭這裏，反而成為達到「自由」的手段。羅素在評價盧梭這種浪漫自由與總意志的矛盾集合物時，一針見血地指出，盧梭不過是「那種與傳統君主專制相反的偽民主獨裁的政治哲學的發明人。」[4]

　　盧梭體系的根本問題就在於：（一）把「總意志」視為一種超越一切個人之上的實體和神聖物，並抬出一個無所不有的絕對至上的主權者──人民。這樣，當個體將其基本人權拱手上交「人民」的「總意志」時，個體便被掏空了一切，個體便成為一個被「強迫自由」、強迫作直線下降運動而不能作「偏斜」運動的必然之網上的原子。「總意志」是近代的整體優先原則的整體主義，或整體專制主義；（二）當法律賦予「人民」「總意志」「國家」以無限權力而對「人民」「總意志」本身卻不能實

[1] 羅素：《西方哲學史》下冊，第 225 頁。
[2] 羅素：《西方哲學史》下冊，第 224 頁。
[3] Rousseau Oeuvres Complètes Vol.2, P.524.
[4] 羅素：《西方哲學史》下冊，第 225 頁。

施一種約束、制裁機制時,「人民」公意便會轉化為「人民」暴政,「人民」就會成為某些政治野心家、政治集團偷運專制暴政的護身符。盧梭精神在法國大革命中便被轉化為雅各賓恐怖專政,羅伯斯庇爾接過了盧梭「總意志」宣稱:「我們的意志就是總意志。」又說:「那麼是不是我們的政府跟專制主義沒有兩樣呢?說得對!正像自由的英雄手中揮舞的刀劍與暴政的幫兇所武裝起來的刀劍毫無二致一樣⋯⋯革命政府是自由反對暴政的專制主義。」❶ 這種露骨的專制主義口吻正好證明了恩格斯所說的:「盧梭的社會契約在恐怖時代(指雅各賓暴政)獲得了實現。」❷ 到 19 世紀,盧梭的「總意志」便轉化為德國的國家主義,他對集體意志和參預公共生活的思想在黑格爾的唯心主義哲學中得到了充分的體現 ❸,這就是黑格爾的「民族精神」實際上即是普魯士容克精神,最終發展為希特勒法西斯主義,這是「總意志」提倡者盧梭本人所始料未及的。

而洛克那種貌似保守的英國風格的自由民主體系,反而在英美等地區導致了一種民主的良序政治,從而避免了那種動亂頻繁,暴力流血的非理性的巨大社會震盪,形成了一種既有社會活力又保持社會動態和諧穩定的連續性的良序社會狀態。

所以,英國大哲羅素直截了當地指出:

> 希特勒是盧梭的一個結果,羅斯福和丘吉爾是洛克的結果。❹

二、兩大自由體系在近代中國的偏失

當我們認為兩大自由體系在近代中國發生偏失時,一方面是指,真正在中國近代激起大潮的是盧梭體系,而洛克體系除了在嚴復那裏能看

---

❶ 轉引自薩拜因:《政治學說史》下冊,第 663 頁。
❷ 《馬恩選集》第 2 卷,第 297 頁。
❸ 轉引自薩拜因:《政治學說史》下冊,第 666 頁。
❹ 羅素:《西方哲學史》下冊,第 225 頁。

到一些痕跡外，幾乎沒什麼影響；另一方面是指，洛克精神所代表的那
種對個體基本人權如自由、生命、尤其是財產的不可轉讓問題的深切關
注以及對理性自由的重視的精神，在近代民主啟蒙中卻大大被忽視，而
盧梭精神所代表的那種對「平等」的關注，尤其是對財產平等、經濟平
均和人民主權的整體主義精神以及那種浪漫自由主義精神，卻在近代民
主啟蒙中，成為具有持久魅力的主題。

　　19 世紀後期，中國民主啟蒙的目標選擇雖然趨向於英國模式，但人
們僅僅只是皮相地看到了英國的議會制和所謂「君民共主」思想，根本
沒有觸及英國民主政治的內在實質，更沒有觸及洛克體系。下面這段史
料曾經被給予相當高的評價，認為是中國近代最早提倡資產階級君主立
憲制的思想，我們不妨來討論一下：

　　　泰西列國……其都城設有上下議院，上院以國之宗室、勳戚及各大
　員當之，以其近於君也；下院以紳耆士商，才優望重者充之，以其邇於
　民也。凡有國事，先令下院議定，詳達之上院，上院議定，奏聞國主。
　若兩議院意議符合，則國主決其從違；倘彼此參差，則或令停止不議，
　或覆議而後定，故泰西政事，舉國咸知，所以通上下之情。期措施之善
　也……即此一事，頗與三代法度相符。所冀中國，上效三代之遺風，下
　論泰西之良法，體察民情，博採眾議，務使上下無扞格之虞，臣民泯異
　同之見，則長治久安之道，有可豫期者矣。❶

　　筆者認為，這段文字不僅沒有觸及洛克體系的政治精神，而且提及
的議院制度，其內在精神，仍然是古典民本主義：

　　第一，在鄭觀應看來，議會制設立的目的是「長治久安」。那麼誰
「長治久安」呢？從上下文的內在邏輯看，鄭氏離開主權論來論議會制，

❶ 鄭觀應：《易言》上卷《論議政》。

其結果只能是專制君主的「長治久安」。按照洛克體系，最高目的是人權問題，進入政治社會，人權即成為「主權」問題即涉及「主權者」一系列權利義務問題，主權論解決後，才是政體的權力制約與均衡問題，政體的權力制衡原則恰恰是手段，即維護「主權者」（公民）利益的手段，在制衡問題上才出現兩權（洛克）或三權（孟德斯鳩）分立，於是立法、司法、行政分立，立法機構便是議院，議院等政體形式僅僅只是實現人權的手段。鄭觀應離開目的談手段的引進，議會制就完全可以還原為「三代之治」：「列國如有政事，則君卿大夫相議於殿廷，士民縉紳相議於學校。」❶ 近代議員也可還原為漢之議郎、唐之台諫 ❷。

　　第二，因為視君主的「長治久安」為目的，這樣，「民情」「眾議」便只是作為手段而供君主「體察」「博採」而已，君主仍然高高在上，俯視一切，議院制充其量不過是使昏君變為賢君的手段而已。

　　第三，在鄭氏看來，議院可以「泯異同之見」，而沒有看到有「異同之見」恰恰是近代民主社會言論自由、思想自由的標誌。

　　在早期改良派這裏看不到的洛克體系那種對人權的深切關注，在戊戌改良派那裏，也遭到了幾乎同樣的命運。在梁啟超的系列「學案」中，培根、笛卡爾、達爾文、孟德斯鳩、盧梭、邊沁、頡德等人，都以專篇論及，但洛克卻遭到了冷落，僅在「盧梭學案」中一筆帶過「民約之義，起於一千五百七十七年……其後霍布士、陸克（即洛克）皆祖述此旨，漸次光大，及盧梭，其說益精密，遂至牢籠一世，別開天地。」❸ 梁啟超並沒有意識到洛克、盧梭的根本衝突，而是將洛克置於盧梭的陰影下，嚴復是典型的「中英合璧」，但他似乎也沒有對洛克本人過分地看重：「至於今，自英之洛克，法之孟、盧諸家說出，世乃以

---

❶ 鄭觀應：《易言》上卷《論議政》。
❷ 鄭觀應：《盛世危言增訂新編》卷 1。
❸ 《飲冰室合集》文集之六。

庶建民主，為治國正軌。」❶ 又說：「專制之民，以無為等者也，一人而外，則皆奴隸，以隸相尊，徒強顏耳。且使諦而論之，則長奴隸者，未有不自奴隸者也。汗德（kant）、洛克、孟德斯鳩、斯賓塞諸公，皆證論之矣。」❷ 然而，嚴復對洛克精神的把握，卻在近代中國唯此一人。他最早提出「天賦人權」，「唯天生民，各具賦畀，得自由者乃為全受」；最早表述了對基本人權的關注；「侵人自由者，斯為逆天理，賊人道。其殺人傷人及盜蝕人財物，皆侵人自由之極致也。」❸ 自由，生命和財產恰恰是洛克精神的根本。同時，他把《自由論》（密爾）翻譯成《群己權界論》，意在探求大群與小己之間的自由度即劃界問題，表明他對洛克式理性自由的深刻領會，尤其是把「自由」當作目的、本體（自由為體），把「民主」作為手段、工具（民主為用），可謂準確把握了洛克派自由體系的精髓。不僅如此，嚴復對洛克體系的後承者如穆勒、亞當・斯密、斯賓塞均十分關注，即使孟德斯鳩，其思想也更接近於洛克派英國風格。然而，嚴復對盧梭卻十分冷淡，他寧願翻譯孟德斯鳩的《法意》卻冷落盧梭《社會契約論》，這並不是一種偶然的遺漏，而是對盧梭體系的某種排斥所致。

　　早在 1899 年動手翻譯而於 1903 年出版的《群己權界論・譯凡例》中，嚴復就批評盧梭說：「盧梭《民約》，其開宗明義，謂『斯民生而自繇』，此語大為後賢所呵，亦謂初生小兒，法同禽獸，生死飢飽，權非己操，斷斷乎不得以自繇論也。」而在 1901 — 1909 年出版的《法意》按語中亦說「往者盧梭《民約論》，其開卷第一語，即云斯民生而自由，此義大為後賢所抨擊。赫胥黎氏謂初生之孩，非母不活，無思想，無氣力，口不能言，足不能行，其生理之微，不殊蟲豸，苦樂死生悉由外

---

❶《嚴復集》第 4 冊，第 944 頁，《法意》按語。
❷《嚴復集》，第 954 頁。
❸《嚴復集》第 1 冊，第 3 頁。

力，萬物之至不能自由者也，其駁之當矣。」**❶**到 1914 年，嚴復在《庸言》雜誌發表《民約平議》更對盧梭展開了系統的批判。（一）盧梭所謂人生而自由平等，無論人類歷史早期還是個體歷史早期（兒童期），都不存在所謂「自然之境」的自由平等。他認為，沒有自治能力的小孩不存在所謂「自由」，草昧時期初民混沌狀態更不存在「自由」「平等」，他強調自由平等是一種理性秩序下的自由（法律下的），「是故自由平等者，法律之所據以為施，而非云民質之本如此也。」**❷**19 世紀西方自由主義者和進化論者已經否定了「自然狀態」的歷史存在，而認為「自然法」或「自然狀態」只能是一種邏輯假設，嚴復將盧梭理論斥為「華胥、烏托邦之政論」，顯然具有 19 世紀的眼光；（二）嚴復強調理性自由，反對浪漫自由，強調競爭原則的平等，反對競爭結果的平等。他認為盧梭「言自由而日趨於放恣，言平等而在在反於事實之發生」**❸**，表現出對「放恣」的浪漫自由的鄙視，而強調自由本身乃是一種理性要求，它只能對於「力、智、德」相對發達的民眾才能實現。「且夫自由，心德之事也……吾未見民智既開，民德既丞之國，其治猶可為專制者也。」**❹**他從介紹進化論以後，更多地是強調競爭，而反對「平等」，他指出，不平等是一種普遍的歷史存在，從個體來說，「賢不肖智愚勤惰異耳」，這本身就是一種先天的自然不平等，由這種個人「自然不平等」造成的社會的不平等結果並不應該被否定，因為「均是人也，或貴焉，或賤焉，或滋然而日富，或塌然而日貧，此不必皆出於侵陵刮奪之暴，亦不必皆出於詭譎機詐之欺也。」**❺**這就是說，由合法手段達到的貧富、貴賤懸殊的競爭結果的不平等，恰恰是人類進化的正常現象，所以嚴復說：「由此言之，則

---

❶《嚴復集》第 4 冊，第 986 頁。
❷《嚴復集》第 2 冊，第 337 頁。
❸《嚴復集》第 2 冊，第 337 頁。
❹《嚴復集》第 4 冊，第 986 頁。
❺《嚴復集》第 2 冊，第 336 頁。

社會最後之事，固必出於競爭。」❶而「平等」的關鍵不在於盧梭的社會平均主義，而在於「平等」的競爭原則，這就是法律，「至於平等，本法律而言之，誠為平國要素，而見於出占投票之時」❷，公眾「投票」，它只保證競爭原則的平等（公平競爭），但不保證競爭結果的平等（有入選者，也有落選者）；（三）反對盧梭財產平均說。嚴復認為，「盧梭所以深惡不齊者，以其為一切苦痛之母也……由是深恨痛絕，一若世間一切主產承業之家，皆由強暴侵陵讒張欺詐而得之」❸，把一切財富的起源全部歸結為人的欺詐所得而忽視人的勤奮積累和艱苦創業，嚴復認為完全是「動於感情，懸意虛造，而不詳諸人群歷史之事實。」❹事實上「無論何國，其產業起點，皆由於草萊墾闢者為最多，而不必盡由於詐力」❺，因此，財富並不是罪惡，創造財富更應該提倡，鼓勵「以勤業而富、以知趨時而富、以節慾而富」，鼓勵「以有德而貴、以有功勞而貴、以多才能而貴」。但是如果認為「是皆不道，吾必鏟之以與吾平，夫如是，則無富貴矣，而並亡其所以為富貴者矣。夫國無富貴者可也，無所以為富貴者不可也。無所以為富貴者之民，而立於五洲異種之中，則安能不為其至貧，又安得不為其至賤者乎？」❻

嚴復《民約平議》發表後，很快受到思想界的反對，如章士釗曾在《甲寅》月刊第一期上著文《讀嚴幾道民約平議》予以反駁。在這種情況下，嚴復作為啟蒙思想家對盧梭的批評在近代中國幾乎成為絕響。

然而與洛克的被冷落恰好相反，盧梭體系自 19 世紀最後幾年開始，到 20 世紀則大行其道，盧梭在中國獲得了一批又一批狂熱的信徒。1898 年上海同文譯書局將日本思想家中江篤介用漢文翻譯的《民約論》

---

❶《嚴復集》第 2 冊，第 339 頁。
❷《嚴復集》第 2 冊，第 337 頁。
❸《嚴復集》第 2 冊，第 340 頁。
❹《嚴復集》第 2 冊，第 340 頁。
❺《嚴復集》第 2 冊，第 340 頁。
❻《嚴復集》第 4 冊，第 957 頁。

第一卷印行出版，改名為《民約通義》。1900 年江蘇留日學生楊廷棟又據日譯本轉譯此書，在《譯書匯編》第一、二、四、九期連載發表。1901 年梁啟超的《盧梭學案》在《清議報》第 98 冊、第 100 冊發表。1902 年，上海文明書局出版楊廷棟譯的四卷本《路索民約論》，1905 年《盧梭魂》亦出版，盧梭思想在辛亥至「五四」前期蔚為大潮。嚴復 1914 年在給熊純如信中談到盧梭在中國的影響時說：「自盧梭《民約》風行，社會被其影響不少，不惜喋血捐生以從其法，然實無濟於治，蓋其本源謬也。刻擬草《民約通議》一通，以藥社會之迷信。」❶ 章開沅教授在最近一篇文章中亦明確指出：「中江兆民的《民約通義》《開智錄》及《譯書匯編》上連載的《民約論》中譯本、楊廷棟的《路索民約論》全譯本廣泛流傳。僅以一些進步報刊作者的署名而言，如盧騷之徒、盧梭魂、亞盧、平等閣主人……可見當年愛國志士對民主革命發源地法國迷戀之深。」❷

　　然而，人們更感興趣的是盧梭的浪漫自由主義，即推翻現存一切秩序，一種「徹底來過」的革命思想和經濟平均主義、人民主權論思想等等。

　　在陳天華的《猛回頭》中，完全是一種革命浪漫主義激情：「法國之人……聞了盧梭這一篇言語，如夢初醒，遂與國王爭了起來……連革了七八次命。」《獅子吼》中亦說「（盧梭）做了這一本《民約論》，不及數十年，法國遂連革了幾次命。」南社詩人柳亞子給自己改名人權，字亞盧（亞洲的盧梭），在《放歌》中吟道「我思歐人種，賢哲用斗量。私心竊景仰，二聖難頡頏。盧梭第一人，銅像巍無閭。民約創鴻著，大義君民昌。胚胎革命軍，一掃秕與糠。百年來歐陸，幸福日恢張。」人們看到的只是盧梭的正面效果，而根本沒有像嚴復那樣注意其負面效應。直到 1924 年孫中山發表《民權主義》講演時，仍然只提盧梭而不提

---

❶ 《嚴復集》第 3 冊，第 614 頁。
❷ 章開沅：《法國大革命與辛亥革命》，載《歷史研究》1989 年第 4 期。

洛克，「講到民權史，大家都知道法國有一位學者叫做盧梭，盧梭是歐洲主張極端民權的人，因有他的民權思想，便發生法國革命，盧梭一生民權思想最要緊的著作是《民約論》，《民約論》中立論的根據，是說人民的權利是生而自由平等的，各人都有天賦的權利。不過人民後來把天賦的權利放棄罷了。」❶ 又說：「至於說到盧梭提倡民權的始意，更是政治上千古的大功勞。」❷

除了盧梭的直接影響之外，更主要的是近代思想界的那種整體主義和浪漫自由主義思想，與盧梭思想體系冥然相通。具有某種精神上的一致性。

我們先看整體主義思潮。由於民本主義古典精神的長期存在，因此整體主義在國人心中有了歷史積澱，加之民族救亡的迫切任務，因此近代思想家恰恰吸取了西方整體主義思想。梁啟超的國家主義思想便是一例。梁啟超雖曾高喊過自由、個性、獨立，但在「人」（個體）與「民」（整體）之間，他仍然是一個整體優先主義者，人民、國家、民族仍然是第一位，他吸收了德國國家主義者伯倫知理的國家主義思想，並且在考察西方國家思想的變遷時指出：西方國家思想主要有兩派：「一曰平權派，盧梭之徒為民約論者代表之；二曰強權派，斯賓塞之徒為進化論者代表之。」「平權派之言曰：人權者出於天授者也，故人人皆有自主之權，人人皆平等；國家者，由人民之合意結契約而成立者也，故人民當有無限之權，而政府不可不順從民意。是即民族主義之原動力也」，「民族主義者 ……不使他族侵我之自由。我亦毋侵他族之自由。」❸ 在這裏，他巧妙地把「人權」轉換成「國權」。本來在西方是「人人自由，而以他人之自由為界」，到中國實際變成「國國自由，而以他國之自由為界」，從盧梭的「人民」到伯倫知理的「國家」再到梁啟超的「民族主義」「國家

---

❶《孫中山選集》，人民出版社，1956 年版，第 703 頁。
❷《孫中山選集》，人民出版社，1956 年版，第 705 頁。
❸ 梁啟超：《國家思想變遷異同論》。

主義」，展示了梁啟超「國家主義」發展軌跡，有趣的是他用「孟子之言」所代表的中國古典民本主義精神來闡釋盧梭→伯倫知理以來的西方民族─國家主義線索：

> 十八世紀以前君為貴、社稷次之，民為輕；
> 十八世紀末至十九世紀民為貴、社稷次之，君為輕；
> 十九世紀末至二十世紀社稷為貴、民次之，君為輕。❶

這個進化序列的根本問題便是「人」的空缺，「人」和「民」不是一個概念，不能把「人」合併在「民」裏。這恰恰是西方進化的一個核心主題。然而他強調的卻是「民為貴，社稷為貴」的整體優先原則。即使是曾經對個體「小己」給予十分關注的嚴復，最後仍然回到整體優先原則：

> 西士計其民幸福，莫不以自由為唯一無二之宗旨。試讀歐洲歷史，觀數百年百餘年暴君之壓制，貴族之侵陵，誠非力爭自由不可。特觀吾國今處之形，則小己自由，尚非所急，而所以袪異族之侵橫，求有立於天地之間，斯真刻不容緩之事。故所急者，乃國群自由，非小己自由也。求國群之自由，非合通國之群策群力不可，欲合群策群力，又非人人愛國，人人於國家皆有一部分之義務不能。❷

孫中山先生一生追求民主，然而即使到了晚年，他對「自由」的誤解仍是相當驚人的，他仍然認為中國自古以來就有自由，他把「日出而作、日入而息、鑿井而飲、耕田而食」作為「先民的自由歌」，因此，他認為中國不是自由太少，而是自由太多，他的「自由」觀強調的仍是

---

❶ 梁啟超：《國家思想變遷異同論》。
❷《嚴復集》第 4 冊，第 981 頁。

群體自由:「個人不可太過自由,國家要得完全自由,到了國家能夠行動自由,中國便是強盛的國家,要這樣做去,便要大家犧牲自由。」甚至強調:「我們的革命主義,便是集合起來的士敏土。能夠把四萬萬人都用革命主義集合起來,成一個大團體,這一個大團體能夠自由,中國國家當然是自由,中國民族才真能自由。」❶也就是說,他的「民權主義」實際上服從「民族主義」,「民權」只是手段,為的是「民族自由」。所以孫中山直言不諱地指出:「三民主義就是救國主義。」❷「國家」成為衡量一切的最高原則,其餘一切都是手段。

　　無論是改良派、革命派還是「五四」青年,整體優先原則大行其道,國家第一、民族第一、人民第一,在民族救亡的特殊環境裏,這個原則應該說是必要的。但是國群與個體的界限究竟在哪裏?嚴復雖然意識到這個問題,但自始至終沒有起而捍衛之。而在整個思想文化界,雖然呼喊了「人權」,但「劃界」問題始終沒有引起足夠重視,於是個體最後無保留地、一次性地把自己全部轉讓或交給了「人民」「國家」「民族」,而恰恰在這時,一些政治野心家接過了「人民」「國家」「民族」的旗號,用自己的意志作為「人民」的「總意志」,近代中國比較典型的如袁世凱,其登基的理論根據就借用整體主義、道德主義來反對法律制衡,實行獨裁。他首先強調的便是「國家」「道德」,他聲稱:「古今立國之道惟在整飭紀綱,修明法度」「建行國家之威信」。他強調要「力謀國權之統一」,要求「人人以國為本位,勿以一身一家為本位」,個體應該「屈小己以利大群」,「其要在輕權利重義務,不以一己之權利,妨害國家之大局。」❸他也引用西學:「西儒恆言,立憲國重法律,共和國重道德,顧道德為體,而法律為用。」❹以此來反對《約法》,他甚至宣稱他本人便代表了「四萬萬同胞」:「本人總統一人一身之受束縛於《約

❶《孫中山選集》,人民出版社,1956 年版,第 721—722 頁。
❷《孫中山選集》,人民出版社,1956 年版,第 616 頁。
❸《袁世凱蒞任宣言書》,參見榮孟源主編《近代稗海》第 3 輯,第 56 頁。
❹《袁世凱蒞任宣言書》,參見榮孟源主編《近代稗海》第 3 輯,第 56 頁。

法》，真不啻胥四萬萬同胞之身命財產之重，同受束於《約法》。」❶ 袁世凱正是通過「國家」「人民」的「總意志」，來剝奪個體的基本權利，掏空個體的靈魂，正是在「人民」「國家」的炫人眼目的神聖光環下，踏着個體的累累白骨，走向皇帝寶座的。這的確是近代啟蒙思想家所始料不及的。

英國哲學家羅素指出，盧梭的浪漫自由主義「鼓勵一個新的狂縱不法的自我，以致不可能有社會協作，於是讓它的門徒面臨無政府狀態或獨裁政治的抉擇。」❷ 梁啟超也曾認為盧梭所代表的「平權派」，「及其弊也，陷於無政府黨，以壞國家之秩序。」❸ 可以說，盧梭是近代無政府主義的不祧之祖。而近代中國的自由主義恰恰缺乏的是一種洛克派的理性自由，更多地是偏向盧梭派的浪漫自由主義，無政府主義思潮在中國的泛濫，恰恰展示了中國近代的浪漫自由主義。

中國的浪漫自由主義思潮從康有為的《大同書》就已開始了。《大同書》明確提出的「去國界」「去級界」「去種界」「去形界」「去家界」「去產界」「去亂界」「去類界」「去苦界」，就體現了這種否定一切秩序追求自由的浪漫心態；隨後在章太炎的「五無」思想中得到反映，20 世紀初年由劉師復等留日學生和李石曾等留法學生組織的無政府主義團體的相互鼓盪，便磅礴為一股無政府主義思潮。中國無政府主義（Anarchisme）思潮，從最直接的思想淵源來說，與盧梭似無關係，而是肇始於高德文（Godwin）、施蒂納（Stirner）、蒲魯東、巴枯寧和克魯泡特金等無政府主義思想家，但在自由浪漫主義這一主題上卻與盧梭思想是一致的。

第一，中國近代無政府主義不是主張理性自由，而是主張絕對自

---

❶ 袁世凱：《增修〈約法〉案》，《近代稗海》第 3 輯，第 59 頁。
❷ 羅素：《西方哲學史》下冊，第 224 頁。
❸ 梁啟超：《國家思想變遷異同論》。

由，他們強調「無政府主義的妙理，就是自由兩個字」❶，劉師復組織的
「心社」，提倡「絕對自由主義，無章程、無規則、亦無一切組織，各憑
一己良心相結合」❷，正因為主張絕對自由主義，因此對現存一切秩序採
取無情批判和虛無主義方式，章太炎的「五無」強調的是「無政府」「無
聚落」「無人類」「無眾生」「無世界」，盧梭開其端的浪漫主義運動，也
是鼓舞一種「狂縱不法的自我」，以無限擴張的自我為中心，導向的只
能是對一切秩序、理性的否定，當然無政府主義者以更加極端的形式，
來宣泄一種情感上的「天馬行空」精神。這對於打破封建秩序固然有一
定作用，但它在本質上又是反近代理性民主社會的。

　　第二，對財產的憎恨，對經濟平均主義的嚮往。

　　　資本制度者，平民第一之仇敵，而社會罪惡之源泉也。土地、資
　　本、器械均操之不勞動之地主資本家之手，吾平民為服奴隸之工役。所
　　生產之大利，悉入少數不勞動者之囊橐。而勞動以致此生產者反疾苦窮
　　愁，不聊其生。社會一切之罪惡，匪不由是而起。❸

和盧梭一樣，把私有財產，資本視為萬惡之源，從而要求社會經濟平
等。而從康有為的大同理想，孫中山的「平均地權」的民生主義思想到
無政府主義中對「資本制度」的憎恨，這本身就是反近代化的，然而只
有對財產所有權的神聖性的確定，才有利於建立一個民族資產階級（中
產階級），而近代中國卻缺乏這一思想環節。

　　第三，自由浪漫主義總是高懸着一個理想社會。「無政府共產主
義，乃光明美善主義，出汝等於地獄，使入正當愉快之社會者也」，「無
政府之社會，人人自由，人人自治，以獨立之精神，以互相之大道，其

---

❶《告非難無政府主義者》，《民聲》第 30 號，1921 年 3 月 15 日。
❷《師復啟事》，《晦鳴錄》第 2 期，1913 年 8 月 27 日。
❸ 劉師復：《無政府共產主義同志社宣言書》，《民聲》第 17 號，1914 年 7 月 4 日。

組織之美善，必遠勝於政府之代謀。」❶ 洛克式自由主義是在確認最低原則來談自由的，也就是說，人類不存在盡善盡美的社會，任何政治社會，無論採取何種形式，都無法消除腐敗和不平等，權力只能帶來墮落，但是人類最大的勇氣不是逃避現實去憧憬未來，而是正視現實，打破未來的幻夢，在多種壞的政治形式中，選擇一種相對不壞的政治形式，儘可能把墮落和腐敗壓縮在最低限度。而在無政府主義者那裏，則是確認一個理想的盡善盡美的社會存在，這個理想社會就是「無地主、無資本家、無首領、無官吏、無代表、無家長、無軍隊、無監獄、無警察、無裁判所、無法律、無宗教、無婚姻制度之社會」❷，對美好幻想的追求，恰恰是對現實社會的迴避。

無政府主義者以「絕對自由主義」相標榜，實質卻是以「平等」為基礎的自由浪漫主義，它以無限擴張的自我企圖去達到一個理想烏托邦社會，其結果卻恰恰是反自由反理性的無序社會。只有以劃界為基礎的適度自由，才能建立一個良序社會，所以嚴復「以洛（克）為限制主義（Constitutionalism）」❸，強調的便是群、己的適度「限制」，這是英美式經典形態的近代民主的根本特徵，而「絕對自由」的無政府主義卻常常發生在最專制、最不民主的社會。

在內憂外困的近代中國，應該承認整體主義在某種意義上是有利於民族救亡的，而自由浪漫主義也對封建專制禁錮的衝破具有一定的積極意義，然而卻無助於建立一個理性民主的良序社會。一個較健全的社會，必須在群己之間保持一定張力，其中最重要的便是群體與小己之間的劃界問題，沒有劃界，就無法保證對整體的制約。「國家」「民族」「人民」無疑都是不容褻瀆的神聖實體，唯其神聖，也才最容易被野心家利用起來，當作實現個人野心的工具。因此，整體與個體之間的劃界便是

---

❶ 劉師復：《無政府共產主義同志社宣言書》，《民聲》第 17 號，1914 年 7 月 4 日。
❷ 劉師復：《無政府共產主義同志社宣言書》，《民聲》第 17 號，1914 年 7 月 4 日。
❸ 嚴復：《民約平議》，《嚴復集》第 2 冊第 335 頁。

必要的，個體的基本權利不能一次性地全部轉讓給自身之外的實體，包括他人或「祖國」「人民」，這才是一個良序社會的基本保證。如果沒有「劃界」問題，便只能出現近代中國這種整體主義與浪漫自由主義的兩極思潮。整體主義是對個體的抹煞，而浪漫自由主義則是對整體主義的一種反動。

　　整體主義越專制，浪漫自由主義反抗和無限擴張就越強烈。因此，整體主義與浪漫自由主義常常是相隨而行的，成為病態政治社會的一個基本特徵，而這恰恰又是中國近代民主啟蒙的最大偏失之處。

（原刊於作者的博士論文（1990 年）《中國人文精神
的重建》「通論卷」，第 4 章，首次發表於《中國人文
精神的重建》河南大學出版社，2016 年版，「通論卷」
第 4 章）

尚力思潮與近代感性重建

自從嚴復提出「鼓民力」後，尚力尚武思潮在 19 世紀末 20 世紀初期的中國思想文化界激起大潮，有如蔣智由所言：「尚武尚武之聲⋯⋯日不絕於憂時者之口也。」❶ 然而，綿延達半個世紀的尚力思潮，經歷了怎樣的流轉變遷和意義轉換，其思想文化淵源以及其在中國從古典向現代的文化轉型中的作用等等，至今在學術界仍是一個被忽視的課題。筆者對此擬作初步分析。

一、尚力思潮三部曲

長達半個世紀的尚力思潮，大致經歷了三個階段：第一階段，「力」體現為外在的體質生命力量，主要反映在從嚴復到 20 世紀初的軍國民主義思潮中；第二階段，「力」向文學領域滲透，由青年魯迅到「五四」新文化運動，表現為崇尚情感、意志的「詩力」「意力」「強力」；第三階段，「力」向文化哲學領域滲透，也即戰國策派的「力」本體哲學。從外在的體質體力到內在的情感意志力，再到力的本體化，便構成近現代尚力思潮合乎邏輯和歷史的三部曲。

尚力思潮是伴隨着民族危機的加深，特別是甲午中日戰爭泱泱大國竟敗於「蕞爾小邦」後開始的，「甲午以前⋯⋯中國為睡獅；甲午以後，

---

❶《中國之武士道・蔣序》，《飲冰室合集》專集第 6 冊。

則視為死獅。」❶中國知識精英開始普遍痛苦地接受了一個殘酷事實：「東方病夫」。如果說，民族危機構成了尚力思潮的現實社會背景的話；那麼，由慘敗而來的強烈「病夫」意識則作為一種強刺激，構成了尚力思潮發端的心理契機，正是民族危機與心理危機的雙重背景，導致了中國近代「力」的發現。

「力」的發現，基本上是從兩個層面展開的，第一個層面是「破」，即對傳統柔性文化的批判；第二個層面是「立」，即對「力」的正面闡述。

對傳統柔性文化的批判，以嚴復《論世變之亟》為最早，而以蔡鍔的《軍國民篇》和梁啟超《新民說‧論尚武》最為系統。以梁氏《論尚武》為例，他從四個方面分析中國淪為「病夫」的原因：「一由於國勢之一統」，在大一統局面下，一片太平歌舞，四海晏然，而尚武尚力精神被視為「野蠻」的象徵，於是「其心漸弛、其氣漸柔、其骨漸脆，其力漸弱」。「二由於儒教之流失」，他認為儒家《中庸》倡導「寬柔以教、不報無道」，《孝經》所謂「身體髮膚，不敢毀傷」，加之後世賤儒襲用《老子》「雌柔無動之旨」，這樣便產生了柔性人格：以冒險為輕躁，以任俠為大戒，以柔弱為善人，惟以忍為無上法門。「三由於霸者之摧蕩」，歷代開國君主定鼎之後，深知「我可以武力奪之他人者，他人亦將可以武力奪之我也」，於是採取軟硬兩手政策，其結果便是「人心死矣」！「四由於習俗之濡染」，在這種柔性文化中，人們普遍的價值取向是「好鐵不打釘，好男不當兵」，軍人被視為「惡少無賴之代名詞」和「不足齒之儈父」。

應該承認，梁氏言辭之間，固然難免憤激之偏頗，但卻是近代中國對古典柔性文化一次比較系統的理性反省和批判。他告訴人們，造成「東方病夫」現狀的原因是相當複雜的，有政治因素，如封建大一統與專制君主的獨裁限制，也有精英文化的因素，如儒道互補的中國文化，更

---

❶ 愛國青年：《教育界之風潮》第七章，1903 年。

有通俗文化的價值取向和習俗薰染等問題。

從「立」的層面看，1895 年嚴復在天津《直報》上推出《原強》篇，最早吹響了「鼓民力」的號角。他把斯賓塞的「Physical education」（體育）轉譯成「力」或「體力」，從而在士林文化中，第一次把孔子以來（子不語怪力亂神）遭受鄙棄的「力」抬高到與「開民智」「新民德」的同等地位。這也是中國近代關於「德、智、力（體）」人的全面發展的第一次理論概括。「力」的發現，也就是「體育」的發現，就是生命本質的發現。從此以後，「有志之士，乃匯集同志，聘請豪勇軍師，以研究體育之學。」[1] 稍後，梁啟超更進一步展開「力」的豐富內涵，他在《新民說・論尚武》中認為，「力」有三種形式：「心力」「膽力」和「體力」。譚嗣同一生崇尚力量，他在《仁學》中更開列出十八種「力」（如「拒力」「銳力」「韌力」等），的確是近代尚力思潮中的一個文化奇觀。尤其在 20 世紀初的軍國民主義思潮中，人們普遍相信：「宇宙間發生種種之現象，無不有力之存在」，而在生命世界中，也是「處處充滿着一種力」[2]。因此軍國民主義思潮極力提倡「壯健力」「堅忍力」和「精勤力」，並把尚武尚力的軍事體育作為其核心主題。對此，蔡鍔（奮翮生）在《軍國民篇》中深有感觸地說：

嚴子之《原強》，於國民德育、智育、體育三者之中，尤注重體育一端，當時讀之，不過謂為新議奇章。及進而詳窺宇內大勢，靜究世界各國盛衰強弱之由，身歷其文明之地，而後知嚴子之眼光之異於常人，而獨得歐美列強立國之大本也。

救亡─尚武─體育便成了軍國民主義思潮鼓吹者的一般的思維邏輯，「力」即體質體力便肩負着救亡圖存的重任。

---

[1] 歐榘甲：《論政變與中國不亡之關係》，《清議報》第 27 冊，1899 年 9 月 15 日。
[2] 高勞：《力之調節》；喬峰：《力的世界》，《東方雜誌》卷 13，第 6 號；卷 19，第 6 號。

　　然而從青年魯迅開始，在軍國民主義尚武尚力思潮之外，「力的發現」又伸向了另一個領域，即從肉體生命的外在自然基礎 ── 體質的「力」轉為對生命內在情感意志力量的推崇，從「體育」開始向「文學」領域滲透。這就是魯迅發其端的「五四」文學對「詩力」「意力」「強力」的推崇。

　　魯迅在《摩羅詩力說》中，把「詩力」視為一種審美化了的生命情感的力量，而在《文化偏至論》中，則把「意力」「強力」視為一種生生不已、不可遏止的生命意志行動。這就一如尼采所言：「生命為個體追求力量的最高感覺，生命本質上是追求更多的力量。」❶ 魯迅堅信：「二十世紀之新精神，殆將立狂風怒浪之間，恃意力以闢生路者也。」

　　這幾乎是先知式地預言了生命力量的審美化時代的到來。到了「五四」時期，十年前魯迅對「詩力」「意力」「強力」的弘揚在文學界獲得更普遍的回應，郭沫若在《我是一個偶像崇拜者》一詩中，表達了其對「力」的崇拜：「我崇拜創造的精神、崇拜力、崇拜血、崇拜心臟」，而在《站在地球邊上放號》篇中，對「力」更是一詠三歎。狂飆社的向培良在《水平線下》一詩中也發出「力」的呼喚，創造社的王獨清更直接地把「力」視為詩的本質要素：（情＋力）＋（音＋色）＝詩 ❷，「情＋力」作為一種審美的感性生命與魯迅的「詩力」一脈相承：在沖創奔突的感性生命衝動中，以男性的陽剛之美衝擊柔性文化藝術中那種「才子佳人旖旎冶猭之柔情」「靡曼亡國哀思之鄭聲」，一掃古典《西廂記》《紅樓夢》裏纏綿於怡紅院、瀟湘館裏非男非女、無病呻吟的張生、寶玉型的雄性雌化氣質。正是在「五四」文學作品中，我們能感受到尼采式的「高原空氣」的「沖飆」，惠特曼的激昂、高亢而撼動靈魂的音響，拜倫式的「所向必動，貴力而尚強，尊己而好戰」的「如狂濤如厲風」的摩羅精神……總之，雄性氣魄、陽剛精神迅速蔓延到「五四」文學界，從

---

❶ 引自陳鼓應：《悲劇哲學家尼采》，三聯書店，1987 年，第 93 頁。
❷《再談詩》，《中國現代詩論》上編，花城出版社，1985 年，第 104 頁。

而構成「五四」作品的一種生命基調。

如果說，「五四」作家的尚力思潮着重於生命力量的審美化的話，那麼抗戰時期的戰國策派則將「力」推進到文化哲學領域並建立起「力」的本體論。

林同濟認為，生命的本質即是「力」，「力即是生，生即是力」，由此可引申開去：「中國『動』字從力，是大有意義的。一切的生者要動，一切的動都由於力。」因此「生、力、動三字可說是三位一體的宇宙神祕連環」。這就是說，力不僅是生物的本體，而且，力量、生命和運動三位一體構成宇宙本體。林甚至認為，「力」也是精神的本體，因為精神超越的根本在於「創造」，而「一切的創造只是力的表現，活力的自成。」❶ 所以說，「力量是一切的中心，它破壞一切，建設一切。」❷ 至此，近代尚力思潮完成了從體質（體育）到審美（文學）到本體（哲學）的三部曲，標誌着近代「力的發現」的一步步深化，也展示了近代人們對生命力量的執着追求。

二、思想借鑒與文化尋根

從思想與文化淵源來看，尚力思潮是伴隨着進化論哲學、尼采哲學和摩羅文學等的傳播而興起的；是在斯巴達精神、日耳曼文化、大和文化和近代體育等具有強烈尚力、尚強和尚武精神的異質文化的傳入後而擴大其影響的；同時，它也是中國知識分子發掘本民族傳統文化進行「力」的文化尋根的結果。

（一）進化論哲學和尼采哲學分別構成了尚力思潮各階段的理論前提。美國哲學家威廉・詹姆斯在《實用主義》一書中，曾把哲學分為「剛性」和「柔性」兩種性質。而進化論哲學與尼采哲學恰恰是近代尚力思

---

❶ 林同濟：《力！》，《戰國策》（昆明版）第 3 期，1940 年。
❷ 陳銓：《狂飆時代的席勒》，《戰國策》第 14 期（昆明版）。

潮鼓吹者輸入的兩種「剛性」哲學。前者構成了尚力思潮第一階段的理論前提。

　　進化論哲學與尚力思潮的聯繫，這不僅因為尚力思潮的先驅者嚴復的「鼓民力」思想直接來源於社會達爾文主義哲學家斯賓塞的《教育論》；更主要在於進化論哲學本身便是一種崇尚強者、優者的哲學。按照嚴復傳播的進化論思想，「物競」與「天擇」原理導致的結果便是「弱者常為強肉，愚者常為智役」。因此，「人欲圖存，必用其才力心思，以與是妨生者為鬥」（《天演論・導言十五》），只有那些具備「血氣體力之強」「聰明智慮之強」「德行仁義之強」的人才能在「物競天擇」的自然選擇和優勝劣汰的競爭環境中立於不敗之地，成為強者、優者。同樣，只有那些由民智、民力和民德皆優的強者組成的民族和國家，才能成為強國、強大的民族。嚴復正是從「物競天擇」「優勝劣汰」的進化論哲學中導出了「鼓民力」的尚力思想。

　　尼采哲學直接為「五四」感性啟蒙和戰國策派的力本體哲學提供了理論基礎。對尼采哲學的譯介，早在辛亥革命前就已開始了，以魯迅的《文化偏至論》最具代表性。魯迅的「摩羅詩力」精神主要是吸收了摩羅文學的「詩力」和叔本華、尼采的「意力」—「強力」意志。「意力」本是叔本華哲學的一個核心觀念，即強調意志是一種不可遏制的盲目的生命衝動，它構成了世界的本體：但尼采卻將叔本華的消極遁退的悲觀主義「意志」改造為一種積健為雄、拓展生命狂瀾的積極進取的強力意志。以魯迅為代表的「五四」新文化運動主將正面接納了尼采的「強力」擴張的個性主義和超人精神。如果說，魯迅從摩羅文學的「詩力」中，尤其是拜倫的「一劍之力」中，導出了對生命情感力量的弘揚的話，那麼，從尼采的「意力」—「強力」哲學中，則導出了對生命意志力量的崇高和禮讚，並達到了生命的審美超越。而戰國策派則更是通過尼采強力意志建立起力本體哲學。

　　（二）古希臘斯巴達精神、日耳曼文化、大和文化和西方近代體育等異質文化，構成了尚力思潮的文化借鑒和參照。20世紀初在留學生運

動中興起的軍國民主義思潮，從根本上改變了中國知識分子傳統的角色意識，尤其改變了「子不語力」的儒家傳統和尚柔守雌的道家傳統。他們高揚生命、力量，推崇冒險、進取、競爭、耐力和強力，充斥在革命派報刊中的是對俄國虛無黨的暗殺、恐怖、匕首、炸彈等尚武尚力的個人英雄主義行動的崇拜。而這一切又使他們把目光投注到古老而遙遠的斯巴達精神、近世日耳曼鐵血主義和大和精神。

他們認為，軍國民主義「昔濫觴於希臘之斯巴達，汪洋於近世諸大強國。」❶ 在梁啟超的《斯巴達小誌》和魯迅的《斯巴達之魂》諸文中，斯巴達精神被概括為：第一，尚武精神為立國第一基礎；第二，教育專重體育；第三，以流血為榮，以流淚為恥；第四，以軍事為修身唯一之目的。而發表在《雲南》雜誌上的一篇文章也認為，斯巴達以「彈丸之國、人不滿萬」竟能「嶄然勃起」的原因就在於：「軍人之教育」「忍勞耐苦」「鍛煉淬礪」「凌風雨、冒寒暑、攖患難艱險而不辭」❷ 的軍國民主義精神。與此同時，人們也普遍推崇日耳曼民族「乃以鐵血主義成為世界上莫強之國」❸。壯遊在《國民新靈魂》中就宣稱：「鐵血者，神聖之所歆；劍銃者，國民第二之衣食位。」而日本人「亦莫不以大和魂三字自矜，大和魂者，日本尚武精神之謂也。」❹

軍國民主義者不僅引入了異質文化精神，而且也進入了行動操作層面，即開始引入西方軍事體育，開展體育運動。軍國民式體育的特點是把體育運動作為一項軍事運動來開展，強調體育、體操和軍事為三位一體，如 1903 年留日學生成立的軍國民教育會，其「課程」便分為「三部」：一、射擊部（打靶、擊劍）；二、體操部（普遍體操、兵式體操）；三、講習部（戰術、軍制、地形、築城、兵器）。而且，留日學生的軍國民主義思潮迅速流佈於國內，上海等地紛紛成立「體操會」「體育會」

---

❶ 蔡鍔：《軍國民篇》，《壬寅新民叢報》匯編本（中），第 569 頁。
❷ 憂患餘子：《論滇省宜仿照北洋舉辦徵兵》，《雲南》1 號。
❸ 蔣百里：《軍國民之教育》，《壬寅新民叢報》匯編本（中），第 579 頁。
❹ 蔡鍔：《軍國民篇》，《壬寅新民叢報》匯編本（中），第 569 頁。

和「尚武會」。比如上海人士「有鑒於國民軀體羸弱」，於是「發起組織體育會，鍛煉體魄，研習武課，冀成干城之選」❶，於 1905 年成立了上海學會體育部、商餘學會、商業體操會、商學補習會、滬西士商體操會五個組織，號稱「五體操會」。次年蘇州也成立了蘇商體育會，「演習體操，以健身衛生為始事」❷，教習柔軟體操和兵式體操，並練習打靶，還擔任巡邏和維護治安等任務。1911 年，浙江寧波國民尚武分會以「提倡武風，挽救文弱」為宗旨，其體操團則明確強調「實行尚武，養成健全軍國民」。與此同時，全國各地紛紛舉行運動會，北京、江蘇、奉天（今遼寧省）、四川等地都舉行了全區學生運動會。而運動會乃是因為「我國數千年之積弊莫患於右文而輕武」，他們認為，「國家之盛由於兵，強兵之道，由於國民尚武，而尚武之風實始於學堂運動會焉」❸，因此，「振起我國學生尚武之風，必以此為藥石矣。」❹

（三）本民族傳統尚武尚力精神構成了尚力思潮的文化之根。憧憬異域，但並不妄自菲薄，而是返顧於本民族發掘生生不息的生命之根，這是軍國民主義提倡者一個可取的基本態度。

在傳統文化中，有兩股非主流文化在近代尚力思潮中受到了青睞。一股是精英文化中的非主流派墨家以及晚近時期的經世學派的顧炎武和顏李諸哲學家。與儒道反力尚柔相反，墨子強調「賴其力者生，不賴其力者不生」（《墨子‧非樂上》），「強必富，不強必貧；強必飽，不強必飢。」（《墨子‧非命下》）墨子對「力」「強」的推崇，重視實踐、勞動和身體力行的精神，在近代幾乎激起了一股「墨學復興」思潮，梁啟超甚至說：「今欲救亡，厥惟學墨。」（《子墨子學說》）譚嗣同策馬踏勘祖國大江南北、邊疆塞北；青年毛澤東在湖南徒步旅行、冬天以冷水淋浴，都曾以「摩頂放踵」的墨子精神自勉。對經世學派的推崇，集中體現在

---

❶《上海商團小史》，《辛亥革命》（七），第 86 頁。
❷《蘇商體育會史料輯》，蘇州市檔案館編：《蘇州商團檔案匯編》（未刊）。
❸《運動會盛觀》，《盛京時報》，1906 年 11 月 17 日。
❹《學堂異彩》，《匯報》，1905 年 11 月 5 日。

青年毛澤東《體育之研究》一文中。該文貶儒道釋而揚顧、顏、李諸人，鄙棄「傴身俯首，纖纖素手，登山則氣迫，步水則足痙」的「短命顏子」，而推崇「任重革死而不厭」的「燕趙悲歌慷慨之士」，十分欣賞顏習齋、李剛主「學擊劍柔術於塞北」、文而兼武的風格，推崇顧炎武「不喜乘船而喜乘馬」的精神。傳統精英文化中的非主流派在近代構成了尚力思潮的源頭活水。

　　另一股則是以「遊俠」階層為代表的山野文化。顧頡剛先生曾在《武士與文士之蛻化》一文中認為，在古代，最初是文、武不分，至春秋時期開始分歧為二，「憚用力者歸『儒』，好用力者為『俠』，所業既專，則文者益文，武者益武，各作極端之表現耳。」隨着大一統專制統治的確立，統治者往往尊「儒」而反「俠」，至漢武帝時期，遊俠階層幾被鋤盡。但是到近代，思想界開始出現反「儒」而倡「俠」的文化轉向。譚嗣同便一生「好為任俠」；壯遊在《國民新靈魂》一文中倡「遊俠魂」而反儒。他認為，「中國淪落病夫狀態，儒之罪哉！」而俠則「重言諾輕生死，一言不合拔劍而起，一發不中屠腹以謝」，所以「國亡於儒興於俠，人死於儒而生於俠。」揆鄭的《崇俠篇》也表達了同樣的意向。他們歌頌遊俠那種「易水蕭騷，落日荒涼，親朋咽淚，至以白衣冠餞送」的壯士一去不返的悲壯場面，欣賞那種「酒酣拔劍，擊筑高歌，怒發上指，氣薄虹霓」❶的大丈夫氣概。為此，梁啟超輯錄了春秋至漢代的「好氣任俠」的遊俠壯士荊軻、聶政之流，以成《中國之武士道》一卷，以激勵國民的任俠精神。

　　在發掘遊俠文化的同時，人們更直接從山野文化中尋找力量，一位署名「可權」的作者從王船山的《黃書‧宰制篇》中，輯錄了大量有關中國邊遠地區民俗尚武「野蠻」的材料，以尋求中國士林文化久不復存在的生命野性力量，以呼喚那些可以為「捍禦之資」的「冒險進取」之

---

❶ 揆鄭：《崇俠篇》，《民報》第 23 期。

士、「堅忍耐勞」之民、「猿接猱跳」❶之徒。《直隸白話報》的作者亦號
召直隸人民繼承直隸先民「燕趙悲歌」的尚武精神和粗獷氣質，以掃蕩
積弱已久的「柔弱的風氣」。1906 年成立的蘇州商會體育會亦以「尚武
好俠」的「三吳古風」激勵其會員。總之，被柔性文化沉埋已久的尚武
傳統被發掘出來，獲得了新的生命。

三、重建國魂：感性生命的重建

以斯巴達精神、日耳曼鐵血主義和日本武士道精神為傳播內容的
軍國民主義和以尼采哲學為基礎的力本體哲學，曾被指斥為鼓吹武力征
服、侵略擴張、宣傳種族優越的黷武主義、軍國主義甚至法西斯主義。
然而，人們卻往往忽視其特定歷史條件下的正面意義。

我們不妨先考察尚力思潮的主導目標。戊戌以後，當中國知識精英
從一系列軍事慘敗中開始接受「病夫」意識的時候，他們的主導目標便
開始明確化：重建中國國魂。重建國魂的思想始於嚴復的「鼓民力、開
民智、新民德」思想，而最早明確召喚「國魂」的當推 1899 年梁啟超發
表在《清議報》上的《自由書》中一篇《中國魂安在乎？》，他強調「今
日所最要者，則製造中國魂是也」，他把「國魂」歸結為「兵魂」。進
入 20 世紀，呼喚國魂便成為一種時代的聲音，如 1903 年刊於《浙江潮》
的《國魂篇》和刊於《江蘇》雜誌的《國民新靈魂》等就擴展為「山海魂」
（冒險魂）、「軍人魂」（武士魂）、「遊俠魂」「宗教魂」「魔鬼魂」「平民魂」
（社會魂）等等。到新文化運動時期，那就是對自由獨立的個體人格的追
求，即魯迅所謂「首在立人」和改造國民性問題。而這恰恰構成了尚力
思潮的主導目標。

事實上，重建國魂的工作是從戊戌以後開始的。具體說來，就是

---

❶《改良風俗論》，《東方雜誌》卷 1，第 7 號。

以倡導科學理性和民主政治為特徵的理性精神的重建和以「尚力」為特徵的感性生命的重建。近代感性啟蒙要求人們從尚柔主靜、重德輕力的中世紀儒道文化圈中走出來，重新確認生命本身的意義和價值，重新確認外在肉體感性。也就是說，生命就是力量，生命既是自在狀態，又必須通過個性化的情感和意志來擴展、豐富、創造和超越自身，這種超越突出體現為審美超越。因此生命作為感性的動力系統包括三個層面：強壯健康的生命肌體；以個性為基礎的豐富情感和非凡意志力；感性的超越 —— 審美超越。軍國民主義從根本上來說，構成了感性啟蒙的第一個層面：追求健康強壯的生命肌體，肯定肉體的感性生命力量。軍國民主義者認為，在傳統文化氛圍中，「俗師鄉儒，乃授以仁義禮智三綱五常之高義，強以龜行鼉步之禮節，或讀以靡靡無謂之詞章。不數年，遂使英穎之青年，化為八十老翁。」一個英穎活潑的青年，經過一番文明的陶冶，道德「增長」了，而生命卻萎縮了，這的確是儒家文化的悲劇。軍國民主義從根本上觸及道德與生命的悖論性衝突，意識到儒家倫理對生命的約束和壓抑，於是軍國民主義便濃縮為這樣一個口號：「欲文明其精神，必先野蠻其體魄。」戊戌辛亥時期對「野蠻」的禮讚，對先民尚武精神的「尋根」，不是要求倒退到先民時代，而是意在拯救過分倫理化、過分文弱化的感性生命，使之卸掉身上「太人性化」（尼采語）的沉重的文明負擔，重返生命的自在狀態：生命本能的充盈和感性肉體的力量，以此來重整中國國民的病夫狀態。這種以「野蠻」相標榜，以軍事體育為手段，以強健的外在肉體感性生命為目的的軍國民主義思潮，標誌着中國感性精神重建的開始。隨着「五四」前後尚力思潮向文學領域的滲透，感性啟蒙進入了更高層次，即魯迅首倡、「五四」作家呼應的「詩力」「意力」「強力」精神的誕生，從而開始了對個性化的生命情感意志力的高揚。而且魯迅借尼采的「超人」達到了生命的超越即審美超越，也即魯迅所說：「思慮動作，咸離萬物，獨往來於自心之天地。」這是一次人的生命意志的提升，也是感性生命的最高境界。當戰國策派建立力本體哲學時，近代感性啟蒙便獲得了一次系統的哲學形態。因此，長達半個

世紀的尚力思潮，標誌着中國近代感性精神的重建，標誌着古典文化精神向近代文化精神的過渡。具體說來，可概括為以下幾方面：

第一，從尚柔到尚力、從養生精神到體育精神。中國傳統文化中，從精英文化層面看，無論是老子的尚柔守雌，還是孔子的不語力，無論是先秦儒學還是宋明儒學，都表現出強烈的反力尚柔、重德輕武傾向；而從實踐操作層面看，則表現出重養生而輕體育。傳統文化這種反力、尚柔、主靜、重德輕武的偏向，在封建社會後期，便引起一些敏銳的思想家的懷疑和指斥。到近代，顏元「四海潰爛」之說不幸而言中，中國國民從體質到精神都淪落到「東方病夫」的地步，正是從這時起，一股強大的尚力思潮勃然興起。近代思想界通過輸入西方斯巴達精神、日本武士道精神、鐵血主義、強力意志等陽剛精神，來蕩滌中國幾千年來存留下來的陰柔之氣，並以此來改造中國國民的羸弱體質與精神。於是開始了從文、儒、柔、靜、雌、弱向俠、力、武、動、雄、強、野、競的觀念轉換。同時也引入了現代體育，不僅引進體育運動項目，更主要是使人們的體育觀念發生變化。隨着體育在中國逐漸普及，便滋生一種嶄新的體育精神：崇尚力量、時間意識、競爭意識、拚搏精神、競賽規則的公平意識……雖然在當時遠未形成自覺意識，但畢竟有了某種萌芽。

第二，從「和為美」到「力為美」。中國古典美學的審美理想是「中和為美」。如《禮記‧中庸》所謂：「喜怒哀樂之未發，謂之中；發而皆中節，謂之和。中也者，天下之大本也；和也者，天下之達道也。致中和，天地位焉，萬物育焉。」這種「中和」的美學精神從根本上體現了儒家善即美，以善代美的思想。近代尚力思潮，不僅倡導體質改造，而且也倡導一種審美意識的轉換，一次人在審美意義上的提升，這就是「力為美」意識的出現。在「五四」時期，人們不再是在生命兩極（情感與理智）的調和、妥協、退讓、萎縮中，企求一種「中和之美」，而是在生命的兩極衝突中，再現感性生命的力量：意志力與情感的力量，都標誌着「中和之美」的被打破，一種生命為美、感性為美、力為美的現

代審美意識的誕生。

　　第三，從弱者哲學、中庸哲學到強力哲學。中國國民從精神到體質都淪落到近代「東方病夫」的地步，與儒道的弱者哲學、中庸哲學不無關係。無論儒道，都無法衍生出一種「力」的哲學、強者哲學，並且根本上是反強者人生的。尚力思潮是反平庸、反弱者哲學的，它提倡的「強者」必須具有以下幾個特點：（一）在人的生理機能方面，必須具有強健的體魄、具有旺盛的生命力量；（二）以個性主義為基礎的情感的足夠充盈和強烈沖創的意志力；（三）正是在這種生命情感和意志力的不斷沖創中昇華為精神超越。這三層次約略相當於梁啟超的「體力」「膽力」「心力」。這種強力哲學的提出，衝擊着儒道的弱者哲學和中庸哲學，提倡感性和個性，提倡永無止境的奮鬥哲學、不斷超越自身的生命哲學，從而改造「東方病夫」般的精神和體質。

　　　　　　　　（原載於香港中文大學《二十一世紀》總 11 期，1992
　　　　　　　　年 6 月）

「力」的發現

　　19世紀末和20世紀上半葉的中國文化界，激起了一股強烈的尚力尚武思潮，它發軔於嚴復的「鼓民力」，經譚嗣同、梁啟超、蔡鍔、毛澤東、魯迅、陳獨秀等發展，直到戰國策派，這股長達半個世紀的尚力思潮，破天荒地打破了中國士林尚文輕武、反力的柔性傳統，第一次把感性生命的「力」推進軍事體育（軍國民主義思潮為代表）、文學（「五四」感性啟蒙）、文化哲學（戰國策派）諸領域，並進入操作行動層面，從而導致近現代中國一代陽剛型知識群的崛起，寫下了近代文化史上最富色彩的一頁。

一、從「病夫」意識到「力」的發現

　　長期以來，人們認為「東方病夫」是西方殖民者強加給中國的一個侮辱性稱號。其實，「病夫」意識最初恰恰反映了19世紀末20世紀初一代醒覺了的知識精英的憂患意識，是中國知識分子目睹鴉片戰爭、中法戰爭尤其是甲午中日戰爭，中國以其泱泱大國竟敗於「蕞爾小邦」日本之後對本民族反省的一種自我意識。他們面對那種「民力已荼、民智已卑、民德已薄」（嚴復語）的中國現狀，發出「二千年之腐氣敗習……遂使群國之人，奄奄如病夫」，「其人皆為病夫，其國安得不為病國也」（梁啟超語），「中國者，病夫也」（嚴復語）的慨歎。這種意識到自身從精神到體質陷入「病夫」狀態，並不意味着等待末日的來臨，恰恰相反，「病夫」意識作為一種強刺激，導致了中國有史以來第一次「力」的發現。

　　「力」的發現，基本上是從兩個層面展開的。第一個層面是「破」，即對傳統柔性文化的批判；第二個層面是「立」，即對「力」的正面闡述。

　　對傳統柔性文化的批判，以嚴復《論世變之亟》為最早，蔡鍔的《軍國民篇》和梁啟超《新民說・論尚武》最為系統。以梁氏《論尚武》為例，他說：「中國以文弱聞於天下，柔儒之病，深入膏肓，乃至強悍性成馳突無前之蠻族，及其同化於我，亦且傳染此病，筋弛力脆，盡失其強悍之本性。」接着梁從四個方面分析中國淪為「病夫」的原因：「一由於國勢之一統」。在大一統局面下，一片太平歌舞，四海晏然，而尚武尚力精神被視為「野蠻」的象徵，於是「其心漸弛，其氣漸柔，其骨漸脆，其力漸弱」；「二由於儒教之流失」。他認為儒家《中庸》倡導「寬柔以教、不報無道」，《孝經》所謂「身體髮膚，不敢毀傷」，加之後世賤儒襲用《老子》「雌柔無動之旨」，這樣便產生柔性人格：以冒險為輕躁，以任俠為大戒，以柔弱為善人，惟以忍為無上法門；「三由於霸者之摧蕩。」歷代開國君主定鼎之後，深知「我可以武力奪之他人者，他人亦將可以武力奪之我也」，於是採取軟硬兩手政策：硬的是「鋤」術：「一人為剛而萬夫為柔，一人強而天下皆弱」；軟的是「柔」術：「柔之以律令制策，柔之以詩賦詞章，柔之以帖括楷法，柔之以簿書期會，柔其材力，柔其筋骨，柔其言論，乃至柔其思想，柔其精神」，其結果便是「人心死矣」；「四由於習俗之濡染」。在這種柔性文化中，人們普遍的價值取向是「好鐵不打釘，好男不當兵」，軍人被視為「惡少無賴之代名詞」和「不足齒之儓父」，而表現在藝術和人們的審美情趣中，則小說戲劇「惟描寫才子佳人旖旎冶猥之柔情」，而管弦音樂則缺乏黃鐘大呂般的雄渾、昂揚向上的基調，流於「柔蕩靡曼亡國哀思之鄭聲」。

　　應該承認，梁氏言辭之間，固然難免憤激之偏頗，但卻是近代中國對古典柔性文化一次比較系統的理性反省和批判。他告訴人們，造成「東方病夫」現狀的原因是相當複雜的，有政治的因素，如封建大一統與專制君主的獨裁限制；也有文化的因素，如儒道互補的中國文化；更有通俗文化的價值取向和習俗薰染等問題。

　　從「立」的層面看，嚴復最早吹響了「鼓民力」的號角。他在《原強》篇中，把斯賓塞的「Physical education」（體育）轉譯成「力」或「體力」，從而在士林文化中，第一次把孔子以來（子不語怪力亂神）遭受鄙棄的「力」抬高到與「開民智」「新民德」的同等地位。這也是中國關於「德、智、力（體）」人的全面發展的第一次理論概括。「力」的發現，也就是「體育」的發現，就是生命本質的發現。從此以後，「有志之士，乃匯集同志，聘請豪勇軍師，以研究體育之學。」[1] 稍後，梁啟超更進一步展開「力」的豐富內涵。他認為，「力」有三種形式：「心力」「膽力」和「體力」[2]。譚嗣同一生崇尚力量，他在《仁學》中更開列出十八種「力」[3]（如「拒力」「銳力」「韌力」等），是近代尚力思潮中的一個文化奇觀。尤其在 20 世紀初期軍國民主義思潮中，尚武尚力的軍事體育便成為其核心主題。對此，蔡鍔在《軍國民篇》中深有感觸地說：

　　　　嚴子之《原強》，於國民德育、智育、體育三者之中，尤注重體育一端。當時讀之，不過謂為新議奇章。及進而詳窺宇內大勢，靜究世界各國盛衰強弱之由，身歷其文明之地，而後知嚴子之眼光之異於常人，而獨得歐美列強立國之大本也。[4]

救亡—尚武—體育，便成了軍國民主義思潮鼓吹者的一般的思維邏輯，「力」即體質體力便肩負着救亡圖存的重任。

　　然而從青年魯迅開始，在軍國民主義尚武尚力思潮之外，「力的發現」又伸向了另一個領域，即從肉體生命的外在自然基礎 —— 體質的「力」轉為對生命內在情感意志力量的推崇，從「體育」開始向「文學」領域滲透，這就是魯迅發其端的「五四」文學對「詩力」「意力」「強力」

[1] 歐榘甲：《論政變與中國不亡之關係》，《清議報》第 27 冊，1899 年 9 月 15 日。

[2] 《新民說‧論尚武》。

[3] 《譚嗣同全集》（增訂本）下冊，第 363 頁，中華書局。

[4] 蔡鍔：《軍國民篇》，《壬寅新民叢報》匯編本（中）第 569 頁。

的推崇。

魯迅在《摩羅詩力說》中，把「詩力」視為一種審美化了的生命情感的力量，而在《文化偏至論》中，則把「意力」「強力」視為一種生生不已、不可遏止的生命意志行動。這就一如尼采所言：「生命為個體追求力量的最高感覺，生命本質上是追求更多的力量。」[1] 魯迅正是通過弘揚這種生命的「詩力」「意力」（意志力量）、「強力」來掃蕩中國那種強調「平和」（中庸）和老子「不攖」的弱化生命的柔性文化。魯迅堅信：「二十世紀之新精神，殆將立狂風怒浪之間，恃意力以辟生路者也。」[2] 郭沫若在《我是一個偶像崇拜者》一詩中，表達了其對「力」的崇拜：「我崇拜創造的精神、崇拜力、崇拜血、崇拜心臟。」[3] 而在《站在地球邊上放號》篇中，對「力」更是一詠三歎：

> 無限的太平洋提起他全身的力量來要把地球推倒……
>
> 啊啊！力喲！力喲！
>
> 力的繪畫，力的舞蹈，力的音樂，力的詩歌，力的律呂喲！[4]

狂飆社的向培良在《水平線下》一詩中也發出「力」的呼喚：「我們需要動的力，狂呼的力，衝撞的力，攻擊的力，反抗的力，殺的力。」[5] 創造社的王獨清更直接地把「力」視為詩的本質要素：（情＋力）＋（音＋色）＝詩 [6]。「情＋力」作為一種審美的感性生命與魯迅的「詩力」一脈相承：在沖創奔突的感性生命衝動中，以男性的陽剛之美衝擊柔性文化藝術中那種「才子佳人旖旎冶猁之柔情」「靡曼亡國哀思之鄭聲」，一掃

❶ 尼采：《沖創意志》，第 165 頁。

❷ 《魯迅全集》第 1 卷，第 192 頁，人民文學出版社 1956 年版。

❸ 《郭沫若全集‧文學編》第 1 卷，第 99 頁。

❹ 《郭沫若全集‧文學編》第 1 卷，第 72 頁。

❺ 《狂飆》（不定期刊）第 1 期。

❻ 《再談詩》，《中國現代詩論》上編，第 104 頁，花城出版社 1985 年版。

古典《西廂記》《紅樓夢》裏纏綿於怡紅院、瀟湘館裏非男非女、無病呻吟的張生、寶玉型的雄性雌化氣質。總之,雄性氣魄、陽剛精神迅速蔓延到「五四」文學界,從而構成「五四」作品的一種生命基調。

抗戰時期的戰國策派則將「力」推進到文化哲學領域並建立起「力」的本體論。

林同濟認為,生命的本質即是「力」,「力者非他,乃一切生命的表徵,一切生物的表徵,一切生物的本體,力即是生,生即是力」,由此可引申開去:「中國『動』字從力,是大有意義的。一切的生者要動,一切的動都由於『力』。」因此「生、力、動三字可說是三位一體的宇宙神祕連環」。這就是說,力不僅是「生物的本體」,而且,力量、生命和運動三位一體構成宇宙本體,宇宙作為「一個無窮的空間,充滿了無數『力』的單位,在『力』的相對關係下不斷地動、不斷地變!」林甚至認為,「力」也是精神的本體,因為精神超越的根本在於「創造」,而「一切的創造只是力的表現,活力的自成」[1],因此最具創造性的天才「最重要的元素,就是力量,天才的表現,實際上就是力量的表現」,所以說,「力量是一切的中心,它破壞一切,建設一切。」[2]至此,近代尚力思潮完成了從體質(體育)到審美(文學)到本體(哲學)的三部曲,標誌着近代「力的發現」的一步步深化,也展示了近代人們對生命力量的執着追求。

二、野性的呼喚與軍國民式體育

在尚力思潮中,另一不為人注目的現象是對野性的呼喚。蔣智由在《中國之武士道·序》中指出:「今人常有言曰:文明其精神,不可不野

---

[1] 林同濟:《力!》,《戰國策》(昆明版)第 3 期,1940 年。
[2] 陳銓:《狂飆時代的席勒》,《戰國策》第 14 期(昆明版)。

蠻其體魄。」❶ 蔡鍔的《軍國民篇》亦強調:「靈魂貴文明而體魄則貴野蠻,以野蠻之體魄復文明其靈魂,則文明種族必敗。」❷ 青年毛澤東在《新青年》雜誌發表《體育之研究》,更是表示對「野蠻」的重視:「近人有言曰:文明其精神,野蠻其體魄,此言是也,欲文明其精神,先自野蠻其體魄,苟野蠻其體魄矣,則文明之精神隨之。」❸

「野性的呼喚」至少可追溯到嚴復的「文勝」「質勝」理論。在他看來,種族強大的有兩種類型:一種是「鷙悍長大之強」,如遊牧民族,以體質勝;一種是「德慧術智之強」,如古代中國,以文明勝。在這裏,嚴復高度評價遊牧民族所保留的那種「騎射馳騁、雲屯飆散、胏毳肉酪、養生之具、益力耐寒」的原始野性活力和「樂戰而輕死」的冒險氣概 ❹;同時指出以「文勝」的中原民族反而由於理性文明的過分膨脹而吞噬了生命本身。

嚴復對中國文化的憂患意識,再一次觸及了人類文明進化的深刻的悖論性衝突:文明理性社會的不斷進化與人類感性生命的漸趨退化。在中國由於對泛道德主義的禮制倫理文明的崇拜人們逐漸失去了原始生命狀態中那種勁健、頑狠、狂野的生命活力,國民在專制與禮制的雙重捆綁下,被扼殺了野性,也就同時被扼殺了生命。因此近代對野性的呼喚,絕不是要求倒退到草昧原始時代,而是要求人們從過分倫理化的中世紀走出來,使之卸掉身上「太人性化」(尼采語)太文弱化的沉重的文明負擔,重返生命的自在狀態。

這種對「野性」「獸性」的呼喚和尋求,使近代思想界一方面把視線投注於異域,一方面返顧於本民族進行「力」的文化尋根,而最後歸結於軍國民主義體育。

投注於異域,主要是對斯巴達精神、日爾曼文化和大和文化的尚武

---

❶《中國之武士道‧蔣智由序》,《飲冰室合集》專集(第 6 冊)。
❷ 蔡鍔:《軍國民篇》。
❸ 毛澤東:《體育之研究》,《新青年》第 3 卷第 2 號。
❹ 嚴復:《原強》。

精神的弘揚，從而匯聚成一股軍國民主義思潮。所謂斯巴達精神大致包括：第一，「尚武精神為立國第一基礎」；第二，「教育專重體育」；第三，「以流血為榮，以流淚為恥」；第四，「以軍事為修身唯一之目的」❶，而日爾曼民族「乃以鐵血主義成為世界上莫強之國」❷。日本人「亦莫不以大和魂三字自矜，大和魂者，日本尚武精神之謂也。」❸

　　梁啟超等人對本民族「力」的文化尋「根」，主要是尋求中國士林文化久不復存在的生命野性力量，以呼喚那些可以為「捍禦之資」的「冒險進取」之士、「堅忍耐勞」之民、「猿接猱跳」❹之徒。《直隸白話報》的作者亦號召直隸人民繼承直隸先民「燕趙悲歌」的尚武精神和粗獷氣質，以掃蕩積弱已久的「柔弱的風氣」❺。1906 年成立的蘇州商會體育會，亦以「尚武好俠」的「三吳古風」❻激勵其會員們。總之，被柔性文化沉埋已久的尚武傳統被發掘出來，獲得了新的生命。

　　對異域野性尚武精神的欣羨，對本民族原始生命活力的尋找和懷舊，最終必須落實在現實行動之上。人們認為，「文明其精神，野蠻其體魄」的最好方式莫過於體育。近代體育基本是「西學東漸」的產物，而且從一開始便帶有軍國民主義特色，即把體育運動作為一項軍事運動來開展的。軍國民主義強調體育、體操和軍事三位一體，從蔣百里的《軍國民教育》一文中，我們可知當時軍國民式體育的大致情況：「第一，體操（自徒手體操各個教練及小中隊之教練）；第二，體操外之活動遊戲（行軍、野外演習、射擊、擊劍、旅行、競舟、登山等）；第三，軍事上智識之普及是也。」而 1903 年留日學生成立的軍國民教育會，其「課程」便和蔣百里的軍國民思想甚為契合，它分為「三部」：一，射擊部（打靶、

---

❶ 梁啟超：《斯巴達小誌》。
❷ 蔡鍔：《軍國民篇》。
❸ 蔣百里：《軍國民之教育》，《壬寅新民叢報》匯編本（中）。
❹ 《改良風俗論》，《東方雜誌》第 1 卷第 7 號。
❺ 紹炎：《勸直隸人普及軍國民教育》，《直隸白話報》第 1 年，第 6 期，第 8 期。
❻ 《「蘇商體育會過去歷史」序稿》，參見蘇州市檔案館編《蘇州商團檔案匯編》（專刊）。

擊劍）；二、體操部（普通體操、兵式體操）；三、講習部（戰術、軍制、地形、築城、兵器）❶。留日學生的軍國民主義思潮迅速流佈於國內的上海、蘇州、寧波等地。從 20 世紀初期這些體育組織情況來看，它主要還不是一種娛樂遊戲的體育組織，而是一種兼具體魄鍛煉的「准武裝」❷組織並且構成了後來「商團」正式武裝的基礎。近代體育創始時期的這種軍國民主義特色不僅反映在上述的體育組織中，同樣也反映在體育運動中。當時，全國各地紛紛舉行運動會，北京、江蘇、奉天、四川等地都舉行了全區學生運動會；而運動會乃是因為「我國數千年之積弊莫患於右文而輕武」。他們認為：「國家之盛由於兵，強兵之道，由於國民尚武，而尚武之風實始於學堂運動會焉。」❸因此，「振起我國學生尚武之風，必以此為藥石矣」❹，體育運動的次第開展，標誌着尚力思潮從精神層面轉向行動層面，從而衝擊古典型心性修養的柔性精神。

三、軍國民主義觀念的轉換

軍國民主義思潮在文化重建尤其在感性生命重建過程中，具有不可忽視的地位和意義，一方面在中國士林文化中導致了一組觀念的轉換，即從文、儒、柔、靜、弱到武、俠、力、競、野、動的轉換；另一方面，軍國民主義思潮轉化為行動實踐，又為辛亥革命培養了一批又一批踔厲蹈死的勇武壯士，導致了陽剛型知識群的崛起。我們先考察其觀念的轉換。

第一，從尚文尚柔到尚武尚力。前文已論，在中國傳統文化中，滲透着一種長期積澱下來的柔性精神。申蘇在《論中國民氣衰弱之由》一文中就明確指出：「又如『柔』字，乃陰謀家之權計也，今也以柔為美名，

---

❶《記軍國民教育會》，《浙江潮》第 5 期。
❷ 章開沅：《辛亥革命與近代社會》，第 109 頁，天津人民出版社 1984 年版。
❸《運動會盛觀》，《盛京時報》1906 年 11 月 17 日。
❹《學堂異彩》，《匯報》第 8 年第 80 號，1905 年 11 月 5 日。

使天下之士，悉出於奴顏婢膝之一途，不復以競爭為志，非民氣積弱之一大原因哉！」因此，近代思想文化界力倡感性生命力量，以衝擊這種柔性文化。喬峰在《力的世界》中便認為：「生命世界中，處處充滿着一種力。」高勞亦認為：「宇宙間發生種種之現象，無不有力之存在。」「力」是生命的本質，因此又以「體力」「體魄」為崇尚。蔡鍔認為：「蓋有堅壯不拔之體魄，而後能有百折不屈之精神，有百折不屈之精神，而後能有鬼神莫測之智略，故能負重荷遠而開拓世界也。」❶伯林在《論體育之必要》中更強調：「民力者，國之原素，民強斯國強，欲強國力必先強民力也。」❷尚力又與尚武相聯繫。《東方雜誌》曾經發表一篇《論尚武主義》，對近代尚武精神闡述得十分清楚，他認為尚武關係到國家存亡：「民質能尚武，則其國強，強則存；民質不尚武，則其國弱，弱則亡。」然後他將尚武區分為「形式」與「精神」，所謂「尚武之形式」指「習洋操」「購炮」「興海軍」「增兵餉」，不過「注重客觀而喪厥主觀者」；而尚武之精神則「注重主觀而不徒騖夫客觀者」，諸如「臨事而不懼，好謀而成，沉雄強毅、不屈不撓、小敵不侮、大敵不懼，有冒險進取之性質，獨立不羈之氣概。」❸

　　第二，從「儒」到「俠」。顧頡剛先生在《武士與文士之蛻化》一文中認為，隨着大一統專制統治的確立，統治者往往尊「儒」而反「俠」，至漢武帝時期，遊俠階層幾被鋤盡。但是到近代，思想界開始出現反「儒」而倡「俠」的文化轉向，譚嗣同便一生「好為任俠」。壯遊在《國民新靈魂》一文中倡「遊俠魂」而反儒。他認為，中國淪落到病夫狀態，「儒之罪哉！」而俠則「重然諾輕生死，一言不合拔劍而起，一發不中屠腹以謝」，所以「國亡於儒而興於俠，人死於儒而生於俠。」❹梁啟超還輯錄了春秋至漢代的「好氣任俠」的遊俠壯士荊軻、聶政之流，

---

❶ 蔡鍔：《軍國民篇》。
❷ 伯林：《論體育之必要》，《雲南》第 3 號。
❸ 《論尚武主義》，《東方雜誌》第 2 卷第 5 號。
❹ 壯遊：《國民新靈魂》，《江蘇》第 5 期。

以成《中國之武士道》一卷，以激勵國民的任俠精神。

第三，從「不爭」到「競爭」「進取」。從道家老子的「不爭」「不敢為天下先」到儒家的「絜矩之道」的「恕」「和」，滲透着一種強烈的反競爭意識；近代體育觀念的引進，更強化了進化論的「物競天擇」的「競爭」意識。長沙《體育周報》上的一篇《雜談》，從體育競爭談到社會競爭：「競爭！宣戰！今日要爭嗎？要爭的！爭甚麼？和誰爭？我們是人，要爭得做人的機會，和那自然環象人造環象中妨礙我們做人的一切事物現象競爭！」而另一篇王小峰的《分等運動會》則強調運動會可以培養「進取之精神」「積極之觀念」❶。伯林在留學生雜誌《雲南》發表《體育》一文，更強調：「體育者，競爭之利器，文明進步隨之以判遲速者也。」❷ 體育競爭包含競爭規則的公平（裁判原則）與競爭結果的不平等（名次），應該代表了一種典型的近代精神。遺憾的是，當時雖然提出體育競爭，但並沒有自覺意識到規則的公平與競爭結果不平等的相輔相成與合理性。這樣，競爭精神到「五四」後期便被「互助」和「階級競爭」所取代了。

第四，「文明」與「野蠻」的相處共存。「憂患餘子」在《雲南》雜誌上的一篇文章十分突出「野蠻」的地位：「寧為武愚，勿為文弱，健全者，強盛之素質也，柔懦者，哀亡之先機也……其文明其腦質，而野蠻其體魄。」❸ 伯林在《論體育之必要》一文中，以斯巴達為例而論及「野蠻」之重要：「蓋自斯巴達以體育擅強名以來，此風之淫，幾成為不二之天性，故其筋肉之當展，骨骼之偉大，遠非黃人所及，以此野蠻體魄而濟以文明思想，其凌駕世界也不亦宜哉。」❹《東方雜誌》轉錄《時報》的一篇文章《野蠻之真精神》，揭櫫「文明」常被「野蠻」所敗的諸般事實後說：「吾非厭棄文明而歆羨於狼之戰略也，以為軍人者，當文明其

---

❶《雜談》和《分等運動會》均見《體育周報》第 43 期。
❷ 伯林：《體育》，《雲南》第 2 號。
❸ 憂患餘子：《論滇省宜仿照北洋舉辦徵兵》，《雲南》1 號。
❹ 伯林：《論體育之必要》。

精神，野蠻其體魄。」●

　　近代的「病夫」意識表明，中國知識分子已經普遍感受到中國國民感性生命弱化的危機，實質上關係到民族存亡問題；因為在世界性舞台上，競爭不僅僅是一個經濟、政治和軍事等方面的競爭，同時更是一個國民素質、生命質量的競爭。這種生命質量、這種素質無不包含着體質、體力上的競爭，尤其在軍事戰爭中，這種素質就顯得尤為重要，於是便導致了中國士林的觀念轉換：即從文、柔、儒、弱到武、力、競、俠、野的觀念轉換。這種觀念轉換表明中國知識分子有勇氣、有能力重新塑造自己的人格精神和體質體魄。觀念逐漸轉化為行動，導致了一代陽剛型知識群的崛起。

四、陽剛型知識群的崛起

　　隨着戰爭失敗的強刺激和尚力尚武思潮的次第展開，新型知識群崛起了。他們不僅對柔性文化開始反省和批判，不僅具備比較全面的近代意識，而且他們也自覺地重塑自己的體魄和精神，自覺地培養一種粗獷、豪放、剛毅而沉雄的陽剛氣質和硬漢子精神。這批崛起的知識群大致具有如下特徵：

　　第一，這些知識人大都反「靜」「坐」而主「動」「鬥」。譚嗣同一生「兀傲自喜，不受世俗束縛」●，堅決反靜：「言靜者，惰歸之暮氣，鬼道也。」●青年魯迅崇尚拜倫式「所遇常抗、所向必動」的「一劍之力」●。在青年毛澤東的生命觀念中，充滿了對柔性文化的鄙棄：

　　　　朱子主敬，陸子主靜。靜，靜也；敬，非動也，亦靜而已。老子曰

● 《野蠻之真精神》，《東方雜誌》第 10 卷第 12 期。
❷ 胡思敬：《譚嗣同》，《戊戌履霜錄》卷 4。
❸ 《譚嗣同全集》，第 40 頁，三聯書店，1954 年版。
❹ 魯迅：《摩羅詩力說》。

無動為大，釋氏務求寂靜，靜坐之法，為朱陸之徒者咸尊之。近有因是子者，言靜坐法，自詡其法之神，而鄙運動者之自損其體。是或一道，然予未敢效之也。愚拙之見，天地蓋惟有動而已。

他又說：「人者動物也，則動尚矣。」[1] 不僅強調「動」，而且強調「鬥」，「與天奮鬥，其樂無窮！與地奮鬥，其樂無窮！與人奮鬥，其樂無窮！」強調「動」「力」而反「靜」，構成了近代知識群的信念。

第二，文體（武）兼修、身體力行。戊戌，似乎是一個界標。戊戌以後，「人恥文弱，多想慕於武俠。」[2] 譚嗣同是以「才氣縱橫、不可一世」[3] 而名聞遐邇，但同時卻又「弱嫻技擊，身手尚便，長弄弧矢，尤樂馳騁」[4]，喜交俠客（如大刀王五），拳、刀、騎、射，多有功夫，豪爽、灑脫、放浪不羈，具有頂天立地的男子漢氣概。唐才常、林圭、樊錐等人也和譚嗣同一樣，既能文又善武，重任俠、會武術，尤喜結交綠林好漢。留學生們在軍國民主義思潮影響之下，重塑自己的體魄和精神，騎、劍、跑、拳、操等，成為留日學生追逐的熱門活動，他們組織軍國民教育會，自稱「運動員」「選鋒」，把「冒險進取、赴湯蹈火、樂死不避之氣概」[5] 視為男子漢精神。在這種尚武氛圍中，以 1903 年計，學武備的留日學生就達二百多人，佔總人數的 20%[6]。正是這個時期培養的血性男兒，構成辛亥革命的生力軍。青年毛澤東曾以其才氣橫溢、資質聰敏而為留學英日達十年之久的楊昌濟先生所賞識，然而他卻從來不滿足於作「四體不勤」的一介迂儒。他鄙棄那種「傴身俯首、纖纖素手、登山則氣迫，步水則足瘃」的「短命顏子」，而推崇「任命革死而不厭」

---

[1] 毛澤東：《體育之研究》。
[2] 《戊戌變法》（三），第 157 頁。
[3] 歐陽予倩：《譚嗣同書簡》，第 4 頁。
[4] 《譚嗣同全集》，第 431 頁、第 150 頁。
[5] 鄒容：《革命軍》。
[6] 李喜所：《近代中國的留學生》，第 146 頁，人民出版社 1987 年版。

的「燕趙悲歌慷慨之士」，十分欣賞顏習齋、李剛主「學擊劍柔術於塞北」、文而兼武的風格，推崇顧炎武「不喜乘船而喜乘馬」，他一生愛好體育運動，尤喜冷水浴，更視「中流擊水」為人生快事，「自信人生二百年，會當水擊三千里」「到中流擊水，浪遏飛舟」「自我欲為江海客，不為喃喃兒女語」，那浩森遼闊的江河湖海，風高浪急的洶湧波濤，更襯托出「擊水者」主宰沉浮的雄風和巨人的氣魄。

第三，「你可以消滅他，卻永遠也打不敗他。」這是美國作家海明威的一句名言。譚嗣同在被推出午門時，那情景是何等壯烈：「流血請自嗣同始！」死神，僅僅只是征服了他的肉體，然而他卻仍是「橫刀向天笑」。鄒容還在未脫稚氣的二十歲，便以「願力能生千猛士」的《絕命詞》直迫死亡。當三十歲的陳天華蹈日本大森海灣、楊毓麟投海於英國利物浦，當徐錫麟、趙聲、禹之謨、林覺民等一大批留學生，成為近代新型知識群中易水悲歌、慷慨擊節、一去不返的壯士時，他們大都不過二三十歲。但他們沒有表現出死亡前那種恐懼、觳觫和悲哀，死神沒有真正征服他們。

第四，女性氣質雄性化。20世紀初年，一批女強人誕生了，她們開始改變女性氣質、拋棄閨秀形象，解開裹腳放天足，和男人們踏着同樣有力的腳步，和男人們分享同樣的藍天。秋瑾，雖出身大家閨秀，然而早在1903年，她就以着男裝出入戲園而向社會發起了公開挑戰，然後脫簪珥而買舟東渡日本，更名競雄，號「鑒湖女俠」，玩刀弄槍、習騎馬、善飲酒，不拘小節，放縱豪爽，儼然鬚眉男兒，「身不得，男兒列，心卻比，男兒烈」[1]「不惜千金買寶刀，貂裘換酒也堪豪」[2]，正是這種女性雄化的自我寫照。何震、金一、方君瑛、陳擷芬、唐群英等人亦不讓秋瑾。她們辦報紙、製炸藥、倡女權、力倡要「改鑄女魂」，並定為三個目標：「易白骨河邊之夢為桃花馬背之歌，易陽頭楊柳之情為易水塞風之詠，易

---

[1]《秋瑾集》，第107頁，上海古籍出版社。
[2]《秋瑾集》，第86頁，上海古籍出版社。

詠絮觀梅之什為愛國獨立之吟。」[1] 而且認為，中國男子之弱是由於弱女子所造成，「吾中國男子弱矣，惟女子之弱實致是」，因此須以「體育」來改造弱女子：「矯正身體，厥惟體育。」她們認為：「今日女子之教育，斷以體育為第一義，不特養成今日有數之女國民，且以養成將來無數之男國民。」[2] 軍國民主義思潮使陽剛精神已經超出了男人世界，延伸到女兒巾幗，女性氣質男性化。她們也有着男性的堅毅、沉雄、豪爽和韌性精神。女人的觀念在刷新：自尊、自強、自立、自愛，矗起了一座座女性的立體浮雕。

　　軍國民主義思潮是「力的發現」的第一個階段，構成了近代改造國民性的一個重要內容，即對國民素質（尤其是身體素質）和體魄的改造，從而導致了近代體育的產生，同時也帶來了一系列觀念的轉換：野性的呼喚、力的推崇、競爭觀念的強化、冒險精神、任俠氣概，更重要的是由此導致了一代陽剛型知識群的崛起，為辛亥革命準備了一批又一批踔厲蹈死的勇武壯士。同時，它也標誌着中國近代的感性啟蒙和感性精神重建的開始，標誌着中國古典文化精神向近代人文精神的過渡。

（原載於《體育與科學》1989 年第 6 期、1990 年第 2 期）

---

[1] 丁初我：《女子世界頌詞》，《女子世界》第 1 期，1904 年。
[2] 丁初我：《女學生亦能軍操歟》第 2 年第 1 號，1905 年。

「摩羅詩力」精神與
「五四」感性啟蒙

　　自從陳獨秀在《〈新青年〉罪案之答辯書》中明確提出「德」（Democracy）、「賽」（Science）兩先生後，海內外學者幾乎一致認為：「民主」與「科學」即「五四」精神。誠然，若按韋伯所謂近代化即「解除魔咒」的「理性化」過程理論，「民主」與「科學」的確代表了近代理性精神，但是僅僅把「五四」新文化運動理解為一場理性啟蒙運動，就難以理解「五四」新文化運動的突出成就首先體現在陳獨秀、胡適、魯迅等人提倡的「文學改良」和「文學革命」運動上，「文學革命」當然也包含了「德」「賽」精神，然而仔細考察就會發現，其內涵遠遠溢出於「德」「賽」之外。筆者認為，「五四」新文化運動是一場以個體性的人的解放為中心的雙重啟蒙運動，即以「民主」與「科學」為標誌的理性啟蒙和以「文學革命」為代表的感性啟蒙，前者以健全理性為鵠的，後者則以生命情感解放為旨歸，因此「五四」精神亦將具有兩方面內涵：理性精神與感性精神，理性精神即「德」「賽」精神，而感性啟蒙則發軔於魯迅提出的「摩羅詩力」精神，本文試從後者闡發開始。

一

　　魯迅是中國近代第一個構建了自己的生命哲學的思想家，1908 年發表在留學生雜誌《河南》上的《摩羅詩力說》提出的「摩羅詩力」精神，

構成了魯迅生命哲學的基本內涵（還包括同期發表的《文化偏至論》《破惡聲論》等早期文言論文）。《摩羅詩力說》的闡釋，在現代文學評論界，幾乎形成某種定論，即把「摩羅」視為以拜倫為代表的浪漫派詩人，這個解釋固然可以獲得文本的支持：

　　摩羅之言，假自天竺，此云天魔，歐人謂之撒但，人本以目裴倫，今則舉一切詩人中，凡立意在反抗，指歸在動作，而為世所不甚愉悅者悉入之。❶

　　然而魯迅的另一些文字卻啟發我們必須突破文學本身的畛域而置於一個更大的文化背景上，追尋「摩羅」的原型：「亞當之居伊甸，蓋不殊於籠禽，不識不知，惟帝是悅，使無天魔之誘，人類將無由生。故世間人，當蔑弗秉有魔血，惠之及人世者，撒但其首矣。」❷「神，一權力也；撒但，亦一權力也。」❸這裏至少有兩點啟示：第一，「摩羅」是基督教文化的產物；第二，魯迅把「摩羅」抬高到與上帝平起平坐的地位，為「摩羅」進行「平反」，並指出「魔血」恰恰就在人身上。這兩點深刻地觸及近代西方文化精神的價值轉換。

　　西方近代反神學教會統治，大致有三條路向：第一條是從科學和理性的角度反宗教愚昧；第二條是從政治實踐領域摧毀教會統治；第三條則是從人的感性生命角度反對神學禁慾主義，而「摩羅」的發現與第三條路向冥然相通。

　　「摩羅」是相對於「上帝」而存在的，從這個意義上說，沒有上帝，也就沒有「摩羅」。在西方中世紀，人們從善惡二元論出發，從而推出上帝的世界與魔鬼的世界的存在，這突出體現為中世紀神學家聖・奧古

---

❶《魯迅全集》第 1 卷，第 197 頁，人民文學出版社，1956 年版（下同）。
❷《魯迅全集》第 1 卷，第 205 頁。
❸《魯迅全集》第 1 卷，第 211 頁。

斯丁「雙城」的理論：「上帝之城」，由上帝決定得救的選民組成，「按
照精神生活」，而人類始祖亞當和夏娃，由於受「魔」的誘惑偷吃禁果
犯了「原罪」而被貶到「人間之城」，「人間之城」由那些充滿慾望的人
組成，「按照肉體生活」，實即魔鬼統治的地獄❶。費爾巴哈曾從人的本質
角度指出，「上帝」不外是人的類本質（真善美）的異化，人們企圖在上
帝身上實現現實中無法實現的人的本質和理想，而當人把其類本質真善
美、公平、正義等等奉獻給上帝時，人本身便被剝奪得只剩下感性的肉
體存在，而感性肉體恰恰為中世紀基督教文化所鄙視，這可為下面這個
神話所證實：「一位童貞女孕有今世所不能理解的基督……肉體由於男
男女女的罪惡而被驅逐出天國，但卻通過童貞女而得以跟上帝聯合在一
起」，這個基督出生的神話表明：「肉交 ── 其實，接吻也是一種肉交，
是一種情慾 ── 是人類之基本罪惡、基本禍患，因而婚姻情慾之基礎，
實際上乃是魔鬼的產物。」❷ 這就說出了基督教關於「摩羅」的一個祕密：
「摩羅」＝肉體情慾＝人自身，所以魯迅一語道破，每個人都秉有「魔
血」，摩羅就是人，感性的人。但這個感性存在恰恰是中世紀宗教文化
所排斥的，表現在藝術中，則「沉湎於痛苦之中，厭惡肉體，興奮過度
的幻想和感覺竟會看到天使的幻影，專心一意的膜拜神靈」❸，就如同柏
拉圖曾標榜的理想國裏「除掉頌神的和讚美好人的詩歌以外，不准一切
詩歌闖入國境。」❹

　　「摩羅」在上帝的專制統治下呻吟、掙扎。文藝復興第一次從感性的
角度衝擊了中世紀宗教文化精神，人道主義、人性論、世俗主義向神道
主義、僧侶主義發起了挑戰，人的情感、慾望、本能和人的感性肉體存
在的價值和意義都得到了充分的肯定，「人的發現」表現為「摩羅」的發
現和「摩羅」向上帝的挑戰，這場「戰爭」通過藝術曲折地反映出來，「在

---

❶ 參見奧古斯丁：《上帝之城》。
❷ 費爾巴哈：《基督教的本質》，第 399 頁，商務印書館。
❸ 丹納：《藝術哲學》，第 290 頁，人民文學出版社，1986 年版。
❹《文藝對話錄》，第 87 頁，人民文學出版社，1983 年版。

意大利與法蘭德斯的最優秀的作品中……殉道的聖徒好像是從古代的練身場中出來的，基督不是變做威風凜凜的丘比特，便是變做神態安定的阿波羅，聖母足以挑起世俗的愛情，天使如同小愛神一般嫵媚，有些瑪特蘭納竟是過於妖豔的神話中的女妖，有些聖‧賽巴斯蒂竟是過於放肆的赫剌克勒斯；總之，那些男女……保持強壯的身體，鮮豔的皮色，英俊的姿勢，大可在古代的歡樂的賽會中充當捧祭品的少女，體格完美的運動員。」❶「摩羅」即人的感性肉體存在第一次在藝術中獲得空前的正面肯定。而且，這場「摩羅」對上帝的挑戰，一直延續到西方浪漫主義文學作品中如英國詩人密爾頓的《失樂園》、拜倫的詩作和歌德的《浮士德》等諸多作品中。

在這些作品中，摩羅或者是一個意志堅強的英雄（如密爾頓、拜倫筆下），或者被描述為積善惡二重性為一體的一種力量❷。總之，這些作品已經構成近代西方藝術成功的「摩羅」文學，而不再是中世紀那種「膜拜神靈」的藝術，「摩羅」被推上了藝術的前台，儘管它仍然免不了「惡」，但正是這種「惡」構成了人無法逃避的基本存在。

而這一切構成了魯迅提出「摩羅詩力」精神的文化背景。魯迅以「摩羅」命其篇名，並多次提到浪漫主義文學中的「摩羅」文學：第一是引用英詩人密爾頓的《失樂園》中所謂「天神與撒但記事」；第二是引用「裴倫在異域所為文，有《哈洛爾特遊草》之續，《堂祥》之詩，凡三傳奇稱最偉，無不張撒但而抗天帝，言人所不能言」；第三引用俄國詩人萊蒙托夫的詩《神摩》。魯迅通過這些作品的介紹，表達了這樣一些基本意向：

第一，「摩羅」即人、人的感性本能，即每個人所秉有的「魔血」。

第二，「摩羅」所體現的人的感性存在，又是一種不可遏制的衝創的生命意志，所以「立意在反抗，指歸在動作」「與天地鬥爭」，感性生命的擴張，就要打破束縛生命的舊的價值規範，尤其是善惡的傳統觀

---

❶ 丹納：《藝術哲學》，第 291 頁。
❷「我是那種力量的一體／它常常想的是惡而常常作的是善。」（《浮士德》董問樵譯本，第 69 頁）

念，作為「善」的上帝與作為「惡」的摩羅並不是天經地義一成不變的，用魔鬼盧希飛勒的話說：「吾誓之兩間，吾實有勝我之強者，而無有加於我之上位。彼勝我故，名我曰惡，若我改勝，惡且在神，善惡易位耳。」而拜倫們不過是這種生命意志的人格化。

第三，「摩羅」又體現為一種生命智慧，個體生命意志在不斷沖創中超越自身，正是在這種沖創中發展自己的智慧，「《凱因》中有魔曰盧希飛勒，導凱因登太空，為論善惡生死之故，凱因悟，遂師摩羅」，「摩羅」成為導引凱因的智慧象徵。魯迅借《聖經》「原罪說」故事指出：「使無天魔之誘，人類將無由以生。」因此「惡魔者，說真理者也」。

第四，「摩羅」即人自身具有善惡二重性，「心性反張，柔而剛，疏而密，精神而質，高尚而卑，有神聖者焉，有不淨者焉，互和合也……且此亦不獨摩羅為然……即一切人，若去其面目，誠心以思，有純裹世所謂善性而無惡分者，果幾何人？」

魯迅以西方近代文化和浪漫主義文學為背景，從「摩羅的發現」來推出感性生命本能的合法性，但這僅僅是其生命哲學的起點，下面我們來分析其「摩羅詩力」精神的內在結構。

二

生命作為感性的動力系統，被魯迅極大地張揚，而魯迅的生命哲學實際上承續了西方近現代兩股邏輯起點、內涵完全不同的思潮：一股是上文論述的文藝復興文學藝術以及 19 世紀的浪漫主義「摩羅」文學；另一股則是現代人本主義思潮主要是叔本華、尼采等人的生命哲學。魯迅的「摩羅詩力」精神就是在吸收兩股思潮後而建構的生命哲學，包含着如下四個層面：

第一，「摩羅詩力」精神的基礎如前所述，即對人的感性本能的合理肯定，「魔血」的存在使人從根本上無法擺脫獸性，魯迅認為，承認人的獸性存在，絲毫並不損害人類的高貴和尊嚴，應該說這也有進化論的

影響;「人類進化之說,實未嘗漬靈長也,自卑而高,日進無既,斯益見人類之能……寧足恥乎?」而且人的動物性本能並不因進化而消失:「夫人歷進化之道塗……或留蛆蟲性,或猿祖性。」❶大膽承認並為人的獸性本能辯護,顯示出魯迅對傳統文化的某種超越,當傳統保留了種種關於人類先天良知仁義道德的儒家神話並高揚那種高貴的「天使」般倫理精神境界時,魯迅卻直面人性本質中那「野獸」的「一半」,表現出一種近代自然人性論趨向。

第二,「摩羅詩力」精神沒有停留在人的本能層次,而恰恰體現為一種對本能的超越,「詩力」的準確含義就是一種審美化了的生命情感力量,其特徵體現為「攖」。「攖」的提出是針對傳統文化的「平和」與「不攖」:「中國之治,理想在不攖」,「老子書五千語,要在不攖人心,以不攖人心故,則必先自致槁木之心,立無為之治」,魯迅的生命哲學直指傳統文化,他認為中國傳統社會着重的是整體和諧、平衡,即所謂「污濁之平和」,這種「平和」導致了兩個結果:(一)感性生命的壓抑和摧殘;(二)個性的喪失。「不攖」的實質就在於,讓人們處在一種無知無慾的麻木狀態中,人們沒有生命慾望的衝動,也便沒有追求,也便沒有衝突,無衝突便達到所謂「平和」「不攖」,其結果便是感性與個性的雙重喪生,感性生命被束縛在「不攖」「平和」的壓抑狀態中,反映在中國傳統文學藝術中,幾乎找不到弘揚感性生命力量的作品,「中國之詩,舜云言志,而後賢立說,乃云持人性情,三百之旨,無邪所蔽。夫既言志矣,何持之云?強以無邪,即非人志」,感性生命「拘於無形之囹圄,不能舒兩間之真美」,導致「可有可無之作,聊行於世」,如果感性生命的情慾偶然得到宣泄,便被大加鞭撻:「偶涉眷愛,而儒服之士,即交口非之。」即使才高如屈原者,也看不到「敢攖人心」的作品,只能流於「芳菲淒惻之音,而反抗挑戰,則終其篇未能見」,面對着這種壓抑感性

---

❶《魯迅全集》第 7 卷,第 244 頁。

的傳統文化，魯迅感歎道：「偉美之聲，不震吾人之耳鼓者，亦不始於今日。」因此魯迅提出了「敢攖」的詩力精神，一方面，否定了「不攖」「平和」在現實中的虛偽，「平和為物，不見於人間」，所謂「平和」不過是一種表象或假象，「平和」背後掩蓋的是現實中無情的衝突和競爭，「殺機之昉，與有生諧，平和之名，處於無有」，既然社會和人生不存在「平和」而是處在永恆的衝突中，那麼文學藝術就不應迴避現實的苦難、矛盾和衝突，因此詩力精神的另一方面便是強調詩歌藝術的「敢攖」：「蓋詩人者，攖人心者也。」藝術必須大膽地抒發人的生命情感力量，必須能使人「心弦立應，其聲澈於靈府」，只有通過「美偉強力」的「高尚發揚」，才能引起生命的共鳴與靈魂的震撼，才能導致「污濁之平和，以之將破」，這樣「平和之破，人道蒸也。」❶

　　第三，摩羅詩力精神又必須以個性獨立精神為基礎，這恰恰是近代感性啟蒙的核心所在。魯迅極力推崇德國青年黑格爾派斯蒂納的個人主義：「惟有此我，本屬自由……自由之得以力，而力即在乎個人，亦即資財，亦即權利。」自由不是普泛的自由，而是與感性個體相聯繫的，「惟發揮個性，為至高之道德，而顧瞻他事，胥無益焉」，而且「自我」就是本體：「凡一個人，其思想行為，必以己為中樞，亦以己為終極：即立我性為絕對之自由者也。」魯迅貶斥那種泯滅自我的「眾數」「多數」「庸眾」，並認為只有那種強調「人各有己」「朕歸於我」「任個人而排眾數」，把生命視為不可重複的個體獨立性的人，才體現了「二十世紀之新精神」❷即感性啟蒙精神。

　　第四，從生命意志擴張的個性主義，必然導致魯迅對「超人」的呼喚，這既有尼采「超人」思想的影響，又有「立意在反抗、指歸在動作」的摩羅詩人拜倫等人的影響，魯迅堅信：「惟超人出，世乃太平。苟不能然，則在英哲。」他鄙棄「大眾之祈，而屬望止一二士」，寧可「留獨

❶《魯迅全集》第 1 卷，第 199—200 頁。
❷《魯迅全集》第 1 卷，第 199—200 頁。

弦於槁梧，仰孤星於秋昊」❶，呼喚「精神界之戰士」，推崇「剛健抗拒破壞挑戰」的摩羅詩人拜倫。這些所謂「一二士」「英哲」「獨弦」「孤星」「摩羅詩人」恰恰就是「超人」的具體化。首先，它是生命意志（強力）的極度擴張，超人要求自身把生命潛能發揮到極致，「排斥萬難，黽勉上征」，它將生命視為一個永久征服的動態過程，並在征服過程中提升自己；其實，它體現為一種崇高的悲劇精神，生命意志的擴張，必然遭遇各種阻礙，生命途中充滿着荊棘、痛苦甚至死亡的威脅，但超人就是在這種悲劇衝突中，積健為雄、拓展生命的狂瀾，在死亡悲劇中再現人的崇高，稟有摩羅詩力精神的摩羅詩人如拜倫、雪萊、萊蒙托夫等人，無不具有極強的生命意志，幾乎都是在極短的悲劇性的生命旅程中，把感性生命發揮到極致；其次，超人崇尚創造與精神自由，當生命突破自我重複而擴展自身時，也就是生命的創造，這種創造導致「思慮動作，咸離外物，獨往來於自心之天地」；並且「去現實物質與自然之樊，以就其本有心靈之域；知精神現象實人類生活之極顛，非發揮其輝光，於人生為無當」，這種「極顛」就是生命的最高境界：自由即審美超越。只有在審美中，人的感性生命才能在沒有任何外在束縛的狀態中（如功利、「眾數」等）走向生命的「極顛」，魯迅倡導的摩羅詩力精神的根本點就在於不僅反抗上帝，同時也反抗社會、反抗一切束縛人的自由的勢力，「棄斥德義，蹇視淫遊，以嘲弄社會。」❷ 這種反抗在社會現實中常常體現為個體的悲劇命運，而在審美中卻達到了生命自由的「極顛」，審美是生命超越的最高境界。

　　從上述四個層次我們可以看到，魯迅的生命哲學是以人的本能即自然人性為基礎，而以感性的、個性化的生命情感為核心，以追求自由、創造與超越為目的的完整思想體系，這個思想體系為「五四」感性啟蒙起了前驅作用。

---

❶《魯迅全集》第 7 卷，第 235 頁。
❷《魯迅全集》第 7 卷，第 212 頁。

三

當更多的人們還在為民主革命而吶喊而行動時，魯迅於辛亥革命前就意在中國重建 20 世紀之新精神即感性啟蒙精神，然而在當時不過是一種先知者的覺醒、一種「空谷足音」而已。只有到「五四」時期，才磅礡為一支不可忽視的感性啟蒙勁旅，這就是以陳獨秀、胡適、周作人以及稍後的郭沫若等人為代表的「五四」啟蒙作家群。這種感性啟蒙突出表現在如下幾方面：

第一，崇尚感性、個性的西方浪漫主義文學與崇尚生命意志的現代西方生命哲學思潮，已經被普遍地引介到中國。鄭伯奇曾說過：「歌德而外，海涅、拜倫、雪萊、基慈、惠特曼、雨果⋯⋯這些浪漫主義詩人⋯⋯也是他們（指「五四」作家──引者）所崇拜的。」❶ 而現代人本主義思潮生命哲學家如基爾凱廓爾、叔本華、尼采、柏格森等人的哲學思想也迅速普遍矚目於中國思想文化界，僅以尼采而論，不僅王國維、魯迅譯介於前，在「五四」時期，更有陳獨秀、蔡元培、傅斯年、田漢、沈雁冰、郭沫若、高長虹、向培良、郁達夫等人推崇於後 ❷。人們對其破壞偶像的精神、超人學說和強力意志等表現出極其濃厚的興趣，正是在這種廣採博納的背景下，中國近代感性啟蒙思潮和中國新文學的發展才得以推進。

第二，和魯迅的摩羅詩力精神相一致，「五四」感性啟蒙也以人的本能為基礎，陳獨秀曾認為：「強大之族，人性獸性同時發展，其他或僅保獸性，或獨有人性，而獸性全失，是皆墮落衰弱之民也。」「獸性」指的是「意志頑狠」「體魄強健」「依賴本能」「順性率真」等 ❸，也就是說人的解放是以強健的體魄與發達的本能為基礎的，人性並不排斥「獸性」，

❶《中國新文學大系・小說三集》序。
❷ 參見樂黛雲：《尼采與中國現代文學》，《北大學報》1981 年第 3 期。
❸ 陳獨秀：《今日之教育方針》，《新青年》第 1 卷，第 2 號。

周作人更明確指出:「人是一種生物,他的生活現象,與別的動物並無不同,所以我們相信人的一切生活本能,都是美的善的,應得完全滿足,凡有違反人性不自然的習慣制度,都應排斥改正。」但是肯定本能同時又必須超越本能:「我們相信人類以動物的生活為生存的基礎,而其內面生活,卻漸與動物相遠,終能達到高上和平的境地。」因此「獸性與神性,合起來便是人性」,「換一句話說,便是人的靈肉二重的生活」❶,「我們要知道,人生有一點惡魔性,這才使生活有些意味,正如有一點神性是同樣的重要」❷,這裏的「惡魔性」也就是魯迅所謂「魔血」,與摩羅精神肯定人的情慾本能有着理論的一致性。

第三,與魯迅「詩力」相銜接的是,「五四」時期「力」的生命化、情感化、審美化,導致了中國現代感性文學的誕生。首先,生命的「力」第一次獲得了中國歷史上不曾有過的普遍推崇的地位。郭沫若在《我是一個偶像崇拜者》一詩中,表達了其對「力」的崇拜:「我崇拜創造的精神,崇拜力、崇拜肉、崇拜心臟。」❸心臟的搏動意味着生命的存在,血脈的流暢則顯示出生命的健康,而力量的強盛則是生命的根本標誌,崇拜「力」「血」「心臟」反映了郭沫若對生命、對感性的高度弘揚;而在《站在地球邊上放號》篇中,對「力」更是一詠三歎:

> 無限的太平洋提起他全身的力量來要把地球推倒……
> 啊啊!力喲!力喲!
> 力的繪畫,力的舞蹈,力的音樂,力的詩歌,力的律呂喲!

這簡直就是一首「力」的頌歌!狂飆社的向培良也表現出對「力」的強烈渴望:「我們需要動的力,狂呼的力,衝撞的力,攻擊的力,反抗

---

❶ 周作人:《人的文學》,《新青年》第 5 卷,第 6 號。
❷ 《永日集 · 婦女問題與東方文明等》。
❸ 《郭沫若全集 · 文學編》第 1 卷,第 99 頁,人民文學出版社,1982 年版。

的力，殺的力。」❶ 其次，當人們呼喚「力」的時候，也開始了對「力」
的本質的探求，周作人在《人的文學》中引述 18 世紀詩人布萊克的話
說：「力是唯一的生命，是從身體發生的，理就是力的外面的界」「力是
永久的悅樂」。也就是說，「力」的本質就是那「從身體發生的」不可遏
止的生生不息的感性生命，與理性（「理」）相對應，因此感性啟蒙也就
是人的生命情感的解放，也就是力的解放；再次，這種感性生命的精神
昇華，便構成了審美，構成了文學的本質，郭沫若剛創辦創造社時就提
出「生命底文學」：「生命與文學不是判然兩物，生命是文學底本質，文
學是生命底反映，離了生命，沒有文學。」而且生命必須是不可重複的
個性化生命，即感性與個性須臾不離，才構成真正實在的生命，因此，
「生命底文學是個性的文學，因為生命完全是自主自律的。」❷ 這與魯迅
所稱道的日本文藝評論家廚川白村《苦悶的象徵》對文學本質的判斷是
一致的：「文藝是純然的生命的體現，是能夠全然離了外界的壓抑和強
制，站在絕對自由的心境上，表現出個性來的唯一的世界。」❸ 感性生命
的基本內涵便是情感，郭沫若提出了著名的「主情主義」，他談到曾受
歌德《少年維特之煩惱》的影響時說：「我在此書中，所有共鳴的種種思
想：第一是他的主情主義。」這種「主情主義」在詩歌創作中便概括為
一個算式：詩 =（直覺＋情調＋想像）＋（適當的文字）❹，創造社的王獨
清更直接地把「力」引入詩歌創作中：（情＋力）＋（音＋色）＝詩，詩
人要以「自命瘋狂」的姿態向「朦朧」中尋找「明了」❺，這很有些接近
尼采所謂希臘藝術中的沖創的酒神精神，「情＋力」作為一種審美的感性
又與魯迅的「詩力」有着內在的一致性：在沖創奔突的感性生命衝動中，
打破一切政治的、倫理的古典規範，從而獲得一種審美的自由與解放。

---

❶《水平線下》，《狂飆》（不定期刊）第 1 期。

❷ 郭沫若：《生命底文學》，上海《時事新報·學燈》，1920 年 2 月 23 日。

❸ 廚川白村：《苦悶的象徵》（魯迅譯），第 7－9 頁，人民文學出版社，1988 年版。

❹ 郭沫若：《論詩三箚·致宗白華》。

❺ 王獨清：《再談詩》，《創造月刊》第 1 卷 1 號。

　　第四，與崇尚感性的新文學相對應，「五四」時期也產生了一種系統的現代感性哲學即朱謙之的「唯情本體論」，朱謙之在中國現代哲學史上是一個被忽視的人物，然而在筆者看來，他的「唯情本體論」雖有各種理論上的不足和缺點，但卻足可以成為現代感性哲學的代表。「唯情本體論」有兩大突出特徵：首先，他把「情」第一次推到本體的高度，他認為「智、情、意是精神作用的基礎，肅本華又證明了智是意的派生，但所謂意，實還有情的作用存在……就可證明『情』是精神的最後本體」[1]，「情」不僅是「精神本體」，也外化為宇宙本體：「情就是宇宙本體。」[2] 其次，強調「情」的個性化，以自我的個性主義為基礎：「我就是情，情就是我。」這樣，「宇宙」也便與「我」相通了，外在宇宙也成了「自我」的產物，「宇宙是從我心變見出來，只是本體派生的模型」，這樣「唯情本體論」同時也就是「唯我本體論」，這是近代以個性為基礎的感性啟蒙思潮的理論總結。

　　從上可知，「五四」感性啟蒙的基本精神與魯迅的「摩羅詩力」精神有着某種內在的連續性與繼承性，那麼「五四」感性啟蒙的意義究竟何在呢？誠然，「五四」感性啟蒙精神，曾以徹底的不妥協的態度向傳統文化發起了全面的批判和反省，以強烈的世界意識向異域的近代新文化學習，從而導致了中國現代新文學的誕生。然而，「五四」感性啟蒙的根本意義是導致了一次審美意識的轉換：從「和為美」到「力為美」，中國古典美學的審美理想是「中和為美」，如《札記·中庸》所謂「喜怒哀樂之未發，謂之中；發而皆中節謂之和；中也者，天之大本也，和也者，天下之達道也。致中和，天地位焉，萬物育焉」，《論語》也強調所謂「樂而不淫，哀而不傷」，《詩·大序》更明確為「發乎情，止乎禮義」，這種「中和」的美學精神從根本上體現了儒家文化的泛道德主義，在中國傳統文化中，善即是美，而這種善恰恰是以感性生命的深度壓抑

---

❶《現代思潮批評》，第 150 頁，新中國雜誌社，1920 年版。
❷《革命哲學》，第 189、187 頁，泰東圖書局，1921 年版。

和異化為前提的，人的感性和個性化生命便在這種「適度」「中和」的節制中慢慢窒息，而缺乏西方那種生命沖創的希臘酒神精神，這正如一位文學評論家所言：「這種以『中和』為理想、『含蓄』為正宗的古典審美規範，恰恰是一種美的異化，美的異化的真正內涵乃是傳統社會中人的異化。」❶ 從魯迅的「詩力」到「五四」時期「情＋力」，人們不再是在生命兩極（情感與理智）的調和、妥協、退讓、萎縮中，企求一種「中和之美」，而是在生命兩極衝突中，再現感性生命力量：意志力與情感的力量，使感性生命掙脫那種古典道德理性的藩籬、封建專制的壓抑而在審美中直觀自由。魯迅的「摩羅詩力」精神把生命置於「反抗」「衝突」中，來真實地再現人的哀與樂、愛與恨、希望與絕望、衝動與沖創、壓抑與昇華、勇敢與怯懦……即魯迅所謂「超脫古範、直抒所信」「率真行誠、無所諱掩」❷，也即是郭沫若的「主情主義」，更是情感大解放的「五四」新文學的共同特徵：無論是魯迅「嬉笑怒罵」冷峻孤獨的冷色調，還是郁達夫在「悲傷情感的沉溺和在憂鬱、怪誕、瘋狂中提取美感」的「零餘者」的感傷主義灰色調，抑或是郭沫若《女神》中拜倫式的、惠特曼式的悲壯、激昂、雄渾的黃鐘大呂般的轟鳴，都標誌着「中和之美」被打破，標誌着一種以個性主義為基礎的生命為美、感性為美、力為美的現代審美意識的誕生。

　　「五四」新文化運動是一場現代啟蒙運動，理性啟蒙與感性啟蒙構成了這場運動的雙重使命，「五四」感性啟蒙肯定人的感性肉體存在，強調「美」就在現實人間的感性生命中，人的本能、力量、情感都受到極大弘揚，把感性生命的解放視為人的解放的重要因素，把個性化生命視為感性啟蒙的根本要求等等，這都具有劃時代的文化轉換意義。

（原載《天津社會科學》1990 年第 3 期）

---

❶ 曾逸主編：《走向世界文學》，第 64－65 頁，湖南人民出版社，1984 年版。
❷《魯迅全集》第 1 卷，第 205、214 頁。

養生─氣功精神縱橫論

20 世紀 80 年代的中國，先後出現了兩股引人注目的熱潮：體育熱和氣功熱。從洛杉磯奧運會到漢城奧運會，體育熱由高潮跌向低谷，與此相反，氣功這項保存了幾千年的國粹卻席捲了全國，尤其在平均壽命只有 58 歲的知識分子聚集的高校，大學生、研究生和教授們都如此着迷，氣功似已成為士林文化的組成部分，與此同時，出現了一個被廣為摘引的觀點：由於「運動員就是努力鍛煉以把自己身體搞垮的人」，體育「為了優勝，犧牲健康」，因此，體育本質上乃是一種「異化」❶。從這兩段逆向發展的「熱」到對這個觀點的廣泛關注究竟反映了一種什麼樣的文化意向？這種對體育的排斥和對氣功的迷戀，是否關係到兩種異質的文化哲學？

這的確是一個引人深思的問題。

縱論：養生─氣功精神的基礎：柔性文化

美國哲學家威廉・詹姆斯在《實用主義》一書中，曾把哲學分為「剛性」與「柔性」兩種性質，筆者認為，「柔性」構成了以儒道為代表的中國傳統文化的基本特徵。

---

❶ 胡平：《論體育精神》，《走向未來》雜誌創刊號。

　　在道家始祖《老子》哲學中，到處充斥着濃厚的「女性哲學」❶的詞匯。老子、莊子在提出了以「道」和「氣」為宇宙、社會和人的本原基礎的哲學後，就發展出了一種如何順「道」安命、齊物混世、如何以柔克剛以及「養生」「守氣」的尚柔精神，這既是應付社會的（「不爭」）又是應付生理的（「養生」）生存辯證法。那麼儒家呢？人們一向認為儒家與道家相反，強調「天行健，君子以自強不息」的剛強進取精神。當然，「剛」「強」「勇」的詞匯在孔孟著作中屢屢出現，殊不知，若按文化人類學方法，從「剛」「強」「勇」的語言符號層面深入其語意層面再進窺其文化隱義層面就會發現：第一，「剛」「強」「勇」談的都是所謂「德義之勇」，也就是一種泛道德主義的解釋，從來就不是弘揚人體自然的感性生命力量，孔子是不語「力」的，而孟子則根本鄙視「以力服人」，所以張岱年先生說得好：「西洋人有所謂力的崇拜，中國哲學則鮮其痕跡。」❷第二，儒家的「儒」字，只要翻開中國古代幾本權威性字典《說文解字》《廣雅》和一些古籍就會知道，「儒」其語意層面包含了「柔弱」「軟弱」「懦弱」之意；第三，再看「儒」的文化隱義層面，是指從事治喪、相禮、教學的教師，依胡適的解釋，顯示出一種「文弱迂緩」的感性形象，而且產生一種「忍辱負重」的柔道人生觀。因此，在「儒」的起源和柔性精神性質上，胡適認為儒道本是一家❸。這的確說出了這種柔性文化的根本基礎。

　　自從柔性文化基礎奠立後，柔性精神就向兩方面發展：一是道家的「氣」與儒家的泛道德主義再糅合佛家的修養之道便逐漸演變成宋明理學的「理」。另一方面，自孔子以後，古代那種「武」「士」不分的體育項目，再沒有上升為一種士林文化而被冷落在「下技」之列。一般說來，士林文化的價值取向在古代對大眾文化起着典型的示範和導向作用，中國士林對古代體育的這種歧視，影響到整個社會價值觀念，使古代體育

---

❶ 參見吳怡：《中國哲學的生命和方法》，台北東大圖書公司，1981 年版。林語堂《中國人》與孫隆基《中國文化的「深層結構」》亦曾認為中國文化具有「女性化」和「無性化」特點。

❷《中國哲學大綱》第 589 頁，中國社科出版社，1982 年版。

❸ 胡適：《說儒》。

從來就沒有像古希臘奧林匹克運動會那樣成為一種普遍崇尚的群眾性運動，而流入雜耍、武藝等民間俗文化者一類，所以一位外國學者指出：「儒家的學說認為自制和中庸乃是理想的德性，重視默想與安靜的價值，因此認為競爭運動、戶外運動與儒家理想相衝突。」❶近代梁啟超目睹當時中國人逐步從體質到精神卻淪為「東亞病夫」的狀態，認為中國的柔性文化從戰國以後便葬送了「中國的武士道」精神，而使中國「以文弱聞天下」。

橫論：兩種異質生命哲學的比較

中國的現代體育，完全是「西學東漸」的產物。雖然中國曾擁有引以自豪的足球發明權（「蹴鞠」）等，但如同中國古代科技擁有四大發明卻無法向近代科學轉化一樣，靠流入雜耍或軍事一類的中國古代體育的本身機制，終究沒有實現向現代體育的結構性轉換。

文化人類學大量材料證明，在跨入文明社會門坎以前，人類處在一種充滿「詩性智慧」的生命自在狀態中，這突出表現為東西方普遍存在的生殖崇拜文化，生殖崇拜反映了人類對自身感性生命的肯定和執着追求。後來逐漸產生了「人化自然」的文明社會，人類便開始跌落在一個自造的如卡西爾所說的文化符號世界，這個文化符號不僅指語言文字，也包括倫理道德和一切文明社會制度，於是人們便從生殖崇拜過渡到對理性文明的崇拜，結果便產生了一個無法迴避的文明悖論：文明理性社會的不斷進化與人類感性生命的漸趨退化，翻開老莊和古希臘哲學著作就會發現，人們已經開始意識到這種深刻的二律背反，為了解決這個二律背反，拯救人類感性生命，於是在東方產生了養生—氣功，在西方發展為體育。養生和體育都是以肯定生命為目的，但是肯定生命與對生命

---

❶ Hackonsmith：《西洋體育史》第 18 頁，黎明文化公司。

本質意義的理解及方式卻完全是兩回事，從下面的比較中，我們可以了解兩種生命哲學的根本差異。

第一，關於生命的本質 ──「氣」與「力」。中國哲學把天、地、人整合成一個有機整體的宇宙圖式，而構成其基礎、本原和動力的便是「氣」，生命的本質也歸結為「氣」，所以莊子說，人「氣聚則生，氣散則死」，《難經》亦言：「氣者，人之根本也。」但「氣」是什麼呢？從古至今，言人人殊，但如果從文化學考察，氣功的「氣」與中國哲學的「氣」有一個共同點：既是物質（呼吸的氣）又含精神，具體說來，這個精神就是一種泛道德主義因素，比如孟子所謂「浩然之氣」就解釋為「其為氣也，配義與道。」❶ 所謂「氣者主心，心邪則氣邪，心正則氣正」❷，所謂氣功「六害」：「名利」「聲色」「貨財」「滋味」「佞妄」「妒嫉」❸ 等等，強調的都是「氣」「心」不分、生命與道德合一，這樣「氣」本體實際上也就是倫理本體，倫理道德的自我完善，也就意味着生命的完善。既然生命本質帶有泛道德主義色彩，那麼，生命的外在身體也便屬於倫理關係，因此一切外在劇烈運動（如競技體育），不僅有害於身體，簡直就是對人倫關係的背叛！「體」和「力」的概念從來就沒有上升到士林文化。柔性文化中強烈的反「力」傾向，在孔子、老子、董仲舒到曾國藩等人著作中表現得十分明顯，梁啟超對這種反「力」的柔性文化深有感觸：「以冒險為輕躁，以任俠為大戒，以柔弱為善人，惟以忍為無上法門」❹。這種反力型柔性文化反映在中國古代體育中，其一，缺乏對抗力量型體育和競技體育；其二，體育運動從來沒有發展為像古希臘奧運會那種普遍崇尚的群眾性運動，反而是為士林文化所不齒而流入雜耍的一類。於是尚「氣」不尚「力」的氣功養生便征服了士林文化。而西方體育精神則把外在身體的力量視為生命的本質要素，這與西方文化哲

❶《孟子・公孫丑上》。
❷《中國古典氣功集成》（第一輯）第 6 頁，西北工大出版社。
❸《中國古典氣功集成》（第一輯）第 27 頁，西北工大出版社。
❹《新民説・尚武》。

學有關，西方哲學把生命劈為兩半：身與心、靈與肉，彼此分屬兩個世界。「體育」一詞的英文有：Physical education（身體教育）、Physical culture（身體文化）、Physical training（身體鍛煉），三者都以「身體」為對象，岸野先生指出，從最原始的意義考察，三個詞都包含了「通過外力作用，引導出個人能力並使其充分發揮」❶，這裏「能力」指身體的力量、速度和技術，其核心是「力」，所以藝術哲學家丹納指出，在古希臘，「體力與矯捷」往往「成為一邦的光榮」，「希臘人把肉體的完美看作神明的特性」，他們「表現力量、健康和活潑的形態和姿勢」❷。文藝復興時期，理想的人格「首先是天然的人體，就是健康、活潑、強壯的人體。」❸甚至從《擲鐵餅者》《大衛》等雕塑作品中，那「力」的線索、「力」的運動和那突起的「力塊」，都折射着這種以力為本質的生命哲學。而最能再現這種生命力量的便是激烈對抗的競技體育，這和中國那種泛道德主義的精神具有質的不同。

　　第二，從對生命的態度和方法看──「和」與「競」。中國柔性文化產生了兩種辯證法：老子辯證法和儒家中庸辯證法。其共同點便是「和」：「以維持機體系統的和諧穩定為目的，強調對立項的依存滲透、中和互補，避免激烈的動盪、否定、毀滅、轉化。」❹強調宇宙、社會、人生的同構互感的和諧，滲透到中國養生─氣功文化中，那就是，其一，養生是一個整體系統，人的身體與整個天地自然的和諧，養生尤其強調人的精神活動必須與四時季節的變化相和諧適應，所謂「和於陰陽，調於四時」、所謂「春夏養陽，秋冬養陰」即是；其二，人自身內外身心的和諧統一──陰陽平衡，中國養生氣功強調的是呼吸、意念和動作的整體和諧統一，而不是西方式體育的對抗性力的運動；其三，人與社會的妥協和諧，在養生─氣功文化看來，人的生理健康不僅是治身，更

❶《體育史學》第一章。
❷ 丹納：《藝術哲學》第 43 頁。
❸ 丹納：《藝術哲學》第 75 頁。
❹ 李澤厚：《中國古代思想史論》第 96 頁。

主要是治心，而心理疾病更多地來自人與社會的關係，要求人在社會現實中保持妥協和退讓的心態，以確保「全性保真」，這樣，養生──氣功精神就使人們面對的不是廣闊的外在的現實世界，而恰恰是以否定現實世界和個體生命的兩極矛盾、衝突、對抗和競爭為前提的，只有遠離現實、致虛守靜、收視返聽、擯除慾念，回歸到幻化了的心靈世界，即在心靈中內視「氣」的運行，從而達到物我皆忘的「天人合一」境界，這就是氣功的最高境界。

　　西方的辯證法是一種否定辯證法，總是強調矛盾雙方的對立、衝突、競爭，然後在競爭和相互否定中達到新的平衡，強調的是衝突、競爭的動態平衡，典型的便是黑格爾的正──反──合的辯證法，西方競技體育可以說體現了這種文化精神。國際體育聯合會祕書長約翰·安德魯斯把廣義體育比作一個三角形，高居於三角形頂端的是 High Athletic Sport（高水平競技運動）❶，可見「競」是體育運動的最高形式，「競」的特點表現為，其一，「競」首先是一種外在身體力量的較量，雖包含了智力的、心理的因素，但也只有通過外在身體的運動才得以體現；其二，「競」不是「和」「柔」，而是力量、速度、技巧的極度發揮，有時甚至超過了生命載體的極限；其三，「競」是生命本質「力」的外在化，「力」與「力」兩極之間只有通過對抗、矛盾、衝突和競爭，才能再現生命本質，在體育運動中，任何二者的平衡、妥協、退讓，都被視為對體育道德的褻瀆，只要符合「費厄潑賴」的公平規則，競爭對抗越激烈，生命潛能發揮越大，越體現了體育道德，體育中的和諧精神不是妥協、退讓的和諧，而是激烈對抗、競爭的和諧。

　　所以，養生是在靜態和諧中體悟生命，而競技體育則是在力量爆發和對抗中震撼生命。

　　第三，關於生命意義、價值 ── 長壽與生命質量。「養生」這個詞

---

❶ 參見曹湘君：《體育理論簡編》第一章，教育科學出版社，1986 年。

的根本意義就在於追求生命的延續。而體育競技精神的本質乃在於，生命的意義和價值不僅在於單位時間的延長（長壽），而更主要是在一定單位時間裏的生命質量，也就是說強調的不是無質量無效率的生命重複，而是生命過程的不斷創造、征服、超越和進步。

　　體育運動重視的是「更快、更高、更強」，現代奧林匹克運動奠基人顧拜旦（Coubertin）在《體育頌》中讚頌道：「體育！你就是勇氣！肌肉用力的全部意義是敢於拚搏。」體育精神是對怯懦和自卑的挑戰，是對重複過去、重複他人的鄙棄，唯一崇尚的是生命的「衝刺」「破紀錄」，並且時時提醒每個人：必須走完自己獨特的不可重複的創造性的生命旅程，否則就會被淘汰。授金牌、升國旗、奏國歌的真正意義就在於，讓優勝者在分、秒、厘米的競爭勝利的一瞬間，去體驗、去享受生命巔峰狀態，生命極地境界的無限風光：快感、美感和樂趣，去確證人類征服能力、創造能力的無限性，去再現生命本質力量的不可重複性，而讓失敗者反覆舐嘗着羞愧、恥辱從而激勵其下一次生命潛能的超水平發揮。所以古希臘一位老父親得知兩個兒子在奧運會上雙雙奪冠時，人們認為他死都值得。這個故事表明：生命的創造價值遠遠勝過那種重複生命的長壽價值。所以運動員有時可以為了奪冠不惜以生命作抵押，這絕對不是什麼生命「異化」，而是一種創造生命價值觀或生命哲學，而這又深嵌在西方文化哲學中。

　　而最能代表西方人的生命價值觀的是浮士德精神，當浮士德在無聊、平庸的生活與短暫的一生二者中面臨選擇時，他選擇了後者，後者雖然生命短暫，但卻可以在生活享受和事業享受中，獲得一種痛快而狂歡的生命體驗，他可以把豐富的人生壓縮在短暫的生命旅程裏充分體驗。因此在源遠流長的西方文化哲學裏，生命的質量、效率、生命的創造、征服價值，生命的不可重複性和不可模仿性構成了西方生命哲學的基本內涵，這和中國傳統那種「好死不如賴活」的重複生命價值觀構成鮮明對比。

縱橫論：新的綜合

根據以上分析，我們似可作些基本總結：

第一，中國傳統文化那種尚「氣」不尚「力」、泛道德主義和互補、調和的辯證法，使之帶有強烈的柔性化、文弱化，正如馬克思所言「五官感覺也是人類全部世界歷史的產物」[1] 一樣，人類的體質也同樣打上了歷史文化的烙印，中國這種柔性文化已經深深地積澱在中國國民的氣質精神和潛意識中，也深刻地影響到人們的體質，在中國古代那種一舉一動都必須充分程序化、道德規範化的文化氛圍中，國民體質無論如何會受到影響，而從這種文化發展出來的養生術又從另一實踐操作角度，充分肯定了這種柔性禮教文化，與這種文化保持高度的一體化和統一性。這種柔性文化雖然在很多方面貽惠於子孫，但正如梁啟超、魯迅和青年毛澤東等人曾說過的，至少在以下兩方面帶來了負面效應：其一，幾千年的尚文輕武反力的傳統，是中國國民到近代淪落到「東亞病夫」的一個重要因素；其二，也導致了古代體育無法完成向現代體育的結構性轉換。

第二，一般說來，人免不了兩方面的需求：生命延續的追求、現實目標（自我價值實現等）的追求。氣功的根本局限就在於無法協調二者，氣功的效果與現實追求成反比，而與迴避現實程度成正比。在古代，真正獲得氣功效果而達到強身健體的是那些隱居山林過着自然無為、清靜淡泊生活的隱士，也就是老子所謂「絕聖棄智」者，而對於在現世中還在為生存而奔波的大眾，無疑失去了操作效果的普遍性，這就可以理解為什麼養生術如此發達的中國到近代仍然免不了從體質到精神淪為「東亞病夫」的地步。

第三，新的綜合。大凡人類作為一個自然存在總免不了生老病死，

---

[1] 《馬克思全集》第 42 卷，第 126 頁。

作為一個社會存在，總免不了事業的功敗成否，這樣，當人在生命力旺盛、青春年少、事業上銳意精進的時候，會更傾向於那種直面現實、直面矛盾衝突的體育精神，更欣賞那種在單位時間裏不斷超越自身、擺脫平庸、創造新的價值，把生命視為一個不斷衝刺、不斷「破紀錄」的過程，體育精神更像一杯濃烈的酒，使你感奮、使你激動、使你震懾、使你的生命更灑脫、更充實而且更富有色彩，而當人的生命力漸趨衰弱步入老年時，氣功精神那種沖淡平和、舒展自然和那種詩意般幻化的「天人合一」的生命自然境界，就會使你覺得，一切塵世的追求、功名的追逐會顯得那樣可笑可忘，它就像一杯清淡的茶，沁人心脾，使人平心靜氣、恬淡適意，享受到一種回歸自然的美感。而從社會角度考察，當一個社會處於經濟停滯、文化落後而需要振興掘起時，體育精神更能促成一種強烈的競爭心態，來強化人的意志力量，使之儘可能發掘生命潛能以達到生命質量和效率的最大值；當一個社會富足豐盈或者社會競爭之劇烈已引起人們的深度異化時，氣功精神也許能緩衝一下那種由競爭帶來的巨大社會壓力，給冷冰冰的人際關係帶來一絲絲淡淡的暖意。雖然在中國當代，更需要的是走出那種柔性文化鑄造的社會氛圍，需要的是那杯濃烈的酒，那種碰撞、衝刺的生命力量，但為 21 世紀，我們同時也需要那杯淡淡的茶，那絲人間的暖意，那種回歸自然的詩意境界──氣功精神。

（原載《體育與科學》1989 年第 4 期）

力本體哲學及其悲劇

—— 戰國策派述論

一、戰國策派的緣起

幾乎從其誕生之日起，戰國策派便迭遭物議，被視為「法西斯主義」，而教科書至今仍沿襲舊說，因此筆者擬提供一些必要的背景材料。

隨着「七七」盧溝橋炮火的延伸和華北、華中地區的淪陷，一些著名高等學府連同其教授學者們紛紛南遷至大西南重、昆一線。1940 年，由林同濟等 26 名「特約執筆人」在昆明創辦《戰國策》半月刊，同年 4月出刊（後又發行上海版《戰國策》半月刊），1941 年又在重慶《大公報》開闢了「戰國」副刊，大量介紹了德國斯賓格勒的歷史哲學，叔本華、尼采的意志哲學，歌德、席勒的文學觀，他們以文化形態學、以力本體哲學向缺乏冒險尚武的「無兵的」中國傳統文化挑戰，以尚力政治或「大政治」的權威主義、實力政治向崇尚禮義廉恥的「德感主義」傳統政治給以衝擊，而以英雄崇拜的超人意識、英雄主義表現出對「五四」以來的「民治主義」的懷疑，以「恐怖」「狂歡」「虔恪」為母題的審美觀念向崇尚中和之美、溫柔敦厚的傳統美學觀念宣戰……在當時國際上德意日軸心法西斯勢力猖獗一時，而中華民族又處於半壁河山的生死存亡的關頭，戰國策派卻大量介紹德國的歷史哲學、文學和美學思想，尤其是介紹被希特勒等法西斯首腦所利用推崇的尼采哲學，這必然會引起一場

軒然大波，章漢夫以《戰國派的法西斯主義實質》一文，最早將他們定性為「法西斯主義」[1]。是為「法西斯主義」之緣起。

　　筆者曾在上海徐家匯藏書樓所藏的上海版《戰國策》封底上摘下了一份載有 26 人的「本刊特約執筆人」名單，除了教科書上被指名為「法西斯主義」代表即戰國策派的幾位主幹將：歷史學家文化學家雷海宗、林同濟、文化學家劇作家陳銓外，尚有我們熟悉的美學家朱光潛、作家沈從文、社會學家費孝通、哲學家賀麟等人[2]。半個世紀後，當我們重新冷靜地考察戰國策派，翻閱他們的文章時，與其說他們是一個法西斯主義思想組織，倒不如說是一個有着某種共同的思想旨趣、文化體系的學術沙龍、文化圈。筆者翻檢了昆明版與上海版的全部《戰國策》半月刊，可以肯定地說，沒有一篇是歌頌德、意、日法西斯主義的文章，更不存在參加法西斯團體問題。當然，他們對當時時局的某些分析也難免偏差，而且他們的尚力政治和英雄崇拜的權威主義的確帶有相當消極的政治影響，但卻不足以定性為「法西斯主義」。他們不僅在某些文章中表現了歷史的洞察和預見，比如林同濟就曾預見到戰後兩三個超級大國的出現，而且由於這個文化學派集中了當時從歐美留學歸來的學術文化精英（如雷、林、費、朱等），因此，產生了多部有影響的文化哲學（史）著作，如雷海宗《中國文化與中國的兵》，林同濟、雷海宗《文化形態史觀》[3]，賀麟《文化與人生》，以及《戰國策》半月刊和《大公報‧戰國》副刊上的大量文化比較論文，有些文章至今讀來仍覺新意迭出。總之，不存在一個所謂法西斯主義學派，戰國策派的理論與觀點則具有積極與消極意義的二重性。

---

[1] 載《群眾》第 7 卷，第 1 期，1942 年 1 月 25 日。

[2] 《戰國策》「特約執筆人」除上述七人外，尚有岱西、吉人、二水、丁澤、陳碧生、沈來秋、尹及、王迅中、洪思齊、唐密、洪絨、童嶲、疾風、曾昭掄、何永佶、曹卣、星客、上官碧、仃口共二十六人，即所謂「戰國策派」。

[3] 《中國文化與中國的兵》《文化形態史觀》在 20 世紀 40 年代出版後，到 1989 年被收入鍾叔河主編的《鳳凰叢書》中，合為一冊（嶽麓書社）。

二、力本體哲學

　　「力」在戊戌時期，基本上是作為一種外在的生命力量即體質體力。到「五四」時期，生命獲得了更高的肯定，人們將生命視為一種沖創奔突的、不可遏制的「詩力」（情感力量）和「意力」，並由此而昇華為一種「唯情本體論」。然而只有到戰國策派，「力」才獲得了一種真正的本體地位，這集中體現在林同濟先生的《力！》❶一文中。

　　通觀林同濟的《力！》全文，我們可以理清其思想軌跡。

　　首先，從漢字「力」書法上所具有的美感開始，他認為「力」之為字充滿了「古樸氣象，原始天機」，而且體現為「有線之美，有空之美，實而虛，虛而實」，也就是說「力」作為一個象形文字，具有一定的形式美，而這種形式恰恰又是一種「有意味的形式」，它積澱了一定文化和生命「意味」，林文引《說文解字》注：「力，筋也，象人筋之形」，「象人筋竦其身，作力勁健之形。」「力」字作為一種形式美，其根本的「意味」就存在於以人的肉體存在為基礎的生生不息的感性生命中，人們正是從先民早期那種粗獷、剽悍、力扛九鼎的生命之軀和粗壯骨骼中，從那種充滿力感的勞動中，看到了人之所以為人的根基，從而提煉出這個「有意味的形式」：「力」。而這恰恰是對人的生命本身的肯定和禮讚。

　　正是從這裏，林同濟引出了他著名的「力本體說」，他頗富詩意地闡述着生命的哲理：「力者非他，乃一切生命的表徵，一切生物的本體，力即是生，生即是力，天地間沒有『無力』之生，無力便是死。」這樣，力的本體也就是生命本體，「力」與「生命」合二為一，因此「詛力咒力即是詛咒生命，詛咒人生」，生命藉「力」得以存在，「力」藉生命得以實現。林同濟還借用從哥白尼開始的以力學為特徵的近代科學，更把「力」從「生命」「生物」擴展到整個宇宙。他認為，近代宇宙觀是一個

---

❶ 林同濟：《力！》，《戰國策》（昆明版）第三期，1940 年。

「力的宇宙觀」，「力」不僅是生物生命的本體，也是宇宙自然的本體。
他說：

> 柯伯尼卡斯的宇宙是力的一字構成的。是一個無窮的空間，充滿了
> 無數的「力」的單位，在「力」的相對的關係下不斷地動，不斷地變！

從哥白尼、伽利略到牛頓，的確開始了一個「力」的時代，在牛頓
力學中，最終將一切日月星辰的運行、物體運動、潮汐漲落和物質的微
觀結構都納入一個數學—力學的和諧體系中，從而使宇宙變成了一個機
械的、力學的宇宙，從此以後，「力」的觀念也從肌肉緊張的力，到接觸
力，到超距力，到以太振動力，到場致力，到輻射力等等，因此人們將
近代稱為「力的時代」●。但是林同濟只是借用了近代科學中機械力（相
互作用是其哲學定義）的概念，來闡發他的作為感性生命的帶有某種唯
意志主義的「力」本體哲學，而更主要的思想來源還是叔本華、尼采等
人的唯意志主義生命哲學，這倒不僅因為戰國策派大量介紹了叔本華、
尼采哲學，也不僅因為林同濟的文章追求尼采《查拉圖斯特拉如是說》
的「詩意的思」的哲人詩風格，更主要的是林同濟在《從叔本華到尼采》
序言中談到尼采的「超人」的兩點特質時明確說過，「超人必是具有高度
生命力的；超人必是具有大自然的施予德性的」●，並強調尼采哲學的意
義說：「把施予或『為他』德性的基礎從憐憫或惻隱之心轉移到源源創造
的生命力上頭，這是尼采新倫理的中心意義。他盡了他的象徵抒情的駭
人能事來謳歌生命力，叫大家犧牲一切來作生命力最高度的追求。」林
同濟在《力！》全文中有兩個核心觀點是緊靠尼采上述超人的強力意志
的，第一是視「力」為生命的本質，高揚生命力量；第二是反對傳統「德

● 參見黎鳴：《論力的哲學和信息的哲學》，《控制論與社會改革》，第 132 頁，光明日報出版社，
　1988 年版。
● 原載陳銓：《從叔本華到尼采》林同濟序，在創出版社，1944 年版。

感主義」（詳後），因此，林同濟的《力！》既源於尼采的強力意志又具有自己創造性闡發。

其次，「力」作為生物的本體、宇宙的本體，它是一個系統結構。這個結構的基礎層面包涵三個概念：生、力、動，而且三位一體，林認為：

中國「動」字從力，是大有意義的。一切的「生」都要「動」，一切的「動」都由於「力」，在原始的生活狀態裏，自然的環境正在初步的克服之中，最不可缺的條件就是「動」字。初期的文化民族是不斷地在「動」中，也就是不斷地在「力的運用」「力的表現」中。動是力的運用，就好像力是生的本體一樣，生、力、動三字可說是三位一體的宇宙神祕連環。

生命、力量、運動構成了「力本體」的基本核心觀念，力作為生命的本，規定着生命的存在和生命的基本存在樣式，「無力即死」「有力即有生」，而「力」本身又不是靜止的，只有通過運動，不可遏止的「衝動」，才能達到飽滿、旺盛狀態。除了上述三個基本概念外，還有一個「創造」概念，因為生命通過「力」的不可遏止的衝動、運動，便使生命處於一種重新塑造、超越過程中，這種對生命自身的超越就是「創造」，所以林同濟說：「最高度的生命力必定是無竭盡的創造者。」❶ 又說：「一切的創造只是力的表現，活力的自成。」陳銓在介紹19世紀狂飆時代的席勒時，更突出了「力量」與天才「創造」的關係：「力量是一切的中心，它破壞一切，建設一切，天才是社會上的領袖，他推動一切，創造一切，然而天才的本身，最重要的元素，就是力量，天才的表現，實際上就是力量的表現。」❷ 從「力」走向「創造」走向「天才」，便埋下了他們走向「超人」以致政治權威主義的伏筆。

「力」結構的第二個層面包括這樣三個概念：功、勝、勇，這三字

---

❶ 原載陳銓：《從叔本華到尼采》林同濟序。
❷ 陳銓：《狂飆時代的席勒》，《戰國策》（昆明版）第 14 期。

均從「力」。林文說：

> 我們回想先民篳路藍縷、啟發山林的當年，每一個「動」，都是一個「戰」，一個「鬥」──與天時鬥，與地利鬥，與猛獸鬥，與四鄰的民族鬥。在這種不斷的戰鬥生活中，我們可以想像得，最重大最可樂可歌的事情就是勝利、成功；最必須最可貴的本領就是勇敢。

如果借用中國傳統的「體用說」，在林同濟的力本體結構中，則第一層面的「生、力、動」構成了「力」結構之「體」，構成其基礎；而第二層面的「功、勝、勇」則構成了「用」，構成了「力」本體的外化，成功、勝利、勇敢，恰恰是生命、力量、運動的結果，一個具有健康本能、力量旺盛而且具有創造衝動的生命，無疑是成功、勝利的基礎和根本，不能設想一個生命力頹萎、缺乏創造性的生命能夠勇敢地面對世界，並取得勝利和成功。

「力」本體結構最後便落實在「男」的基礎上。「男」是力的生命載體，又是「力」的陽剛特質的性別特徵：「男字從力，不啻昭示千秋萬世，男子之所以為男子，全靠其有力。也就是說，男子無力，不成其為男子，男性是力的象徵。」弘揚男性的「野蠻」粗獷的陽剛力量和精神，這是從嚴復、梁啟超開始的，並且是貫穿於近代尚力思潮中的一個主調，而這恰恰構成了對傳統「懦弱迂緩」儒士尚柔精神的一種反撥。戰國策派更明確地強調「希臘的赫巨力士的奕奕威風 ── 身長九尺、猿臂狼腰」的男性力量。

一旦確立「力」本體結構，林文便開始從「力」的角度對傳統文化進行批判和反省。林同濟認為：「無疑地，我們這個古老古怪民族已是人類歷史上對『力』的一個字，最缺乏理解，也最不願理解的民族了。」嚴復、梁啟超們便已開始對傳統柔性反力的養生型文化進行批判，林文也繼承了這一近代傳統，並直指儒家文化。他認為，孔子不語怪力亂神，而那位「帶着三分女性」的孟軻卻「硬把以力服人與以德服人對襯，

極力恭維以德手段的高明」，這樣便產生了長達幾千年的反力尚柔的「德感主義」，「力的精義的汩沒，與德感主義的流行，在我們文化史上是恰成正比例的。」

「德感主義」也就是一種泛道德主義、一種倫理中心主義，它既是一種「唯德的政治觀、歷史觀」，還是「一個規模宏大的唯德宇宙觀」，而這種唯德宇宙觀「認定宇宙間一切事物的本質都是『德』的」，到漢代董仲舒的「天人感應論」，則標誌着這個唯德宇宙觀的完成。由於整個宇宙的結構與運行，全靠德來維持，則「力之一物，根本無地位」，因此，「德感主義，按其內在邏輯，必定要自然而然地向輕力主義、反力主義的路線走的」，這樣，這種重德輕力的德感主義便在某種程度上導致了中國文化成為一種缺乏冒險尚武精神的「無兵的文化」，同樣也便在某種程度上使中國國民到近代從體質到精神都淪落到「東方病夫」的地步。林同濟強調：「儒家的特殊的歷史作用乃在把這個主義（指德感主義）的壽命延長到二千多年之久，遂使我們的文化留滯在某一階段之中而不能突破藩籬。」因此，力本體哲學的提出，其根本意義就在於它從本體論上更突出了生命與道德的悖論性衝突，正因為意識到這一點，因此要求人們從過分理性化、倫理化的中世紀走出來，重新確認生命本身的意義和價值，總之，要求生命從道德捆綁中解放出來，使生命更具有活力，更具有創造性，而這仍然保持與近代尚力思潮的同步性。

三、力是對生命悲劇的征服：恐怖、狂歡、虔恪

林同濟的《寄語中國藝術人》[1] 是一篇引起很大誤解的美學文章。因為文章提出了「恐怖」「狂歡」「虔恪」三大美學命題，人們便誤認為這是提倡法西斯主義「恐怖」專政云云，這種笑話至今仍白紙黑字地寫在

---

[1] 原載《大公報》(重慶)，1942 年 1 月 21 日。

我們的某些教科書或論文中，因此我們不得不對此進行一些辨析。

如果說，林同濟《力！》是從本體論上對生命力量的弘揚和提升的話，那麼，《寄語中國藝術人》則直面生命的悲劇命運，而將力視為對生命悲劇的挑戰和征服過程，「恐怖」「狂歡」「虔恪」恰恰是對生命悲劇的挑戰和征服過程中的一種審美感受。具體說來，「恐怖」是直面生命悲劇；「狂歡」是對生命悲劇取樂觀進取的審美式人生態度，戰勝它、征服它；而「虔恪」則是生命戰勝悲劇的一種瞬間的形上感受，一種審美的最高境界即生命與宇宙合一的境界。

《寄語中國藝術人》提出的第一道母題是「顫抖的母題 —— 恐怖」。林同濟認為：

> 恐怖是人們最深入、最基層的感覺。撥開了一切，剩下的就是恐怖。時間無窮、空間也是無窮的。對這無窮的時空，生命看出了自家最後的脆弱，看出了那終究不可幸逃的氣運 —— 死·亡·毀滅。

有的論者認為林文迴避了人生痛苦的社會根源，這實際上是一種似是而非的詰難，生命的悲劇誠然有由於受剝削的原因，但是，受剝削狀態是一種可以選擇可以改變的狀態，林文所要回答的是每個血肉之軀所共同的同時又是無法改變的必然的悲劇命運。在他看來，一切都是可以選擇可以改變的，唯有生命的有限 —— 死亡是必然的，是無法改變的。時間在「過去」「現在」「將來」三維度上永恆地流動着，空間在茫茫的宇宙中無限地向外延伸，唯有人類個體，這個自稱為「宇宙的精靈，萬物的靈長」的生命卻必然地無可選擇地走向「死·亡·毀滅」，林文在這裏揭示的是人的個體生命的有限與宇宙時空的無限之間的矛盾和衝突，而「恐怖」則是直面這種有限與無限的衝突和人的必然命運 —— 死亡：「恐怖是生命看到了自家最險暗的深淵：它可以撼動六根，可以迫着靈魂發抖。」只有在這種生命與靈魂的顫抖中，「而後能渴慕，能追求……才有能力創造」，以震醒「那一點創造的星火」。

　　林同濟以帶有某種尼采《查拉圖斯特拉如是說》的散文詩風格，象徵性地揭示這種生命無可避免的悲劇命運：

　　暴風雪時辰，你們應該在曠野，寒無衣，飢無食；一望迷迷無際──無人，無動物，無一切，只有那無情的空間瀰漫了那無情的暴風雪！莫道眠不得，坐不得，行也不得，而又──不得不行，暴風雪中掙扎。

　　這的確是一幅迫人「靈魂發抖」的悲劇場面，生命本身不也是一場「暴風雪中掙扎」麼？各種生離死別、疾病、貧窮、失親失戀失身、名利場上的煎熬、官場上的失意，這都還在其次，這還不是生命悲劇的本質，生命面對着死亡的必然性，然而卻又不得不反抗死亡，意識到生命的有限，卻又追求無限，這真是「眠不得，坐不得，行也不得，而又──不得不行」的「生命掙扎」，這才是生命悲劇的本質。

　　自從哈姆萊特提出「生還是死，這是個問題」後，叔本華、尼采等生命意志哲學和現代存在主義更突出了死亡問題。叔本華認為，「意志」是世界的本體，一切現象包括個體的人都不過是意志的客體化即表象。意志是一種不可遏制的盲目的生命衝動，在這種衝動的驅使下從而產生慾望，生命有限而慾望無窮，因此一切生命「在本質上即是痛苦」，生命的有限（死亡）規定了人的命運的悲劇性質。林同濟只是接受了叔本華生命悲劇的思想卻拋棄了他的悲觀主義，而接受了尼采樂觀的人生態度，從而直面死亡悲劇，這使林文達到了現代人本主義的深度。

　　既然迫人「靈魂發抖」的死亡構成了生命悲劇的本質，因此藝術的最高成就就在於表現這種悲劇。這裏仍保留了叔本華的悲劇藝術觀，叔本華認為：「文藝上這種最高成就（指悲劇藝術）以表現出人生可怕的一面為目的。」● 林文的「恐怖」母題恰恰就是提倡一種以崇高為內容的悲

● 叔本華：《意志和表象的世界》，第 350 頁，商務印書館。

劇藝術，西方近代美學家柏克就曾明確說過：「凡是可怖的也就是崇高的。」[1]而崇高則是主體與客體、個體與社會、人與自然、必然與自由、美與醜尖銳的本質上的對立，而「生」與「死」的矛盾則更集中地體現了這種對立和衝突，人以生來抗衡死亡更體現了這種崇高的悲劇精神。

「恐怖」母題的提出，仍有其不可忽視的美學意義。中國古典美學是以和諧為美的，它強調把對立、衝突的關係組成為一個均衡、穩定、有序的和諧整體，在形式上，排除和反對一切不和諧、不均衡、不穩定、無序的組合方式；在內容上，主張主體與客體、人與自然、個體與社會、必然與自由的和諧統一，因此在美的形態上只有壯美和優美，而缺乏崇高；在藝術形式上則不管經歷多少悲歡離合，終究必須是大團圓的喜劇結局，卻缺乏表現苦難、痛苦、生死掙扎、反抗的命運悲劇。而林同濟先生「恐怖」母題的提出，恰恰是對傳統美學「中和之美」的和諧美的挑戰，無論在形式還是在內容，「恐怖」母題強調的是不和諧、不均衡、不穩定，更突出的是主體與客體、人與自然、個體與社會、必然與自由的矛盾、衝突。尤其是生與死的衝突，這樣在美的形態上更強調了崇高美和悲劇美。在藝術形式上，反對傳統以和諧美為主調的山水畫、花鳥畫：「我看盡你們的畫了 —— 花鳥畫、人物畫、山水畫……不是說山水畫乃是你們獨步人間的創作嗎！誠然，你們的山水畫有一道不可磨滅的功用 —— 一種不可思議的安眠力！」反對「一味畫春山，春山熙熙惹睡意」，反對「斜風芍藥、淡風梅枝」，而力倡「描寫暴風雪，暴風雪列列攪夜眠」和人的生命的痛苦、煎熬、掙扎、反抗的悲劇藝術。從和諧美到衝突美，從優美、壯美到崇高，從喜劇式大團圓到生命的悲劇衝突，標誌着中國美學觀念的轉型。

「狂歡」是林同濟提出的第二道「母題」。

「狂歡」首先展示的是一種積健為雄、奮起抗爭向生命悲劇挑戰的

---

[1] 轉引自朱光潛：《西方美學史》上卷，第 242 頁。

人生態度，弘揚的是以飽滿、旺盛的生命力量去征服生命悲劇。林同濟認為，「狂歡」是從「恐怖」中誕生的，同時又是「恐怖」的對立、否定和超越。他說「狂歡是恐怖的正對頭，然而狂歡必生於恐怖」，恐怖是生命意識到自身無法迴避的必然命運 —— 死亡，而狂歡則是對待生命悲劇命運的態度，在「恐怖」中：「那正是你看到人生最後深淵的剎那，六根顫，汗滿身，血滿面，你認定了生命是『無能』。」但是在「狂歡」中，則是生命「踢開門，大步走出來，上走天，下大地，一片無窮舞蹈之場，挺着胸呼吸，不發抖，不怕什麼，你把握着自家，你否認了恐怖」，在擴展生命力量時，「你和宇宙打成一片，不！你征服了宇宙，要變成宇宙的本身」，這是一種對生命力量的提升，一種對主體的肯定。在「恐怖」中，「是無窮壓倒了自我」，而在「狂歡」中，則是「自我鎮伏了無窮」，在這場生死的悲劇衝突中，「沒嘗過恐怖的苦味的，永遠嘗不到狂歡的甜蜜」，但是生命與死亡的搏擊，是一場「永遠的鬥爭，沒有『最後』兩個字呵！每場恐怖必須創造出更高度狂歡，更高度狂歡必定要歸結到更駭人的恐怖！」生命就是在不斷地在向悲劇命運、向死亡抗爭中確證自身，這種永恆的抗爭和征服本身就充滿了一種悲壯的色彩。

其次，「狂歡」反對對生命悲劇的逃避、自欺、頹廢和沮喪的人生態度，而力倡以樂觀的審美的酒神精神面對生命悲劇。在這裏林同濟的「狂歡」母題淵源於尼采的酒神精神。尼采雖然和叔本華一樣，看到了生命的悲劇性，但是他一反叔本華的悲觀主義人生態度、反對他的鄙棄生命的消極遁退，而力倡一種直面苦難、奮起抗爭的樂觀的酒神精神：「甚至在生命最異樣最艱難的問題上肯定生命，生命意志在生命最高類型的犧牲中為自身的不可窮盡而歡欣鼓舞 —— 我稱這為酒神精神。」● 酒神（狄奧尼索斯）來源於古希臘原始的酒神祭禮，尼采認為祭禮上那種暢懷豪飲、情慾宣泄、瘋狂歌舞的沉醉狀態，構成了悲劇藝術的起源。尼采

● 尼采：《偶像的黃昏·我感謝古人什麼》第 5 節，譯文引自周國平：《尼采：在世紀的轉折點上》，上海人民出版社，1986 年版，第 60 頁。

從中提煉出一種審美的人生態度，這種人生態度一方面強調生命不僅不應該迴避苦難、險境和悲劇衝突，相反應該視之為錘煉、擴展生命的條件，尼采認為：「從生存獲得最大成果和最大享受的祕密是：生活在險境中！在威蘇維火山旁建築你們的城市！把你們的船隻駛向未經探測的海洋！在同旗鼓相當的對手以及同你們自己的戰爭中生活！」[1] 另一方面則是以酒神祭禮那種「神聖的舞蹈」的沉醉來樂觀地對待苦難的人生，對待悲劇性的人生。

很明顯，林同濟的「狂歡」母題吸收了尼采的酒神精神，一方面強調在「恐怖」的生命悲劇中錘煉生命，擴展生命力量；另一方面，則取一種審美人生態度樂觀地迎接生命悲劇和苦難，其中一是「舞蹈」：「你腳輕，你手鬆，你摸着宇宙的節拍。你擺腰前蹈，你聳身入空，你變成一隻鳥，一個駕翼的安琪兒，翩躚，旋轉，擺脫了體重的牽連。」二是「音樂」：「狂歡是鏗鏘雜沓，是鑼鼓笙簧，是狼嗥虎嘯，揉入了燕語鶯歌，是萬籟奮發齊鳴，無所謂節奏而自成節奏。狂歡是音樂，是交響曲的高浪頭。」舞蹈的「聳身入空」意味着某種超越性 [2]，交響曲象徵着某種激昂亢奮、進取樂觀、戰勝悲劇的人生態度和信念。總之，在「狂歡」母題中，揭示的是生命力量對悲劇命運的不斷反抗、戰鬥、挑戰的剛性精神，是以樂觀的審美的人生態度來對待一切苦難和不幸。

「狂歡」也是有感而發的。林同濟說：「弟兄們，你們還曉得狂歡嗎！唉，數千年的修養與消磨，你們已失去了狂歡的本領了！」在中國傳統文化中，由於儒家過分強調中庸、平和、哀而不怨、樂而不淫、發乎情止乎禮的感性壓抑，因此，中國一方面很少有西方那種酩酊大醉的酒鬼醉漢和放浪形骸的感性迷狂，但另一方面卻使中國文化缺少一種不斷沖創的創造性的生命活力，也就正如魯迅所言，中國文化乃是一種「不攖」

---

[1] 尼采：《快樂的知識》第 283 節，譯文引自周國平：《尼采：在世紀的轉折點上》，上海人民出版社，1986 年版，第 62 頁。

[2] 關於對尼采「舞蹈」的論述，可參見周國平《尼采：在世紀的轉折點上》，上海人民出版社 1986 年版，第 65－66 頁。

的文化。因此林同濟「狂歡」母題的意義仍繼承了魯迅以來的「五四」
傳統，即弘揚感性生命活力。但是當林文將「生命的兩大祕密」完全歸
結為「大酒醉」和「異性伴」時，則難免轉向了縱慾主義的極端。

最後，林同濟推出了第三道母題：「虔恪」。

那麼，「虔恪」的真正涵義是什麼呢？

第一，它是生命在經過了對悲劇苦難的體驗──「恐怖」、生命的
強力征服──「狂歡」之後才出現的，「弟兄們！不有恐怖，無由狂歡，
不有恐怖與狂歡，也必定無由虔恪！你們要體驗虔恪嗎？先為我嘗遍了
一切恐怖與狂歡！」也就是說，從恐怖到狂歡再到虔恪，這是一個邏輯
遞進關係，而不是平行關係，也可以說是生命體驗的深化。

第二，「虔恪」要求超越，對污垢的超越以求生命的聖潔：「你們還
需要齋戒，還需要洗澡──你們太不洗澡了！洗三日澡。」「洗澡」象
徵着生命污垢的滌除；對喧囂的功利世界的超越以求返樸歸真：「跟我步
行，渡過水，翻過山，來到大荒之野，人世遠，塵念消。」

第三，「虔恪」是一種生命最高境界，一種審美的最高境。它與
「恐怖」「狂歡」不同，「恐怖是時空毀滅自我，時空下自我無存在」，也
就是客體不斷為生命主體製造障礙和悲劇；而「狂歡是自我毀滅時空，
自我外不認有存在」，也就是生命主體對客體的突破、征服；而虔恪則
是「自我外發現了存在，可以控制時空，也可以包羅自我。」在這種境
界中，「虔恪」超越生命自我與時空客體的分裂、對立和衝突，而達到
一種主體與客體、自我與時空、生命與宇宙的和諧合一，這恰恰是生命
的最高境界，也是一種審美最高境界。在這種境界中，「你登時解甲投
降，你邪念全消，你自認渺小，你不敢侵犯，不敢褻瀆，你願服從，願
信賴，願輸誠，願皈依，你放棄一切盤問、請求，你把整個生命無條件
地交出來，在兢兢待命之中，嚴肅肅屏息崇拜！」所以「虔恪」就是「神
聖的絕對體面前嚴肅屏息崇拜」。

這個「絕對體」既不是專制皇帝，也不是聖人、宗教領袖，而是一
種生命審美境界、一種生命本體。林同濟以優美的語言描述這種境界：

無邊的黑色與岑寂正凝佇着整個的宇宙。驀然間，東方之下，輻射出一陣紫紅光浪，一層一層盪漾，好像一幅展開的羅裙，一個起舞的孔雀，倒撒天空，愈來愈豔。緊跟着，一輪黃金之球，地底湧出，莊嚴華麗，天后之容，上下四方，反映着都是光，都是熱，都是顏色！你和我不由自主地張着口，呆着目，一齊站起來迎駕。萬籟無聲，一輪高耀——這剎那我們認識了她——絕對，這剎那我們嚴肅肅合掌皈依！這叫做虔恪！

這裏仿佛描繪的是黑夜剛剛過去、黎明已經來臨、朝霞和太陽升起的日出景觀。其實，「天邊的黑色」「紫紅光浪」「起舞的孔雀」「黃金之球」這一組意象喻示着一種融化於大自然的蓬勃向上的生命本體，「天邊的黑色」正是「恐怖」母題中那種「時空壓倒自我」的不幸、苦難的生命悲劇的象徵，「黑色」正是那層生命悲劇的陰影。那「起舞的孔雀」正象徵着「狂歡」主題下那種勇敢地面對悲劇，並以歡快樂觀、舞蹈音樂般的審美人生態度戰勝悲劇的酒神精神，生命之「孔雀」在與不幸、悲劇的抗爭中，「倒撒天空，愈來愈豔」。「黃金之球」的湧出，象徵着那個融化於自然中蓬勃向上的生命本體。在這種生命的最高境界中，「萬籟無聲，一輪高耀」，生命之光普灑大地，每個人面對這種境界，引起一陣強烈的審美感受：「嚴肅肅合掌皈依！」

那麼，「虔恪」母題的意義何在呢？林同濟明確說道：

我訪遍了你們的赫赫神州，還沒有發現過一件東西，你們真正叫做神聖，叫做絕對之精！殿・廟・經・藏・天神・國家・女性・榮譽・英雄之墓・主義之花……在哪一個面前，你們真曉得嚴肅肅合掌？在哪一個背後，你們不伸出你們那穢膩的指頭，哼出你們那虛無的鼻中笑？

在林同濟看來，傳統的崇拜，都不過是對生命之外在物的崇拜，無論是殿廟宗教崇拜，還是國家崇拜等等，都不過是外在於生命的異化力

量，對這些外在物的崇拜只能導致生命本身的異化和否定。因此，林同濟的「虔恪」恰恰是使傳統的外在崇拜轉變為對生命本身的禮讚，轉化為對生命審美境界的追求，這就是其意義所在。

四、力與政治及其悲劇

戰國策派是一個集褒貶於一身、含正反於一體的文化學派。它提出了相當多的獨具一格的新思想、新問題，諸如力本體哲學，向生命悲劇挑戰的「恐怖、狂歡、虔恪」母題，文化形態論等等，即使在今天看來，仍具有強烈的理論思想魅力。但是這個學派確又包涵着很多消極思想，其中尚力政治的提出便十分典型。

「尚力政治」「大政治」「唯實政治」是戰國策派交叉使用的幾個概念。在 1940 年 4 月 15 日《戰國策》第二期上發表的「本刊啟事」明確強調：

> 本社同人，鑒於國勢危殆，非提倡及研討戰國時代之大政治（High Politics）無以自存自強。而大政治例循「唯實政治」（Realpolitik）及「尚力政治」（Power Politics）、大政治而發生作用，端賴實際政治之闡發，與乎「力」之組織，「力」之馴服，「力」之運用，本刊有如一「交響曲」（Symphong）以大政治為「力母題」（Leitmotif），抱定非紅非白，非左非右，民族至上，國家至上之主旨，向吾國在世界上政治角逐中取得勝利之途邁進。

洪思齊、何永佶等人相繼發表《大政治》《論大政治》《從大政治看憲政》諸文，從而掀起一股尚力政治思潮。

尚力政治的思想來源至少有兩方面，其一是尼采的「強力意志」（Will to Power，舊譯「權力意志」，陳鼓應譯「沖創意志」，周國平譯「強力意志」似更妥），尼采的「強力意志」本身就是一個可作正反多方

面闡釋的詞匯，從正面來說，它包含着生命對自身的不斷突破和超越的精神，強調生命的不斷拓展、進取、奮發向上的人生態度，尼采更多地是取此意，但他也談到「意志就是支配」，那些具有強力意志的強者應該支配那些沒有強力意志的「末人」或「弱者」，因此尼采的強力意志的確包含着某種反民主的貴族主義精神，這種精神是戰國策派尚力政治的一個思想來源；其二是中國從古便有的從政治角度理解力的傳統，孟子便反對「以力服人」的霸道政治，而主張「以德服人」的王道政治，這裏的「力」便不是感性生命的「力」，而是「勢力」或「實力」「權力」。而且在 19 世紀末 20 世紀初的軍國民主主義思潮中，推崇鐵血主義和日本武士道精神，其中既有外在感性生命力量成分（體質），也有武力、實力的政治軍事含義。戰國策派繼承了這兩大傳統，當它把力本體哲學泛化到政治領域時，便完全背離了生命力量的意義，成為「勢力」「實力」「強力」「權力」的強權政治理論。

同時，尚力政治又服從於戰國策派的文明形態理論體系。林同濟根據斯賓格勒的文明形態史觀而形成他們的一套理論，他們認為任何文明都經歷了封建階段、列國階段和大一統帝國階段，列國階段包括春秋和戰國兩個時期，「戰國時代」的根本含義就在於「戰為中心」「戰成全體」「戰在殲滅」，目前國家正處於這種「戰國時代」，因此必須培養一種「大力國主義」（Great Powers）和尚力政治 ❶，否則中國會像東方六國亡於強秦之下一樣在二次世界大戰中滅亡。

因此，戰國策派的「尚力」政治便不是「五四」時期「個體生命」的感性啟蒙，而是集體生命。林同濟認為，從「五四」到抗戰，必須從「個性解放的要求一變而為集體生命的保障」❷，而「尚力政治」則是對「集體生命」的保障手段。洪思齊強調：大政治的法則「是唯實政治和力的

---

❶ 林同濟：《戰國時代的重演》，《戰國策》第 1 期，1940 年，以及《形態歷史觀》諸文，參見林同濟、雷海宗：《中國文化與中國的兵》，第 185－261 頁，嶽麓書社，1989 年版。
❷ 林同濟：《廿年來中國思想的轉變》，《戰國策》第 17 期，1941 年。

政治」，其手段則是「戰爭和外交」[1]。從「尚力政治」出發，他們提倡「非道德」政治：「國際既沒有公理、法律、道德，我們的算盤只有國家的利害，國際政治是『非道德的』，一切幼稚的慈善觀必須打破。」[2] 提倡「國家至上、民族至上」的民族主義；推崇英雄崇拜的政治權威主義，重新闡釋強權和武力……[3] 我並不認為戰國策派的這種尚力政治理論就如時下一些教科書所說的是一種法西斯主義理論，因為在民族存亡的危急時刻，提倡一種權威主義以形成國家的凝聚力、向心力，以組織渙散的民眾並非沒有必要。事實上，處於戰爭狀態的非常時期，民族救亡似乎更多地是需要強有力的領袖、軍營式鐵的紀律約束和集團合作精神。然而歷史的悖論就在這裏發生了：中國文化要走出中世紀，首先面臨着人的解放，從尚力思潮來看，就是以個性主義為基礎的人的情感、意志的感性生命解放，以旺盛、蓬勃的生命力量衝破封建道德主義文化。而從民族救亡來說，又必須以「集體生命」優先，這樣就勢必傾向權威主義、傾向政治權力的集中化、傾向於「力」的政治化，戰國策派尚力理論的二重性矛盾，深刻地體現了這種歷史發展的悖論。最終，「力」的感性啟蒙讓位於「力」的政治化，尚力思潮從生命走向了尚力政治、強權政治，長達半個世紀的尚力思潮還沒有完成近代感性啟蒙任務，便這樣悲劇性地結束了。

（原載《中國人文精神的重建》，湖南教育出版社「博士論叢」1992 年版，「尚力卷」第 11 章）

---

[1] 洪思齊：《釋大政治》，《戰國策》（上海版）第 3 期，1941 年。另外可參見何永佶：《論大政治》《論國力政治》諸文，《戰國策》第 2 期（昆明版），第 13 期。

[2] 洪思齊：《釋大政治》，《戰國策》（上海版）第 3 期，1941 年。另外可參見何永佶：《論大政治》《論國力政治》諸文，《戰國策》第 2 期（昆明版），第 13 期。

[3] 參見陳銓：《論英雄崇拜》，《戰國策》第 4 期（昆明版）。賀麟：《英雄崇拜與人格教育》，《戰國策》第 17 期（昆明版）。

近代泛數學主義與泛力學主義

近代（泛）科學主義思潮越來越受到研究者們的重視而形成一個研究熱點。但是人們往往集中在「五四」時期「賽先生」的提倡與科、玄之爭等幾個問題，對科學主義思潮的前期（戊戌時代）則多付闕如，其來龍去脈也往往語焉不詳，尤其對泛科學主義思潮的內在精神（如泛力學主義與泛數學主義）的把握又似嫌空泛。筆者提出「泛數學主義」與「泛力學主義」概念，並非憑空杜撰，而是進一步考察東西方近代科學主義思潮的結果。筆者認為，泛力學主義思潮與泛數學主義思潮在中西方科學文化走向近代的過程中，都曾起過理性重建的作用，但隨着科學不斷地信仰化過程，又導致理性啟蒙的根本轉向。

一、泛數學主義與泛力學主義的緣起

愛因斯坦曾經說過：「西方科學的發展是以兩個偉大的成就為基礎，那就是：希臘哲學家發明形式邏輯體系（在歐幾里德幾何學中），以及（在文藝復興時期）發現通過系統的實驗可能找出因果關係。」❶ 這就明確地指出了近代科學首先是從數學（演繹系統）和力學實驗（歸納系統）中開始進行突破的。

事實確是如此。自從文藝復興時代以來，西方文化亮出了科學與理

---

❶《愛因斯坦文集》第 1 卷，第 574 頁，商務印書館，1983 年版。

性的大旗，開始向中世紀宗教神學的信仰主義發起挑戰。在這個科學與神學決戰的時代，數學與力學的發展在其中起了極其重要的主幹作用，數學和力學甚至成了科學的同義語，而數學方法和力學方法則不僅成為觀察、研究自然的工具，而且向宇宙、社會、人生甚至一切領域泛化，以致人們相信，宇宙世界沒有什麼會不服從數學與力學規律，沒有什麼不可以用數學方法、力學方法來予以解決並且上升到普遍的價值信仰領域，這就是泛數學主義與泛力學主義。

正如著名中國科技史專家李約瑟教授所言，在古希臘，歐幾里德幾何學就發展出了一套抽象性、系統性和形式化很高的公理系統，但是僅憑歐氏幾何學是不可能引發一場近代科學革命和隨之而來的社會變革的，因為在當時最突出的問題是如何「把實際知識與數學公式結合起來」❶，使數學的本質更接近於物理學、服從於運動。而在文藝復興時代，這樣一個結合的過程便開始了，從維葉特和雷科德精心制訂的代數符號（1580 年，1557 年）到內皮爾發明的對數（1614 年）；從笛卡爾建立的坐標和解析幾何學（1637 年）到巴斯噶的加法計算機（1642 年）；最後到牛頓和萊布尼茨完成的微積分，都展示着近代數學革命的歷史進程。其中特別是伽利略的方法，開始奠定了觀察、假說、驗證的近代科學與數學方法結合的基礎，從而使「量的世界取代了質的世界」❷。隨之而來的便是宇宙空間的數學化、幾何化，宇宙不再被認為是有限的、按照一定等級制度組織起來的、在性質上和實體上有所區別的整體，而是相信宇宙「這部著作是用數學的語言寫成的，其中的符號就是三角形、圓和其他幾何圖形，沒有這些數學語言和數學符號的幫助，人們就不可能了解它的片言隻語，沒有它們，人們就會在黑暗的迷宮中徒勞地徘徊。」❸

❶ 李約瑟：《中國科技史》第 3 卷，第 346 頁。
❷ 李約瑟：《中國科技史》第 3 卷，第 351 頁。
❸ 李約瑟：《中國科技史》第 3 卷，第 356 頁。

不僅宇宙開始數學化，各門學科也在向數學接近和融合，著名西方科技史專家丹皮爾指出：「希帕克、哥白尼與刻卜勒表明天文學可以歸結為幾何學。伽利略也同樣地對待地上的動力學，把它變為數學的一個部門……伽利略首先將古來關於距離與時間的概念給予確切的數學形式。」[1] 從此以後，人們往往以為在每個現象可以用數學方式從量上加以表示以後，這個現象就算既得到了科學上的解釋，也得到了哲學上的解釋，數學開始上升到信仰領域、價值領域。

康德曾以其睿智的眼光審視着一切知識，對一切知識都抱着批判和懷疑的態度，他一生的使命似乎就在於為人類劃定一個可知域（《純粹理性批判》）和信仰域（《實踐理性批判》）。但有一點例外的就是，他從不懷疑數學與力學作為科學「是否可能」，而只是詰問「先天綜合判斷如何可能」，「如何可能」是在「是否可能」不成問題基礎上的追問。實際上他「相信歐幾里德幾何和牛頓力學能適用於一切經驗對象，即普遍必然地客觀有效」[2]，這也就從根本上將數學與牛頓力學置於不可懷疑的地位，這其中便蘊含着一種即便是最嚴屬的哲學家也難免的崇拜科學的泛數學主義與泛力學主義思想。

不僅康德如此，霍布斯、斯賓諾莎都無一例外地對數學的科學地位深信不疑，而且開始將數學方法更廣泛地泛化。霍布斯就曾把一切物質的運動歸結為機械運動和數學運動。在他看來，紛繁複雜的社會政治現象都可以還原為幾個數學公式、幾何公式，比如他說：

這些運算法並不限於數學方面，而是所有可以相加減的事物都適用，因為正像算術家在數學方面講加減一樣，幾何學家在線、形（立體與平面）、角、比例、倍數、速度、力與力量等等方面也講加減，邏輯學家在語詞系列、兩個名詞相加成為一個斷言、兩個斷言相加成為一個

---

[1] 丹皮爾：《科學史》第 199 頁，商務印書館，1979 年版。
[2] 李澤厚：《批判哲學的批判》第 66 頁，人民出版社，1979 年版。

三段論法⋯⋯也同樣講加減運算。政治學著作家把契約加起來以便找出人們的義務，法律學家則把法律和事實加起來以便找出私人行為中的是與非。❶

　　霍布斯認定，引導我們精確地洞察物體的性質的那種思維過程，也能原封不動地照搬到人類社會對國家、政治和法律研究中，他斷言，思維一般說來就是一種計算，而所有計算無非是加與減，因此，全部政治思想都可以運用加減法。

　　這種把幾何數學泛化到其他領域的方法，在斯賓諾莎的《倫理學》一書中更具有典型代表意義。斯賓諾莎的《倫理學》全書框架完全按幾何學方法設計，他認為，只有按數學幾何學方法，憑理性能力從最初幾個直觀所得的定義和公理推論出來的知識，才是最可信的知識，才具有真理意義。因此，他的《倫理學》竟一無例外地將人的思想、情感、慾望等等還原為幾何學上的點、線、面，而且也按照定義、公理和證明的程序進行，最後作出「繹理」（推論）。界說（定義）→公則（公理）→命題→證明→繹理程序便構成了《倫理學》的邏輯構架。

　　正是在這種數學取得巨大成就並向宇宙、社會、人生各領域泛化時，數學被視為「人類理性的驕傲、試金石和真正保證」，數學被稱為「理性的範例」。❷當時一位叫封德奈爾的思想家就堅信這一點：「倫理學、政治學、文藝批評甚至雄辯術等方面的作品，如果是以幾何精神撰寫的，就會完美得多。」❸數學不僅是知識，從根本上說已經成為一種信念的支撐，已經進入價值領域。

　　而泛力學主義的產生則必須歸結為牛頓力學的巨大成功。

　　牛頓把數學納入力學中，他說：「幾何學可以在力學實踐中看到，

❶ 霍布斯：《利維坦》第 27─28 頁，商務印書館，1985 年版。
❷ 卡西爾：《啟蒙哲學》第 13 頁，山東人民出版社，1988 年版。
❸ 卡西爾：《啟蒙哲學》第 14 頁，山東人民出版社，1988 年版。

它無非就是精確地提出和論證測量技術的普遍力學的一部分。」[1]他提出了運動三定律，並將「力」定義為「一個物體所受到的、足以改變或傾向於改變該物體的靜止狀態或等速直線運動狀態的作用。」[2]而牛頓所確立的萬有引力定律，則將一切日月星辰的運行、物體運動、潮汐漲落和物質的微觀結構，納入一個數學—力學的和諧體系中，從而使宇宙自然界成為可以根據最簡單的幾條數學和力學原理加以精確描述和計算的對象。

牛頓力學體系的完成，標誌着近代科學的奠立，同時也迅速越出了自然科學的領域而向外泛化，它不僅被用來解釋自然，也用來解釋社會甚至人的精神，所以近代常被稱為「力的時代」或「力學的時代」[3]，最典型的便是18世紀的機械唯物論。

牛頓力學在解釋天體機制的巨大成功，導致人們過高地估計了這種機械觀念對整個宇宙給予最後解釋的能力。馬赫就曾說過：「18世紀百科全書派以為他們離用物理和機械的原理去給世界以最後解釋的日子已經不遠了。」[4]伏爾泰也曾認為，宇宙不僅是一架巨大的機器，而且全部自然界、一切行星，就是那個「五尺來長」的「小動物」（按：指「人」）也必須服從這種永恆的機械規律[5]，拉美特利則乾脆宣稱「人是機器」，「人的身體是一架鐘錶，不過這是一架巨大的、極其精細、極其巧妙的鐘錶，它的計秒的齒輪如果停滯不走了，它的計分的齒輪仍能繼續轉動和走下去。」[6]這種泛力學主義思想在霍爾巴赫的《自然體系》中便達到了一種「最嚴格、最一貫的機械決定論體系」。

泛數學主義與泛力學主義在近代初期，其意義是不可低估的。首先

---

[1] 沃爾夫：《十六、十七世紀科學、技術和哲學史》第754頁，商務印書館，1985年版。
[2] 丹皮爾：《科學史》第228頁。
[3] 黎鳴：《控制論與社會改革》第132頁，光明日報出版社，1988年版。
[4] 丹皮爾：《科學史》第279頁。
[5] 丹皮爾：《科學史》第280頁。
[6] 拉美特利：《人是機器》第65頁，商務印書館，1959年版。

當數學與力學被泛化到各個領域而上升為一種普遍的價值信仰體系與涵蓋一切的世界觀時，它就具有衝擊神學的意義。一般說來，科學具有知識價值與社會價值，作為知識價值它以求真為目的；但在近代，科學已經逸出了知識範圍而體現為一種社會價值，這種社會價值突出體現為它已經上升為近代人的普遍的價值信仰，已經帶有某種意識形態化，這種科學的信仰化在初期對於打破宗教神學的思想禁錮與經院哲學的獨斷主義無疑有積極作用，並構成了一種理性啟蒙。由於科學的出現，上帝那種無所不包、無所不在的萬能地位便被動搖了，上帝的「領地」也便不斷收縮了。在笛卡爾那裏便把自然物理世界這塊領地讓給了科學，而保留着「信仰」領地；到 18 世紀法國唯物主義者那裏，上帝「信仰」的領地也幾乎被科學所佔領，如斯賓諾莎哲學中的「上帝」不過是「自然」的代名詞，而「自然」背後起支配作用的還是科學，「上帝」就這樣「偷梁換柱」式地被放逐了，而科學卻凱歌行進地佔領了信仰領域了；其次，數學方法和力學方法在泛科學主義中獲得了一種普遍效應，量的觀念與理性演繹的數學方法與觀察、歸納的實驗方法在近代大行其道，尤其是牛頓力學的一些基本原理如機械「力」的定義（「相互作用」）便被泛化為一種可以用來觀察社會人生的「矛盾」方法，機械運動的線性因果律以及機械決定論，便導致了一種普遍的機械決定論思維方式，尤其指導着人們的歷史觀和社會觀，這在 19 世紀以前無疑都具有積極意義。

二、符號化、形式化與力學的泛化

正如馬克思在《共產黨宣言》中所預言的一樣，隨着人類歷史從孤立、封閉的縱向發展轉變為全球性一體化的橫向發展時，人類的「精神的生產」也都會具有世界性。泛科學主義產生於西方，但隨着西學東漸「科學」的傳入，一股泛數學幾何主義與泛力學主義便在中國思想界產生了。

近代科學的傳入經歷了一個由「用」和「技」（器物層面、知識層

面），到「體」和「道」（泛科學主義價值層面）的過程。從魏源「師夷之長技以制夷」的提倡到洋務運動的機器化大生產的引進，人們看到了科學的對象化或物化層面的巨大力量，於是進而在洋務時期大量翻譯西方近代天文、氣象、力學、化學、數學、生物學、地質學、地理學、光學、電學等各方面自然科學知識，由墨海書館、同文館、江南製造局、廣學會等機構出版的《博物新編》《格致啟蒙》《代數學》等著作開始在中國知識界廣泛流行；正是經過這一番作為「用」「技」的科學知識的洗禮後，到戊戌時代，由康有為、梁啟超、譚嗣同、嚴復、唐才常等人，掀起了一個泛數學幾何主義與泛力學主義思潮，從而使科學從知識的「用」「技」層面，昇華為一種普遍的價值信仰層面，科學便具有「體」和「道」的意義。這是科學主義思潮的前期。到「五四」時期，隨着實驗歸納方法的廣泛流行和中國科學社的成立，科學主義者便將康嚴們的前期泛科學主義思潮更推進一步，康嚴們開始將數學幾何方法和力學方法從自然領域泛化到社會領域和人生領域，作為一種觀察政治社會和人生的方法而加以推崇，但是還沒有明確提出科學的人生觀問題；「五四」時期科玄之爭的科學派則要求貫徹到底，將科學推進到人生觀，為人生尋找一個科學的法則，而玄學派則目睹第一次世界大戰的慘景，似乎看到西方物質文明膨脹、科學的極度發展最終只能導致對人類自身的毀滅，從而否認科學能解決人生問題。這場爭論將科學主義思潮推到了高潮。

　　康有為大概要算是最早的泛數學幾何主義者，根據《康有為自編年譜》記載，他曾於 1885 年「從事算學」，並且「以幾何著《人類公理》」，而 1885 年「又作《公理書》，依幾何為之者」，也就是說，從這時開始他就已將幾何方法泛化到社會領域，這兩本書的原稿雖然不得而知，但是從近年新發現的《實理公法全書》中我們可以了解康氏的泛幾何主義思維方式。如果將康氏此書與前文已述的斯賓諾莎的《倫理學》對讀一下，我們簡直要懷疑康有為是否抄襲了斯賓諾莎，幾乎如出一轍！但事實卻不可能，因為西方社會政治哲學名著的引介是從嚴復開始的。這是中西文化史上一個尚未引起人們注意而卻十分有趣的現象，斯賓諾莎

《倫理學》由界說（定義）、公則（公理）、命題、證明和繹理（推論）組成，而《實理公法全書》則是從「實理」「公法」「比例」到「按」，「實理」相當於斯賓諾莎的「界說」，「公法」相當於「公則」（公理），「比例」相當於「命題」，而「按」則相當於「證明」。實際上康有為是直接模仿歐幾里德的《幾何原本》（按：明末徐光啟、利瑪竇已譯述前 6 卷，李善蘭、偉烈亞力續譯後 9 卷，於 1855 年刊行）。在康氏看來，「實理」是不可違背的自然定理，是推演、論證的前提，他認為：「實理明則公法定，間有不能定者，則以有益於人道者為斷，然二者均合眾人之見定之。」[1] 而「公法」則是從「實理」推演出來的人類社會生活基本準則，「從幾何公理所推出一定之法，乃公法之一端」，如果「無幾何公理所出之法，而必憑人立之法者，本無一定，則惟推一最有益於人道者，以為公法而已」[2]；而「比例」則是關於人類社會問題的一些待證的命題；「按」是對除「實理」以外的「公法」「比例」的證明和討論。比如他先提出「人各分天地原質以為人」的「實理」（定義），然後再推出「人有自主之權」的「公法」（公理），再加「按語」進行論證：「此為幾何公理所出之法，與人各分原質以為人，乃各具一魂之實理全合，最有益於人道。」[3] 這樣就把他自己的社會理想「人有自主之權」置於幾何必然公理之上，所以他說：「幾何公理所出之法，稱為必然之實，亦稱永遠之實。」[4] 這就是說，凡是用幾何方法論證的理論就是被檢驗過的永遠正確的理論。在這裏，泛幾何數學主義色彩是十分明顯的：崇拜科學，以科學作為人文精神的支撐點。康氏甚至在談到《春秋董氏說》時還說過：「董子之於春秋例，亦如歐幾里德幾何也。」可見康氏對幾何學的泛化主義是明確的。這種幾何泛化主義直接影響到他的學生梁啟超尤其是譚嗣同。梁啟超就

---

[1] 康有為：《實理公法全書》，《康有為全集》第 1 卷，第 276 頁。
[2] 《康有為全集》第 1 卷，第 278 頁。
[3] 《康有為全集》第 1 卷，第 279 頁。
[4] 《康有為全集》第 1 卷，第 278 頁。

曾稱讚一些西學著作「皆用幾何公論，探本窮源」[1]，譚嗣同的《仁學》亦曾模仿康有為的著作，先立「界說」二十七條，尤其在第二十三條則直接運用代數方程式來推導出人類平等，從而在一本論社會政治的書裏添上了一些「甲＝二乙｜甲」和「乙＝二甲｜乙」之類方程式，用代數中的等價推論出人類平等，並強調：「算學即不深，而不可不習幾何學，蓋論事辦事之條段在是矣。」[2] 而且他認為，人類公理是來源於「自理」（自明之理）：「公理之出，出於自理」，「自理」指的是「三角術之不論直銳鈍角，二邊之和必大於餘一邊，代數術之全大於其分，全必等於其諸分之和。等度加等度，合度亦等，等度減等度，餘度亦等，皆顛撲不破之自理也。」[3]

如果說，康譚是用代數幾何來推導人類平等的人文精神的話，那麼，我們在另一篇《朝三暮四》的文章中卻看到作者用代數原理來指導關於個人成敗的人生追求。作者志厚認為，每個人降臨到「現實世界」都不得不加入「競爭行列」，然而競爭結果總是有勝敗之分。人們認為勤奮「努力」是成敗的關鍵，但是作者則認為「努力」之說是可以用代數量化的，真正的成功者是那些在「努力」量化中採用「經濟主義」和「最小作用主義」者的人，他以兩個學生應試為例，甲生以「應試及格為志，而強事記憶」，而乙則「平日務養實力，不介意於應試」，他假定甲生「努力之量」為 A_1，其「果之量」為 a_1，而乙生「努力之量」為 B_1，其「果之量」為 b_1，在第一年年終考試，由於「一時之果，速而易顯，而永久之果反是也」，所以其結果可能是 $b_1 < a_1$。但是到第二年則甲生以 A_2 之努力產 a_2 之果，而乙生則以 B_2 之努力產（b_1+b_2）之果，即使減去「經時而減少」的耗損 r，乙生仍得（b_2+rb_1）之果，於是乙生與甲生的差距開始拉大，如此下去，到第五年，甲生以 A_5 之努力僅得 a_5 之

---

[1] 梁啟超：《讀西學書法》。

[2] 《仁學》，《譚嗣同全集》（增訂本）（下），第 292－293 頁。

[3] 《譚嗣同全集》（增訂本）（上），第 264 頁。

果，而乙生卻以 B_5 之努力得（$b_5+rb_4+r^2b_3+r^3b_2+r^4b_1$）之果，這樣，甲乙兩生雖然同樣「努力」，但「努力之果」卻甚為懸殊，乙生成為強者、勝者，而甲生則成為弱者、敗者。其原因乃在於「驚目前之功者，雖勝猶敗，謀永久之利者，雖敗實勝」，這就是以「最小之力獲最大之果者」的「經濟主義」和「最小作用主義」原理 ❶。當然，個人的成敗並不簡單地取決於這樣一種「經濟主義」的「努力」原理，而是人的資質、勤奮、機遇、身體素質等各種因素綜合的結果，然而這個「經濟主義」原理卻典型地反映了一種泛科學主義人生觀，即相信科學（數學）是可以指導人生實踐的，認定如果以數學原理作為人生追求、人的價值實現的指導方針，那麼必定成為強者、優勝者，反之則被淘汰、失敗。實際上這已開了科玄之爭中科學派強調建立科學的人生觀的先河。

那麼，泛數學主義在近代中國對於理性重建究竟有什麼意義呢？我認為，最主要的是有助於思維方式的符號化與形式化，對於推動近代理性啟蒙仍具有一定的積極意義。

數學思維是衡量一個民族思維方式的重要方面，它標誌着一個民族邏輯思維（尤其是演繹思維）的發達程度，而邏輯思維的發達程度又深刻地影響和制約着一個民族的科學發展。大致說來，中國的數學思維方式經歷了三個階段：古典時代的經驗理性，近代理性重建的半符號化形式化階段（19 世紀後期），現代符號化階段（20 世紀）。

古典時代的經驗理性，是以籌算盤和珠算盤為工具，重「算」不重「證」、重代數輕幾何、重實驗運用而輕抽象符號化形式化為基本特徵，李約瑟教授就曾明確指出：「中國人在數學工作中一貫具有算術、代數頭腦，他們明顯地不過問那種與具體數字無關的，單從某些基本假設出發得以證明的定理和命題組成的抽象幾何學。」❷ 李約瑟感到非常「奇怪」的是，一個把代數學鑽研得如此深的民族，竟然一直沒有發明方程的形

---

❶ 志厚：《朝三暮四》，載《學生雜誌》2 卷 3 號，1915 年。
❷ 李約瑟：《中國科技史》第 3 卷，第 53 頁。

式，沒有數學運算的簡化記號，甚至連等號（＝）都沒有。而有趣的是，愛因斯坦卻說，中國人沒有走上這一步「那是用不着驚奇的」**❶**。日本的中國數學史專家三上義夫先生卻批評中國思維方式的關鍵在於「缺乏嚴格求證的思想」**❷**。諸多科學家的共識歸結一點：中國思維方式的現代化，必須走上嚴格求證的邏輯化、符號化和形式化道路。為了明了中國數學思維的嬗變，我們不妨先看一例：

　　九章算經：今有絲一斤，價值二百四十，今有錢一千百二十八，問得絲幾何？

　　答曰：五斤八兩十二銖五分銖之四。

　　術曰：以一斤價數為法，以一斤乘，今有錢數為實，實如法得絲數，按此術今有之，義以一斤價為所有率，一斤為所求率，今有錢為所有數，而今有之，即得。**❸**（古代形式）

　　這就是李約瑟等所批評的經驗具體性（「購絲」）、非符號化、非形式化（沒有運算符號）的中國古典式數學思維。

　　理性重建的半符號化形式化階段。半符號化階段實際上開始於明末徐光啟譯《幾何原本》，他提出了「由數達理」的數學邏輯方法，但不幸中斷。在近代則開始於 19 世紀 50 年代。中國近代數學家李善蘭開始翻譯《幾何原本》《代微積拾級》等書，從而開始了這個半符號化、形式化階段，他首次引進了 ＝×÷（）√　＞＜等西方數學符號，但還沒有採用阿拉伯數字，而是用中文一、二、三……○，而且仍沿用中國的天干地支 22 個加上「天」「地」「人」「物」代替 26 個英文字母，用「微」字的偏旁「彳」表示微分，而用「禾」表「積分」，他翻譯的《代微積拾級》

---

❶《愛因斯坦文集》第 1 卷，第 574 頁。

❷ 李約瑟：《中國科技史》第 3 卷，第 338 頁。

❸ 轉引自李約瑟：《中國科技史》第 3 卷，第 70 頁。

的半符號程度便如下例：

$$近代形式：禾\frac{\sqrt{二甲丁天}}{彳天}=丁二\sqrt{二甲丁天}❶$$

$$（現代形式：\int\frac{\sqrt{2ADW}}{dW}=D_2\sqrt{2ADW}）$$

雖然這種近代形式離現代數學思維符號化還有很大距離（如上圖），然而這在晚清時期卻無疑是一場思維革命。對此，曾紀澤在《幾何原來‧序》中深有感觸地說：

> 蓋我中國算書以九章分目，皆因事立名，名為一法，學者泥其跡而求之，往往畢生備習，知其然而不知其所以然，遂有苦其繁而視為絕學者，無他，徒眩其法而不知求其理也……《幾何原本》不言法而言理……《九章》之法，各適其用：《幾何原本》則徹乎《九章》立法之源，而《九章》所未及者無不賅也。❷

這是一個對中西文化均有所了解的開明士大夫官僚的感慨，應該說很能代表當時一般士大夫的共同心態，那就是必須徹底擺脫那種只知其「法」（「當然」）而不知其「理」（「所以然」）的非邏輯化非符號形式化的經驗理性。康有為、譚嗣同們對幾何代數的迷戀和崇拜，並把幾何代數從知識領域推到社會人生領域，無疑有助於中國思維方式的符號形式化，有助於科學的更廣泛的傳播。

與此同時，從戊戌時代開始，興起了一股泛力學主義思潮，人們並不僅用力學原理來解釋自然物質世界，更主要的是用來觀察社會和人生，構成一種普泛的世界觀或價值體系，天、地、人都能「力」化，「力」

---

❶ 轉引自杜石然等：《中國科技史稿》（下）第 255 頁，科學出版社，1985 年版。
❷ 《曾紀澤遺集》，第 134 頁，嶽麓書社，1983 年版。

成為宇宙、社會、人生大系統的基礎、本原和動力。「質力」「熱力」「愛力」（親和力）「吸力」「攝力」（向心力）等詞匯喧騰一時。

首先，他們用「力」來解釋宇宙自然萬物的基礎與本原。

嚴復就說過：「大宇之內，質力相推。」❶ 而且「質力雜糅，相劑為變者也」❷，整個宇宙都不過是質（物質、元素）與力（機械力）的統一，正是這種統一才構成了運動和變化。梁啟超則認為，宇宙、行星、地球、星雲、聲光熱電一切現象得以存在的根本原因是「動力」，「假使太空中無此動力，則世界海毀，而吾所處八行星繞日之世界不知隳壞幾千萬年矣」❸，這實際上是在運用萬有引力原理解釋宇宙現象。

唐才常在《質點配成萬物說》中認為「凡物有愛力、吸力、攝力。」康有為除了「仁─以太」說外，還有「熱力說」：「蓋萬物之生，皆由熱力，熱力愈大，吸力愈多，生物愈榮，長物愈大。」❹

其次，用「力」來分析社會政治問題並與救亡問題聯繫起來。

1898 年嚴復發表《論中國之阻力與離心力》，便運用力學原理來分析中國政治社會問題，他首先用力學原理解釋說，「阻力者，如此物有欲行之方向，而有他力阻之使不行，或阻力四面俱生，亦可使本物受其極大之逼迫，而更其面目」，而「離心力」則與向心力相反，「萬物極微合成，內具向心力，若失其互相吸引之性，而每點各相推拒，則可使本物失其形性，而化為烏有」。然後，他分析中國富強的阻力乃在於外有「歐洲各強國之阻力」，內有「權臣內奸，外藩跋扈，士民朋黨，大盜移國」，至於「離心力」則「不在大端，而在細事，不在顯見，而在隱微」❺，也就是指長期積澱下來的文化劣根性。

唐才常《論熱力》一文則以「熱力」來談富強和救亡，唐才常也認

---

❶ 嚴復：《譯〈天演論〉自序》。
❷《天演論》卷上，導言二廣義按語。
❸ 梁啟超：《說動》。
❹ 康有為：《禮運注》。
❺《嚴復集》第 2 冊，第 465─468 頁。

為宇宙萬物都由於「熱力」而生，因此社會也一樣，「故泰西之以熱力智其民、新其國者，實性海之根原，群動之脈理；而含生負氣之公，性情如是則存，不如是則亡，擴其量則文明而強，虧其實則野蠻而瘠」，因此中國要富強，必須鼓其「熱力」：「惟有熱力者，愈變愈新愈文明耳……尤願其熱力所充，直充至於救世同仁，以為文明太平之起點，則中國其庶幾乎！」實際上他把力學中的「熱力」轉換成為一種愛國激情和熱情，他說熱力「在吾心則為誠，熱之所到，誠即隨之，而上九天，而下九淵」，因此，他反對那種「談科名則熱，謀仕進則熱，工鑽營則熱」，而是鼓勵人們以「熱情」開民智，辦實業。他說：「夫學會、公司，寧非群權之善者哉？然非以熱學激宕之，熱力乾摩之，則旋群施渙。」❶

再次，用「力」來解釋人的生命，人的心理，生理結構。

唐才常就曾與法國18世紀唯物主義哲學家拉美特利一樣，認為人不過服從機械原理而已，他認為「人」這個「蒃然軀殼」，「為微塵中之微塵，而光於目，聲於耳，電於大腦小腦，化分化合，於肝脾胃腸及一身機輪流轉，罔弗具日與八星運行之量」❷，也就是說人這個「小宇宙」和「大宇宙」八行星太陽系等遵循着同一機械力學原理。譚嗣同則以機械力來解釋人的心靈（心力）「心力……以力學家凹凸力之狀狀之，愈能辦事者，其凹凸力愈大，無是力，即不能辦事，凹凸力一奮動，有挽強持滿，不得不發之勢，雖千萬人，未或能遏之而改其方向者也」。然後他列舉了18種機械力：永力─反力，攝力─拒力，總力─折力，轉力─銳力，速力─韌力，擰力─超力，鈎力─激力，彈力─決力，偏力─平力❸。這樣，從宇宙到社會到人的身心，全被機械化、力學化。到20年代，吳稚暉的《一個新信仰的宇宙觀及人生觀》為泛力學主義作了一個總結：

---

❶ 唐才常：《論熱力》，《唐才常集》，第140─146頁，中華書局，1982版。
❷ 《唐才常集》，第141頁。
❸ 《譚嗣同全集》（下），第364頁。

　　我本來只承認萬物有質有力，言質則力便存在，言力則質便存在，無無質之力，亦無無力之質。質力者，一物而異名。假設我們的萬有，方其為「一個」之時，就其體而言曰質，就其能而言曰力，加以容易明白的名稱，則曰活物……所謂情感、思想、意志等等，就種種反應而強為之名，美其名曰心理，神其事曰靈魂，質直言之曰感覺，其實統不過質力之相應……其實毛廁裏的石頭呀，玫瑰樹呀，蒼蠅呀，人呀，何嘗有什麼感覺，什麼心理，什麼靈魂，止質與力之構造及反應，各各不同罷了。❶

　　這樣，就把宇宙自然、社會，尤其是明確把人的情感、思想意志等全歸結為「質力」結構，這就將泛力學主義推到了極端。

　　泛力學主義作為一種思潮，在近代尤其在科學傳播的早期（戊戌時代），仍然有其積極意義。這種意義就在於在中國開始引入實證精神，引入一種科學觀，表現為一種新的宇宙自然觀、世界觀的誕生，它打破了傳統儒家文化那種倫理宇宙自然觀，使宇宙不再是一個充滿着倫常道德的泛道德主義宇宙，而是一個服從數學—力學機械原理的自然宇宙；宇宙也不再是一種「天人合一」可以體悟的神祕境界，而是一個可以解釋、可以認識和可以征服的對象存在。正如同近代科學在西方的影響一樣：「望遠鏡和數學揭示宇宙是遼闊無垠的，其星體之間的距離只能用幾十億光年來描述，而地球則不過是飄浮在這廣袤無垠的空間中一顆沙粒。」❷康有為的《諸天講》也將自己置身於一個宏觀宇宙世界中，「我日在銀河天中心，有無數八等小星繞之，又有多數之星輝，小數之星雲混合之，然中心恐亦自謂耳，如古者以地在天中，今乃知其不然也。」❸一旦獲得這種宇宙觀，洋溢着的便是一種特有的早期科學樂觀主

❶《吳稚暉先生選集》（上）第 13 頁，1963 年（台北）版。
❷ 康馬傑：《美國精神》第 151 頁，光明日報出版社，1988 年版。
❸ 康有為《諸天講》，卷 8《銀漢篇》。

義情緒:「吾人與群花萬卉鳥獸蟲魚,凡胎生、卵生、濕生、詭狀異形,
億萬兆京,並棲同音,遊翔飛行於其間者,非所謂地球耶……豈非人生
之至樂哉!」❶ 而這一切又為「五四」時期「賽先生」的傳播,起了前驅
先路的作用。

三、走向信仰與行動

戊戌時代開始的泛數學主義與泛力學主義思潮發展到「五四」時
期,便匯聚為一股聲勢浩大的科學主義思潮。從「賽先生」的提倡到「科
玄論戰」,無論從規模、學術水平、涉及面與影響面,都遠遠覆蓋了戊
戌以來的泛數學主義與泛力學主義思潮,但它又確然承續了嚴康們的思
想。關於「五四」時期的科學主義思潮,近年的論述研究甚多❷。因此不
作評論,僅略作概述以窺「科學主義」的歸宿與「理性重建」的歸宿。

正如諸多論者所言,「五四」時代是一個面對着傳統制度崩潰的廢
墟以及新制度試驗的不斷失敗,知識分子感受着強烈的疏離感、挫折感
而彷徨、迷茫和尋求的時代,文化權威的普遍失落,使人們需要重建一
個新的價值信仰體系;而另一方面日益深重的民族災難和危機,又迫使
知識分子走出沉思與思辨的書齋、講堂,走向社會去實踐去行動,行動
需要信念,尤其是「救亡」主題壓倒一切時更需要一種統一的信仰。於
是「五四」前期那種理性反思與思想多元化的時代必然要讓位於一個以
「救亡」為主題的信仰與行動的時代,而這個中間過渡環節恰恰是通過建
立以「科學的人生觀」為基礎的科學主義價值信仰體系而完成的。

這一時期的泛科學主義思潮在戊戌、辛亥時期基礎上,更強化了
「科學」的至高無上的權威性,更將之昇華為一種普遍的價值信仰體系。

---

❶ 康有為《諸天講》,卷 2《地篇》。
❷ 關於「五四」時期科學主義思潮,可參見李澤厚:《中國現代思想史論》第 50─65 頁,嚴博
 非:《思想的歧途》,載《文匯報》1988 年 9 月 13 日,郭穎頤:《中國現代思想中的唯科學主
 義(1900─1950)》,江蘇人民出版社。

這突出表現為：

第一，「科學救國論」。「科學救國」思想在嚴復思想中就已十分明確，嚴復在《救亡決論》中認為：「捨格致之事，將僅得其皮毛。瞽井瞀人，其無救於亡也審矣。」❶「科學救國」不僅可以救亡，而且「為富強本計所必需」❷，這在「五四」時期獲得進一步肯定。陳獨秀談到「德」「賽」兩先生時指出：「我們現在認定只有這兩位先生，可以救治中國政治上道德上學術上思想上一切的黑暗。」❸

第二，「科學萬能論」。1919 年，陳獨秀總結各時代思潮的演進時認為，古代思潮的核心是「理想萬能」，近代思潮則為「科學萬能」，而最近代思潮則為「科學的理想萬能」❹。後來在科玄論戰中，陳獨秀還認為胡適的「科學神」不夠徹底，還「未說明科學對於一切人生觀之威權，不能證明科學萬能，使玄學游魂尚有四出的餘地」，陳獨秀強調不僅在主觀上「須建設科學的人生觀之信仰，但更須在客觀上對於一切超科學的人生觀加以科學的解釋，畢竟證明科學之威權是萬能的，方能使玄學鬼無路可走，無縫可鑽」。陳獨秀所謂「科學的解釋」便是「唯物的歷史觀」，也就是「相信只有客觀的物質原因可以變動社會，可以解釋歷史，可以支配人生觀。」❺

第三，建立「科學的人生觀」。這是「科玄之爭」的主題。以張君勱、梁啟超等人為代表的「玄學派」認定科學不能支配人生觀，因為科學表現為「客觀的」「倫理的」分析的、偏重因果律的和普遍性的特點，而人生觀則表現為「主觀的」「直覺的」「綜合的」「自由意志的」和獨特「單一」的特點❻。實際上，科學派不過是重複着 18 世紀機械唯物主義的思想歷程，而玄學派則承續了西方狄爾泰、李凱爾特、文德爾班以至柏

---

❶ 嚴復：《救亡決論》。
❷ 《嚴復集》第 2 冊，第 283 頁。
❸ 《獨秀文存》第 243 頁。
❹ 《陳獨秀文章選編》（上）第 465 頁。
❺ 陳獨秀：《序》，載《科學與人生觀》，亞東圖書館，1923 年版。
❻ 張君勱：《人生觀》，《科學與人生觀》第 4—8 頁。

格森、倭鏗等強調價值、生命的人本主義思潮，這一派反對把有着自由
意志、生命情感的不可重複的主體還原為自然物質，還原為服從因果必
然律的機器，突出的是拉美特利的反命題：「人不是機器。」因此從學術
價值看，玄學派的思想更具有現代意義。然而在那樣一個科學凱旋進軍
的時代，科學派卻取得了壓倒性勝利，於是科學成了指導人生信仰的萬
能武器，科學變成了「科學神」，人們崇拜它，信奉它，「科學」成為重
建中國文化普遍的價值信仰體系的文化新權威。這就如同胡適在《科學
與人生觀·序》中所言：「近三十年來，有一個名詞在國內幾乎做到了無
上尊嚴的地位，無論懂與不懂的人，無論守舊和維新的人，都不敢公然
對他表示輕視或戲侮的態度，那名詞就是科學。」

　　「科學」一旦上升為一種准宗教的價值信仰體系，也就失去了早期
的懷疑批判精神，同時也就標誌着近代理性重建的結束。隨後，廣大的
青年知識分子便懷着這種對「科學的人生觀」的美好信念，走向社會，
投入到革命與救亡的時代洪流中去了。

（原載《中國人文精神的重建》，湖南教育出版社「博
士論叢」，1992 年版，「開智卷」第 15 章）

二重歷史客體論試探

所謂二重歷史客體論，指的是歷史認識對象包含着兩層客體：自在狀態的客體（歷史本體）和認識論意義上的客體（選擇後的歷史）。

歷史活動的主體是人。每個人在一定的時空環境創造自己的歷史，個體歷史不斷匯入整體歷史長河中，便構成了歷史本體。歷史本體並不是抽象化了的本質、規律和因果性，而恰恰相反，這是一種未經篩選、淘汰和過濾的自在狀態的歷史。它首先是一種無窮的可能性和無限的多樣性，以其真實的、活生生的、具體的、大量偶然性的自在狀態向記錄者、研究者開放着、召喚着，構成歷史認識的事實源泉；其次，正如英國歷史學家阿克頓所言，史料即使汗牛充棟，也不能覆蓋具有無限可能性的歷史本體的百分之一二，所以歷史本體又表現為不可覆蓋性和不可復原性，而且由於歷史時間之流體現為不可逆的一次性，從而歷史本體又具有不可重複性；再次，歷史本體的無限性與史料的有限性為歷史認識劃了一條界線，史料與本體之間存在着一條無法逾越的鴻溝，人們只能在選擇後的有限歷史（史料）範圍裏進行歷史認識。因此，無論人們怎麼逼近「本來面目」，終究無法達到，歷史本體依然隱藏在史料的背後，仍然開放着無窮的可能性，仍然作為一種不盡的事實源泉召喚你不斷接近。用皮亞傑的話說：「客體代表着一個其本身永遠不會被達到的極限。」[1] 歷史本體便成為歷史認識的一個界標 —— 一個可知域與不可知域的界標：人們雖然不斷接近歷史本體卻無法達到，從這個意義上說，歷史本體是不可知的。

---

[1] 皮亞傑：《發生認識論原理》第 103 頁，商務印書館。

　　常識主義史學在現象常識層次追求「本來面目」，而本質主義史學
則在本質層次（規律、因果性等）追求「本來面目」，二者的共同點就
在於離開研究主體（史學家）去追求對象的確定性、追求對象的「本來
面目」，並且產生了一個根深蒂固的「歷史主義」觀念：越是排除主體
的成見，便越能達到確定性和客觀性。這個「歷史主義」觀念恰恰是一
種非歷史觀點，因為它從根本上忽視了一個歷史事實：一切歷史都不再
可能是不受主體影響的自在狀態的歷史本體，而只能是主體選擇後的歷
史，歷史學家只能在選擇的歷史中開始歷史認識。

　　常識主義和本質主義混淆了歷史本體與選擇後的歷史兩個不同的
對象層次，他們把在選擇後的歷史中獲得的認識當作歷史本體（本來面
目），這樣既取消了歷史本體，又取消了認識論意義上的客體。那麼，
認識論意義上的客體具有什麼特點呢？第一，表現為主體的介入，未經
選擇的歷史是歷史本體，一經選擇，便滲透了各種主體因素：時代氛
圍、文化背景以及個人經驗、知識結構、閱歷、記憶、動機、愛好等。
第二，在本質主義史學看來，規律、本質、因果等因素都是歷史本體自
身所具有的，與主體沒有聯繫。但康德提出的「人為自然立法」給我們
的啟示就是，作為自在狀態的歷史本體，雖然其中蘊含了規律、本質、
因果的潛在可能性，但從根本上說，規律、本質、因果恰恰是「人為歷
史立法」的先驗範疇，沒有研究主體，歷史本體只是處於自在狀態，研
究主體只有用這些先驗範疇，去選擇、整理歷史本體提供的事實源泉，
也就是說用形式整理質料、用理論框架去建構客體，才能形成真正的歷
史認識。第三，「人為歷史立法」的結果便形成了一個主客體融合的可知
域──選擇後的歷史。在選擇後的歷史中，純粹客觀性和確定性的「本
來面目」消失了，主客體交融統一，歷史成了「歷史學家跟他的事實之
間相互作用連續不斷的過程」❶，追求「本來面目」變成了追求「對話」（主

---

❶ 愛德華・霍列特・卡爾：《歷史是什麼？》第 28 頁，商務印書館。

體與客體的「對話」），追求「對象」的真變成了追求「對話」的真。

這是一個根本性的轉換：把本體驅逐出可知域，從而把第二重客體——選擇後的歷史，推到「歷史理性」的可知域中。

在歷史本體與選擇後的歷史這兩重客體之間，存在着一條無法逾越的鴻溝，但是人類理性卻又常常力圖突破這條鴻溝去接近那歷史本體，人們設計了「常識的」「本質的」各種方案去逼近本體，然而人們卻又不得不一次又一次地自我否定，而歷史本體仍然高懸着並且召喚着人們永恆地追求它、接近它。

二重歷史客體論表明：離開主體而去追求本體的衝動恰恰反映了人類對自身理性的盲目樂觀，歷史本體是無法達到的，我們可以達到的只是「選擇後的歷史」即認識論意義上的客體，我們只能在「選擇後的歷史」中實現主體與客體的「對話」，而不是追求歷史本體本身，本體是不可知的，而可知的是「對話」，「選擇後的歷史」構成了歷史認識的可知域。

承認這一點，這也許會給我們過分自信的歷史學家帶來一種悲涼感，但卻會使人們正視自身理性的局限，正視人類認識能力的缺陷，從而使歷史學走向成熟。

（原載《光明日報》1989 年 6 月 14 日史學版）

關於史學與現實關係的再認識

一

當前的改革以一種全方位的態勢，向各行業、各學科發出了挑戰，每個行業、每門學科面對新的現實，必須重新認識和估價自己、重新思考自己的命運。這是一種普遍的認同危機。涉及史學界，就是所謂「史學危機」的熱門討論。怎樣認識和擺脫「史學危機」邏輯地歸結到了史學與現實的關係問題上，於是，相當一部分人提出「史學為現實服務」口號，並受到普遍的贊同和認可。

為了分析這個口號，我們先從歷史認識合目的性、合規律性原則開始。

馬克思指出：「社會生活在本質上是實踐的。」[1] 又說：「人的思維是否具有客觀的真理性，這並不是一個理論的問題，而是一個實踐的問題，人應該在實踐中證明自己思維的真理性，即自己思維的現實性和力量。」[2] 列寧、毛澤東都強調實踐認識論觀點。毛澤東指出：「人類的生產活動是最基本的實踐活動，是決定其他一切活動的東西。」[3] 馬克思主義哲學告訴我們，不是客體、也不是主體，而恰恰是主客體交互作用的人類社會總體實踐，才使人和自然、認識主體和實踐主體、自由與必

---

[1] 《馬克思恩格斯選集》第 1 卷，第 18 頁。
[2] 《馬克思恩格斯選集》第 1 卷，第 16 頁。
[3] 《毛澤東選集》合訂本，第 259 頁。

然、合目的性與合規律性、真與善……得以獲得真正的現實統一，人類認識源於實踐又必須接受實踐的檢驗。而這一點，瑞士心理學家皮亞傑的發生認識論，從個體認識發生的角度，也再一次證明了實踐論的真理性。史學（歷史認識）有無價值、是否科學，關鍵就在於是否遵循歷史認識合目的性與合規律性原則即求善與求真的原則，這恰恰是社會總體實踐的要求。黑格爾曾說過，哲學是時代精神的精華，那麼，史學至少也是時代精神的反映，在這個意義上來看克羅齊的「一切歷史都是當代史」無疑是正確的；但是，另一方面，歷史認識反映現實目的，又不是隨心所欲的，史學作為科學，必須遵循合規律性原則。因此，我們認為，「史學為現實服務」觀點，從歷史認識合目的性原則看，有其部分合理性，但在表述史學與現實的關係問題上是否科學？我們提出如下質疑：

第一，「史學為現實服務」雖蘊含了歷史認識合目的性原則，但「現實」實際只是一個歷史的範疇，是參照於過去和未來而存在的，那麼，是不是就意味着史學就只是服從於一個相對、暫時的合目的性原則呢？如此看來，史學又如何與歷史相對主義相區別，史學作為科學又如何可能？

第二，「現實」又是一個非常模糊、涵蓋面十分廣泛的範疇：肯定與否定、正確與歪曲、必然與偶然、真理與謬誤……各種現實狀態紛然雜陳，究竟服務於哪種現實？搞儒法鬥爭史的人們何嘗不是「為現實服務」？歪曲了的現實終歸也是現實？！那麼，歷史不又成了「任人打扮的女孩」而走向實用主義？那麼，這個口號是不是還需要一個前提，對「現實」是不是首先要進行審察、判定，即史學主體須具有一定的批判意識呢？

第三，或許有人會引用黑格爾「凡是現實的都是合理的」名言，以此證明「現實」是一個嚴格意義的哲學範疇即包含必然性的範疇，因此，服務於現實即服從於規律性和必然性。但是，首先，哲學意義的「現實」也是從具體而豐富的現實中抽象出來的，而史學主體首先就是生活在和面對着紛然雜陳的具體現實（或曰「現象」），因此對具體現實的審

察仍是必要的；其次，馬克思主義實踐論強調的是自由與必然、主觀能動性與客觀規律性在社會實踐上的現實統一，也就是說，人們不是服從或崇拜必然性，從而導致必然性的異化走向宿命論，而是認識並掌握必然性，從而在實踐中再現主體的自由和創新精神。從幾十年的史學實踐看，「為現實服務」無疑與過去提倡的「為工農兵服務」「一切為無產階級政治服務」有着一定的政治淵源關係。史學在社會主義革命和建設中起到了一定的現實作用，但在「服務」口號下，也使史學長期以來片面發展，沒有形成百家爭鳴和學派林立的繁榮局面，尤其是「文革」時期，「服務」的極端化使史學成了「婢女」。這樣，「為現實服務」，既排斥了史學的主體性、獨立性，也排斥了合必然性的「現實」。

以「參預現實」代替「為現實服務」，絕不是玩弄文字遊戲，前者更準確地反映了歷史認識合目的性原則，也就是更準確地體現了馬克思主義實踐認識論所突出的主體性的要求。馬克思在論述體現人的本質力量的人類社會實踐活動時指出：

　　動物只生產自身，而人再生產整個自然界；動物的產品直接同它的肉體相聯繫，而人則自由地對待自己的產品。動物只是按照它所屬的那個種的尺度和需要來建造，而人卻懂得按照任何一個種的尺度來進行生產，並且懂得怎樣處處都把內在的尺度運用到對象上去。❶

那麼，「參預現實」所突出的人的主體性力量究竟是什麼呢？

第一，目的性，也就是馬克思所謂「內在的尺度」。這就是說，主體可以把自己的目的、意願施加於對象客體，使對象客體服從主體的需要。強調目的性也就是要摒棄所謂純粹客觀的蘭克學派的史學，參預現實也就必然反映社會總體的目的和時代的需要。

---

❶ 馬克思：《1844 年經濟學哲學手稿》，人民出版社 1985 年版，第 54 頁。

　　第二，獨立性和主觀能動性，要使人的目的對象化，那麼就要確認現實主體不是受動或被動的，而是具有獨立人格和主觀能動性的。新時代的史學家要完全摒棄「文革」時期某種人身依附而確立自己的獨立人格和主體意識。這樣。史學家就不再是消極、被動地服務於現實，而是在最大限度內調動人的主體情感和力量，以一種積極、主動、獨立的主體人格形象參預現實。

　　第三，選擇性，正因為參預現實的主體是獨立和具有能動性的，所以，人們以怎樣的方式和途徑參預現實，就是可以選擇的。史學參預現實的形式和途徑是多種多樣的，但不外史學家直接參預現實和通過史學成果參預現實兩種基本途徑。

　　歸納起來，「參預現實」是歷史認識合目的性的要求，即社會總體實踐的要求，它突出了現實主體的主體性力量：目的性、獨立性、主觀能動性和選擇性，但它只是表述了史學與現實關係的一個方面。

二

　　「史學為現實服務」給我們在另一方面留下的巨大空檔是史學合規律性（求真）。史學不是任人打扮的女孩，應該而且可以成為科學，關鍵在於在社會實踐基礎上的合目的性與合規律性、真與善的統一。因此，片面強調合目的性原則，就會導致實用主義或相對主義，片面強調合規律性原則，就會抹煞主體能動性，導致必然性異化而走向宿命論。

　　由於歷史認識是通過認識歷史而間接認識現實的一種特殊認識形式，因此，檢驗歷史認識的實踐就包含了歷史實踐和現實實踐，而歷史實踐已經過去而無法復原，就只能藉助歷史實踐的物態化形式 —— 原始資料、實物等，因為其中畢竟已經凝結了前人的實踐成果，儘管史料和實物並不全面反映前人的實踐。

　　那麼另一方面，現實實踐作為歷史實踐的延續，也積澱和凝聚了歷史實踐的成果，而且作為合目的性與合規律性的統一來說，無疑就具有

比歷史實踐更多的優越性。但是這只是就社會總體實踐而言的,而作為
歷史認識的主體總是生活在具體而豐富的現實中:必然與偶然、個體與
類⋯⋯各種現實紛然雜陳,為了從中認識那必然性的現實,以指導和檢
驗歷史認識,使之達到合規律性和求真,僅僅參預現實是不夠的,還需
要一種在參預現實中的超越精神。

「史學的超越」首先是指對現實帶有一種理性批判意識的超越,批
判是指一種評判、審察。批判意識是我們對現實進行選擇的前提,也就
是說,只有當我們首先審察了一定的現實有其存在的必然性,我們才不
會在現實選擇中陷入盲動。只有在批判、審察的超越中,才能提高我們
在主體選擇時的行動自覺,如果說,「參預現實」強調的是主體情感力量
即參預時的極大熱情,那麼,批判意識則強調的是參預後的理智,一種
理性力量。

其次,超越是一種距離感,也就是說與現實拉開一定距離,對現實
進行冷靜觀照和反省。距離感可以說是保證審察正確的一個手段。

時間上的超越,第一種是向後的距離感,即歷史意識。由於個體生
命總是生活在有限的時間中,因此生活中常常會有這種情形:在現實中
百思不得其解時,有時一個歷史事件或歷史人物會像一種觸媒,突然給
你新的啟示。因此我們應該把這種偶然的不自覺的歷史啟示昇華為一種
自覺的歷史意識。現實既然是歷史的延續,因此必須把現實放在一個整
體歷史背景下考察,回溯過去,尋其根而究其源,揭示從歷史向現實的
運動規律。

第二種是向前的距離感,即未來意識。唯物史觀告訴我們,史學的
主要價值不在於某種繁瑣的考證,而在於揭示人類社會由必然到自由的
發展進程及其規律。因此,史學家認識現實,應該着眼未來,歷史學家
應該具有未來學家的眼光。從未來的發展趨勢來觀察現實,亦能給人積
極的啟迪。

綜合說來,歷史意識和未來意識的超越感,既不是乾嘉學派式的把
人拉向死人的故紙堆以逃避現實,也不是宗教徒式的追求永恆性的彼岸

世界的超越，而是使人們超越有限的、狹隘的個體生命時間，在縱向坐標上打開一個無窮的時間系列，從無限中把握有限。

事實上很多史學家和未來學家在時間上都有強烈的超越意識。姑且不論施本格勒《西方的衰落》，湯因比《歷史研究》，托夫勒《第三次浪潮》中的歷史觀正確與否，但他們所具有的歷史意識和未來意識，融歷史、現實和未來於一爐所表現的那種「究天人之際、通古今之變」的精神卻是不無可取的。尤其是馬克思在創立馬克思主義過程中，一方面，拉開歷史的距離，揭示前資本主義到資本主義的發展行程；另一方面，拉開未來的距離，指出資本主義產生、發展、衰亡到共產主義社會的必然進程。馬克思在這裏所表現的宏闊視野，歷史感與未來感融為一體，為我們留下了光輝典範。

空間上的超越。個體生命同樣是生活在有限的現實空間，生於斯，長於斯。如果從個體生活的空間來把握整體現實，無疑會得出河伯的「以天下之美為盡在己」❶ 的認識。因此，必須超越有限空間，在橫向坐標上打開一個無窮的空間系列，從而對現實進行宏觀考察，這樣就可以高屋建瓴，獲致整體認識。

功利情感上的超越。史學家是現實的人，因此在現實生活中排斥功利情感是不可能也是錯誤的。但是就史學參預現實這一點而言，合目的性原則不是指滿足人的自然本質，而恰恰是超越人的自然本質並高揚人的社會本質，即遵循社會總體性目的和需要。這是歷史認識合目的性與合規律性的要求。

再其次，超越是一種求異感。這不是標新立異和譁眾取寵。它的必要性在於：各種現實狀態紛然雜陳，而且有些歪曲的現實卻以真理面目出現，左右人們的輿論、習慣、行為等。因此對必然性的認識，往往需要超越這種歪曲了的現實。除此之外，中國是一個有悠久歷史文化傳統

---

❶《莊子·秋水》。

的國家，從積極方面說，傳統是一種寶貴的文化遺產，需要繼承；而從消極方面看，「傳統是一種巨大的阻力，是歷史的惰性力。」[1] 因此在某種意義上可以說，只有超越傳統才能保存傳統。

另外，某些理論及其物態化形式制度、體制等，雖曾被歷史實踐證明是正確的，但時代的變遷要求史學家正視現實、發揮求異思維，從新的角度、運用新的方法論，在合規律性的基礎上大膽超越。這是史學衝破「史學危機」，帶來新的生命力和創造力，從而在更高層次上達到合目的性與合規律性統一的重要標誌。

三

我們對參預與超越分別進行了考察、分析，是為了更好地綜合。當我們回到史學與現實關係的主題上來時，我們就必須綜合考察。

史學有沒有價值、是否科學，必須把合規律性與合目的性原則統一起來進行考察。也就是說，一方面，歷史認識要反映時代的需要、社會的要求，符合社會總體的意願、目的，即求善；另一方面，歷史認識又要揭示人類社會發展進程，因此必須合規律性，即求真。合規律性與合目的性、求真與求善二者是辯證統一的。

辯證唯物主義告訴我們，人們越是深刻地認識和掌握規律性，也就越能達到合目的性；求真的程度越大，求善的程度也就相應增大，因此，合規律性與求真應該成為合目的性與求善的基礎和前提。而要達到合規律性與合目的性、求真與求善的統一，那麼在參預和超越這對關係中，就必須以參預現實為前提和基礎，認識主體只有首先參預現實，才能超越現實，即把歷史認識建立在客觀現實基礎上。在某種意義上可以說，參預的深度、廣度越高，超越的科學性就相應增大；其次，參預離不開

---

[1]《馬克思恩格斯選集》第 3 卷，第 402 頁。

超越，如前所論，參預更多地體現了歷史認識合目的性原則，突出了人的主體性力量。因此，要使人的主體性客體化、對象化，要使合目的性原則奠立在合規律性基礎上，就必須在參預中超越現實。否則，沒有超越的參預就不過是換個名詞的「服務」而已；再次，參預現實的過程，也就是超越現實的過程，在參預中超越，在超越中參預，二者是既相區別又相聯繫的對立統一體。這就是史學與現實的辯證關係。我們認為，能否處理好這對關係，這是能否擺脫「史學危機」的根本出路問題。

（原載《史學理論》1987 年第 1 期創刊號）

新時期十年史學主潮的
邏輯演進及評價

　　新時期十年史學主潮大致經歷了這樣一個邏輯發展行程，即從儒法鬥爭史學向考據熱、系統論史學轉變，再發展為歷史認識論的研究。

　　儒法鬥爭史在「文革」結束後便受到史學界的清理和批判，但當時大多仍是充滿激情的「憤怒聲討」，而缺乏富有建設性的理性批判。這種儒法鬥爭史學完全是研究主體（歷史學家）預設的先驗框架，而這種先驗框架又以其正統的意識形態地位表現出強烈的排他性和不可懷疑性。

　　但是，到 1980 年前，情況發生了變化：首先在政治方面，十一屆三中全會確立的經濟工作重心轉移的方針否定了「以階級鬥爭為綱」；其次在史學界內部，老一輩史學家由於對粗俗、拙劣的「儒法鬥爭史」理論的反感，滋生一種較普遍的「理論厭倦症」，表現為對一切理論的冷落、懷疑和對乾嘉樸學的迷戀、回歸，從而在 1980 年前後，史學界出現了一股勢頭不小的「考據熱」，類似於二三十年代傅斯年先生「史料即史學」的觀點亦為人們所首肯，史壇籠罩着一種 19 世紀蘭克學派式的實證氣氛。這種對粗俗理論的反撥，在當時是有一定積極意義的，它確立了歷史學的實證權威和優良學風，通過介紹一些史學大家陳垣、陳寅恪、顧頡剛等人的方法、著作，強調了考據學、目錄學、校讎學、年代學、避諱學、辨偽學、史源學等學科的重要性，也正是從這時起，史學界開始了大規模的古籍整理研究，大部分高校文科系所相繼成立了古籍整理研究室，開設了相關課程並招收了大量古籍整理專業研究生。但是，歷史

學實證精神的恢復，沒有也不可能產生一種新的理論範式，相反，如果說儒法鬥爭史理論的粗俗拙劣導致了一種「理論厭倦症」，那麼，「考據熱」則從另一極使史壇陷入一種沉悶的「理論低谷」。

如何走出「低谷」，不僅要樹立實證權威，更主要的是確立理性權威，這成了當時一些青年史學工作者研究視野的聚焦點。1980年後一些青年史學工作者嘗試用系統論和系統方法中的整體論與結構功能對應原則來探討中國封建社會的問題，引發了一次史學思潮的轉向：從儒法鬥爭史學向系統論史學的轉向。正是從20世紀80年代初到中期，系統論、信息論、控制論、數學方法、模型方法等湧進了史學界，大量的自然科學術語如整體、系統、功能、機制、反饋、信息等等出現在史學科研論文中，這股思潮到1985年4月在上海召開的「歷史研究與現代自然科學方法論」討論會達到高潮。

系統論史學思潮的出現，完全擺脫了「憤怒聲討」的「文革」遺風，而是一次理性重建、方法重建：首先，引入了一種多維思維或系統思維；其次，引入了一種多線因果決定論或整體結構決定論；再次，引入了數學定量方法，從而補充了定性分析方法。與「考據熱」相反，這股思潮的另一個整體性影響，乃是打破了史壇的沉悶氣氛，重新樹立了理論的「形象」，喚起了史學工作者強烈的理論興趣和科學興趣。中國歷史學的主潮不是回歸乾嘉樸學而是面向當代科學，不是重返故紙堆而是追趕時代精神。

但是，系統論史學也存在着根本性的問題。當人們運用系統論等自然科學方法研究歷史時，人們恰恰忽視了一個基礎問題，即自然科學與歷史學（或曰人文科學）的根本區別問題。系統論史學在研究方法上犯了19世紀西方實證主義的通病——（泛）科學主義病，泛科學主義預設了一個先驗前提：自然與社會一致，物與人一致，因此研究自然和物的科學方法同樣可以用來研究社會與人，系統論史學實質上也潛在地接受了這個先驗前提，從而導致了兩個根本性失誤：第一，研究主體的忽視，也就是說，系統論史學根本沒有考慮研究主體能不能達到科學或如何達

到科學等等有關認識能力問題，在系統論史學看來，研究不過是一個自然科學方法與史料的「對號入座」問題，而研究主體則似乎成了一張引導科學方法「入座」的入場券。滲透在系統論史學中的一個根深蒂固的觀念就是只有運用自然科學方法，歷史學才能成為一門嚴守「價值中立」的科學。系統論史學雖然運用了新方法、新思路，但作為歷史哲學的一個基本觀念與以前的其他史學（包括儒法鬥爭史學）一樣沒有改變：相信有一種獨立於主體認識之外的歷史「本來面目」可以被揭示出來，即離開研究主體去追求歷史本來面目的確定性、客觀性和科學性，把歷史研究完全視為對象性研究，把歷史學視為對象性學科。這樣，研究主體就被完全排斥在歷史研究之外；第二，對象主體的失落，由於系統論史學未經審察歷史學與自然科學的根本區別，而是潛在地預設了自然與社會一致、物與人一致的先驗前提，因此就機械地把自然規律照搬到人類社會，從而把人類社會還原為自然界，把有血有肉、具有情感、意志自由的現實的「人」，還原為僵死的、「冷冰冰」的，只有必然性的宿命式的一個個「結構」，這種泛科學主義便帶有濃厚的還原主義色彩，人被「結構化」「系統化」，實際上也就被物化和異化，「人」本來作為歷史活動的真正主體，結果卻消失在各個子系統之結構中，本來充滿着驚心動魄的大量偶然性的生命個體，結果卻宿命式被歸結為一個個無足輕重的結構網絡上的網上紐結，而作為「人」的本質力量對象化成果的社會系統結構卻反而成為系統論史學的對象主體淹沒了「人」，吞噬了「人」。

　　從 1985 年左右開始，系統論史學作為一種思潮便有「退潮」的趨勢，而歷史認識論與文化心態史學漸為人們所垂青。從史學理論中分化出來的歷史認識論課題幾年來迅速成為人們研究視野中的「熱點」，從而產生了 1987 年 9 月成都召開的第四屆全國史學理論討論會，其主題即「歷史認識論」，而且歷史認識論研究至今仍方興未艾。

　　歷史認識論不是提供一種方法論，而是致力於把握歷史認識如何可能的前提條件，所要回答的就是系統論史學所忽略的康德式問題：歷史學作為科學如何可能的問題，而要回答這個問題，必先審察主體（歷史

學家）的認識能力，以前的史學把主體與對象分離開來，並認為，越是排除認知主體的偏見，就越能達到客觀性，而排除主體偏見的有效途徑就是方法論的科學化，從而把歷史學視為一門方法加對象的科學，在這個意義上，系統論史學與儒法鬥爭史學走着同一條路子。而按照歷史認識論的要求，這種「認識某種事物而並不認識自己在認識，就僅僅是半認識，而要認識自己在認識，也就是要認識自己。」[1] 也就是說，歷史認識論要求不僅要研究客體對象，研究歷史，更需要研究認識主體、研究研究者，而研究主體的發現，便使一些傳統歷史觀念發生危機並需要重新闡釋：

　　首先是研究主體的發現，無論是儒法鬥爭史學，還是系統論史學，甚至整個傳統史學，都被一個根深蒂固的觀念所左右，那就是「歷史主義」觀念：相信歷史就是一個已經過去了的，獨立於我們研究主體之外的對象客體，因此，研究者越是排除認知主體的主觀偏見，就越能達到確定性、客觀性和真理性。而發生認識論則認為，任何認識都意味着主體帶着一定的認知圖式去建構客觀，現代科學哲學也以不同的角度強調了同一個觀點：任何觀察都滲透着理論，伽達默爾的解釋學則更明確指出：認識前的「先見」或「偏見」不僅不可避免，而且從根本上說，這種「偏見」作為「前理解」或「理解視野」，就是「理解」（認識）的起點，因此，「偏見」乃是一種「合法的」存在[2]。總之，任何歷史，都是經過主體選擇後的歷史，而一經選擇，歷史就不再是獨立於研究主體的對象客體，它就打上了主體的印跡。在這裏，主體必須被區分為兩個層次：認知主體，指的是主體認識能力，如認識方法、理論圖式等，這就是康德所強調的先驗範疇，皮亞傑所謂認知圖式，這還停留在認識論範圍；存在主體，指的是認知主體的全部歷史存在。這是由現代解釋學的存在

---

[1] 柯林武德：《歷史的觀念》，中國社科出版社 1986 年版，第 223 頁。

[2] 伽達默爾說：「個體的偏見（Prejudice），遠遠超過了他的判斷而組成了他存在的歷史現實。」轉引自利科爾：《解釋學與人文科學》，河北人民出版社，1987 年版，第 67 頁。

本體論所揭示出來的。也就是說,「偏見」固然包含了認識圖式,但更指的是時代氛圍、文化背景以及個人經驗、閱歷、記憶、動機、愛好等,甚至語言本身也是一種「偏見」或「先見」。總之,「偏見」即人的存在狀態,人們由其存在狀態所理解的歷史,也就是這一代人在歷史中選擇後的歷史,而每個時代人們存在狀態改變,人們選擇的歷史亦將隨之發生變化,一代代重寫的歷史,折射着一代代研究主體存在狀態改變所帶來的時代差異和特性。因此,「歷史主義」的觀念必須重新詮釋:歷史主義不是要求排除一切偏見,而恰恰是承認歷史認識不可能排除偏見,而且,認識到「偏見」不可排除,認識到由歷史而來的人的存在的局限性,正是歷史認識的起點。

其次,歷史對象客體二重性,研究主體和「偏見」的發現,導致了對象觀念的變化,傳統史學認為,歷史學的基本任務就是要揭示歷史的本來面目或歷史真理。那麼「本來面目」何所指?「揭示」是否意味着「復原過去」,這都有待重新釐定。實際上,歷史對象由於主體、「偏見」的滲入,出現了兩重客體,第一層為歷史本體,指真實發生的過去的一切,這是一種未經篩選未經淘汰的、具象的、充滿大量偶然性的自在狀態,它是一種無窮可能性和無限多樣性,因此其特點表現為不可覆蓋性或不可復原性,它構成歷史認識開掘不盡的事實源泉,向研究者開放着,同時也為歷史學家劃下了一條「永遠無法達到」的鴻溝;第二層是認識論意義上的客體,也就是經過歷史學家甄別、選擇後的歷史,一經選擇便滲透了主體的人生體驗、理解和價值取向等,因此這一層次的歷史特點便呈現為主體性的滲入,主體與歷史的融合,被解釋學稱為「視界融合」,歷史通過人的存在的進入而獲得了新生命、新的時代意義。因此「本來面目」不是一個靜止不變的等待人們去揭示的外在對象,而是一個向主體開放的未完成、未最終確定的無限過程。從這個意義上說,「揭示歷史本來面目」,只是一個信念(仰)真理而不是可以實證的事實真理,也就是說,「本來面目」是一種主體參預創造(構造)並與主體存在發展相伴隨的無限動態過程,以個體的有限性去揭示無限的過

程，無法驗以實證而只能立足於對整體人類認識無限的信念。

再次，由於主體性的發現，歷史客觀性亦須重新認識。法國解釋學家利科爾認為，歷史客觀性不能等同於科學中的客觀性，至少表現在以下四個方面：（一）歷史是主體選擇後的歷史，歷史是邏輯與連續性依賴於歷史學家對歷史事件重要性的判斷，而歷史學家的判斷力又是由他對人生的理解所塑成，也就是說，他現在是什麼，他理解的人是什麼，他期望人成為什麼，他認為人將來會成為什麼，這些都會直接間接帶入歷史判斷，從而造成歷史客觀性的不穩定性；（二）歷史客觀性的邏輯性，往往是由方法來形成，而方法本身就是主體人為的；（三）歷史與歷史學家時空上的距離，使歷史語言表現為兩重性（辨異與求同）的模糊性，這也影響客觀性；（四）解釋歷史最終是在解釋和理解人，不同時空環境的人各具特殊性。這都使歷史客觀性呈現出不穩定性。

最後，歷史時間的多維融合，歷史主義之所以長期為人們奉為圭臬，乃是因為人們陷入了一種常識的誤區：把歷史視為已經過去了的東西，即在時間的過去、現在和將來這三維度上停留在「過去」這一維度上，既然已經過去，歷史就被當作一種已經定型、完成了的、固定化了的、與「當下」「現在」「未來」都無聯繫的東西。因此形成這樣一種歷史時間觀念：越是遠離「現在」和「將來」，越是排斥當代和未來的干擾，就越能達到確定性、真理性和客觀性，這是一種典型的「過去式」或「過去主義」歷史時間觀，它以犧牲「現在」和「未來」為代價，來換取一種所謂的歷史真實，從而形成了一種根深蒂固的「嗜古癖」或「歷史癖」，雖然這種過去主義有時也論「現在」或「未來」，但總是從「過去」或「歷史」來估價未來和現在。然而隨着主體性的發現，一種「現在式」的歷史時間觀開始為人們所接受，這種時間觀表明：歷史不是一個等待復原的過去的事實結構，而更主要是一個有待主體創造、闡釋的未完成的意義結構，而這個意義結構又是和主體的存在狀態相伴隨的無限動態過程，它永遠向「未來」敞開着無限多樣性與無窮可能性。主體存在狀態向「未來」的無限延伸，決定着歷史在選擇中不斷更新，而歷

史本體又從「過去」這一維度提供不盡的事實源泉，因此歷史乃是以「未來」為目標的主體存在狀態（「現在」）與歷史本體（「過去」）的永無止境的對話過程。

這樣，歷史認識論「熱」的興起，便是對系統論史學的揚棄，它揚棄的不是科學而是科學主義，揚棄的是對科學的盲目崇拜和對人類認識能力的盲目樂觀而高揚科學的批判理性，從而促成了一個史學思潮的轉向：即從對象性研究轉為主體性研究、轉為對歷史學知識系統的自我反省，這是中國歷史學走向成熟的標誌。

綜上所論，我們就會發現一條清晰的史學主潮的發展軌跡：從儒法鬥爭史學向系統論史學的轉化，構成了第一次否定，它揚棄了儒法鬥爭史學的那種主體先驗框架，從而使史學向科學化、客體化方向發展；而系統論史學在發展過程中，其泛科學主義方法漸趨受到兩方面的揚棄：歷史認識論不僅對系統論，也是對整個傳統史學的根本缺陷──研究主體的忽視，進行深刻的反省，研究主體的發現，使一些基本的傳統歷史觀念發生危機並帶來一系列觀念轉換：「歷史主義」的重新詮釋、「本來面目」的重新釐定、「歷史客觀性」的重新反思、歷史時間觀的根本轉變等。從系統論史學到歷史認識論，乃是從對象客體化、科學化重返主體，構成了否定之否定。

新時期史學主潮跌宕起伏的邏輯演進，從根本上來說，乃是與人的存在狀態息息相關的。人的存在首先是一種時間上的存在，歷史學家總是在「當下」的時空環境下認識歷史、把握歷史的「意義結構」，而「當下」又總是向「未來」無限延伸。從而使人的存在處於一種「未完成態」，因此歷史認識也將永遠向「未來」開放着，構成一個不斷遞進、不斷否定的永無止境的「認識鏈」，新時期史學主潮的發展，證實了當代中國人的存在、人的主體性被極大地弘揚，在這裏，歷史與邏輯仿佛取得了驚人的一致。那麼，主體化思潮是否也同樣潛隱着一種必將被否定的歷史命運呢？

從理論上說，揚棄是沒有疑問的，因為歷史總是在不斷揚棄或否定

中為自己開闢道路的，在被極大弘揚的主體性背後，筆者認為存在兩種危機。首先是方法論危機。人們往往把主體性理解為認識的主體性，於是方法論受到普遍的重視，舊方法的否定、新方法的不斷翻新，滋生了一種對方法的崇拜，因此歷史認識的起點便歸結為方法的尋找，人們確信只要找到科學的方法，就可以把主體引渡到歷史真理的彼岸。方法的過分膨脹，壓倒了主體的存在，實際上，方法是人的方法，人的存在狀態決定着人們創造和使用方法，因此歷史認識的起點不是方法的尋找，而根本在於對人的存在狀態的理解、人對自身的體驗。忽視了存在主體，這種強調方法的認知主體性還只是「半主體性」，這些方法還只是缺乏人性深度的浮在水面上的浮萍，於是必然出現近年所謂「各領風騷一兩天」的方法論隨起隨落的現象；其次，目前由於方法紛繁、概念混亂而使人們普遍感到對話困難的現象，是否正潛隱着這樣一種趨勢：個體主體性的無限膨脹所必然帶來的相對主義和懷疑主義，是否會危及整個歷史學大廈的客觀基礎與規範原則？！這樣，那個曾經困擾過「解釋學之父」狄爾泰的「客觀之心」，不管它是蘊含在歷史本體自身中（如舊唯物主義）還是存在於主體的「人生經驗」中（如狄爾泰），也許會重新進入歷史學家的研究視野，成為未來史學主潮中所無法迴避的嚴峻課題。

（原載《史學理論》1989 年第 4 期）

西方歷史認識論史上的「哥白尼革命」

現代歷史認識論興起於西方，它的產生有其廣闊的科學與社會背景。19世紀末到20世紀，相對論、量子論取代牛頓力學，各種非歐幾何取代歐氏幾何等等，對象客體的絕對性、純粹客觀性被拋棄了，科學業已證明：科學認識的客體對象離不開主體的介入，因此必然呈現出相對性、不確定性、「測不准」……從社會文化背景看，歷史並未遵循某種「科學規律」的因果鏈條運行；兩次大戰、經濟危機和普遍的精神困擾，社會和個體的偶然性和不確定性是那樣驚心動魄、難以把握，個體生命的一次性、不可重複性、存在的荒誕、異化等，使人們感到：科學進步了，主體卻失落了……既然在本體論上科學都達不到最終的確定性、絕對性；既然人的本體世界——社會是那樣無情地捉弄那些「精緻」的「規律」，那麼，為什麼要在本體論上無謂地花費勞動？這樣，文藝復興時代以來的對科學的樂觀信仰、理性的崇拜、科學滲透到一切領域之後的泛化主義，開始動搖了。於是，人們便開始了一個重大轉向：從追求絕對客觀的科學泛化主義到重返主體；從「體系化」時代轉向「分析的時代」（懷特語），把規律還給自然界，把「萬能」的科學方法驅逐出人文領域，不需要尋找涵蓋一切、解釋一切的「絕對精神」的宇宙模式，要麼就需要對個體「生命之流」的直覺體驗和把握（如人本主義）；要麼就研究主體認識能力的增長和極限（科學主義）……正是在這種背景下，開始了歷史認識論史上的「哥白尼革命」。

19世紀實證史學的特點，「首先是確定事實，其次是構成規律」，機械地把自然規律照搬到人類社會，體現了一種科學泛化主義精神，蘭克學

派甚至認為，只要不摻雜理論，尊重「硬邦邦的事實」，就可獲得客觀真理。「哥白尼革命」正是從對「歷史事實」這個出發點的懷疑開始，首先是英國的布萊德雷，由他開始的分析的歷史哲學一派就從實證史學重點研究歷史事實（客體）轉而研究歷史知識的本性（實即主體的認識能力），他認為，只有「對證詞的一種批判的解釋」，才能成為真正的歷史，柯林武德高度評價他「着手建立一種面向着歷史認識論的邏輯」，步其後塵的有英國的奧克肖特、德國弗萊堡學派的文德爾班、李凱爾特的價值論哲學，20世紀，有代表性的如克羅齊、柯林武德、貝克爾等人，他們有一個共同點：把歷史認識的出發點，從歷史拉向現實、從死人拉向活人，從過去回到當代、從事實返歸價值……歸結為一點，乃是從歷史客體回到史學主體、把歷史本體論歸結為歷史認識論，也就是柯林武德一再強調的「歷史學思想的自律性」亦即主體性問題，這是一個根本性轉變。

　　從實證史學到分析的歷史哲學一派，孰優孰劣，我們在此並不想作一個簡單的價值評判，只是把分析的歷史哲學家提供的啟示歸納幾點：

　　1.「歷史事實」的二重客體：自在狀態的客體（歷史過程）與認識論意義上的客體（史料），主體的認識能力只能達到後者而不是前者（可比較康德的「自在之物」與「現象」）。

　　2.「自律性」實即主體性，這區別於本體論上的主體性而指的是認識論上的主體性，諸如克羅齊所謂個體的「歷史構造」「歷史批判」以及「歷史即當代史」命題等，可用實踐認識論改造之。

　　3. 價值論哲學談論的價值性認識與事實性認識相互關係是一個值得開掘的課題。

　　4.「思想就是經驗本身」（奧克肖特）蘊含着認識過程的雙向建構（感性⇄理性）而非「二階段說」（感性認識→理性認識）。

　　如何用實踐認識論來吸取和消化現代西方歷史認識論的積極成果，來實現中國的歷史認識論史上的「哥白尼革命」，還是一個相當艱巨的任務。

（原載《中國人民大學學報》1988 年第 3 期）

歷史本體的極限

　　追求「本來面目」似乎成了史學家的學術良知，然而人們卻常常陷入一種「常識歷史學」的誤區。每個人幾乎從呱呱墜地起便開始學習生活，生活知識的積累即成常識，常識要求的是直觀的可經驗的確定性，在中國這個「實用理性」過分發達的民族，大量的常識經驗便帶進了歷史研究中來，從而缺少強烈的反省意識和窮追不捨的「天問」精神，常常流於一種淺薄的樂觀主義可知論。比如英國歷史學家卡爾曾寫過一本《歷史是什麼？》的名著，而中國歷史學素稱發達，幾千年來就無人貢獻出理性反省的同類著作，似乎這是一個初一學生即可解答的確定性常識。又如什麼是歷史「本來面目」，這也似乎是個無須回答的常識，至於不可知論在常識歷史學者來看更是不屑一顧。

　　然而在西方哲學史上，既有否定一切認識可能的悲觀不可知論，也有對認識進行積極批判的不可知論，後者以康德為典型，康德把認識對象分為「物自體」和「表象」，他認為認識只能止於表象而無法達到物自體。

　　筆者曾在成都全國史學理論會上提出過二重歷史客體論。所謂二重論指的是自在狀態的客體即「本來面目」（即歷史本體）和認識論意義上的客體（史料）。

　　歷史的主體是人，每個人在一定的時空環境創造自己的歷史，個體歷史不斷匯入整體歷史長河中，便構成了歷史本體。這是一種未經篩選、淘汰和過濾的自在狀態的歷史。它首先是一種無窮的可能性和無限的多樣性，以其真實的、活生生的、具象的、大量偶然性的自在狀態向

記錄者、研究者開放着、召喚着，形成一種無限可能的「召喚結構」，構成歷史認識的源泉；其次，正如英國史學家阿克頓所言，認識論意義上的客體（史料），即使是汗牛充棟，也不能覆蓋具有無限可能性的歷史本體的百分之一，所以歷史本體又表現為不可覆蓋性和不可復原性，而且歷史時間之流是不可逆的一次性，從而又具不可重複性；再次，歷史本體的無限性與史料的有限性為歷史認識劃了一條界線，史料與本體之間存在一條無法逾越的鴻溝，無論人們怎麼逼近「本來面目」，可看到的不過是自身在歷史中的倒影，所以有「一切真歷史都是當代史」之說，歷史本體依然隱藏在史料的背後，仍然開放着無窮的可能性，仍然無窮項地召喚你不斷接近，因此卡爾說：「歷史是歷史學家跟他的事實之間相互作用的連續不斷的過程，是現在跟過去之間的永無止境的問答交談。」這裏「事實」和「過去」都是指那開放着無限可能性的歷史本體，用皮亞傑的話說：「客體代表着一個其本身永遠不會被達到的極限。」歷史本體是歷史認識所無法達到的，正是在這個意義上說，歷史本體是不可知的。

因此，當我們獲得這種認識時，才會理解古史分期五種生產方式為什麼會沒有定論。因為無論是西周封建說、戰國封建說還是魏晉封建說，相對於無限可能與無限豐富的歷史本體，都不過是一種有限的歷史認識，歷史本體的「召喚結構」與研究主體的「期待視野」的不斷對話、碰撞，便會產生各種各樣的假說，歷史本體的無限「召喚」與研究主體的有限「期待」的矛盾，正是產生多種假說並存的根本原因。因此歷史認識追求的客觀性，從根本上說不是一個本體論問題（誰對誰錯），而是一個認識論問題（主體理論框架選擇），確切地說，是一個主客體統一問題即「召喚」與「期待」的對話問題。因此常識歷史學的一切關於「本來面目」的追求和爭論都不過是一場西西弗斯式的無謂勞動。

人們不斷研究歷史，在很大程度上可得到的是自我在歷史中的倒影。

（原載《社會科學動態》1989 年第 2 期）

發生認識論與中國思想文化史研究

—— 關於歷史文化心理學的思考

　　黑格爾《哲學史講演錄》提出歷史與邏輯一致的原則後，馬克思主義經典作家在辯證唯物主義的前提下，重新肯定了這一原則。列寧在《哲學筆記》中指出：「哲學史，因此，簡略地說，就是整個認識的歷史，全部認識領域，各門科學的歷史……這就是那些應當構成認識論和辯證法的知識領域。」[1] 因此，本文吸取瑞士心理學家皮亞傑的發生認識論的合理部分來研究中國思想文化史，就中國文化—心理圖式的建構和歷史文化心理學諸問題，提出一些看法，以就教於同人。

一、文化—心理圖式的發生學

　　皮亞傑認為，幼兒最初是沒有自我意識的，處於一種主客體的同一狀態即「非二分主義」[2]，因此，幼兒的思維帶有「泛靈論」色彩。「幼兒認為，凡是運動中的物體都是有生命的和有意識的，風知道它自己的吹動，太陽知道自己的運轉等。」[3] 因此，他在探討認識的發生學時指出：一切認識和知識最初不是來自於客體，也不是源於主體，而是來自於主客體的相互作用 ——「動作」，動作表現為「圖式」，「圖式是指動作的

---

[1] 《列寧全集》第 38 卷，第 399 頁。

[2] 皮亞傑：《發生認識論原理》，商務印書館，1985 年版，第 22 頁。

[3] 皮亞傑、英海爾德：《兒童心理學》，商務印書館，1980 年版，第 83 頁。

結構或組織，這些動作在相同或類似環境中由於不斷重複而得到遷移或概括。」❶

我認為，民族文化─心理也有一定圖式（結構），它包含智力、倫理、審美等因素。那麼中國文化─心理圖式最初是怎樣發生的呢？

長期以來，人們認為中國文化就是儒家文化或儒道互補，這固然有其合理性。但是從文化的發生學角度看，我認為中國文化中有些來自更遙遠的原始時代。

恩格斯在《勞動在從猿到人轉變過程中的作用》一文中，為我們科學地描述了從動作（勞動實踐）到思維產生的過程。但是只有當思維和符號系統（語言、手勢語）、社會組織（氏族公社）產生並發展後，才形成最早的文化─心理圖式。

一些學者研究證明，氏族公社的一切生產（狩獵、捕魚等）生活（喪葬、祭禮、舞蹈等）都離不開原始巫術禮儀活動 ❷，原始文化心理圖式就是在這種活動（實即廣義的「動作」）中產生的。

首先，巫術禮儀是指圖騰、禁忌。所謂圖騰，意即「他的親族」，認為自己的氏族與用以命名的動物、植物或無生物之間有血緣關係。如中國北方部落多以龍為圖騰，東方則以鳳鳥為圖騰。而禁忌則是人們認為，如果觸犯某些物品，採取某種行為，就會遭受災難、危險。法國學者列維・布留爾在研究了大量的人類學和民族學材料後認為，原始思維就是以受互滲律支配的集體表象為基礎的、神祕的、原邏輯的思維 ❸。如果剔除其唯心史觀與種族偏見等因素，可以說他還是揭示了原始思維的幾個特點：第一，集體表象，不是現代意義上的表象（認識的現象），而是世代相傳下來的有關原始宗教、信仰和語言的積澱。這種表象不是為了認識客體的自然屬性，而是為了認識客體的神祕性（超自然力量），

❶ 皮亞傑、英海爾德：《兒童心理學》，商務印書館，1980 年版，第 5 頁。
❷ 參見列維・布留爾：《原始思維》，商務印書館，1985 年版，第六、七、八章；楊寬：《古史新探》，中華書局，1964 年版。
❸ 列維・布留爾：《原始思維》，商務印書館，1985 年版，第 456 頁。

因為正是這種神祕性可以保護人們的生產和生活,因此,這種認識帶有原始的實用主義特色。另外,「客體的形象與情感和運動因素水乳交融」,「主體和客體完全合併」[1],這就帶有皮亞傑所謂「非二分主義」和「泛靈論」特色;第二,互滲律與原邏輯,互滲指集體表象之間通過神祕性使之關聯起來,如印第安人認為打仗的勝敗,取決於妻子的飲食。這種思維不遵循矛盾律,所以是原邏輯的;第三,「原邏輯思維本質上是綜合的思維」[2],這種思維不要求預先的分析,因此不同於邏輯思維的綜合,而是在神祕性上把集體表象關聯綜合起來。而圖騰和禁忌正是通過神祕的互滲把毫不相干的人與某種動物、植物關聯起來,正反映了當時的原邏輯思維結構。

　　其次,巫術禮儀活動涉及原始社會後期的一種社會經濟組織,這就是馬克思、恩格斯都曾論述過的東方「亞細亞」式的古老公社[3]。這是一種以血緣關係為紐帶的家族式公社,其特徵有所謂「五世遷宗」(五世同財共居,以後則另立宗)、公共墓地、共同祭祀、公共土地[4]……而維持這種家族公社的就是一系列繁瑣的規定──「禮儀」,從中就產生了血緣宗法意識、祖先崇拜意識、家長權威意識(「尚齒」)、家族公社共同體意識……《大戴禮記盛德》中所謂「凡不孝生於不仁愛也,不仁愛生於喪、祭之禮不明」就說明了道德倫理意識產生發展的過程。

　　那麼,中國最早的文化─心理圖式就可表述如下:以神祕的互滲律作為自然與人、主體與客體的聯繫紐帶從而產生最早的思維結構;而以一系列規範、禁忌(「禮」)作為個體與家族公社共同體的紐帶從而產生最早的倫理意識結構;而這兩個結構又在巫術禮儀活動中統一起來,形成有機的整體。需要特別指出的是,神祕的互滲不僅使主客體達到原始的「天人合一」(非二分主義),而且使家族公社的規範(禮)也產生一

---

❶ 列維·布留爾:《原始思維》,商務印書館,1985 年版,第 429 頁。

❷ 列維·布留爾:《原始思維》,商務印書館,1985 年版,第 101 頁。

❸ 參見《馬克思恩格斯選集》第二卷,第 66─67 頁,第 83 頁;第四卷,第 54─56 頁。

❹ 參見李亞農:《周族的氏族制與拓跋族的前封建制》,華東人民出版社,1954 年版,第一章。

種神祕魔力來約束個體的行動，這個圖式對後世影響很大。

二、文化—心理圖式是一個不斷建構的過程

皮亞傑認為，發生認識論不僅表現為結構主義（圖式），也表現為建構主義 ❶。

第一、結構主義只體現了共時性，而建構主義則是共時性（圖式）與歷時性（建構）的統一而更強調後者。他認為建構是「一系列不斷的反身抽象和一系列連續更新的自我調節的建構。」❷

我認為，中國文化—心理結構也是一個不斷建構的過程。時下部分海內外學者比較看重於中國文化的恆常價值，即認為文化與經濟政治不同，後者隨時代而變化，而前者卻具有歷史的延續性、穩定性和恆常性，文化不能中斷，因此認為「五四」時期是中國文化的「斷裂期」，對此，我不敢苟同。文化—心理圖式是一個不斷建構的過程，建構有同化、順應兩種（詳後），當客體的變化已經不能採用同化建構（用舊圖式同化新客體）時，就必須採用順應建構，即建立新圖式以達到新的適應。從嚴復、梁啟超到「五四」新文化運動是中國第一次真正意義上的文化—心理順應建構，這是歷史的邏輯的必然發展趨勢，它展示了中國文化—心理不斷建構的歷史行程，而不是「文化的斷裂」。

第二、內化與外化，皮亞傑認為，從建構的過程看，包括動作的內化與圖式的外化。他認為，嬰兒只有一些以自我為中心的、互不協調的孤立動作，隨着活動的展開，主客不分的孤立動作，沿着內外兩個相反方向分化協調，分別建立主體動作之間的內部協調結構（圖式）和客體之間作用的外部協調結構，前者是內化建構，後者是外化建構，合為雙重建構。內外雙重建構不斷導致新圖式的產生，使認識形式不斷完善。

---

❶ 皮亞傑：《發生認識論原理》，商務印書館，1985 年版，第 15 頁。
❷ 皮亞傑：《發生認識論原理》，商務印書館，1985 年版，第 103 頁。

外化建構則運用主體圖式加之於客體，也就是說，認識客體的同時，也就在不斷建構客體。

過去研究思想史往往只單向考察思想對文化—心理的影響，如孔子的思想影響等。而實際上，思想與文化心理的關係，也是一種相互作用的雙重建構過程。一方面，新的客體環境（包括文化心理）被不斷地內化到思想家的主體認知圖式，而思想家的理性加工過程，也就是他的主體認知圖式（這裏指思想體系）的不斷完善過程；另一方面，這套思想體系的不斷完善過程實際就是重新建構客體即建構民族文化心理的過程，也就是說這套思想體系又不斷外化積澱在普遍的社會心理中，形成一定的文化—心理圖式，二者是一個不斷內化和外化的過程。那麼這就給我們一個新的啟示，即研究思想史是不是可以像「接受美學」一樣，從思想的接受者即從「集體表象」（列維·布留爾）、「集體原型」❶ 亦即從思想的歷史積澱凝聚為普遍的社會心態開始，進行逆向考察？這樣思想史的對象就不僅僅是幾本思想著作，大量的歷史學、社會學、民俗學材料，如檔案、書信、筆記、稗官野史等都可進入我們的研究視野，這也許是研究思想史的一條新路徑。

第三、同化與順應、平衡與適應，建構的性質有兩種：即同化與順應。同化就是把「給定的東西整合到一個早先就存在的結構之中」❷，即把客體納入原先的主體圖式中，從而使客體與主體形式一致；順應則是指舊圖式不能再同化客體時，經過主體自我調節產生圖式更新；適應就是順應與同化兩種作用的平衡，平衡既是狀態又是過程，主體以圖式同化客體，成功則達到與客體的適應，即達到平衡狀態，若不能同化客體，主體採用順應建構達到新的平衡。

這裏引起我們思考的一個問題：中國自春秋戰國以後，儒家思想在

---

❶ 「集體原型」又名「集體潛意識」或「原始意象」，由瑞士分析心理學家榮格提出，認為人的「生命力」活動中有一種遙遠的種族記憶或歷史積澱起作用。

❷ 皮亞傑：《發生認識論原理》，商務印書館，1985 年版，第 25 頁。

中國傳統文化中一直居於支配地位的原因，是否與中國文化—心理建構的性質有關呢？如果略去一些細節而從宏觀考察，我們認為，傳統文化—心理結構一直是同化建構，同化建構保證了儒家文化的支配地位。直到近代嚴復、梁啟超及新文化運動，才開始中國真正的順應建構。

　　中國的同化建構大的有三次：先秦、秦漢、宋明。限於篇幅，同時為了理清這個同化建構過程的脈絡，下文我們採用兩條線索來簡述這個同化建構過程的特點，而不能按整體圖式進行綜合考察。

三、同化建構分述（一）

　　我們首先分析一下倫理建構過程。

　　中國倫理建構過程始終是以血緣宗法關係為基礎，經歷了道德心理原則——道德功利主義——道德專制主義到價值轉換的過程。

　　就中國傳統倫理與宗法關係而言，可以說是一種家族倫理，三綱五常、修齊治平都無一不落實到家族關係上，中國傳統觀念中，家國常常是合二為一的，家是國的濃縮，國是家的放大 [1]，所以梁啟超說中國無公德只有私德是很有見地的（《新民說》），因此談倫理建構不能迴避血緣宗法關係演變的考察。

　　原始時代的宗法共同體的家族公社的發展在西周取得了「家天下」的形式，天子、公、侯、伯、子、男的等級制度，都是由大宗、小宗等宗法關係配置起來，但是這一種有着「田園風味」（馬克思語）的宗法共同體受到了春秋以來「庸俗的貪慾、粗暴的情慾、卑下的物慾、對公共財產的自私自利的掠奪」「偷竊、暴力、欺詐、背信」[2] 的衝擊，「禮崩樂壞」「竊鈎者誅，竊國者侯」[3]，多少反映了這種宗法制度崩解時出現的

---

[1] 參見龔自珍：《農宗》，其中認為國源於家。
[2] 《馬克思恩格斯選集》第四卷，第 94 頁。
[3] 《莊子·胠篋》。

道德淪喪狀態。我們認為，孔子所謂「郁郁乎文哉，吾從周」「一日克己
復禮、天下歸仁焉」「吾不復夢見周公矣」等等，並不是什麼奴隸主沒
落階級復古、倒退的表現，而恰恰是那種「親親、尊尊」的家族公社共
同體意識作為一種集體表象或集體原型在當時人們心中積澱的反映。孔
子之所以把「仁」建立在「禮」的基礎上，恰恰就是用那種宗法共同體
的原始倫理圖式來同化新的客體環境。孔子的貢獻就在於把西周末年以
來的懷疑主義的理性思潮作了一次總結。而這種理性精神發展的結果，
就是把更多的親子之愛的心理情感輸入到「仁」的思想模式中以取代神
祕互滲律，因此稱之為道德心理原則 ❶。戰國、秦漢一系列的廢除世族
世襲制、徙民運動、選舉制和商品經濟的衝擊，宗法作為一種制度已經
讓位給以中央集權和郡縣制等為特徵的專制政治了。古老的宗法共同體
逐漸淡化，由其原生形態變為一種次生形態。政治高於道德，道德內容
功利化。如「孝悌」與功利政治掛上鈎（如舉孝廉），道德不是目的而
是手段。於是產生了「飾偽以邀譽，釣奇以驚俗。不食君祿而爭屠沽之
利，不受小官而規卿相之位」❷ 和「舉秀才，不知書，察孝廉，父別居」❸
的名實顛倒的情形，都同化在孔子那套體系化理論化的「仁─禮」道德
圖式中。以重門第、重地望、士族聯姻、譜牒盛行為特徵的門閥士族制
在魏晉南北朝更突出了宗法制度劣根性的一面，並又一次取得政治制度
形式，但在隋唐受到地主經濟、科舉制和農民戰爭的摧毀。從此以後，
宗法共同體進一步淡化、演變為再次生形態，即從宋代到近代，主要是
以集體表象、集體原型的觀念形態長期積澱在社會心理中。但是合族而
居、修譜、置族田、義倉、社倉、祖先祠廟……配套而成的宗法關係網
仍然長期盤踞在中國的鄉村，即使近代在西方資本主義和本國資本主義
萌芽的內外衝擊下，家族制度漸形瓦解，所謂，「僻縣無十世之族，望縣

---

❶ 參見《李澤厚哲學美學文選》。
❷《資治通鑒》卷 51，順帝永建二年。
❸《抱樸子‧審舉》。

無五世之族，畿縣無三世之族」❶，但仍然產生了一股影響不小的宗法思潮 ❷，而曾國藩利用同宗、同族、同鄉關係建立起來的湘軍可以說是這種宗法意識的現實化。與這種宗法共同體的逐漸淡化的同時，宋明理學家卻在重建倫理結構，但這也是一次同化建構。也就是說，是把道家的宇宙論、佛家的宗教修養，尤其是來自客體的專制主義，納入主體儒家倫理圖式中，這樣就導致了兩個「二律背反」的更形突出：

第一、心理原則與外在程序的衝突，後期專制主義被納入儒家倫理圖式後，使心理原則更多地體現為繁文縟節的外在程序（禮教），甚至舉手投足都程序化，所謂「坐如尸，立如齊」❸、所謂「話莫高聲，笑莫露齒」「餓死事小，失節事大」……外在程序的繁瑣化，使儒家原倫理結構不斷擴展、成熟、爛熟，其結果必然惡性發展，便是「以理殺人」（戴震語）。有人統計，在朱熹故鄉江西婺源自宋至清朝光緒四年的節烈、節婦、節孝就有七千一百餘人 ❹。

觸犯家族倫理，家族內可私設公堂，「數其過而杖之」❺，甚至「縛犯者投諸池塘溺斃之」❻。這樣倫理道德本來作為「自由意志」（康德語）的確證，結果卻變成一種異己的對立物，即成了一種道德專制主義。

第二、倫理本體與感性功利的二律背反，宋儒們所高揚的那種「天人合一」「孔顏樂處」的倫理本體境界 ❼，無疑可以為今人提供一些理論價值，但是正如康德的實踐理性一旦回到「現象界」時必然要陷入「二律背反」一樣，這種倫理本體境界落實到感性世界也同樣陷入「二律背反」。有近代朱熹之稱的曾國藩在其家書中道出了他的心曲：

---

❶ 謝階樹：《約書》卷九。

❷ 參見龔自珍：《農宗》；謝階樹：《約書》；馮桂芬：《校邠廬抗議》下卷，《復宗法議》等。

❸《宋子語類》卷 42。

❹ 張立文：《朱熹思想研究》，中國社會科學出版社，第 646 頁。

❺《左文襄公書牘》卷 1，第 23 頁。

❻ 劉蓉：《養晦堂文集》卷 8，第 25 頁。

❼ 參見《李澤厚哲學美學文選》。

　　吾細思凡天下官宦之家，多只一代享用便盡……商賈之家，勤儉者能三四代，耕讀之家，謹樸者能延五六代，孝友之家，則可以綿延十代八代……故教諸弟及兒輩，但願為耕讀孝友之家，不願為仕宦之家。❶

　　「孝悌」作為倫理觀念，不是服從於倫理本體的「絕對命令」，而完全服從於「意志他律」（康德語），即成了保持家族昌盛、綿延不衰、門庭顯赫的手段。這樣，包裹在現實利害關係中的倫理道德提升為一種純粹而絕對的倫理本體時，就帶上更大的虛偽性、欺騙性，一旦遇到巨大的現實變化，就會走向反面，這就是近代的價值轉換過程。

四、同化建構分述（二）

　　時下討論傳統思維方式的文章比較多，一追溯就是儒、道、孔、老、莊。由於中國文化─心理建構一開始就是同化建構，因此使原邏輯思維得以長期存在。我們認為傳統思維方式經歷了「原邏輯思維→實用理性→系統」和「原邏輯思維→近代還原式思維」的過程。西周後期以來，在中國第一次興起了一股懷疑主義理性思潮，如《詩經》的《小雅》《大雅》中對「浩浩昊天」「父母先祖」「群公先正」的懷疑，所謂「天道遠、人道邇」「吉凶由人」，標明人的自我意識開始覺醒，「非二分主義」和「泛靈論」色彩的原邏輯思維開始受到理性思維的衝擊，孔子總結並發展了這一理性思潮。但是孔子的實用理性仍保留了原邏輯思維一些特點：如二者都不重分析、只重綜合，不重視客體的自然屬性而重視與自身人類有關的實用性，二者都帶有情感因素，而且原邏輯思維不關心矛盾律，實用理性也不重視形式邏輯，這都反映了同化建構的特點。
　　至於董仲舒「天人感應」的宇宙圖式，我們認為不能像李澤厚先生

---

❶《曾國藩全集・家書（一）》，湖南人民出版社，1986年，第187頁。

所認為的僅僅是一種素樸的系統思維 ❶，而是系統思維與原邏輯雜糅，而且是用原邏輯思維搭起一個宇宙構架後才具有系統性。如董仲舒所謂「五行相生」：「木生火、火生土、土生金、金生水。水為冬，土為季夏，火為夏，木為春。」「五行相勝」：「金勝木」「火勝金」「木勝土」「慶為春、賞為夏、罰為秋、刑為冬」等等 ❷，也就是把完全違反矛盾律的天時、物候、人體、政制、賞罰等用一種神祕性將之關聯起來，這與印第安人把希庫里（神聖的植物）、鹿和玉蜀黍聯在一起在思維形式上有何區別呢？ ❸ 二者的集體表象都不分析物理意義上的因果關係，而是以神祕為媒介進行綜合；二者都是集體原型的積澱，前者以普遍流行的五行陰陽學說為基礎，後者出於原始宗教、風俗；二者都遵循神祕的互滲律而非矛盾律。

第三次同化建構也仍然保留了原邏輯的一些特點：如三綱五常與天理的關聯，「格物致知」不是格其物之知，而是實用的倫理之知，虎狼蜂蟻與天理關聯而成為「仁獸」「義獸」❹，這種關聯也是遵循互滲律而非矛盾律，原始的「天人合一」（主客不分）與宋儒的「天人合一」也有某種形式的類似。

列維・布留爾認為，在充滿原邏輯思維的地方，「看起來最微不足道的革新也會招來危險，它能解放敵對力量，招來革新者本人和那些與他有關的人的毀滅。」❺ 這在中西文化衝突的近代表現極明顯。洋務派舉辦鐵路幾乎遭到朝野的普遍反對，修鐵路似乎比割地賠款更難令人忍受。其中反對理由之一：修路勢必震動「地脈」，而「地脈」連着「國脈」，因此修路危及國家命運。反對架電線的理由亦如此：「電線之設，深入地底，橫沖直貫，四通八達，地脈既絕，風侵水灌，勢所必至，為

---

❶ 參見《李澤厚哲學美學文選》。
❷ 《春秋繁露》《五行對》《五行相勝》《四時之副》。
❸ 列維・布留爾：《原始思維》第 116 頁。
❹ 《宋子語類》卷 4。
❺ 列維・布留爾：《原始思維》，第 32 頁。

子孫者心何以安？」● 這種推理無疑都帶有那種原邏輯特色。上海吳淞口鐵路就是在這樣一些理由下被拆毀了。至於義和團扒鐵路、斷電杆則是盡人皆知的。今人論及義和團相信「經師傳授符咒，即有某神附體，或某神附身，立即武藝精通，身體靈爽」● 時，論及所謂「功候滿足，即能槍炮不入，刀箭不傷」時，一概斥之為迷信、愚昧，實際上這正是長期左右着廣大鄉村農民思維的原邏輯的互滲律的作用。這種思維甚至也支配着一些上層官僚，如廣東巡撫葉名琛在英軍攻打廣州前卻在忙着扶乩，這似乎成了戰爭勝敗的關鍵。

　　原始思維的集體表象，反映的是歷史積澱下來的觀念、意識和心理（集體原型），它使人們按着既定的文化—心理圖式去同化客體。在近代突出的就是「還原」式思維。皮亞傑指出其特點「把高級水平還原為低級水平的趨勢，或者是因為還原論趨勢太過頭而發生反動的相反趨勢。」● 近代流行着孔子的一句話「禮失而求諸野」，典型概括了這種還原式思維。人們認為「天朝無所不有」（乾隆語），禮義之邦，而西方物質文明是因為「……周衰，疇人弟子相率而西，故西得竊中國之緒餘而精之，反以凌駕中國之上。」● 於是化學、光學、氣學、電學等近代科學都成了中國的發明 ●。近代西方政治制度也是古已有之，代議制被還原為《周禮》●，所謂「《洪範》稽疑，謀及庶人，盤庚遷都，咨於有眾」● 被塗上了近代議會色彩，議員被還原為漢之議郎、唐之台諫 ●，甚至社會主義也被還原為井田制，王莽成了社會主義創始人 ●。

● 《洋務運動》第六冊，第 331 頁。
● 佐原篤介：《拳事雜記》，載《義和團》第 1 冊，第 305 頁。
● 皮亞傑：《發生認識論原理》，商務印書館，1985 年，第 104－105 頁。
● 譚嗣同：《思緯氤氳台短書——報貝元徵》。
● 鄭觀應：《盛世危言增訂新編》卷一。
● 章太炎：《代議然否論》，參見《中國近代思想史參考資料簡編》，三聯書店，1957 年，第 612 頁。
● 鄭觀應：《盛世危言增訂新編》卷一。
● 鄭觀應：《盛世危言增訂新編》卷一。
● 《梁啟超哲學思想論文集》，北大出版社，1984 年，第 207 頁。

還原式思維的結果往往把西學弄成一種不中不西、非古非今的東西，即嚴復所說的「淮橘為枳」。近代西方民主政治制度沒有在中國扎下根，應該說與此是有關係的。

這裏需要說明的是，同化建構的積極作用也應該得到肯定，比如四大文明古國為何只有中國文化得以長期延綿不絕呢？這就與同化建構有關，這給我們留下的精神財富是無法估量的。但是我們要充分估計到同化建構帶來的文化劣根性問題，過去我們對封建主義傳統批判較多，但是我們對更為遙遠的傳統如原邏輯思維和宗法共同體及其次生形態、再次生形態（家長制、權威意識、論資排輩……）卻注意不夠，這些集體原型不是在今天的改革中，表現出極大的惰性和慣性嗎？因此，研究中國文化─心理圖式建構問題就不純然是一個學術問題了。

五、歷史文化心理學芻議

時下正是「文化研究熱」的時候，其中雖然不乏力作，但大家都感覺到中國思想文化史研究還需要開掘深度和廣度，也感覺到有必要建立一門歷史文化心理學。

根據我們對發生認識論的理解和運用，是否可以這樣表述：歷史就是以人類社會歷史實踐活動（動作）為聯繫的客體即經濟─社會政治結構（包括經濟基礎、上層建築各部分）和主體即歷史文化─心理結構的雙重建構的過程。那麼，作為歷史學就有兩個子系統：歷史經濟─社會政治學和歷史文化心理學，前者研究客體的不斷建構，如現在經濟史、政治（制度）史等即屬這個範疇，而後者就是以研究主體的文化─心理結構的不斷建構過程及其與客體相互作用為對象的科學。它大致研究以下幾方面：

第一，什麼是文化心理圖式？它是一定的群體（民族等社會集團）在一定歷史時代積澱滲透在個體中的文化的（如宗教、倫理、藝術、風俗習慣等）心理結構，也包含了體現着理性的社會客體（政治、法律、

道德規範等）在作為感性存在的主體中的積澱。由於這是歷史地發生、建構的，所以我們稱之為歷史文化心理結構（圖式）。它也是人們的思維方式、行為方式、交往方式、價值判斷、審美判斷等准理論或非理論意識形態的具象體現。綜合言之，它是個體中體現沉澱的社會集團（如民族）的性格或心理素質，反映為一種普遍的國民精神狀貌；分而析之，李澤厚先生概括為智力（知）、倫理（意）、審美（情）三結構❶，這基本上是合理的，但也會碰到一些問題。如嚴復最早提出而為梁啟超《新民說》所繼承的「新民德、開民智、鼓民力」，在我們看來，「新民」也就是為重建中國文化心理結構，以促使主體近代化。其中前兩項似好歸類，而「民力」卻不好歸之於審美結構，「民力」問題在近代被突出地提出來，是為了探討國民為何缺乏冒險進取精神，為何成為「東亞病夫」……因此，梁氏談「民力」包括：心力、膽力、體力。其中或牽扯到價值判斷（傳統重文輕武）、或關涉到審美問題（傳統缺乏崇高的悲劇精神）、或與教育學有關（傳統重養生而輕體育）。因此李先生的三結構也還有可探討處。

第二，圖式的發生學問題。我們認為，對後世影響很大的中國文化源頭不是孔、老莊或儒道互補，我們應該重視原始文化心理圖式中原邏輯思維結構和宗法共同體倫理意識以及它們在後世的次生形態、再次生形態的影響問題。比如我們史學界長期把宗法血緣關係稱為「封建的」，這實際是把次生形態當作原生形態，這是一種誤解。

第三，圖式的建構。現在很多人大談民族性格問題，但是普遍忽視歷史文化的不斷建構問題。這裏我們再引用皮亞傑在反對列維－斯特勞斯片面強調共時性的結構主義時所說的一段話：「結構和功能，發生和歷史，個別主體和社會，在這樣理解的結構主義裏……就都變得不可分割了。」❷也就是說結構的共時性、穩定性和建構的歷時性、變異性是統一

---

❶ 參見《李澤厚哲學美學文選》。
❷ 皮亞傑：《結構主義》，商務印書館，1986 年版，第 90 頁。

的。因此我們認為圖式的不斷建構是歷史文化心理學的中心內容，大致有三點：建構的性質和特點（同化還是順應，過程怎樣演變）；思想與文化心理的關係，這就涉及「集體表象」「集體原型」即歷史文化積澱為心理及其逆向考察問題；主體文化心理與客體經濟—社會政治的關係。歷史唯物主義與發生認識論都認為，一定的文化心理適應一定的客體經濟政治關係，而且文化心理的每一次建構，都須把客體內容納入主體圖式。

　　第四，中西文化—心理圖式的比較研究，關於中西比較研究現在多是分析比較，如果進行整體圖式綜合比較將更能把握文化本質特徵。

（原載《學習與探索》1987 年第 2 期）

孫中山經濟發展戰略的再認識

在內憂外患的近代中國，救亡與革命似乎總是高於經濟建設。而在眾多的孫中山研究論著中，作為政治家革命家的孫中山總是倍受重視，而孫中山的《實業計劃》卻沒有被給予足夠的重視，作為近代中國第一個關於現代化的經濟發展戰略，《實業計劃》雖然沒有實施，但卻是一份彌足珍貴的歷史文獻，其中很多思想在今天看來，仍能給我們以啟迪。

一、孫中山經濟發展戰略的理論前提

孫中山的《實業計劃》是一個非常全面系統而宏大的經濟發展藍圖。孫中山為什麼要提出這個計劃，它的邏輯起點是從哪裏開始的，這是我們首先要解決的問題。

為此，我們不能不回到孫中山的「民生主義」。當我們重新檢視《實業計劃》與「三民主義」的關係時，就會發現，孫中山的經濟發展戰略實際上就是一個民生主義經濟發展戰略。也就是說，民生主義是孫中山的經濟發展戰略的理論前提和邏輯起點。只有理解了民生主義，才能更好地理解孫中山的經濟發展戰略。

過去學術界經常把「民生主義」歸結為「平均地權」和「節制資本」，這固然基本是對的，卻是較為片面的，而且抽掉了「民生主義」的靈魂。我認為，孫中山「民生主義」包含如下思想，構成了他的經濟發展戰略的理論前提。

　　第一，民生主義的靈魂是「生產」、是發展、是工業化與近代化思想。

　　孫中山雖然在多處講民生主義就是「平均地權」和「節制資本」，但是，他總是先要講工業革命、講生產力發展、講工業化為主要內容的現代化問題。在《民生主義》第一講中，他一開始就談到「這幾十年來，各國的物質文明極進步，工商業很發達，人類的生產力忽然增加。」❶然後用很大的篇幅來論證用機器取代手工所帶來的生產力出現「幾百倍或幾千倍的差別」，充分肯定「機器發明了之後，世界的生產力便走出一個大變動，這個大變動，就是機器佔了人工。」❷因此，孫中山總是熱情地讚美工業革命所帶來的現代化。

　　至於談到現代化中出現的諸如剝削問題、兩極分化問題，孫中山總是辯證考慮，他說：「我們要完全解決民生問題，不但是要解決生產的問題，就是分配的問題也是要同時注重的。」❸

　　「平均地權」與「節制資本」都是「分配」問題，不能因為要平均地權解決「分配」等社會問題，就忽視「生產」，忽視發展和現代化問題，孫中山明確指出：「現在我們講民生主義，就是要四萬萬人都有飯吃，並且要有很便宜的飯吃。」要「吃飯」，首先就要「生產」，就要「發展」。因此，「生產」和「發展」是前提，是基礎，現代化是靈魂，民生主義是在發展生產的前提下來解決「平均地權」等「分配」問題的。那種把民生主義理解為「平均地權」「節制資本」，把民生主義歸結為「分配」問題是極片面的。

　　第二，既然民生主義的靈魂不是「平均地權」而是「生產」、發展和現代化思想，那麼民生主義具體要「生產」什麼呢？這就是孫中山的衣食住行工業。

　　孫中山認為，「吃飯就是民生的第一個需要。」他認為民生的需要

---

❶《孫中山選集》，人民出版社，1956 年版，第 802 頁。
❷《孫中山選集》，人民出版社，1956 年版，第 804 頁。
❸《孫中山選集》，人民出版社，1956 年版，第 806 頁。

「應該有四種,於衣食住外,還有一種就是行。」❶ 於是他花很多篇幅來講衣食住行的民生主義。在《建國大綱》中明確指出:「建設之首要在民生。故對於全國人民之食衣住行四大需要,政府當與人民協力共謀。」❷ 而在他的《實業計劃》中,第五計劃專門討論「工業本部」問題,他把生活資料部類分為糧食工業、衣服工業、居屋工業、行動工業和印刷工業,這正是他的民生主義根基衣食住行問題。

　　第三,作為重視生產、重視發展生產力和現代化的民生主義,其實踐的突破口就是「廢手工採機器」的工業革命。在《實業計劃》中,孫中山指出:

　　中國今尚用手工為生產,未入工業革命之第一步,比之歐美已臨第二革命者有殊。故於中國兩種革命,必須同時並舉,既廢手工採機器,又統一而國有之。於斯際中國正需機器,以營其巨大之農業,以出其豐富之礦產,以建其無數之工廠,以擴張其運輸,以發展其公用事業。❸

因此,孫中山民生主義實踐的突破口,首先就是工業化和現代化,而《實業計劃》中六大計劃正是在中國全面推進工業化和現代化的具體實施計劃和發展藍圖。

　　我們疏理一下孫中山經濟發展戰略的思想軌跡就會發現,作為「平均地權」和「節制資本」的民生主義需要重新認識,民生主義既是「分配」的民生主義,更是「生產」的民生主義;作為「生產」和發展生產力的民生主義,其核心內容是要解決人民的衣食住行問題,根本的方法是以「廢手工採機器」的工業革命或工業化為突破口。這就是孫中山經濟發展戰略的理論前提。

---

❶《孫中山選集》,人民出版社,1956 年版,第 862 頁。
❷《孫中山選集》,人民出版社,1956 年版,第 601 頁。
❸《孫中山選集》,人民出版社,1956 年版,第 214 頁。

二、孫中山經濟發展戰略的內容和特點

孫中山的《實業計劃》由六大計劃組成，其中三大港口計劃佔了六大計劃的一半篇幅，第四計劃是鐵路發展計劃，第五計劃是生活資料部類發展計劃，第六計劃是原材料、採礦業和機器製造業發展計劃。綜合來看，《實業計劃》的特點是以三大港口為增長極、以沿海為重點的梯度發展的區域經濟發展戰略；以港口為點，以鐵路、水路、公路為軸線的點軸式開發模式；以交通、運輸、原材料和生活資料工業為重點的工業化產業發展戰略。

（一）優先發展沿海、以三大港口為增長極的「策源地」戰略

港口發展在《實業計劃》中佔有非常突出的地位，六大計劃中就有三大計劃是港口計劃。過去我們很容易把港口建設歸結為一個城市基礎設施建設，為港口而港口，這顯然不符合孫中山的本意。孫中山在談到「北方大港」時明確指出：「北方大港之築，用為國際發展實業計劃之策源地。」❶「策源地」戰略乃是重新認識港口計劃的關鍵所在。

中國是一個幅員遼闊、地區經濟發展極不平衡的國家，這首先指的是資源稟賦、自然條件的非均衡性。對此，孫中山是有深刻認識的。他多次提到，山西、開灤的煤、直隸灣的鹽、揚子江邊的士敏土，各地資源分佈極不均衡，北方多山，南方多水，都反映了各地自然條件千差萬別。其次，這種非均衡性也表現為社會制度、文化價值觀念的差異。當沿海已開始沐浴歐風美雨，開始步入近代化時，內地大部分地區還停留在男耕女織的小農經濟社會，甚至有些邊遠少數民族地區還處於刀耕火種時代。孫中山在《實業計劃》中作過分析，與「直隸生齒之繁」相比，熱河、內蒙古遊牧之原「土曠人稀」❷，「一方人口至多，他方人口至少

---

❶《孫中山選集》，人民出版社，1956 年版，第 218 頁。
❷《孫中山選集》，人民出版社，1956 年版，第 220 頁。

者，彼此相差之遠」，人口狀況的不均衡，反映了經濟和社會文化的整體的不均衡。這就說明，大國經濟必然是非均衡經濟。非均衡經濟大國如何實現工業化近代化，這在客觀上就要求中國不能採取「齊步走」策略，必須讓有條件的地區先行一步。我們翻開《實業計劃》就可明了，孫中山是採取先沿海、後內地，以沿海帶動內地的梯度發展戰略。他在沿海設立三大世界大港、四個二等港、九個三等港、十五個漁業港，組成了一個龐大的港口網系統，而且並不認為這樣港口太多，相反，認為如果與歐美比較，港口還太少。他說：「如使吾人取西歐岸線與中國等長之一節計之，則知歐洲海港之多，遠過中國。」● 他認為像荷蘭這樣的彈丸小國，尚有兩大世界港阿姆斯特丹和鹿特丹。與美國比較，「美國人口僅得中國四分之一，而單就其大西洋沿岸海港而論，已數倍於整頓計劃中所舉之數。」● 這是典型的海洋發展戰略，反映了孫中山那種「得海洋者得天下」的開放心態和世界胸懷。

現代經濟學證明，區域經濟的梯度發展總是與增長極發展戰略相聯繫。在區域經濟發展中，通過極化的方式，集中人財物以優先培育和發展有條件的地區或城市，使之成為經濟成長最快的地區，然後再逐步向周邊後發展地區輻射，帶動其他地區共同發展。這個經濟增長最快的地區或城市就是一個輻射源，一個增長極，它在區域經濟發展中起着引領、輻射和帶動作用。孫中山提出「策源地」概念，正是要發揮這種世界級大港的輻射源和增長極的作用。首先，孫中山選擇的北方大港、東方大港和南方大港，恰好是當時中國經濟增長最快、工業化程度最高的地區，也是中國最開放的三個地區，中國最現代的工業企業大部分集中在這三個地區，也是租界最多、外商投資最多的地區，在中國經濟中佔有舉足輕重的地位。因此，選擇這三個點作為中國經濟的增長極，是可以發揮輻射、引領和帶動作用的。其次，作為增長極的定位，必須有其

● 《孫中山選集》，人民出版社，1956 年版，第 301 頁。
● 《孫中山選集》，人民出版社，1956 年版，第 302 頁。

廣闊的腹地，北方大港輻射的腹地是黃河流域和華北東北地區，東方大港輻射的腹地則是整個長江流域，而南方大港輻射的腹地則是珠江流域和華南地區。

孫中山的港口戰略並不是為港口而港口，而是以港口作為帶動中國經濟走向世界的「策源地」。縱觀世界經濟發展史，優良的港口帶動港口城市或更大範圍的區域經濟發展，幾乎是一般規律。美國的紐約、新奧爾良港，歐洲鹿特丹、漢堡港，日本橫濱、大阪港，中國香港、新加坡都為本國或本地區經濟發展起到了巨大的帶動輻射作用，這就是以大港口帶動大運輸，大運輸帶動大貿易，大貿易帶動整個經濟的大發展，「港依城建，城因港興」已成為一個規律而為人們所接受。而孫中山早在80年前就已經充分認識到港口對經濟的帶動輻射作用，使人不能不佩服他的先知之明。

（二）以港口為點、以鐵路為軸的點軸式開發模式

中國幅員遼闊，人口眾多，使經濟發展不可能走「遍地開花」的開發模式，必須有重點有先後地進行。孫中山果斷地選擇了以港口為點，以鐵路線為軸的點軸式開發模式，這是孫中山《實業計劃》的又一個特點。

以港口為點，這就是孫中山的「中國之海港系統」計劃。這個港口計劃分為四個層次。

第一層次：北方大港、東方大港、南方大港，其目標是要建成三大「世界商港」❶，以與美國紐約、荷蘭鹿特丹、漢堡港媲美。

第二層次：營口、海州、福州、欽州四個二等港。以今天眼光來看，這四個選點顯然不具有代表性。但是其功能在於，三大港將代表中國參預世界競爭，而這四個港則是區域性港口。

---

❶《孫中山選集》，人民出版社，1956 年版，第 231 頁。

第三層次：葫蘆島、黃河港、芝罘、寧波、溫州、廈門、汕頭、電白、海口九個三等港。這九個港的選點也不一定合理，但意在充當規模中等的省級港。

第四層次：安東、海洋島、秦皇島、龍口、石島灣、新洋港、呂四港、長塗港、石浦、福寧、湄州港、汕尾、西江口、海安、榆林港 15 個漁業港。這 15 個港充當規模較小的一般性地區級漁港。

以鐵路、水路、公路為軸，這就是孫中山的十萬英里鐵路、百萬英里公路計劃，主要的鐵路線有中央鐵路系統共 24 條鐵路幹線，東南鐵路系統共 13 條幹線，東北鐵路系統共 20 條幹線，西北鐵路系統共 18 條幹線，高原鐵路系統共 16 條幹線。這五大鐵路系統，按孫中山估算，總長 6.2 萬英里，設雙軌則至少有十萬英里。

除了以鐵路為軸線外，還有就是以水路為軸，這就包括整治長江計劃，改良北運河、淮河、江南水路系統、鄱陽水路系統、漢水，洞庭水路系統和揚子江上游。此外，還計劃以公路為軸，全長一百萬英里。

通過鐵路、水路和公路，使港口與全國各地緊密聯繫起來，採取沿鐵路線、沿江和沿公路開發，使「點」的開發與「軸」的開發結合起來，最終帶動中國經濟的發展。

（三）以交通、運輸、原材料、採礦業和生活資料工業為重點的工業化發展戰略

各次產業所佔的比重，是判斷一個國家或地區究竟是以農立國，還是以工以商立國的重要依據。孫中山在《實業計劃》中所實施的產業發展戰略，反映了以工立國，走工業化發展道路的思路。

在孫中山的產業發展戰略中，沒有第一產業農業的地位，雖然在多處講過民生主義就是解決吃飯問題，但在他的實業計劃中，是把農業放在工業中闡述的，也就是說農業沒有被給予獨立的地位，這反映了他重視工業的思想，而且把農業轉換成「糧食工業」，討論的重點是農業現代化和工業化的問題，比如加強科學「測量土地」和「設立農器製造

廠」❶，討論糧食的儲藏和運輸，尤其是討論糧食的加工製造，實際上就是一個如何使農業工業化、現代化的問題。

在第二產業中，孫中山的思想反映了早期工業化的特點，即強調原材料工業、採礦業、機器製造業在工業中的作用。他說：

> 礦業原料以供機器，猶農業食物以供人類。故機器者實為近代工業之樹，而礦業者又為工業之根。如無礦業，則機器無從成立；如無機器，則近代工業以轉移人類經濟之狀況者，亦無從發達。總而言之，礦業者為物質文明與經濟進步之極大主因也。

從這裏可看出，孫中山所理解的第二產業就是兩項：礦業和機器製造業，礦業提供原材料，機器加工製造。在他的第二產業計劃中，主要包括鐵礦、煤礦、油礦、銅礦、特種礦之採取，礦業機器之製造，冶礦機廠之設立 ❷。除此之外，第二產業還包括生活資料部類的工業，孫中山稱之為「工業本部」，即「以個人及家族生活所必需，且生活安適所由得。」❸ 這個「工業本部」大抵就是馬克思所說的「生活資料部類」，孫中山認為包括糧食工業、衣服工業、居室工業（建築業）、行動工業（機動車製造）和印刷工業。也就是他的民生主義的根基衣食住行工業，並與原材料工業、機器製造業共同構成第二產業的主體。

這個計劃在當代看來，自然已經落後了，但在 20 世紀初，對於一個農業大國來說，推進工業化進程，仍有着非常重要的意義。

在第三產業中，孫中山的思想仍反映出早期工業化特點，即只有傳統的交通運輸業。工業化的最典型特徵就是人力、畜力被機器動力所取代，孫中山對此有很深刻的認識。認為工業化「就是用天然的汽力、火

---

❶《孫中山選集》，人民出版社，1956 年版，第 349 頁。
❷《孫中山選集》，人民出版社，1956 年版，第 361 頁。
❸《孫中山選集》，人民出版社，1956 年版，第 347 頁。

力、水力及電力來替代人的氣力，用金屬的銅鐵來替代人的筋骨。」❶ 孫中山在前四個計劃談交通運輸業，可見，以蒸汽動力為主的交通運輸業在他的實業計劃中佔有非常重要的地位。而商貿、金融等其他第三產業則基本未曾提及。

綜上所述，在孫中山的《實業計劃》中，他的區域經濟發展戰略是以沿海為重點，以三大港口為增長極的梯度發展戰略。並且，以港口為點，鐵路、水路、公路為軸的點軸開發模式，其中不乏超前的思想。而他的產業發展戰略則以工業發展為重點，以交通運輸先行的工業化發展思路，反映了中國人民從傳統農業走向工業化社會，走向富強的強烈願望。

三、孫中山經濟發展戰略的啟示

孫中山的《實業計劃》雖然沒能實現，但留給我們的啟示是多方面的。

首先，孫中山作為中國民主革命的先行者地位不可動搖，而他的《實業計劃》也確立了他作為中國近代化先驅的歷史地位，這是中國近代以來第一個系統的論述工業化的經濟發展戰略，這個計劃表明，我們不僅要善於破壞一個舊世界，而且要善於建設一個新世界，孫中山在這兩個方面為後人樹立了光輝的典範，可惜的是，我們直到經歷了「文化大革命」之後，也就是時隔半個多世紀後，才開始重新實踐孫中山當年的宏偉構想，重新回到經濟建設這個中心工作上來。

其次，孫中山的實業計劃也在不同程度上為我們的現代化建設提供了借鑒。比如孫中山的三大港口計劃，今人正在按照當年孫中山的設想逐步實施。這三大港口的確立，反映了當時孫中山先生已經敏銳地看到直隸灣、長江三角洲、珠江三角洲對未來中國經濟的舉足輕重作用。中

---

❶《孫中山選集》，人民出版社，1956 年版，第 803 頁。

國實行改革開放後，中國經濟增長最快的地區，就是被經濟學界稱為三大經濟圈的珠江三角洲經濟圈、長江三角洲經濟圈與環渤海經濟圈。而且，當年孫中山三大港口的選址，都是今天正在開發的熱土。孫中山設計的北方大港新址在河北的灤河與青河之間，也就是現在的京唐港，現躍居北方大港之列。他當年設計的東方大港，現在連名字都保留沿用下來。在經過 20 世紀 80 年代寧波、舟山之間爆發的「東方大港」的爭論之後，最後經國務院決定，組建了上海—寧波—舟山組合港的「東方大港」，而這三港的中心正是孫中山先生當年選址的乍浦，東方大港的目標將完全按孫中山的設想，力爭實現「世界商港」的目標[1]。他當年設計的南方大港，現已形成珠江三角洲包括黃埔港、深圳鹽田港、西部港和珠海港的現代化港口群，鹽田港現已成為中國四大國際深水港之一，深圳僅西部港年吞吐量就已超過 2800 萬噸，孫中山當年設想的疏通黃埔至伶仃島的珠江水道，已逐步變成現實。可以說目前中國的港口體系正把孫中山當年設想的北至安東，南至欽州的「海港系統」變為現實。

　　除此之外，孫中山當年設計的以港口為重心、沿海為重點的梯度發展戰略，也在改革開放後逐步實施。當年孫中山設想的十萬英里鐵路、100 萬英里公路即每個縣平均 250 英里的計劃[2]經過半個多世紀的努力，正在逐步實現。

　　第三，孫中山的實業計劃還提出了一個非常大膽且極富遠見的思想，即利用資本主義來發展社會主義，這對今天建設社會主義現代化仍然具有十分重大的意義。孫中山是這樣表述的：

　　前之六大計劃，為吾欲建設新中國之總計劃之一部分耳。簡括之，此乃吾之意見，蓋欲使外國資本主義以造成中國之社會主義，而調和此人類

---

[1] 陸永龍等：《東方大港選址記》，載《光明日報》1996 年 6 月 21 日。
[2]《孫中山選集》，人民出版社，1956 年版，第 359 頁。

進化之兩種經濟能力，使之互相為用，以促進將來世界之文明也。❶

在孫中山的民生主義思想中，原本就想把歐洲的工業革命與社會主義革命融為一爐，畢其功於一役。因此，在他的實業計劃中，仍然強調要利用外國資本主義發展中國經濟，同時避免資本主義制度的弊端，發展社會主義。當然，他對社會主義的理解並不是我們的科學社會主義，但是這一利用資本主義發展社會主義的思想，卻是非常可貴的。

當然，孫中山的《實業計劃》在當時只能是一紙空文，一個近代化之夢。

首先，在一個還處於半殖民地半封建的舊中國，想依靠西方各國來推進中國的工業化，只能是一種幻想。《實業計劃》最初是一份英文稿。叫作《國際共同發展中國實業計劃》，按照孫中山的設想，第一次世界大戰剛結束，西方各國「陷於經濟之恐慌」，西方各國「欲恢復其戰前經濟之原狀，尤非發展中國之富源，以補救各國之窮困不可也。」❷中國資源豐富，面臨着「廢手工業採機器」的工業革命，需要大量機器設備，而西方大戰一停，大量軍工企業面臨着「軍轉民」，機器設備需要尋找新市場。因此，在孫中山看來，用西方機器設備完成中國工業化，對雙方都有利。於是，提出一個「國際共同發展中國實業計劃」。但事實上，沒有任何一個西方國家會為支持中國的工業化而作出半點努力。這就是《實業計劃》無法實現的根本原因。

其次，在內憂外擾的民族危亡時期，救亡和革命壓倒了經濟建設，工業化很難進行一種凝聚人心的社會動員，成為全體國民的共識，因而這個富有遠見的《實業計劃》也就只能留待和平時期的人們去實踐了。

再次，《實業計劃》提出了三大港口、十萬英里鐵路和 100 萬英里公路計劃，這個計劃至少需要數千億元以上的建設資金，孫中山並沒有

❶《孫中山選集》，人民出版社，1956 年版，第 369 頁。
❷《孫中山選集》，人民出版社，1956 年版，第 212 頁。

作過詳細的成本預算，也沒有考慮以何種優惠政策或措施去吸引外資，因此，美國商務總長劉飛爾在給他的覆函中就明確指出：

> 　　閣下亦明知書案中一小部分尚須數十萬萬金元，而其中多數在初期若干年間，不能償其所投之利息與經費。是故，其必要之債所需利息如何清付，實為第一須解決之問題。以中華民國收入負擔現在國債，利息太重，難保新增之息必能清付。❶

　　也就是說，西方國家對中國的債務償還能力和資信狀況缺乏信心，這必然影響其投資熱情。這也說明，一個貧窮落後的中國在與西方國家的經濟交往中是很難建立起自己的信譽的。這也就使吸引外資來共同開發中國、推進中國工業化、近代化成為一個不切實際的夢想。於是，只有當中國經過近一個世紀的奮鬥真正獨立富強之後，這個夢想才會逐步成為現實。

　　　　　（原載《廣東社會科學》1997 年第 3 期，收入《「孫
　　　　　中山與中國近代化」國際學術討論會論文集》，人民
　　　　　出版社 1998 年版）

---

❶《孫中山選集》，人民出版社，1956 年版，第 379 頁。

辯證理性審視下的鴉片戰爭

—— 重溫「馬克思、恩格斯論鴉片戰爭」述感

　　1840 年 6 月爆發的第一次鴉片戰爭至今已一個半世紀了。在史學界通常所謂中國近代八大事件中，鴉片戰爭似乎是一個相對冷落的領域，它既沒有太平天國研究在 20 世紀五六十年代那樣「走紅」的光榮史，也不像戊戌、辛亥、「五四」時期那樣成為研究熱點而學者雲集、專家輩出，甚至有關鴉片戰爭史的論著也屈指可數。

　　然而就在鴉片戰爭期間，遠在大西洋彼岸的兩位導師馬克思、恩格斯卻一直關注着鴉片戰爭事態的發展，關注着兩次鴉片戰爭與太平天國革命甚至與整個資本主義世界的關係，從而在《紐約每日論壇報》上發表了《鴉片貿易史》《中國革命與歐洲革命》《中英衝突》《波斯與中國》等十餘篇時評與論文。通觀馬克思、恩格斯這些文章，給人留下強烈印象的便是字裏行間閃爍着的辯證理性的光輝：既有對鴉片戰爭前因後果的細節性剖析，又有對鴉片戰爭進行世界整體性的宏觀把握；既強調西方資本主義相對於中國封建制度而言是「文明」的，又無情地鞭撻和指斥這種「文明」在從鴉片貿易到鴉片戰爭過程中十足的野蠻、偽善和欺詐的「海盜式」行徑；既認為西方殖民者將中國拖入了民族危亡的災難深淵，又指出西方殖民者在客觀上將中國引入了資本主義世界體系，從而開始了一條特殊的近代化道路。總之，一方面是「古老中國的末日」，另一方面又是「整個亞洲新紀元的曙光」❶。

---

❶《馬恩選集》第 2 卷第 21—22 頁。

　　馬克思、恩格斯這一組文章中，大致包含着如下一些基本思想。

　　首先，追溯了鴉片戰爭的起因，並揭露了西方殖民者在鴉片貿易和鴉片戰爭中的野蠻、偽善和欺詐的海盜式行徑。

　　鴉片戰爭是罪惡的鴉片貿易的必然結果，而鴉片貿易則又完全服從資本主義經濟邏輯，是資本主義原始積累的繼續和發展。馬克思就曾指出：「開採美洲的金銀礦，殺戮、奴役和活埋土人於礦山之中，着手佔領和搶掠東印度，把非洲變成狩獵黑人的圍場……這些掠奪過程就構成原始積累的主要因素。」而且這種原始積累「在對華的鴉片戰爭中，還在繼續着」❶，資本主義原始積累時期奉行重商主義的貨幣主義政策，即通過對外貿易不惜一切手段地攫取貨幣和財富，而富庶的東方和中國成了西方殖民者追逐利潤、攫取貨幣、傾銷商品的理想場所，而通過傾銷鴉片牟取暴利的鴉片貿易則證明了馬克思論述資本原始積累的一句名言：「資本來到人間，從頭到腳每個毛孔都滴着骯髒的血。」

　　馬克思在《鴉片貿易史》等文中以大批的經濟數據為基礎揭露了這種原始野蠻的鴉片貿易的逐步發展。馬克思認為，鴉片貿易的發展大致經歷了三個階段：第一階段大約在 1798 年前，葡萄牙人最早向中國輸入鴉片：「當時從土耳其販運鴉片的葡萄牙人幾乎是唯一向中國輸入鴉片的出口商」❷；而 1798 年至 1834 年的第二階段，則為英國東印度公司壟斷鴉片貿易時期，「東印度公司不再是鴉片的直接出口商，可是它卻成了鴉片的生產者」❸，於是，在印度建立鴉片生產的壟斷組織，正是從壟斷鴉片生產後，輸入中國的鴉片數量急劇增長，馬克思指出，在 1767 年前，數量不過 200 箱，但到 1800 年則達到 2000 箱，到 1821 年就達到 7000 箱；第三階段則從 1834 年開始，這年「由於東印度公司從商務機關改組

---

❶《馬克思恩格斯論中國》，人民出版社，1950 年版，第 108 頁。
❷《馬恩選集》第 2 卷，第 25 頁。
❸《馬恩選集》第 2 卷，第 25 頁。

為純粹的行政機關，對華貿易就完全轉到了英國私人企業手裏」**❶**，鴉片壟斷貿易的取消，使英商任何人都可以來中國自由走私鴉片，因此馬克思說 1834 年「在鴉片貿易史上，標誌着一個時代」，這一年，鴉片就輸入了 21785 箱，到 1837 年則達到 39000 箱，遠遠超過了第二階段。

　　鴉片的大量傾銷，在中國造成了極大的危害，馬克思從多方面進行分析。

　　首先，直接摧殘了中國人民的身體和精神，他借用英國人蒙哥馬利‧馬丁的話說：「同鴉片貿易比較起來，奴隸貿易是仁慈的。我們沒有摧殘非洲人的肉體，因為我們的直接利益要求保持他們的生命……可是鴉片販子在腐蝕、敗壞和毀滅了不幸的罪人的精神世界以後，還要折磨他們的肉體。」**❷**

　　其次，破壞了中國的經濟生活，馬克思指出：「因鴉片的輸入而引起的白銀不斷外流，開始破壞天朝的國庫收支和貨幣流通。」**❸** 這突出體現為中國對外貿易從「出超」變為「入超」：「在 1830 年以前，當中國人在對外貿易上經常是出超的時候，白銀是不斷地從印度、不列顛和美國向中國輸出的。可是從 1833 年起，特別是 1840 年以來，由中國向印度輸出的白銀是這樣多，以致天朝帝國的銀源有枯竭的危險。」

　　再次，鴉片貿易不僅毒害人民的精神和身體，也腐蝕着清政府官吏與士兵，鴉片販子「腐蝕中國當局、海關職員和一般的官員」，從而使「浸透了天朝的整個官僚體系和破壞了宗法制度支柱的營私舞弊行為，同鴉片煙箱一起從停泊在黃埔的英國躉船上偷偷運進了天朝」**❹**，而「那些縱容鴉片走私、聚斂私財的官吏的貪污行為，逐漸腐蝕着這個家長制的權力，腐蝕着這個廣大的國家機器的各部分間的唯一的精神聯繫。」**❺** 正

---

❶《馬恩選集》第 2 卷，第 27 頁。
❷《馬恩選集》第 2 卷，第 23—24 頁。
❸《馬恩選集》第 2 卷，第 23—24 頁。
❹《馬恩選集》第 2 卷，第 28 頁。
❺《馬恩選集》第 2 卷，第 2 頁。

是在這種危害急劇發展而威脅到中華民族的根本利益時，「中國政府終於
到了非立即採取堅決措施不可的地步」，這種禁煙的高潮便是林則徐領
導的虎門銷煙運動，於是英國殖民者便「發動和進行」了一場旨在「維
護鴉片貿易」的「對華戰爭」**❶**，這便是鴉片戰爭發生的歷史原因。

　　馬克思不僅客觀地分析了鴉片戰爭的原因，同時還揭露了在鴉片貿
易、第一次鴉片戰爭、第二次鴉片戰爭中英國政府和殖民者的卑鄙、野
蠻和欺詐的各種伎倆。在談到鴉片貿易時，馬克思指出：「裝出一副基督
教的偽善面孔、利用文明來投機的英國政府所具有的一個明顯的內部矛
盾。作為帝國政府，它假裝同鴉片走私貿易毫無關係，甚至還訂立禁止
這種貿易的條約。可是作為印度政府，它卻強迫當時隸屬於英屬印度
的孟加拉種植鴉片，使其生產力受到極大的危害。」他在揭穿英印政府
夥同投機商、走私商從事鴉片貿易的行徑時說：「這個政府並不滿足於
這種實際上的共謀行為，它直到現在還直接跟那些從事於毒害整個帝
國的冒險營業的商人和船主們合夥，分享利潤和分擔虧損。」**❷** 在談到
鴉片戰爭英軍炮轟廣州時，英軍竟然宣稱「炮轟帝國的一個城市，並不
是與帝國本身作戰，而只是與帝國一個省份發生地方性質的衝突」**❸**，以
此來為其侵略本性辯護，馬克思對「約翰牛」（英國）這種卑鄙行徑給予
了無情的嘲弄和抨擊。

　　其次，馬克思揭示了西方殖民侵略者給中國社會帶來的嚴重惡果和
危害。鴉片戰爭以中國的失敗和一系列不平等條約的簽定而告結束，從
此後，中國香港被割讓，開放五個通商口岸，勒索賠款，協定關稅，片
面最惠國待遇和領事裁判權，導致了中國領土完整和主權的嚴重破壞。
馬克思在談到不平等條約對中國主權的破壞時指出：「英國商人在形式上
被禁止輸入這種違禁的毒品，而且英國政府在某種程度上充當了一名天

---

❶《馬恩選集》第 2 卷，第 28 頁。
❷《馬恩選集》第 2 卷，第 29 頁。
❸《馬恩選集》第 2 卷，第 43 頁。

朝海關職員的角色。」❶ 這樣中國的海關主權就被破壞了；而且，鴉片戰爭後，「雖然鴉片貿易為條約所禁止，可是從 1843 年起，鴉片貿易實際上還是完全不受法律制裁。」❷ 馬克思還說，到 1856 年，輸入中國的鴉片，總值約 3500 萬美元，同年英印政府從鴉片壟斷貿易中得到了 2500 萬美元的收入，即等於國家總收入的六分之一，給中國人民帶來了空前的浩劫。

　　這些惡果還不止於此，「中國在 1840 年戰爭失敗後被迫付給英國的賠款，大量的非生產性的鴉片消費、鴉片貿易所引起的金銀外流，外國競爭對本國生產的破壞，國家行政機關的腐化，這一切就造成了兩個後果：舊稅捐更重更難負擔，此外又加上了新稅捐」，而所有這些破壞性因素，「都同時影響着中國的財政、社會風尚、工業和政治結構。」總之，從此以後，中國由一個獨立的封建國家開始變為半殖民地半封建社會的國家。

　　再次，正如馬克思在《中國革命和歐洲革命》開篇所言的，「兩極相逢」的對立統一規律「是偉大而不可移易的適用於生活一切方面的真理」，鴉片戰爭一方面給中國帶來了巨大災難和嚴重後果，但是馬克思、恩格斯又充分估計了鴉片戰爭的正面意義。只談消極影響而忽視了積極意義，顯然不是馬克思主義者，顯然不符合馬克思主義的辯證理性。在馬、恩看來，這些積極意義就在於：

　　第一，鴉片戰爭在客觀上將中國引入了整個資本主義世界體系，從而開始引向了一條特殊的近代化道路。

　　近代化是中國走出中世紀的一條必由之路，但是走出中世紀走向近代化，至少面臨着兩大任務：其一是打破舊有封建社會結構，包括政治、經濟和思想文化結構；其二是被納入世界資本主義體系，恩格斯在談到鴉片戰爭後中國社會結構的變化時指出：

---

❶《馬恩選集》第 30 頁。
❷《馬恩選集》第 28 頁。

對華戰爭給了古老的中國以致命的打擊。國家的閉關自守已不可能，鐵道之敷設，蒸汽機和電氣之使用以及大工業之創辦，即為着軍事防禦的目的已成為必要的了。於是舊有的小農經濟制度也隨之而日益瓦解（在舊有的小農經濟制度中，農家自己製造必要的工業品），同時，可以安插比較稠密的人口的那一切陳舊的社會制度，亦隨之而崩壞。❶

當然，馬克思曾充分估計到「要鏟除這小農業制，還須要很長的時間。」❷但畢竟新的資本主義的出現，開始打破舊有的經濟結構；而且，政治結構也發生了變化，這表現為封建專制制度的統治危機，「清王朝的聲威一遇到不列顛的槍炮就掃地以盡，天朝帝國萬世長存的迷信受到了致命的打擊」，「英國的大炮破壞了中國皇帝的威權，迫使天朝帝國與地上的世界接觸。」❸中西方聯繫的加強，就為近代民主政治制度的初步嘗試提供了前提條件。

第二，鴉片戰爭開始打破了封建時代以華夷秩序圈為基礎的中國中心主義，開始了走向世界一體化的歷史進程。

馬克思曾經在《共產黨宣言》等文中多次說過，「世界歷史」不是從來就有的，從分散、孤立、封閉的局部歷史的縱向發展向開放的、一體化的世界性橫向發展過渡，是通過資本主義近代化而開始的，地理大發現和世界市場的形成，使世界形成了一個整體。但是，在鴉片戰爭前，中國是以華夏與四夷朝貢藩屬國為基礎而建立的國際秩序並形成世界觀念的。這種世界觀念完全是一種封閉、保守的中國中心主義觀念，並積澱為一種普遍的文化優越感的虛矯自大心態，馬克思明確指出：「與外界完全隔絕曾是保存舊中國的首要條件。」然而正是在鴉片戰爭中，「野蠻的、閉關自守的、與文明世界隔絕的狀態被打破了，開始建立起聯

❶《馬克思恩格斯論中國》第 182 頁。
❷《馬克思恩格斯論中國》第 187 頁。
❸《馬恩選集》第 2 卷，第 2—3 頁。

繫。」❶恩格斯更明確指出，從前「一切半野蠻的國家，過去多少是離開
了歷史發展的，其工業向來是依靠於手工工場的，現在已迫不得已而走
出閉關自守的狀況……甚至中國現在也走近革命……這樣一來，大工業
就把世界各民族聯繫了起來，把一切小規模的地方市場統一成了一個世
界市場。」❷

　　也正是從鴉片戰爭起，一批覺醒了的士大夫開始「睜眼看世界」，
林則徐的《四洲志》、魏源的《海國圖志》、徐繼畬的《瀛環志略》、梁
廷枬的《海圖四說》、姚瑩的《康輶紀行》開始將中國放在世界範圍內
進行考察，雖然他們並沒有完全擺脫中國中心主義，但畢竟不再是按照
華夷朝貢藩屬秩序來認識西方世界了，這無疑是走向世界一體化進程的
一個新的起點。

　　第三，鴉片戰爭客觀上喚醒了人民反殖民主義反封建主義意識。

　　恩格斯在《波斯與中國》一文中指出：「英國政府的海盜政策已引
起了一切中國人反對一切外國人的普遍起義，並使這一起義帶有絕滅戰
的性質。」恩格斯嚴厲駁斥那些「向毫無防禦的城市開火，殺人又強姦
婦女的文明販子們」視中國人民的民族自衞戰爭為「怯懦的、野蠻的、
殘酷的」戰爭的謬見，而高度讚揚「這是保衞社稷和家園的戰爭，這是
保存中華民族的人民戰爭。」❸同時，隨着鴉片戰爭的失敗、中國主權
的被破壞，社會政治、經濟和文化各方面被摧殘，清政府的腐敗無能和
專制本質也開始暴露，而人民由於鴉片戰爭而被轉嫁的捐稅負擔更加沉
重，於是，人民不僅把矛頭對準西方殖民者，也同時開始了反封建專制
制度，這便是馬、恩高度評價的「中國革命」（指太平天國革命），馬克
思說：「歷史的發展，好像是首先要麻醉這個國家的人民，然後才有可能

---

❶《馬恩選集》第 2 卷，第 2 頁。
❷《馬克思恩格斯論中國》第 181 頁。
❸《馬恩選集》第 2 卷，第 19—20 頁。

把他們從歷來的麻木狀態中喚醒似的。」❶恩格斯所謂「古老中國的末日」指的正是封建專制制度在內（太平天國）外（殖民者）夾擊下必然滅亡的命運，而這種「末日」的另一面恰恰就是「整個亞洲新紀元的曙光」。

　　馬克思、恩格斯在分析鴉片戰爭中所表現出來的辯證理性精神，為我們提供了一個光輝的研究範例，那就是必須盡可能全面估價鴉片戰爭的正面和負面意義。一方面，憤怒譴責了西方殖民者通過販賣鴉片和發動戰爭侵略中國，充分揭示了資本主義的醜惡行徑，給我們以深刻的唯物史觀和愛國主義的教育。另一方面，也具體分析了鴉片戰爭開始使中國走上半殖民地半封建道路，也標誌着中國開始走出中世紀、走向世界化和近代化歷程。前者是它的本質，後者是它某種意義上所產生的後果。今天，我們在馬克思主義指導下重新研究這段歷史，需要從中汲取愛國的力量，進一步振奮民族精神，為建設具有中國特色的社會主義現代化強國而奮鬥。

（原載《湖北社會科學》1990 年第 6 期）

---

❶《馬恩選集》第 2 卷，第 2 頁。

辛亥革命與二十世紀的中國

辛亥革命已在時空流轉中度過八旬「高齡」。作為一個歷史事件，辛亥革命所昭示的兩大歷史主題，卻困擾和影響着幾代人，成為 20 世紀中國的世紀性主題。

主題之一：以愛國主義為主旋律，爭取民族獨立和國家統一

20 世紀的來臨並沒給中國帶來新世紀的祥瑞氣氛，上個世紀遺留下來的重重災難，如累卵之危威脅着中國的生存。從 1840 年起，中國遭受了西方殖民列強發動的一場又一場的侵華戰爭，被迫割地、賠款、開埠，給西方列強以領事裁判權、片面最惠國待遇、海關管理權，被迫訂立了一系列喪權辱國的不平等條約。中國的版圖成了西方殖民列強蠶食的一片桑葉。

當中國這個文明古國陷入西方列強蠶食鯨吞、任人宰割的災難深淵時，首先覺醒的是長期受「天下興亡、匹夫有責」文化薰陶的中國知識分子。20 世紀初在留學生中廣為流傳的一首詩「落落何人報大仇？沉沉往事淚堪流；淒涼讀盡支那史，幾個男兒非馬牛？」便典型反映了知識分子憂國憂民的悲愴情懷。於是有的棄醫從文，為喚醒麻木的國人而窮畢生之力，如魯迅先生；有的投筆從戎，如 1903 年在日本改學武備的就佔了留學生總數的 20% 左右。當 1903 年留學生發動的拒俄運動遭到清朝政府的鎮壓後，血的事實教育了知識分子，中華民族之所以被逼到危

亡時刻，根本原因就在於清政府的腐敗。這個政府不過是「量中華之物力，結與國之歡心」的「洋人的朝廷」，要救亡圖存，必先傾覆清王朝。知識分子的率先覺醒和行動，贏得了社會各階層的擁護和支持。於是，一場以孫中山為首，由廣大留學生組織發動，有社會各階層參加的資產階級民族民主革命運動，在 20 世紀初開始了。具體說來，領袖的權威和凝聚力，加上知識分子的思想啟蒙與組織、新軍和會黨的武裝，華僑和新型資本家的經費資助，以及舊式官僚的反正等等，匯成一股合力，從而使 1911 年的辛亥革命一舉推翻帝制，令皇冠落地。一句話，辛亥革命代表了社會各階層的愛國反帝反清王朝的共同願望。

愛國和爭取民族獨立的主旋律，不僅貫穿於辛亥革命的全過程，同時也反映在革命先行者孫中山的三民主義思想體系中。其中的「民族主義」，是對外要求民族和國家獨立，「維持吾國民之獨立」的民族主義，乃是民權主義和民生主義的前提和基礎；對內反對民族壓迫，提倡漢、滿、蒙、回、藏「五族共和」和國內各兄弟民族一律平等，這是針對清朝統治者的民族壓迫政策提出來的，它是維護國家統一的根本前提。

主題之二：推翻封建帝制，告別中世紀，走向世界，推進中國早期現代化

從全球範圍來考察，由中世紀的農業文明向近代（早期現代）工業文明的轉型，大致有兩種類型：一種是自發型的，如易北河以西的英荷法等最早產生資本主義生產方式的國家；一種是後發型的，如中國和廣大的第三世界國家。前者是主動的，是在封建社會母胎中孕育成熟而產生的；後者是被動的，是在外來文明的衝擊下被迫開放而走向世界的。

1840 年的鴉片戰爭，西方列強用「堅船利炮」轟開了中國國門，硬把中國納入現代資本主義體系。中國走向世界的過程是痛苦的，中國的早期現代化是伴隨着血與淚、劍與火而開始的。當清政府在與西方列強的軍事較量中感受到自身的落後時，統治集團內部的洋務派為了維護

封建統治而開始有限地引進西方近代軍事工業。但是歷史並不完全按照統治者的主觀意志發展，軍工企業的建立必然帶動能源（煤）和鋼鐵工業的興起，從而又帶動了交通運輸（鐵路航運）、郵電通訊（電報、電話）以及其他民用工商業的發展。工業的發展需要科技和管理人才，於是又促進了現代教育和文化事業的革新和進步。當這一切改革和變化在甲午戰爭中毀於一旦時，人們發現了政治體制上的問題，從而有了百日維新。但是，戊戌政變毀滅了和平改良的幻想，於是孫中山以及革命黨人便力圖從根本上解決當時的國家體制問題——以武力推翻清王朝。可以說，辛亥革命既是民族與西方列強矛盾發展的必然結果，也是推進中國早期現代化過程的現實要求，既是一場政治革命運動，同時又是一場廣泛的社會變革運動，即一場最終未能完成的早期現代化運動。

首先，它推進了中國的政治現代化。辛亥革命無論在理論還是在實踐上都開啟了中國 20 世紀政治體制改革的先河。其一，它從根本上推翻了清王朝的統治，結束了長達幾千年的封建帝制；其二，成立了資產階級性質的南京臨時政府，這是中國有史以來第一個現代型的民主共和體制的政權，並且確立了三權分立和總統制的共和政體原則；其三，頒佈了一系列保護人民在選舉、參政、言論、財產、集會、信教等方面權利的法令，尤其是民國憲法《中華民國臨時約法》的頒佈，從法律上否定了封建帝制的合法性；其四，孫中山建立了完整的資產階級民主共和的政治思想體系，創造性地提出了五權分立的「五權憲法」和「權能相分」的政治構想，其中「權能相分」思想是中國現代公務員體制改革的先聲。

其次，它推進了中國的經濟現代化。中國的現代化是後發型、被動型的，它是在受到西方列強軍事侵略和經濟滲透後，開始效法西方發展民族工商業的。辛亥革命後公佈的有利於發展實業的條例、章程、細則、法規就達 86 項之多，辦實業成了最大的社會潮流。孫中山讓位於袁世凱後，就任全國鐵路督辦。按照他的《實業計劃》構想，要推進中國工業化，首先得發展交通運輸業，提出了建立六大鐵路系統（十萬英里）、三大海港的計劃。最早明確提出引進外資來發展經濟，還提出發

展糧食工業、服裝工業、居室工業、印刷工業等計劃。雖然這些計劃不可能完全實現，但是正是從這時起的 20 餘年間，帝制垮台和軍閥割據各自為政所造成的政治真空狀態和無政府狀態，給中國現代民族工業的發展提供了機會，中國第一次沿海都市化運動達到高潮，上海、天津等現代城市崛起，上海成為亞洲的第一大國際性都市，有「東方巴黎」之稱；現代都市中誕生了中國第一代現代型企業家，如棉紡業的穆藕初、南洋兄弟煙草公司的簡照南兄弟、麵粉業的榮宗敬、榮德生兄弟等等，構成了中國現代的企業精英。法國的現代中國研究權威白吉爾教授把這個時期的經濟發展稱為中國的「黃金時代」。

再次，它也推進了中國文化和觀念的現代化。辛亥時期自由辦報，提倡言論自由，倡導重建國魂，帶來了思想觀念上的大解放。幾千年來的君權神授的帝王觀念，三綱五常、三從四德的封建倫理道德，貴義賤利、不患寡而患不均的平均主義等觀念，受到猛烈的衝擊，就連社會風俗如婦女放天足、男子剪辮、穿中山裝等等，都向現代文明邁進了。這直接為「五四」新文化運動作了鋪墊。

兩大課題在 20 世紀中國的延續

人類無論作為個體還是整體，都無法迴避生存與發展兩大課題。對 20 世紀的中國來說，生存和發展的問題就是民族獨立和現代化問題。一個古老的農業民族如何在工業文明體系的國際社會競爭中獨立自存並獲得發展，這是橫亙在 20 世紀中國幾代人面前的世紀性課題。

辛亥革命試圖從根本上解決這兩大課題，但由於各種主客觀條件的制約，最後給中國幾代仁人志士留下了死不瞑目的遺恨，辛亥革命的失敗使孫中山痛苦異常。十月革命和中國共產黨的建立，則使他看到了新的曙光。於是在 1924 年改組國民黨時，孫中山的舊三民主義便獲得了一次歷史性飛躍，那就是聯俄、聯共、扶助農工三大政策的制定，並且開始了第一次國共合作。但孫中山還未來得及完成國家統一，就於 1925

年逝世了。1927 年，由於大資產階級叛變革命，投靠帝國主義，拋棄了孫中山的三大政策，中國仍然淪為半殖民地半封建社會。中國民族民主革命的重擔歷史性地落在中國共產黨肩上。中國共產黨人率領廣大革命者、愛國者和人民大眾，經過 20 多年的艱苦努力和流血犧牲，才從根本上結束了中國半殖民地的屈辱狀態，推翻了三座大山，中國人民才真正站立起來。

新中國的成立，使生存和發展的課題獲得了新的意義，那就是繼續促進祖國的統一和發展社會生產力。但是歷史有時並不完全按照人們的善良願望前進，新中國在努力解決這兩大課題的進程中，經歷過幾度教訓深刻的反覆。只有到 20 世紀 70 年代末期，十一屆三中全會確立黨的工作重心轉移到經濟建設上來並實行改革開放政策後，才使中國現代化的歷史進程轉入正軌。20 世紀 80 年代的改革開放，繼承並超越了辛亥時期的早期現代化，無論是農村還是城市的改革，無論是沿海開放城市和經濟特區的崛起，還是外資、技術和人才的引進等等，都在質量和規模上遠遠超過了早期現代化。儘管在改革開放中也曾出現過某些挫折和失誤，然而它畢竟重新啟動了因「文革」動亂而沉睡十年的生產力，使中國從封閉狀態中走出來，恢復了與世界的對話。而且，中國無論從整體的綜合國力還是個體的生活水平，在此後十年中都獲得了前所未有的提高。中國香港、中國澳門問題的解決，也為一個半世紀的中國近現代史打上了一個令人鼓舞的句號，無怪乎一個著名法國學者將 20 世紀 80 年代稱為繼辛亥後的中國第二個「黃金時代」。

20 世紀 80 年代星轉斗移，當年武昌黃鶴樓上空的戰火早已灰飛煙滅。然而，辛亥革命所昭示的兩大主題，至今甚至到 21 世紀仍將需要我們用實踐來予以解答。

（原載《深圳特區報》1991 年 10 月 8 日「理論探索」版）

法國的辛亥革命研究

　　法國的辛亥革命史研究隊伍人數雖不及日、美等國多，但其研究成果仍然引起東西方學術界的注意，尤其是法國社會科學高等學院中國研究和資料中心主任白吉爾（Marie-Claire-Bergere）對中國近代資產階級的研究、法國國家科學研究中心主任研究員巴斯蒂（Marianne Bastid-Bruguierre）在發掘法國檔案和研究中國近代教育方面，為西方學術界所矚目。以下先簡略介紹法國辛亥革命研究的一般概況，然後重點介紹白吉爾、巴斯蒂等研究中國近代資產階級及有關問題的主要觀點。

　　法國學者研究中國通史和專題史的一些論著，多數都以不小篇幅論及辛亥革命史。例如謝諾（J・Chesneaux）的四卷本《中國史》（1840—1976年），第二卷為《從中法戰爭到中國共產黨的建立》（1885—1921年）❶，其中對辛亥革命即有較多論述。他還與人合作出版了一部英文通史著作《中國：從辛亥革命到解放》（1977年版）。舍瓦里埃（Chevrier Yves）著有《近代中國》一書❷。由白吉爾、畢仰高（Lucien Bianco）主編的《二十世紀的中國》（1895—1990年），分上、下兩卷❸，上卷寫至1949年。該書作者為法、德兩國的九位學者，以20世紀作為一個整體時段，從政治、經濟、都市社會、思潮、文學藝術等各方面進行綜合研

❶ 巴黎哈迪埃，1972年版。
❷ 巴黎法國大學出版社，1983年版。
❸ 上卷已由巴黎弗耶爾於1989年出版，下卷尚未出版。

究，揭示了 19 世紀末期以來中國社會走向現代化進程中各個方面的變化。其中第三章《從改良到革命》（1895—1913 年）由舍瓦里埃執筆，分別論述了清末新政、改良派的思想啟蒙與留學生的革命組織、保路運動與辛亥革命、臨時政府與袁世凱篡權等辛亥前後的重大歷史事件。

關於農民階級的論著，主要有謝諾的《中國的農民運動（1840—1949 年）》[1]、畢仰高參加撰寫的《劍橋中國史》第 13 卷第二部分「農民運動」，以及《農民與革命：中國的實例》[2] 和《二十世紀的中國》第九章《農村社會》，這些論著對辛亥革命前後的農民階級和農民運動作了細緻的分析。

政治方面有畢仰高的《中國革命的起源（1915—1949）》[3]、巴斯蒂的《中國的政治改革》[4]、白吉爾、張馥蕊的《「救國！」中國的民族主義與 1919 年的五四運動》[5] 以及《20 世紀的中國》第四章《軍閥與民族革命》（1913—1927 年）等。

外交史方面，有德克拉‧菲力浦的《澎湖列島與台灣：海軍將領孤拔干涉後的一百年》[6]、張馥蕊的《法國輿論與中國的辛亥革命》[7]、巴斯蒂的《法國外交與中國辛亥革命》[8] 等著作與論文。

關於社會結構，巴斯蒂的《清末中國社會的演變（1874—1911）》[9] 一書，揭示了 19 世紀末 20 世紀初中國社會各階層的發展變化，提出了若干可資參考的見解。她執筆撰寫的《劍橋中國史》第 11 卷《社會變化的潮流》一章 [10]，對此也有較多論述。

---

[1] 巴黎門檻出版社，1976 年版。
[2] 《農民研究雜誌》（法）第 2 卷，第 3 期，1975 年 4 月。
[3] 巴黎加利瑪，1987 年第 2 版。
[4] 法國文獻出版社，1988 年版。
[5] 法國巴黎東方出版社，1978 年版。
[6] 法國《近代亞非》雜誌第 145 號，1985 年。
[7] 巴黎 1951 年版。
[8] 法國《近現代史評論》第 16 卷，1969 年 4 月—6 月號。
[9] 法國社會科學高等研究院現代中國研究和資料中心 1979 年版。
[10] 中譯文見《劍橋中國晚清史》（下）第 10 章。中國社會科學出版社，1985 年版。

　　經濟方面，主要有白吉爾的《中國資產階級與辛亥革命》❶《中國資產階級的黃金時代：1911—1937 年》❷《經濟現代化與都市社會》（係《二十世紀的中國》中的第十章）等。

　　文化教育史方面，主要有德萊熱（J·P·Drege）的《上海商務印書館（1897—1949）》❸，該書論述了商務印書館的產生、發展過程。列·羅拉（Lew Ronlad）的《中國的知識分子與革命：1898—1927》與《中國知識分子：從致仕到尚武（1898—1927）》❹，側重對知識分子的發展進行了探討。巴斯蒂的專著《二十世紀初中國教育改革概觀》❺，是研究辛亥革命前後教育的代表作。

　　上述表明，法國史學界對辛亥前後的中國政治、經濟、文化、外交、教育和社會等各方面，均有研究成果。不過，成就最為顯著、影響最為突出者，首推有關資產階級與辛亥革命的研究成果。

　　關於資產階級的定義、中國資產階級的形成、發展及其特點，白吉爾在其《中國資產階級與辛亥革命》一書中作了全面論述。她認為：「資產階級」不同於「中等階級」（士紳、知識分子等），而是指商業資產階級、近代或半近代的企業家團體、商人、金融家和實業家。辛亥革命前夕，中國就有一部分商人、官吏和文人對工業化極感興趣，並且參加實現工業化的活動，但是當時還談不上有什麼工業資產階級，不過已經出現了買辦、商人、錢莊老闆、實業家、運輸企業家和海外批發商等。

　　在《中國資產階級的黃金時代：1911—1937》一書中，白吉爾指出，從辛亥革命到 1937 年，是中國資本主義發展的黃金時代，這一時期中國近代工業發展帶來了三個重大成果：第一，大量農業人口轉變為城市人口，城市規模獲得了前所未有的發展；第二，近代知識分子和企業家逐

❶ 巴黎 1968 年版。中譯文見《國外中國近代史研究》第 2、4 輯。
❷ 巴黎弗拉馬翁，1985 年版。
❸ 巴黎法蘭西高等漢學研究所，1978 年版。
❹ 法國《社會運動》雜誌，第 133 號（1985 年）。
❺ 巴黎拉海耶模頓，1971 年版。

漸從原有城市封建縉紳中分離出來，構成獨立階層或階級，工業無產階級隨之誕生；第三，資產階級成為中國近代社會新興社會力量。

　　資本主義發展黃金時代的來臨主要取決於以下幾點原因：其一，中央王權衰落，辛亥革命推翻了封建專制王朝──清朝；其二，袁世凱的垮台標誌着中央集權的全面衰落，「混亂時期」到來，促成 1912─1927 年這一時期成為「中國現代部門的真正的黃金時代」；其三，第一次世界大戰中，外國資本忙於應付本國戰爭和戰後初期的經濟恢復，暫時放鬆了對中國的資本輸出和經濟滲透。

　　關於中國資產階級的特點，白吉爾認為主要有如下幾點表現：第一，中國資產階級各集團之間並不存在不可逾越的鴻溝，有時一人可以同時從事多種職業。第二，直視個人私交和家族譜系，即血緣宗族網絡。她特別強調：「家族史比個體史更值得一說，事實上，如果人們不考慮兄弟之間的合作，也就不懂得企業的發展。」第三，商人同業公會更注重籍貫和同鄉關係。「地方鞏固性是新興商業階級結構的另一基本因素，而且常常與家庭網絡相交錯，它將家庭網放大，並再組合成一個廣闊範圍的忠誠和利益的體系。」第四，隨着科舉制度的取消和清王朝的日趨衰敗，逐漸從佔有土地、登科及第、出仕官職的「士紳」中演變出一種與土地有密切關係，同時又不輕視近代工業所能帶來的利益的「紳商」。

　　巴斯蒂也認為，在 1905 年以前，資產階級分子和其他階級的分子混在一起，我們很難分辨出來。只是在清朝的最後五年，真正的資產階級才開始出現，他們由一批現代的或半現代的實業家、商人、金融家和大工業家組成，由物質利益、共同的政治要求、集體命運感、共同的思想和與眾不同的生活習慣聯繫在一起。直到這時，中國資產階級的特點終於形成，這是與帝國主義列強和洋人的來臨相對抗的結果 ❶ 。

　　關於中國資產階級的組織結構、生活方式和意識形態等我國史學界

---

❶　費正清：《劍橋中國晚清史》下卷，第 621 頁。

研究比較薄弱的問題，法國也有學者進行了考察。白吉爾指出，中國資產階級主要分佈在「以上海經濟活動為中心的浙江和江蘇等長江下游諸省，以及廣州三角洲和內地武漢」，他們由買辦、商人、銀行家、企業家和僑商等不同集團組成，其組織形式從傳統的行幫和公所逐漸向商務局、商業會議公所、商務總會發展，並組織了商團武裝組織。這些商會在各地的情況不一樣，在一些小城鎮，各商會還不能完全擺脫清廷的控制；相反，在一些大商埠，尤其是上海，各商會很快就獲得了廣泛的自治權力。這些商會的活動首先是保護商人的利益，因而成為商人利益的代言人。同時，商會還成立了商團組織，它是商人實行自治和進行軍事干涉的武裝力量。

對中國資產階級的內部結構，白吉爾也提出了自己的見解。她認為，要在當時還處在搖擺不定的「大」與「小」資產階級之間、「買辦」和「民族」資產階級之間、改良派與革命派之間，規定一個嚴格的、截然分明的界限，顯然是令人難以接受的。這些集團的分野，在很大程度上取決於不同集團領導人與地方共同體所存在的那種私人關係。

白吉爾指出，中國商人的信仰和生活方式開始有所改變。他們熱衷於追求物質文明和精神享受，受盎格魯─撒克遜商人影響，信仰基督教，崇尚體育，對社會公共事業和俱樂部活動也頗感興趣，創辦中華基督教青年會，掌握英語，穿西服，建樓房，駕駛汽車和輪船等。總之，凡是新生事物，中國資產階級都一概接受。

在論及資產階級意識形態時白吉爾認為，自由主義和民族主義的意識形態，已大大滲透到了中國思想領域和政治學領域。與資產階級本身形成相比較，其意識形態方面的發展顯然出現得過早。中國與歐洲不同，西方經歷了幾個世紀，而中國這些新的政治主題則先於資產階級的存在而出現。她強調，直到抵制美貨運動，資產階級才登上政治舞台，而自由主義、民族主義思想則在 19 世紀後期就已出現。

在分析了資產階級各方面的情況之後，白吉爾進而對辛亥革命的性質提出了自己的看法。她認為辛亥革命不是一場資產階級革命，「僅就發

生的一系列事件來看，1911 年的事件主要應看成一次帶有保守性質的運動。」督撫倒戈，各省諮議局奪取政權以及與列強靠近，「所有這些行動的本身，均無革命內容可言，只是換些新的說法而已。」革命、民主、共和這些新名詞雖然「來自西方，但一入中國人之手，似乎就失去了本來的意義和作用。」^❶ 由於資產階級作為一個階級的力量還不夠強大，「它所能扮演的，也就只能是個二等角色。」^❷ 在 1985 年出版的《資產階級的黃金時代》一書中，她又再次闡明這種觀點，認為中國資產階級除了在經濟發達地區如以上海為中心的江浙地區、武漢地區和廣州三角洲地區的有限發展外，革命總是轉而成了傳統起義，而這些起義的領導權則往往由紳士、祕密社會、地方駐軍所控制，並用以為各自的目的服務，或成為純粹反叛軍隊簡單的暴動。因此，她將 1911 年革命稱為「看不到資產階級的資產階級革命」^❸。

　　巴斯蒂的《從辛亥革命前後實業教育的發展看當時資產階級社會政治的作用》一文，論述清末實業教育發展的情況，其中有關辛亥革命性質的觀點，與白吉爾完全一致。她認為，在西方，技術職業學校的建立是資產階級在教育方面的一個特徵，而在清末中國，新式技術學校的興建主要是省級高級官員、士紳所創辦，而不是出於商界或工業界資產階級的需要而產生的。所以，清末實業、教育的發展「不能認為是資產階級的業績」。她還由此得出結論：「無論如何，1911 年的中國，革命中心問題顯然不是資產階級的問題。」^❹

　　撰寫《二十世紀的中國》第三章《從改良到革命》的舍瓦里埃，也認為「不能將辛亥前中國精英（指資產階級 —— 譯者）的連續性和全部

❶ 以上觀點和引文均見白吉爾：《辛亥革命時期的中國資產階級》，見《國外中國近代史研究》第 2 輯，中國社會科學出版社，1981 年版；《中國資產階級的黃金時代：1911—1937 年》，法文版。

❷ 芮瑪麗編：《資產階級的作用》，《中國革命：第一階段，一九〇〇一一九一三》，耶魯大學出版社，1968 年版，第 295 頁。

❸ 白吉爾：《中國資產階級的黃金時代：1911—1937 年》，法文版，第 196 頁。

❹ 巴斯蒂：《紀念辛亥革命七十周年學術討論會論文集》下冊，第 2329 頁。

細緻變化視為一個新的階級 —— 資產階級出現的標誌 —— 正如白吉爾夫人所揭示的，這個階級的發展是在辛亥後的十年，而且也保留了本國地理的、社會的、政治的和心理的局限性」，因此這是一場「很少革命的革命」❶。

　　白吉爾認為辛亥革命不是資產階級革命的理由，還在於辛亥革命並沒有實現資產階級的要求。她指出，雖然在此期間提出了民族主義，但卻是「驅除韃虜」，並在西方帝國主義面前屈服讓步；雖然提出了民權主義，但推翻帝制只是構成達到發展個人權力的一個新手段❷。

　　關於資產階級在辛亥革命中的作用，白吉爾認為，辛亥革命雖然不是一場資產階級革命，但是如果具體地作區域研究，則資產階級在許多省份不同程度地參加了發動起義。例如在四川的反對鐵路國有鬥爭中資產階級便起了重要作用，在武昌起義中商民也參加了起義，組織商團進行滅火、維持治安等活動，為起義軍提供了及時而又積極的援助。東北三省商人的立場，基本上是保守的，而直隸、山東兩省，商人則相當積極。在上海、杭州、廣州等地，資產階級或提供巨款，或支持建立臨時軍政府。不過，資產階級在整個起義中並不主動，直接領導起義的是軍官（如武昌）、會黨（如長沙）及同盟會的活躍分子（廣州），偶爾也有商人。資產階級僅僅是根據自己的力量，對其他集團所造成的地方政治局勢施加一定影響而已。可見資產階級所起的作用雖大小不一，但始終都是輔助性的。

　　資產階級在辛亥時期參預政治也有一個過程。1911 年，資產階級主要還只是革命的「軍需處」，到 1912 年，則開始參預地方管理，一方面是對日常事務實行地方自治，另一方面則是建立國民政府。但是他們在政治上往往只能起間接的作用，尤其在革命事變中一直沒有起主導

---

❶ 白吉爾、畢仰高主編：《二十世紀的中國》上卷，巴黎弗耶爾 1989 年版，第 121、118 頁。
❷ 白吉爾：《中國資產階級與辛亥革命・引言》，《國外中國近代史研究》第 4 輯，中國社會科學出版社，1983 年版，第 65 頁。

作用。例如在聯合士紳建立省議會、維持社會秩序、廢除厘金制度、推倒舊城牆和城市化運動中起了積極作用。到袁世凱時期，資產階級希圖借重袁恢復秩序，維持市面，於是組建一個共和黨通過國會對袁予以支持，袁世凱似乎也情願為資產階級新經濟思想大開綠燈，諸如對漢口紳商實行補償條例，宣傳廢除厘金、縮減出口稅、統一貨幣，但是其真實思想不過是促使前革命黨退出政治舞台，讓他們去從事經濟管理。正是在這種背景下，資產階級經濟開始從蕭條走向復甦，而當革命黨人發動「二次革命」時，資產階級則支持袁世凱恢復秩序。

白吉爾認為，革命對資產階級的未來發展有重大影響，革命使之受到第一次考驗，為他們提供了第一次參預政治的機會。資產階級利用當時席捲全國的動盪形勢，第一次登上了中國的歷史舞台。但是革命也很快耗盡了資產階級的資財，因此當這一時期行將結束時，資產階級便只顧經濟，陷進狹隘的地方主義。從革命爆發到袁世凱執政，資產階級力量薄弱，沒有起到決定性作用 ❶。

（原載《國內外辛亥革命史研究綜覽》，湖北教育出版社 1991 年版）

---

❶ 白吉爾：《辛亥革命時期的中國資產階級》，《國外中國近代史研究》第 2 輯，第 163 — 173 頁、185 — 225 頁。

海岸文明與中國都市現代化

譯者按：繼《劍橋中國晚清史》之後，由法國著名中國近現代史專家白吉爾（M.-C.Bergere）夫人和畢仰高（Lucien Bianco）先生（曾參加撰寫《劍橋中國史》第 13 卷）主編、法德兩國學者合作的關於 20 世紀中國的大型綜合研究著作《二十世紀的中國》（上卷，1895—1949 年）已正式出版。該書以「現代化」作為 20 世紀中國的主題，進而從政治、經濟、都市市民社會、思潮、文學和藝術等不同角度闡發這一主題。將 20 世紀中國作為一個長時段進行綜合研究，這在中外史學界均具有創新意義（其下卷 1949—1990 年）。本文譯自《二十世紀的中國》（上卷）第十章《經濟現代化與都市社會》。標題為譯者所加。

在古代中國，城市作為官員住宅區並附屬於官僚政權。與各種自治組織和叛亂造反長期共存的鄉村相比，城市成了王朝統治者的前衛陣地。與西方城市不同的是，中國城市既非享有自治權的實體，又非特定都市文化的搖籃。

然而鴉片戰爭後，新的一代城市——開放口岸誕生了，這些開放口岸很大程度上只是適宜於作為大都市中心網。它位處沿海和大江河邊，開展工商活動、建造外國住宅並轉向進出口貿易，以共同適應國際形勢。

這種地區性的外來文化移植、這種與世界市場的部分性結合，促使各口岸之間產生了一種新的行為方式，即「海岸文明」。這種新的都市文明在幾個大都會天津、廣州尤其是上海開始出現，從而與鄉村傳統和儒家帝國官僚主義傳統形成根本性對抗，它的獨創性促進了現代經濟部

門的發展以及隨之而來的社會群體的多樣化，並且以制度、新的價值和近乎市民社會的形式來表現自己。

一、現代經濟部門的發展和都市空間的改變

正是在 19 世紀中葉，鴉片戰爭促使中華帝國向西方市場開放，並開始將其納入世界經濟體系，中國經濟的新動力開始啟動。現代化始於 19 世紀最後十年，而磅礴於 20 世紀上半葉。支撐這一現代化的主要載體便是引進西方工業技術和資本並享有特權的開放口岸。

現代部門的發展，肇始於對外貿易的進行。硬通貨的交易量從 1913 年的 941,000,000 海關兩發展到 1931 年的 2342,000,000 海關兩。同時貿易結構方面也多樣化，鴉片進口從 1900 年起開始讓位於產品的進口（基本上是棉紗），然後在第一次世界大戰後讓位於原材料進口和工業裝配進口，這種貿易投資帶來了新制度的發展。第一個外國銀行建立於 1858 年，到第一次世界大戰期間發展到 12 家，寧波和上海的傳統信貸機構錢莊通過對外國銀行的開放與合作而全力進行擴展。中國現代銀行出現在 19 世紀末，它們只是在 1910—1920 年的十年間才獲得飛速發展。進出口產品在沿海大城市的過境轉口，促進了用於保障外海與內河航運的遠洋公司所需的港口設施的發展。在 1895 年到 1911 年之間，天津、上海、漢口這些開放口岸也成為迅速發展起來的鐵路網的主要樞紐，後來在 1928—1937 年又重新鋪設，以致在 1949 年新中國成立前夕達到 24,945 公里。

1895 年《馬關條約》規定在開放口岸建立外國工廠。從而開放了一條走向現代工業產業發展的道路。現代產業的產值在 1912—1949 年年均增長為 8%~9%，在 1912—1920 年，甚至年增長率達到 13.4%，據 1937 年經濟事務部統計，中外工廠有 3935 個，其中 83% 建在沿海大城市（上海甚至達到 31%，其他口岸達到 52%），1924 年，三個開放口岸上海、天津、青島，就聚集了 68% 的鈔錠和 72% 的織布機。

　　這種在沿海大城市工業密集型特點，自然與外資在經濟現代化中的作用不無干係。這種密集型也反映出工業化的特點：基本上集中在大量消費產品方面。1937年李爾（D.K.Lieu）對屬於中國資本的2435個工廠所作的調查表明，這些工廠的一半（1211個工廠）屬於紡織部門（棉紡和繅絲）和食品業（麵粉、煙、榨油），它們佔了中國現代工業76%的產值和71%的市場佔有率。

　　要評價中國社會經濟這些進展的後果，就有必要準確地分析現代化的性質，分析外國的利益和開創精神在其中的作用，分析中國沿海、公共權力和社會組織所佔的比例以及在現代部門（或者現代化道路）和傳統經濟之間發展起來的合作與競爭的關係。關於這些問題，專家們也許遠遠沒有形成一致意見。因此我們將很高興對他們的分析在這裏提供一些主要的論據。

（一）外國的介入

　　以保證外國人介入中國的合法性的條約制度，確定了外國人在經濟現代化中的特權地位。事實上從19世紀中葉以來，外國人就有權在開放口岸定居和獲得不動產以及開辦商業。19世紀末，他們還獲得了建造工業企業的權利。他們的商業進口稅率限制為5%的附加稅，免去2.5%的過境轉口的附加稅，這些商品還可免交厘金。19世紀下半葉由這些外國人首創建立的現代產業，到20世紀在很大程度上仍處於其控制之下，第一次世界大戰前的十年是他們干預的最高階段。1905年日俄戰爭後，日本和西方聯合，彼此之間干預的領域便拓寬了。

　　據芮麥（Charles F.Remer）估計，1902年外國投資總額是733,000,000美元，到1936年達到3488,000,000美元，直接投資的大部分（64%~77%）集中在開放口岸，芮麥統計，1931年，上海一地就吸收了其中的34%。這些投資根據不同部門而有所偏重，他們控制了進出口貿易，鐵路運輸和海運（中國外貿的85%~90%是以外國公司名義開展運輸的），與此相反，在工業部門，外國企業遇到了中國企業的競爭。

1933 年，他們控制一半以上產品的有棉織品（61%），煙（57%），火柴（53%），電（63%），但卻只控制四分之一強的（29%）的棉紡品。至於對內貿易和投資，幾乎全不在其勢力之內。

外國滲透與現代部門發展的同步進行，可否使我們得出一個結論，即將中國這一首次現代化基本視為一種殖民性質的現象呢？無疑地，人們在中國能夠觀察到發達國家干預周邊國家統治的事實。而從中國方面看，它只是作為受外國列強共同剝削，而沒有在政治上隸屬於任何一個宗主國的這樣一個半殖民國家出現的；在經濟方面，這種依附性則是通過貿易逆差的增長（1912 年為 102,000,000 海關兩，1921 年為 305,000,000 海關兩，1931 年為 415,000,000 海關兩），通過貿易結構（原料的出口、製造產品的進口），通過某些手工業諸如棉紡織業的衰落體現出來。這些棉紡織業先是受到進口貨的衝擊，隨後受到就地製造的工業紡織品的競爭。然而我們不會將現代產業部門簡單地視為一個外國的殖民領地，一個被外國人移植的制度。我們對此有兩個理由予以反駁：一方面，中國人本身在這一產業的建設中起了重要作用；另一方面，一個事實表明，現代化也通過更廣泛地依靠傳統經濟，採用更多的技術產品、資金和管理，借鑒了商人和地方手工業者的經驗而取得進步。

（二）海岸文明

那些面向大海、面向商業、受工商企業共同體的資產階級價值所支配的沿海大城市，並不僅僅是帝國主義的前哨堡壘。它們保存和發展了中國航海的傳統、中國商業和從 16—17 世紀以來作為帝國與洋人之間中介的冒險的暴發戶的傳統。

這一海岸文明（civilisation de la côte）總是被儒家的、農村的和官僚主義的政權所蔑視。在幾個世紀中，它的短期發展剛好與這個政權的衰落相吻合，但是它從來沒有成功地從長時期的帝國官僚制下獲得解放以形成自己的自治力量。然而從開埠時起，它就具有一種新的活力。很大程度上，由於和外國的接觸，由於租界對它的保護，一個海洋的中

國、國際意義的中國和大膽敢幹的中國，終於在開放口岸獲得充分發展。隨後，官方不得不重視它，甚至得依靠它。

在甲午中日戰爭和義和團運動中，中國遭受的外交和軍事失利，事實上逼迫清朝政府積極地參預到現代化政治中。那些力主變法的大臣們企圖重新聚集這些海岸的商人、企業家實施其計劃，他們打算依靠這批都市精英（élites urbaines）繞開地方官僚體制的阻止，形成一支支持正在進行的由上至下的經濟改革的社會勢力。但這個變法運動，由於中國的貧窮和帝國政府本身的軟弱而流產，辛亥革命則結束了這種試驗。

隨後的年代便是國家地位的深重衰落。當軍閥角逐權力之時，唯獨開放口岸的商人們則努力置身於發展進程中，在這種情況下，他們獲得成功。1912—1927年這個時期是中國現代部門的真正的黃金時代，這是一個原始資本主義時代。它的自發增長的成果基本上是外鑠所致。在第一次世界大戰期間，事實上帝國主義列強的部分收縮，有利於中國企業家創立民族市場：尤其因工業進口產品的減少而引起的當地需求量增大，使他們得到好處。同時他們利用與參戰國過去的訂貨來滿足戰爭的需要，然後再製造產品。

但是在經濟落後、政治衰弱和中國當時所處的國際從屬地位的形勢下，開放口岸社會不可能單獨擔當起現代化的任務，沒有任何一種發展道路，即便是資本主義的發展道路，能夠避免軍閥混戰。這樣，由於都市和平的喪失，黃金時代所建立的體制和經濟發展便逐步式微，外國人回來重新佔領了中國市場。

1927年蔣介石建立政權，國家的統一對開放口岸的經濟利益、社會政治並非有利，雖然口岸城市曾答應並對其提供過全部經濟力量的支持，但國民黨採取國家資本主義形式的新制度，即由蔣介石的某些部長實施官僚資本主義，從而減少了發展中的私人資本，並對開放口岸的經濟活動、社會政治生活予以控制。日本侵華戰爭（1937—1945年），和隨後的國內戰爭（1946—1949年）則加速了革命的到來。

開放口岸的飛躍、現代產業的發展和都市市民社會的出現，是以

下列相續的幾個階段為始終的：政府的合作（1900—1911 年）、私人
資本發展（1912—1927 年）和官僚主義管制（1927—1949 年）。正是
在 1912—1927 年國家干預最少的階段開放口岸經濟和現代社會發展最
快，這些得以實現的進步，便在中國導致了一個新的空間組織的出現，
沿海與內地的差距越拉越大。這種確立起來的二元結構（Dualisme）很
大程度上是外國在沿海城市建立的結果，並且通過這種確立而推動了中
國現代化進程，並以此開始了和中國人的廣泛合作。

（三）海岸城市：外國領地還是現代化的增長極？

　　然而相對於中國大陸、相對於大多數中國人，沿海現代產業的重
要性顯然微不足道。在 1933 年，根據劉業和（Liu-Yeh）的調查，農業
總產值繼續在國民收入中佔 65％，並供給全國 75％的人口使用，而第
二產業產值（現代工業、手工業、礦業、公益事業）不超過 10.5%。從
沿海局部地區的有限發展來看，西方和日本起了重要作用，某些作者認
為這些現代產業在中國的歷史變化中只是依附於外國的產業，和鄉村一
樣，海岸城市沒有遭受饑饉和國內戰爭，甚至恰好相反，內地發生大
災禍反而促使他們大有作為，1931 年中原地區的饑饉和 1937 年的日本
侵略，加速了資本和人口向受庇護的口岸轉移，從而推動其發展。然
而，儘管其發展非常需要自治，但現代產業仍然和中國經濟與社會整
體有着緊密聯繫。首先，開放口岸是一些傳播現代化進行引進技術的增
長極（Pôles），內地與外資企業的對抗，並不排斥引進西方技術和產品，
先進口原料然後在中國製作的棉紡工業表明：在手工紡織業被破壞的同
時，便是工業紡織業的新的發展，由開放口岸帶來的外來競爭壓力產生
的危機中，某些進步也就彰現出來，如由於金屬材料的引進而導致的紡
織工藝技術的改善。在一個制度整體落後的環境中，這些進步是不可忽
略的。

　　但對這種傳統產品和運輸方式進行改造的半現代化，人們亦謂之
「過渡現代化」，仍然表明開放口岸文明的光芒正輻射中國內地。與此相

反，傳統的農村中國繼續壓制着大開放口岸的發展，佔統治地位的仍是大量的農業收成和城市混亂的漫延，農村市場的開放和封閉仍影響着口岸商業活動的節奏。工業部門本身通過與傳統技術和設備的混合而得以建立：即現代企業與地方手工業在加工方面進行合作，也即是這些地方手工業在為某些工具改進付出代價後便開始自己生產那些為開放口岸市場所需要的產品。在天津三條石（Santiaoshi）區發展起來的小型鋼鐵工業並不是過去的倖存者，而是在開埠後為適應地方需求建立起來的。內地和沿海的情況並非一樣，其發展是各行其道，二元結構是一切現代化過程必然出現的結果。但外國勢力在開放口岸的存在，對中國帶來的是更加痛苦的傷口，無論有助於民族主義還是媚外主義，現代化有時會要冒着非中國或者反中國現象出現的危險。但開放口岸仍然作為民族共同體的一部分而存在。其經濟、社會、文化更多地仍屬於中國的歷史而非屬於在中國的外國帝國主義的歷史，甚至海岸文明是作為中國現代化的基礎之一而出現的。

（四）新的都市景觀

經濟現代化帶來了都市的新發展，在 20 世紀上半葉，城市人口增長速度遠快於整體人口的增長。這種對農村社會具有誘惑力的都市進步構成了沿海發展的新的一極，那裏有一些小河港和海港，如天津、上海，開始出現了一些大都會，其主要林蔭道可與西方首都的林蔭道相媲美。此外如在廣州，人口稠密的舊城也突破城牆，向港口的商業和工業郊區延伸。

都市空間組織模式也發生深刻變化，從前城區被圍牆所圍，並且被林蔭道劃為規整的方格，以建有鼓樓或其他鐘樓的護城河岸為界，除衙門和商業區分開之外，都市景觀幾乎反映不出住宅，生產和交換功能的變化，當然，也還存在一些不過如此的從事交易的專門街道，但都市整體沒有多大差別。

在 19 世紀末和 20 世紀初，沿海城市失去了 —— 如果它過去確曾

存在過 —— 這種很好的佈局，城牆被打破了，如 1912 年後的上海和 1919—1920 年的廣州，市區被分割開來，佈局也不均一。外國租界環繞豪華別墅的是寬闊的大道，以及行政辦公樓和有房租收入的大樓，並與那些低矮的、呈島狀的住房群和網狀的小巷的中國居民區相並列，租界擴展到都市區並成為其中心。在上海的情況是，公共租界和法國租界佔據城市中心；在廣州則相反，外國租界不過是舊城的簡單擴展，位居城市南邊的沙面小島；但在天津，則沿海河排成梯形狀，把舊城擠到城東北方向建造的袁世凱行營的西邊，南邊是新的工業區。

租界本身就帶有某種鑲嵌畫風格。在上海，法國租界的大馬路上栽種了法國梧桐，它的前面連着公共租界的建有新哥特型和新古典型建築的大道；在天津，海河的右岸矗立着東正教堂的鐘樓，對岸是英租界的新教教堂和猶太教堂，稍遠處的老西開方向是圓頂式天主教教堂。

外國租界與中國區的分開，越來越體現出一種都市空間組織的職能。在租界聚集着商務中心、娛樂場以及富裕階級的住宅區（也包括中國資產階級），一般說來，舊城保留其小商業、放債人的當鋪和他們的手工業作坊，更遠處是 20 世紀初或 20 世紀 20 年代建立的港口區和工業郊區：包括工廠、貨棧和棚戶區。

更值得一提的是，上海作為這個海岸文明的主要故鄉，其光輝照耀着整個東亞，各行各業全部包括在內，上海在 1910 年有 1,180,000 居民，1931 年有 3,100,000 居民，1937 年有 3,850,000 居民，而非出生於本市的居民數大約佔其中的 80%~90%。在第一次世界大戰後，在公共租界的中區內，出現了大建築 —— 銀行、飯店、商場 —— 使上海儼然如國際大都會，矗立在著名的黃浦區（沿黃浦江邊）和南京路上。

與租界現代都市主義相對比的是，中國城卻還是一個半農民城，直到 1927 年，其範圍還混合在舊的縣行政區內，其面積佔 557 平方公里，包括眾多的農業區以及 15 個村莊，由於生產質地稀松的土布而出現了幾個城鎮中心，在租界的南邊還保留了老城，後來撤除了城牆，工人們生活和工作在最遠的地區，舊的村莊變成工業郊區：黃浦江的另一

岸即東邊的浦東區，北邊的楊樹浦和閘北，西邊更遠處是高家陀，工廠的煙囪籠罩在中國式平房上空，這些平房建在夯好的地基上並帶竹牆瓦頂；沿黃浦江和蘇州河的棚戶區內，住在草房和木板房內的便是附近受苦最深的移民棚戶人。最後，上海還包括那些永久住在首尾相隨地停泊在河流中的船上的大量疍戶。

二、都市社會的多樣化

這種複雜的多中心結構，符合於社會本身的多樣性。外國住宅區的移民補充到中國居民中。中國居民中那種使人民從屬於官僚的舊等級，由於新的社會群的出現而被打破：現代企業家、工人階級、知識分子以及其他階層和社會底層——幫會和娼妓。

（一）新型企業家

從 19 世紀末開始，開放給中國增加了豐富的機會，帶來了職業和能力的多樣化。開放口岸是一個新的世界，是一個能夠儘快地改變命運實現理想的「戰場」。買辦作為外國企業及其客戶或者中國顧客之間的經紀人，能最快地掌握一些新獲得的機會。但許多其他中國企業家也分享了開放的好處：在進出口貿易中的商人和掮客，還有作為在華的外國銀行機構與中國市場之間的中繼站的傳統錢莊主。

這些暴發戶的社會地位迅速上升，他們繼士大夫與大批發商之後加入了顯貴行列。功利觀念開始向儒家價值進行挑戰，橫在那些買科舉身份的商人與不顧法律限制，毫不猶豫地投資商業的官員之間的柵欄被放倒了。但這種紳與商之間的都市精英的匯流，仍然建立在傳統價值的基礎之上。為了使其經濟成就得到認可並使之轉化為社會成就，商人們認識到需要官銜以作備用，他們繼續使其兒子們轉向仕途。

在 20 世紀初，科舉制度的廢除（1905 年）和官僚制度的破壞，對商人是有好處的，它維繫了一種都市精英各部分之間的平衡。到第一次

世界大戰時期，對商人來說，再沒有必要為了成為領導階級成員而獻身於仕途，逃避實業競爭的念頭弱化了，孩子們繼承父輩的企業，而新的企業家開始自稱為老闆。老闆身份的結構很難把握，在這個範圍裏，中國企業家常常既是銀行家，又是批發商，還是工業家，這些身份的混合和不斷更替是合乎慣例的。然而我們能夠描述某些企業家群體、分析其共同命運，以便鑒別其走向老闆階層入口的道路。

在現代工業家中，棉紡廠主在人數、財富和組織的穩固性等方面，扮演了一個主要角色。1918 年他們已經創立中國紡織家商會。他們的財富並非僅來自自己企業的生產效益。最初投資的最高限額對大資本佔有者來說，事實上限制了棉紡織廠主的招聘。上海是第一個棉紡織工業中心，大部分紡織主諸如穆藕初、王啟宇、吳麟書，都出身於商人家庭；另外一些人如聶雲台、盛恩頤，是著名的官僚家庭的後代；還有一些人先投資其他工業部門，最後轉入紡織業，如榮宗敬、榮德生先在麵粉製造業，朱志堯先在機械製造業。

天津是棉紡織工業的第二個中心。主要投資者屬於控制北方省份和北京政府的軍事官僚集團。那些通過原始野蠻的敲詐而致富的將軍和高級官員，僅僅只是把投入現代工業作為賺錢的另一種手段。相比而言，上海紡織主是一些能幹的管理家，並且對技術進步十分敏感，他們的全部力量都傾注於經濟成功；而天津的企業家則似乎仍很古老，比現代資產階級更接近傳統型名流。

然而，唯一不從舊社會富豪中招聘來的便是中國的工業家。當投資的最初限制撤銷後，手工業者和小老闆便毫不猶豫地轉身投向現代生產技術。在上海，鐵匠和細木工匠首先被僱傭在造船廠或江南船政局，從而保證了機械工業的充分發展。機械工業和手工業的緊密聯繫在天津也得到證實，1928 年，在城北的三條石的 514 個車間，只僱傭 2207 個工人，一般來說都是輪流手工操作。

最初投資限制的變化，雖然縮短着企業的傳統形式與現代形式之間的差距，但企業家的構成、發展和能力的適應也將隨之需要考慮。

1915—1917 年間作為中國有影響的老闆群體而出現的現代銀行家，卻是一些懂業務和善於企業管理的人，除此之外，他們本人沒有可用於投資的資本。他們任職於公共的、半公共的或更少量的私人的銀行機構，他們試圖建立一些從國外學到的金融管理規則，除了他們中年齡最大的中國銀行上海分行行長宋漢章外，事實上，所有這些銀行家或者經常去日本學院（如張嘉璈、李銘、徐寄廎、錢永銘），或者去美國學院（如陳光甫或孫元芳），這裏，資本主義的發展離不開技術知識分子的存在。

　　不管這些年輕的老闆理解的現代世界的含義是什麼，也不管他們的創新以及在創新中致富的才能有多大，作為群體的老闆仍然與傳統社會保持緊密聯繫，其發展離不開確立在整個中國社會組織的基礎之上的家族血緣和地緣的穩固性。

　　家族史比個體史更值得一說。事實上，如果人們不考慮兄弟之間的合作，也就不懂得企業的發展，如榮宗敬和榮德生，作為茂新—福新—申新總公司的創始人，同時也是幾個麵粉廠和紡織廠的廠長，又如簡照南和簡玉階是南洋兄弟煙草公司創始人，只有在這些家庭關係中，才能澄清企業的投資與管理，權力只能交予親屬，也只有通過把專門教育傳給未來的繼承人，才能進行很大部分的技術轉讓。在政治危機時期，由於管理權或多或少可以互相接替，企業戰略實施起來才很便當：兄弟、兒子或叔叔之間的等級並不固定，它以家族利益為原則，根據情況而相應改變。由於和日本人的合作而失去信任的聶潞生，在 1945 年後將恆豐紗廠廠長職位讓給其兄弟聶雲台，從而成功地避免了工廠被沒收充公的危險。為家族利益服務的企業政治通過這種人事變動而維持其長久性。

　　地緣觀念是新興商業階級結構的另一基本因素。而且常常與家庭網絡相交叉，它將家庭網放大，並再組合成一個廣闊範圍的忠誠和利益的體系。

　　開放口岸的發展與地區性商會（會館、同鄉會）的發展有緊密聯繫。在上海，同鄉會的數字從 1910 年的 47 個發展到 1931 年的 122 個。這些傳統的，地方主義特點的商會卻以一種悖論的方式，在中國現

代資本主義發展中起了重要作用。它們向其會員提供就業和投資的方便，並且幫助眾多的小企業主取得社會地位，努力幫助每一個會員掌握機會，並在他們控制的共同體內部堅持大開放。此外，它們唯一考慮的是共同體成員的利益。而每個從屬於一定共同體的企業家要求從該體系得到好處，由於各種同鄉會的權力不同，因此這些好處自然也不一樣。在上海，最重要的是寧波幫（浙江），掌握了銀行系統，以及很大部分的地區性和國際性的商業。廣東幫控制了現代分配部門——如大永安公司和從屬於它的先施公司——以及某些工業部門如煙草製造業。

老闆們並不打算從血緣地緣的傳統穩固性帶來的束縛中掙脫出來。在這些由慣例形成的管理事務共同體中，人們不知道簽訂契約，投資者、發起者和管理者之間的個人之間的信任關係是成功的基本手段。家族和地區的鞏固性是這種相互信任的基礎。這並沒有中斷企業中的新資產階級的現代傳統，而且資產階級的能力就在於使傳統服務於新的目標。

（二）小市民與知識分子

任何人都沒有這種能力劃出小市民這個自在階級生活和工作的內在界線，破落貴族、低微的官吏、商店職員、大學生、中小學教師、記者和作家，均混雜其間。這是一個從辦公室到商店直到放浪不羈者的多色世界，他們或從事商務、或從事文學藝術。那些屬於其中的人們有一個共同特點來顯示出某種教養：他們都穿長衫，而不會混雜於手工工人中。

這個小市民資產階級是和現代教育同步發展的。按照國民層次而確立的學校體系，是 1901—1902 年起由清朝制度所施行的改良主義的「新政」建立起來的，新學堂（包括各種教育）迅速增長，1905 年大約有十萬，20 世紀 20 年代初達到 600 多萬。

必須強調，這些學堂的普遍教學質量，一般只具有現代的形式而沒有現代的實質，而且缺乏師資和課本。教育者的履歷掩蓋了傳統的古典教育的實質。這些新學校培養的有文憑的人由於過多的現代主義色彩而

在舊式社會感到無所適從，但他們又太少掌握現代世界的機械操作，以致無法進行動手操作。處在兩個世界之間半路上的這些人追求着並不光彩的職業：成為商業和辦公室的僱員、領取微薄的薪水。整體的失望導致了苦悶，他們提供了消遣文學的讀者大軍和最基本的政治運動的戰士群。

然而有部分人成為精神界精英，極少數的則執政界和金融界之牛耳。比如老舍是以一個小學校長開始其職業的，並成功地成為一個受人敬重的作家和小說家。我們也可以魯迅的生涯為例，他和其他很多並無光榮家史的作家一樣，出身於一個破落的小官僚家庭。在 20 世紀初，一個新的事實便是，文學活動不再被視為一種作為士大夫打發閒暇的消遣娛樂活動，它變成了一種真正的職業。出版業和現代新聞業的發展有利於這種職業化（如著名的上海商務印書館創立於 19 世紀末），而另一方面則是新聞業融合到文學中去，都市對公共教育的要求，加速了真正的市場的形成。

（三）工人階級

在工業和現代運輸的時代，無產階級在發展，其數量從 1919 年的 150 萬發展到 1949 年的 250 萬。統計是不精確的，但這些數字仍然揭示這個階級的次要特徵，它幾乎只佔整個人口的 0.5％。然而在都市社會，工人階級卻佔有不可忽略的地位。在天津，1929 年佔了人口的 3.3％，1938 年達到 11％；在上海，從 1919 年起，估計有 18.2 萬人（即人口的 12％），在 20 世紀 30 年代達到 300 萬~400 萬（即人口的 20％），如果還包括運輸工人，工人階級的比例還要增加，運輸工人佔天津人口的 4％~5％，佔上海人口的 1％。

紡織工業是僱傭勞動力最多的部門，1919 年上海的棉紡織業僅僅一個部門就僱傭了全城工人的一半（全城工業包括食品工業、捲煙業、礦山、鐵路、海運），在所有這些部門，勞動力的一個重要部分（通常是一半，有時是三分之二）是為外國企業勞動的。

　　第一代工人完全是來自地方手工業者、城市平民、尤其是附近遷移的農民。這是一種很不穩定的勞動力：一旦發生經濟危機或某些家庭變故，工人便再回到鄉下，也是一些很混雜的勞動力。在企業中，能力和身份的差別常常表現為籍貫的差別，來自同一個村莊的工人們傾向於聚集在同一個車間。這種分組方式是由招聘制所決定的，而招聘制又建立在個人關係之上，建立在包工頭推薦新工人的這種規定上。上海、天津的勞動力招聘甚至最通常的是分包契約。有時，當廠主自己放棄招聘或給工人付工資時，就給包工頭一個總數，這是一種包工制；有時，獨立的招聘者首先自己到鄉下去買女孩，然後租給工廠服務，這是包身制。包身制特別流行於上海，在 20 世紀 30 年代，大約有 5000 個職業招聘者：他們考察蘇北鄉村即江蘇省的北部，將八千個青年工人淪為半奴隸從而使之僅領取八千人頭的一半工資，工人們只能掙扎在死亡線上。

　　事實上，中國工人階級還包括大部分的婦女和孩子。在 20 世紀 20 年代的天津，童工佔了棉紡織業勞動力的 25%，這些孩子一般是由已經為工廠所僱傭的父母通過工頭介紹來的。儘管從 1930 年起，童工勞動力日趨減少，但直到新中國成立前夕，天津、上海的大工廠還能找到童工。上海的婦女早在 20 世紀 20 年代就在工廠做工，這或許是因為這裏的婦女纏腳傳統不如北方嚴重，只要婦女走出家門，就可以提供工作。直到 20 世紀 30 年代，天津的婦女才進入工廠，但在 1947 年婦女佔了棉紡業勞力的一半。

　　與工人階級很接近的農村淵源關係和婦女所起的重要作用可以表明：家族和地區的穩固性在這裏具有特別古老的特徵。小手工業或半手工業與現代企業的差別就在於，其僱員一般來自同一個村莊，即老闆的同一個村莊，而現代企業則把招聘延伸到更廣泛的地區。在車間中，鞏固的地理網的多重性帶來了強烈的敵對，並導致很可怕的開除。比如在上海紡織業中，來自江南的工人蔑視和凌辱來自蘇北的工人，讓他們幹最重的活卻付薪很少。人們可以發現，在現代工業的周圍，這種地理鞏

固網加劇了村民氏族之間的鬥爭。

（四）幫會與娼妓

幫會與娼妓的大量存在，也是開放口岸正在進行的現代化的產物。他們的活動如此重要而且變化多端，人們不得不承認這些法外之民並非微不足道。在二三十年代的上海，幫會的數量大約有十萬人（即人口的3％），他們中的大部分人加入了犯罪組織，其中最主要的是青幫。這個幫在天津同樣出現並形成勢力。根據1941年日本的調查，青幫有50萬人，即接近全城人口的四分之一！

由於都市大部分住宅雜處，幫匪們通常是遷移不定者。傳說他們中很多是老船伕，從前沿大運河運送糧食貢品，1901年由於河運貢品的取消、海運的發展，他們便失去了工作。這些內河船伕於是倒流到大口岸被僱傭為碼頭工人，他們帶來了組織傳統和可以為祕密社會所借用的破壞性傳統。在天津，這種外來的罪惡便匯入在整個19世紀統治城市的具有地方傳統的都市暴力中，即黑社會暴力集團（Hun hunr），其標誌為怪誕的服裝和帽飾，他們以敲詐為生，並作為市場上的居間人而逞威逞能，還充當娛樂場和妓館的保鑣以及苦力協會的老闆。青幫的繼承者們更擴大了這些活動，尤其增加了鴉片走私，然後將他們的「保護」伸展到小商業、手工業者、僱員和工廠工人中。在上海，青幫的影響伸展到更高的社會上層，其中有些首領，如黃金榮、杜月笙、張效林，成為全城中最富有而且最有影響的顯貴，他們與法國租界警察和國民黨當局保持緊密合作，因此，當他們建立對大口岸城市的統治秩序時，罪惡昌盛，社會更不穩定，由於利用表面看來似乎頗有文明開化的社會的多重裂口（殖民的、種族的和社會的），這一股僅僅只服從自己、法律即為鞏固本幫而強調內部義氣的法律的反社會力量得以發展。幫匪最通常的行動方式是詐取、綁架和謀殺。儘管對都市社會構成恐懼並試圖加以控制，但都市社會仍然和這種反社會力量結成緊密聯繫。二者之中相互依存、缺一不可。作為現代化的破壞者的幫匪，他們有時又是一支備用力量。

妓女社會使幫匪社會得以延伸並且也依靠後者。賣淫在開放口岸活動期間得到發展，其結構為適應越來越多的變化和要求而多樣化。人們也許知道，戰前的上海是世界上妓女佔人口總數比例最高的城市。20 世紀 30 年代初的天津，賣淫者比工廠工人還多兩倍，大部分妓女來自附近的農村。天津市政府社會事務委員會所作的調查（對 2910 個妓女的調查）表明：其中只有三分之一出身於城市。在這種職業中，落入紅塵的過程與地理籍貫有很大關係。在上海豪華建築中工作的妓女一般來自蘇州，廣東妓女則為本省的商人以及教會她們一點外語的外國人服務。最悲慘的低等妓女，人們謂之「野雞」，她們在馬路上拉客，最通常的籍貫是蘇北。

淪落紅塵很少是自由選擇的結果。大部分少女被賣給妓館（常常是那些同時以合同形式為紡織廠提供童工的招聘者），因此，對於最貧窮的農村地區的女孩來說，在工廠作工和賣淫都是一些普通的方式，並且常常是可以互換的。

賣淫活動有其自身的嚴格組織範圍。當局曾採取過註冊措施，20 世紀 20 年代初進行過整頓，後來 20 世紀 40 年代重新實施，但從來沒有成功過。而妓館內部受嚴格的紀律約束，確立家庭生活規矩的父親權威在這裏被代之以鴇母的權威。

在 20 世紀初，開放口岸的中國社會是很不均衡的。地區地方主義的多樣化和刻板的專業分割，導致各種分立的幫會和共同體的並存，尚不說經濟地位的兩極分化造成最深重的苦難與最闊綽的富有相處共存。然而各階級各群體聯合的這個社會，在各種形式下，發起了反對外國侮辱、反對中國政府的辱國和無能的大規模運動，這些運動的重要意義和重新出現，提出了一個激勵人、啟發人的關於制度和都市文化的動力和價值問題。

三、都市制度和文化：轉向都市社會的結構

在傳統中國，現存的官僚主義網絡的政治權力與可以自由管理自己

事務的社會團體之間，存在着一條鴻溝。然而在 20 世紀初，都市制度的發展開始使社會團體靠近權力，並發展其對抗與合作的相互作用，從而標誌着一個為當局承認合法並且可以與當局對等談判的代表組織所構成的真正的市民社會的誕生。

（一）精英組織的發展

在 19 世紀下半葉，大規模地方自治運動，使都市制度的發展初具規模，而且表現出和外國模式相似的很多共同點，市政管理、僑民協會，也在中國開放口岸運行發展了。

清朝政府在開放後遇到的政治、經濟困難，迫使它經常地、越來越多地求助於有能力而且慷慨大方的地方精英，並且特別是對都市精英的求助。在傳統社團組織專業行會（公所）、地方性協會中，又增加了慈善協會（善堂）。從 1895 年起，多種學會和農會層出不窮，十年左右後出現了商會和教育會。這些協會保護團體利益，並在一種社會開放精神和現代精神中開展工作。這些協會已經不屬於社會主義定義範圍，而最通常地體現為都市共同體的代表人和代辦處。清朝政府將他們視為助手而與它們合作。這種合作也通過地方機構（局）而得到發展，局的成立是為了受理那些一般包含私人投資的特定方案，比如上海南市馬路工程局從 1895 年起就承擔了現代市政方面的大部分任務。

然而，為都市制度發展提供有利條件的政府，很快便對來自精英界的影響感到不安，政府企圖通過在一些新的部門（銀行、新聞、司法事務所和醫學）建立強制性的專業協會組織（劃團），通過將這些協會納入有規則的等級制度而抑制他們的創造性。商會、教育會和農會等系統因此而正式化，擴展到全國範圍，並置於新近創立的有關托管部門的職權之下：農業部、商業部、工業部、教育部。而省諮議局和地方諮議局也於 1909 年建立起來以便滿足……並使自治請願更集中。但確立起來的控制設施都表現得毫無效率，而都市精英卻利用了被授予的合法性、新的結構和提供給他們的參預方法而投身於政治活動。

　　從一個地方協會到另一個地方協會，彼此合作、協調發展。省諮議局被用來作為講壇和中繼站。重新發起的自發運動影響到國民階層：1907 年產生了籌建商會聯合會的思想，1910 年創立了要求召開國會的省諮議局聯合會。

　　因此，一直被官僚所排斥和忽視的這些群體，直到這時才開始進入政治生活。他們或根據自行遴選和一致同意的傳統程序而進行選舉，或在省諮議局範圍內，根據限制選舉而進行推選，這些地方組織的會員們代表了一個團結的精英界，但從這種代表性中，他們將產生一種不混合在制度中的合法地位，不久以後合法地位得以確立。

　　描述中國政治生活中都市組織的參預意識，將可以對已經介紹過的前面幾章的歷史進行很大部分的改寫。不管是立憲派反對清朝政府和辛亥革命，還是 1912—1913 年國會制度的第一批草案，或者是稍後的1919 年和 1925 年大規模愛國運動，都市精英總是表現出主幹作用。在一種把自由定義為中央對地方利益的尊重的政治傳統中，他們是作為社會利益的捍衛者而出現的。但他們在 1913 年卻默認了袁世凱的獨裁專制，在 1927 年 4 月，又積極支持了蔣介石集團的政變，表明他們傾向於支持那些能夠保證公共秩序、國家統一和獨立的強有力的中央政權。

　　都市組織與政黨之間相互影響，在目標和人員上多次進行配合。辛亥革命前的同盟會、隨後的進步黨和國民黨都多次依靠精英組織，但這些組織並沒有和政黨合併。直到 20 世紀 30 年代初，蔣介石粗暴地讓他們循規蹈矩，他們也沒有聽命於他，他們有自己的行為方式。他們創辦報紙，如《上海總商會月報》是銀行協會和教育會的機關報。他們通過資助政治領袖而進行參預，如 1912 年對孫中山的資助和 1927 年對蔣介石的資助。「抵制」是他們特殊的動員方式；1905 年抵制美貨運動，1915 年和 1919—1923 年抵制日貨運動，1925—1926 年抵制英貨和日貨運動，1929 年、1931 年、1935 年抵制日貨運動。從前「抵制」是屬於調解違法商人與濫用權力的官吏之間的同業公會的範圍，現在則成為一種同時保護國家利益、贏得民族市場和促進新的工業社會的戰略。直

到 1927 年尤其是 1931 年，蔣介石收回權力，還存在一種要求自治的社會抵抗性示威運動，這種自治的要求是擺脫政府和政黨的控制。

然而多元化和自治，幾乎只是受這樣一種傳統所支持：即強調國家權力並視之為國家統一、繁榮的基礎。20 世紀初，都市精英在政治生活中所起的作用，在很大程度上是由於中央政權的衰落。然而只要國家政權一旦修復，它就立即試圖控制這些自治力量。在辛亥革命時代發展的地方代表制度，隨後就遭到袁世凱嚴厲的取締，這種反對都市制度的進攻，從 1927 年起也被蔣介石所採用和擴大。同業公會被納入隸屬於國民黨的商業聯盟，商會便須「服從黨的領導和命令，並直屬於地方權力控制之下」，1928 年 7 月和 1930 年 3 月的組織法，便將直到當時還屬於都市組織的職責和特權轉交給大上海市政府。

自治代表制度被剝奪，地方管理被排斥，在最傳統的活動中進行競爭的都市精英，眼看着他們曾夢想作為新工業社會的先驅作用最後喪失了。

（二）知識分子與政黨

如果說，都市精英開始從實踐基礎上參預政治是通過特定協會而進行的，而這種現代化實踐的通常慣例是採取對行業和共同體利益進行協調和防止官僚主義管理的手段，那麼，知識分子的運動則是通過意識形態來領導，並且是在小團體和政黨運動的範圍內來進行的：基本上是作為反對黨。由於擴展到從事公共事務並採取傳統參預的官紳階層，都市精英的行動就影響更大，被排擠出官僚範圍的新知識分子，試圖通過形成公共輿論，輸入西方新的政治參預方式以掌握事態的發展。

在 20 世紀初，當時改良和革命的方案正付諸實施，意識形態和政治的聯合標準取代或更通常地是於舊式的地方主義標準中。因此，東京的中國留學生共同體（大概 1905—1906 年估計有 1 萬到 1.5 萬個成員）首先根據留學生原籍省份組織成地方性協會，但在 1903 年由「滿洲」群體發起的拒俄運動，激起了民族主義的憤慨，促進了新的群體的組合，如陳獨秀創建的愛國會或拒俄義勇隊，不久，知識分子成員處於兩個派

別之間：聚集在梁啟超周圍的立憲派和改良派，聚集在孫中山周圍的共和派與革命派。1905 年同盟會的創立，更好地體現了知識分子作為職業政治領導人、宣傳家、新聞輿論的編輯家和戰士的新作用。

　　從 1912 年到 1917 年民國的最初年代裏，相對於統治集團活動以人際關係為特徵的傳統制度而言，國會制度的變形，證明了建立在意識形態選擇基礎上的政黨的脆弱性。但是 1917 年發動的文學復興和 1919 年 5 月的民族主義的偉大運動，卻使知識分子的行動產生一種力量、一種新的凝聚力，在層出不窮的社團中，新的思想導師有蔡元培、胡適、陳獨秀或李大釗，他們的中心興趣不斷變化，從社會主義研究到平民教育或到家庭重建，他們迎合了大多數正從儒家價值中解放出來並轉向憂國憂民的大學生的期待。從事於思考和討論的這些小群體，便是孕育許多未來政治領袖的搖籃。

　　同時，大學生們建立了經常性的代表制度，以便於組織和協調由學院和大學發起的大規模示威活動。在 1919 年 6 月成立了中國大學生聯合會，很快地，愛國運動導向了政治參預。中國共產黨於 1921 年成立，而新的國民黨在 1924 年重新改組，這些政黨吸引了成為宣傳家、出版家、行動家和工會組織者的大批大學生和知識分子。在大規模群眾運動和 20 世紀 20 年代不斷增加的革命暴動中，政黨和大學生組織起了決定性作用。

　　無論對知識分子還是對精英界，1927 年蔣介石政權的建立標誌着控制和鎮壓的開始。一部分知識分子即技術型部分，被安排進特殊的制度中，這個制度籠絡人才並使之為它服務，而且再次提高即使從西方來看也很高的榮譽，但政府鎮壓一切獨立輿論的示威運動。在把共產黨排除在法律外之後，又企圖抑制學生運動，1929 年，中國大學生聯合會被解散。1931 年 11─12 月，成千上萬的年輕人匯聚南京，掀起反日愛國的偉大運動，以失敗而告終。1935 年 12 月，日本進逼華北，這種兼併的威脅，使北京再次爆發學生運動，並且要求擺脫國民黨的控制，這次運動得力於眾多的知識分子群的支持，有些群體帶有濃厚的政治色彩，如

左翼作家聯盟（左聯），由傾向於共產黨道路的同仁進行改組，另一些則直接加入愛國協會。1936 年，大敵當前，知識分子動員起來，建立了救國聯合會，它對 1937 年抗日聯合陣線的形成起了某些作用。抗日戰爭爆發後，大學生活動主義遲遲沒有再恢復。1946 年，年輕知識分子發起反對美國士兵暴力的示威活動，1947 年反飢餓、反內戰運動，1948 年反對美國支援日本的示威學潮，重新使大城市震撼起來。

　　構成這個知識分子群的現代意義的是，它有能力在總體利益的口號下發起運動，這些口號體現了他們一種愛國的、意識形態的和政治的關切。他們通過間接傳遞方法：報紙、節目、傳單、標語而形成一種公共輿論，這種方式就其本身而言，標誌着與根據個人關係網和私人義氣所維繫的社會思想和行動方式的深刻斷裂。

（三）同行會、同業公會和工會

　　正如從 1962 年起就致力於開創性研究的讓・謝諾（Jean Chesneaux）所指出的，中國工人運動表現出早熟性和採取革命暴力的特徵，從 1919 年起就日漸增加的罷工似乎證明階級覺悟的迅速進步以及工人們的動員和組織的能力。但最近的美國方面的研究，如艾米爾・荷尼克（Emily Honig）的研究，尤其是加爾・海爾莎特（Gail Hershatter）的研究，其觀點恰恰相反，他們指明了很多工人組織的仿古特徵：同行會、同業公會、祕密社會，確切地說沒有工會，還指出工人們的被動性，尤其是大紡織廠的工人。如何對待這恰好相反的觀點呢？

　　首先必須估計到工人階級本身的分裂和不均衡性，也必須考慮各個時代不同性質的外來介入：共產主義者在 1919—1927 年的介入和 1945—1949 年的重新介入，民族主義官僚的介入和 1927—1937 年基督教協會（YMCA）的基督教改革主義者的介入。最後必須承認這樣一種觀點：變化不一的各種組織形式有可能重合，最激烈的政治運動時期（1919—1922 年、1925—1927 年）並不必然是組織工作最鞏固的時期。

　　如同其他中國人一樣，工人們試圖根據家庭關係和地方鞏固性的雙

重網絡，用自發的方式進行重新改組。他們面臨的工業和都市新環境的
危險，最經常的是來自幫匪的要比來自老闆的更多。工人們通過創立一
些促使同一些車間的友誼往來制度化的同行會，使這些網絡得以擴展和
確立。重要而多變的是，這些同行會聚集着五六個到幾十個成員，男女
重新改組，納入分開的協會。成立的儀式一般包括一次宣誓、一頓餐或
美酒，將乳香祭品奉獻在佛壇上，同行會並不建立在工頭與工人們同等
地位的平均主義基礎之上。他們的主要目標是保證其成員的身體安全，
其次，它也保障對成員日常生活的某些援助。為了更好地達到這些目
的，許多同行會通過自行遴選代表以試圖取得青幫的支持。

　　如果說同行會意味着村民組織在工廠的直接移植，那麼專業的同業
公會則標誌着舊都市組織形式在開放口岸的延續。同業公會（Guildes）
比同行會（Contrefraternité）更制度化，常常有寫好的章程，他們內部
的團結一致是通過對老闆的崇拜而得以鞏固的（常常體現為道教先祖的
某種普遍神性），它們得到公共權力的承認，而公共權力則讓他們注意
制訂其職業章程。但和同行會一樣，同業公會深深紮根於地區的地方主
義中。

　　同業公會遠非從現代化倒退，它也隨開放口岸的活動而日漸增多。
以天津運輸工人的同業公會為例，1936 年有 103 個，它們各控制一塊伸
縮多變的地盤，地盤的分配是由政府的法令所確定，但對壟斷地盤的頻
繁破壞帶來了激烈的衝突。大部分同業公會老闆自己加入青幫，事實上
正是青幫通過同業公會控制和利用都市運輸，並將「保護」強迫給碼頭
工人、苦力和交 80％的工資給青幫的拔苗工（Tireurs de pousse）。但如
果沒有這樣的「保護」，是不可能獲得工作的。在同業公會的權力氛圍
下，不屬於其中任何一個工會的人，就完全處在危險中。

　　對企業家和工人進行剝削的同業公會，使真正意義的職業市場停止
發展。情況毫無例外：在大棉紡廠，祕密社會的介入，其行動既通過同
業公會的中間人，也通過職業招聘者的中間人，來達到同樣的結果。公
共權力曾採用各種措施試圖改革制度。第二次世界大戰後，雖然在紡織

廠重新確立了某種意義的自由招募，但運輸工人的同業公會的權力一直持續到 1949 年。

正是在 1919 年 5 月偉大的民族主義運動浪潮和共產主義的推動下，出現了革命工會。1921 年，共產黨建立，它自願屬於無產階級，創立了工作祕書處並在工人中進行宣傳，一些知識分子如鄧中夏、李立三和劉少奇，負責工會運動。他們反對傳統組織，而且基本沒有考慮利用之。這些年輕領導人首先把政治請願置於社會行動之上，受共產主義影響的工人報紙獲得發展，如 1921—1922 年的《勞動界》、1924 年的《中國工人》，其主題是階級鬥爭和反帝國主義戰鬥。1925 年五卅運動，拉開了共產主義在工人中的行動序幕，1925 年 5 月 31 日創立的上海總工會，調整了延續三個月的罷工行動，並且擴展到全國各大中心城市。1926 年 11 月，工會和罷工在北伐過程中更加發展，隨後在 1927 年 2 月，工會試驗了一次沒有成功的有組織的上海武裝工人暴動，1927 年 3 月，起義罷工取得了勝利，工人糾察隊成為城市的主人。

在 1927 年 4 月 12 日上海工人遭到屠殺後，革命工會主義迅速衰落。共產主義者被蔣介石排除在法律保護之外的事實，提出了一個未來工會機構的鞏固問題，人們可以捫心自問，工人運動是不是時代的民族主義熱情的結果，應不應該建立一個更嚴格的工會組織。此外必須提防 1927 年後還存在的革命工會主義（Syndicalisme révolutionnaire）衰落與中國式工會主義（Syndicalisme chinois）衰落二者之間的混淆。在 1931 年，估計還有 741 個工會，50 萬個會員，儘管這些工會常常被作為「黃色」組織而取締，或者被祕密社會和國民黨警察打入核心，但它們仍然作為群眾組織而出現，並且在工人階級中站穩腳跟。

如同所有的都市制度一樣，工會在 1927 年後事實上失去了其自治權，1929 年的法律將之置於政府的社會事務辦公室的權力之下。國民黨的干涉獲得了真正的成功，就如同前此對待共產黨一樣，但在工人階級一些部門中卻並非如此。被官方工會有節制的改良主義者新路線所收買的人，是有軌電車的半夠資格的工人、在郵局服務的和上海商務印書館

的「白領」無產者。有一個領導人朱學範，是一個老郵務員，成為中國工作協會（創立於 1935 年）親政府的主席，似乎得到了來自基層和小型自治行動的真正擁護。

在抗日戰爭末期，人們參加了一場壯觀的工人運動。飛漲的通貨膨脹導致罷工猛增。但比這些原因更多的是，運動的熱情大概是由於共產主義戰士的歸來。他們吸取了失敗的教訓，為了擴大其影響，他們打算依靠現有的組織，在地區性的聯誼會、同行會和宗教教派中開展活動以便使這些活動轉向政治請願。因此，1948 年元月，在 30 多名共產主義戰士領導下，上海紡織廠中新九廠工人們進行了一場艱難的罷工，以致必須採取特殊措施動用武器的粗暴干預才告結束。然而共產主義戰士當時在現場找到或者說再一次找到了鼓舞工人鬥志的鑰匙，中國共產黨在自身軍事和農村的革命道路中，似乎就是依靠這種鬥志。而工人階級在奪取革命政權中處於次要地位。

20 世紀初都市制度的發展，標誌着中國人開始建立市民社會的第一次嘗試。這個艱難的嘗試，一方面遭到傳統社會制度的長期性反對，另一方面，則遭到確立在國家優勢基礎上的政治文化的長期性抵制。在商會、專業協會、政黨、哲學俱樂部或工會的現代外觀後面，操縱的主體卻是鞏固的地緣性和家族性的無限權力。這個制度的功能並沒有使人際關係網活動消失，它幾乎不能掩蓋之並且常有所現。開放口岸的現代性是一種雜交的現代性，它和人際關係網半分天下（甚至更多），這在歷史學家眼中幾乎是看不見的，而一些大原則 —— 公民的權利與義務、權力的分配 —— 現代社會就充滿了這些東西。在這種雜交中，人們可能看到一些混合型產品，也可能從中看到一種達到現代世界的中國的特有的方式，一個反駁那種把開放口岸僅僅視為帝國主義領地這一觀點的標誌，一個反駁那種把這個社會視為對西方的蒼白的模仿品的觀點的標誌。

儘管其社會組織並不完善，但它畢竟在開放口岸開始出現，而且它是中國現代史上最接近市民社會的一種社會組織。1927 年後，中央政權的恢復中斷了這個社會的發展，但過去的現狀並沒有同樣恢復，更多地

是過渡到為國民黨制度服務，並且被官僚制度所吸收，舊的資產階級精英、輿論領袖直到某些工會領袖，組成了現代專家統治。既然儒家傳家排斥了強大的國家與自治社會群體的同時存在（然而這兩者之間對現代化都是必不可少的），那麼，這種變形對前幾十年中喚醒了的社會首創精神來說，或許是可能生存的唯一形式。

市民社會的誕生、開放口岸社會組織的建立，使地方主義結構發生畸變。國家權力的再度恢復在開放口岸社會投下一個影子，這個影子也無法掩蓋由這個社會存在所反施的深刻影響。傳統的鞏固性為新的目標服務：經濟增長、個人權利的尊重、社會公正的保護。此外，直到這時，只有在倫理秩序因素和在混亂中，才能確定其權限的執政者，在某種範圍內，它也不得不考慮專家的意見、知識分子的輿論和群眾請願。

在半個世紀內，沒有什麼比開放口岸的都市社會完成了更好的進步，隨後，在都市社會與內地、農村中國之間產生了一道鴻溝。無疑地，都市生活方式還存在着不均衡性，由於移民不斷匯聚而使之農村化的這個社會，仍然存在着無數矛盾，並且也加強了傳統的頑固作用，擴大了祕密社會的行動，而最高階層卻試圖採用一種國際性的都市模式。那些包含着現代化的價值本身是多類型的、多源頭的並且還有劇烈的衝突。但這個社會仍然是一個統一體，仍然具有深刻的獨創性，它來自那種把改變視為既是必要的、同時又是適當和可能的思想力量。

（譯自法國白吉爾、畢仰高主編《二十世紀的中國（1895—1949）》第10章，巴黎費耶爾1989年9月版）

「移民精神」與「鄉土意識」

　　案頭上擺着兩本書：一本是美國歷史學家康馬傑教授的洋洋五十萬言《美國精神》，一本是費孝通先生早年寫作的、不厚卻很耐讀的《鄉土中國》。掩卷之餘，心中縈繞的是一個久難去懷的文化困惑：具有四五千年文明史的古老中華與不過二百多年歷史的美利堅的文化根本差異，究竟何在？這種差異又意味着什麼？

一、清教倫理與家族倫理

　　馬克斯・韋伯在那本保留了大量美國清教徒材料的代表作中指出：在新教倫理與資本主義精神之間，有着「因果關係鏈」的聯繫 ❶，康馬傑持同祥觀點，他認為，清教主義是美國精神的重要來源，而費孝通的觀點是，維持私人道德的家族倫理是「鄉土中國」的基本特徵。

　　清教倫理的核心是所謂「命定說」的救贖理論。在加爾文教看來，一個人能否獲救，根本與教會和「聖事」無關，而是「命中先定」的，但是人們怎麼知道自己是否已獲得上帝的「榮耀」和「恩典」而成為上帝的選民呢？唯一的辦法是通過現實世界中的禁慾苦行和勤奮工作，以此岸的成功來確證自己來世的得救（即盡「天職」）。這樣，清教徒「砰地一聲關上了身後修道院的大門，大步跨入了市場生活。」 ❷ 中國家族

---

❶ 馬克斯・韋伯：《新教倫理與資本主義精神》，第 26 頁。
❷ 馬克斯・韋伯：《新教倫理與資本主義精神》，第 139 頁。

倫理的理論形態是儒家倫理，儒家倫理也肯定此岸世界、肯定世俗的意義，但是二者卻有着根本的差異：

第一，清教主義在英、荷母邦是一種嚴格的禁慾主義和苦行主義，美國人對「接受清教徒的道德標準從未發生疑問」，「他們讚美勤勞、克制、運動道德和他們認為來源清教徒的一切美德」，我們一向視美國為享樂社會，其實他們「一向提倡節儉」，當然並不完全接受禁慾主義，「在弗蘭克林身上就融匯了清教主義的美德而排除了它的缺點。」儒家倫理也主張「寡慾」「存天理、滅人慾」，甚至演變為一種「禮教」，但清教倫理是引導人們以介入外在世界的態度，通過克勤克儉、以現實事功（主要是創造財富）和外在超越而獲得「救贖」，而儒家倫理則一方面引導人們遁入內心世界，通過「克己」修身功夫達到所謂個體完善；另一方面則成為一種禮教，約束人們外在行為，甚至一言一行、舉手投足都被嚴格程序化、規範化（如「坐如尸，立如齊」等）。前者蘊含着一種個性解放，後者則是對人性的扼殺。

第二，在美國人看來，所謂上帝「救贖」實質上是人們自身的「救贖」，他們「不再信奉上帝拯救人類的教條，而是本能地確信只有通過工作才能得救」，「他們寧可相信人類都是上帝的子民，是造物主的終極目的，相信人們本身就具有某種神性，相信人們經過不斷努力，道德修養終能達到至善至美的境地」，這樣清教倫理就轉化為一種行動操作精神、一種樂觀主義成功哲學，因此「他們的信條是艱苦工作，並認為偷懶是一種罪惡，比不道德還要壞」，他們堅信：「自己『幹出來的』才是英雄好漢。」儒家倫理也強調「知行合一」，但是這種「行」，不是現實的外在事功的追求，不是鼓勵人們理直氣壯地為自己為社會創造財富，而是一種道德實踐，其目的乃是家族本位主義的鄉土「差序格局」的穩定和諧。

二、「個人主義」與「自我主義」

從政治文化角度說，美國是個人本位論。「個人主義最終竟變成了

美國主義的同義語」，中國學者一般認為中國是群體本位、群體主義，費孝通一反成見，認為中國是一種「差序格局」裏的自我主義 ❶。

　　費認為，西方社會結構是「團體格局」，其基本細胞是沒有血緣的原子般個體，而中國社會結構則是以自我為中心、根據親疏向外推而形成的「差序格局」，從漢字「倫」字上可以反映出來，他引用《釋名》的解釋：「倫也，水文相次有倫理也。」因此所謂「人倫」就是「從自己推出去的和自己發生社會關係的那一群人裏所發生的一輪輪波紋的差序」，「倫是有差等的次序」，在這個有「次序」的網絡裏，「有一個中心，就是自己，我們每個人都有這麼一個以親屬關係佈出去的網，但是沒有一個網所罩住的人是相同的……天下沒有兩個人所認取的親屬可以完全是相同的」，「因之，以親屬關係所聯繫成的社會關係網絡來說，是個別的」，這就是費的「差序格局」的「自我主義」理論。他認為這種「自我主義」與歐美的「個人主義」有兩點主要差異：

　　第一，歐美「個人主義」有一個劃界問題：群己、人我界線非常明確，由法律保障，他引用《美國獨立宣言》「政府的適當力量，須由受治者的同意中產生出來；假如任何政體有害於這些目標，人民即有改革或廢除任何政體之權」後指出：「團體不能抹煞個人，只能在個人們所願意交出的一分權利上控制個人。」因此其個人主義就表現為「爭的是權利」，但又與對「群體」的義務相輔相成，因此這種個人主義實際蘊含群體主義。而在中國「自我主義」的「差序格局」中，群己、人我關係「模糊兩可」，「自我主義」就表現為「攀關係、講交情」，公共道德被化為一種私人交情，人我關係被理解為一筆還不完的「人情債」，因此這種「自我主義」，既沒有近代意義的個人主義的權利觀念，又無近代意義的群體主義的義務觀念 ❷。

　　第二，「個人主義」是與「平等」觀念相聯繫的，他引用《獨立宣言》

❶ 費孝通：《鄉土中國》，第 26 頁。
❷ 梁啟超、嚴復也早就指出過中國只有私德無公德，可參見《新民說》等。

說：「全人類生來都平等。」美國的平等觀念是移民精神的產物：一方面是「上帝面前人人平等」的清教觀念轉化；另一方面美國移民「在創業之初⋯⋯除力量和堅強的意志之外都一無所有⋯⋯承襲來的權益就無足輕重了。」但「平等」不是中國式平均主義，而是一種「運動規則」和「公平競賽」觀念，它包含兩層含義：公平原則下的競爭和承認人們能力上的先天不平等。「公平競爭」意味着「出身或階級對美國人不起任何作用」；承認能力上的不平等，就意味着優勝劣汰，意味着人們必須發掘自己最大潛能為自己和社會創造財富，以獲得自我外在超越，這是社會進步的基本原則，也是美國「個人主義」的深刻內涵。

　　而在中國，「自我主義」不是社會進步原則，而是家族和諧原則；不是個體價值實現原則，而是個體完善的倫理原則。而這種「和諧」，「倫理」是一種「差序」和諧、「差序」倫理，「在禮記祭統裏所講的十倫，鬼神、君臣、父子、貴賤、親疏、爵賞、夫婦、政事、長幼、上下，都是指差等」，這是一種前定的、嚴格的尊卑定位的不平等的「差序」和諧，即不允許通過公平競爭來打破「差序」，建立一種競爭中的動態和諧 ❶，也不預設能力上的不平等原則，於是「自我主義」就向兩極發展：一極導致無特權者一味「克己」「寡慾」達到虛幻的至善境界；一極導致有特權者攀親拉關係，來實現「差序格局」中的功利政治追求。

三、實驗主義與實用理性

　　康馬傑指出：「美國人討厭理論和抽象的思辨」，「其最重要的特點就是講求實際」，美國是「世界上最少研究哲學的國家」，而且「是形而上學的抽象思考的死敵」，這一點與中國的實用理性有某種形式的類似，「中國鄉土社會那種實用的精神安下了現世的色彩，儒家不談鬼，祭神如

---

❶ 科舉制雖有某種「競爭」意味，但沒有從結構上否定這種「差序格局」。

神在，可以說對於切身生活之外都漠然沒有興趣。一般人更會把天國現世化，並不想把理想去改變現世，天國實現在這世界上，而把現實作為理想的底稿，把現實推進天國」，但是二者卻有原則的差別：

第一，作為思維方式，實驗主義是一種科學精神，Pragmatism，胡適最早譯為「實驗主義」而不譯「實用主義」，這是對的，因為「愛搞實驗是美國性格中根深蒂固的特點」，「美國人在華盛頓專利局登記的發明比舊世界所有國家的發明加起來還要多。」這種科學實驗精神成為美國思維方式的基本特徵，實驗主義只是這種實證思維的理論化：「他們的哲學必須容許進行實驗和創造」；其次，實驗主義創始人皮爾士、詹姆斯都是科學家，皮爾士說：「你對一個科學實驗家無論講什麼，他總以為你的意思是說某種實驗法若實行時定有某種效果。」❶ 這裏包含有實驗和效果兩重意思，從實驗來說，是一種科學精神，凡未經科學實驗所驗證的均非真理，都必須懷疑、批判，詹姆斯「以懷疑主義的態度對待所有的教條」，他的真理觀強調：「正確的思想就是我們能夠吸收、證明、確定和證實的思想。」一種具有懷疑批判理性和科學實驗精神的思維方式，必然有強烈的反傳統精神，「他們不喜歡老一套，總愛花樣翻新，而且愛去幹別人不曾幹過的事情」，「他們很少過去的意識，也不關心過去，他們沒有歷史觀念」；而中國的實用理性，正如李澤厚所言，重直覺頓悟、重歷史經驗而缺乏一種否定、批判、懷疑和實驗的科學理性，中國人也講「格物致知」，卻是「格」自然之物致倫理之「知」；因為缺乏懷疑批判理性，就使得「注經式」思維方式非常發達，「在註釋的方式中」來達成傳統與現實的妥協，同時傳統崇拜、祖先崇拜也發達起來，「前人所用來解決生活問題的方案，盡可抄襲來作自己生活的指南」，「於是『言必堯舜』，好古是生活的保障了。」

第二，實驗主義又體現為一種操作精神、行動哲學 ❷，它繼承了清教

---

❶ 轉引自《胡適哲學思想資料選》（上），第 51 頁。
❷ 從語源學看，Pragmatism 源出希臘文，意即行動、行為。

倫理精神，而且「同一般美國人的氣質一拍即合」。甚至「美國過去的全部經歷已為實驗主義的誕生作好準備」，這裏「全部經歷」包含着科學實驗精神和行動精神。在實驗主義看來，真理是一種可用行動（如實驗等）證實的效用、效果（「實效主義」）；其次，真理只是人操作的工具（工具主義），杜威強調「知識思想是人生應付環境的工具」●，在這裏人是目的，只有用知識去改造、征服環境來達到目的，而「應付環境」恰恰就是一種行動精神，因此杜威的「經驗」既不是英國經驗派的被感知的靜止的經驗，也不是儒家哲學的倫理的歷史的經驗，而是滲透在人類行為過程的征服自然、征服環境的行動經驗。所以康馬傑評價實驗主義是「以效用哲學反對第一原因的哲學，以權宜哲學反對頂點哲學，以自由意志哲學反對宿命論哲學」，這與中國那種強調道德實踐、倫理操作和心性修養的實用理性是絕然不同的。另外所謂實驗產生效果就意味着科學是能帶來社會效益、能改造環境促使社會進步的，因此這是一種科學功利主義，對此他們毫不隱諱「是地地道道的功利主義者」；而中國實用理性卻異化出另一種功利主義，漢代有所謂「舉孝廉，父別居」記載，用虛偽的「孝悌」來掩蓋「不孝」背後的功利政治追求（孝廉），這正是中國式的道德功利主義。

四、移民精神與鄉土意識

移民精神是理解美國文化的關鍵。美國之所以能建立一個被列寧稱為「美國式道路」的純粹資本主義，與它一直保持的「世界性移民」是有關的，康馬傑說得好，「一次又一次的移民浪潮，在不斷改變美國的面貌」；而費孝通認為，「鄉土」精神是理解中國文化的關鍵。

移民是世界性普遍現象。從漢代移民屯墾到明清時期的「湖廣填

● 轉引自《胡適哲學思想資料選》，第 72 頁。

四川，江西填湖南」等，中國幾乎歷朝都有，但是這並沒有改變中國的「鄉土」精神。而美國移民精神恰好相反。首先，首批創建北美社會的移民，主要來自英、荷等最早發生宗教改革、產生資本主義生產關係的國家，而且大部分人是作為受迫害者來的，這就使得美國移民不同於任何舊世界的移民：他們帶去了清教倫理，帶去了新的生產技術，更帶去了那種反抗命運、追求自由平等的精神氣質；而北美那塊沒有「悠久的封建主義和民族主義傳統」的「遼闊的荒野」又為之提供了新的「實驗場」，所以康馬傑一開篇就指出：「美國精神是繼承和環境交互作用的產物。」其次，隨着北美的逐步開發，世界性移民浪潮不斷襲來，民族、語言、宗教的多樣化，使他們在競爭中相處共存，從而形成了一個多元、開放和寬容的社會環境；再次，正是在這種環境中孕育了一種不同於「阿波羅精神」的「浮士德精神」，「浮士德精神」把衝突看成存在的基礎，生命是阻礙的克服；沒有了阻礙，生命也就失去了意義，他們把前途看成無盡的創造過程，不斷地變，對美國移民來說，沒有既定的別無選擇的秩序，一切都在「衝突」中重建，無論是歐洲的政治、宗教迫害，還是北美陌生、神祕的大自然，甚至「一切傳統和先例」都是「障礙」，都構成無可避免的「衝突」基礎，但他們「樂意接受挑戰」而且視遼闊的荒野為「可以任意馳騁的樂園」；他們「從來不知道失敗、貧困或是壓迫」，而且認為「沒有什麼事是辦不到的，除非得到徹底勝利就決不甘休」；甚至把生命視為「一場賭博、一種機會」，而且「決不會把自己的帆船駛入安靜的港灣，那是因為他能領略在狂風巨浪中駕駛一葉扁舟的樂趣」；還有那「西進運動」中的邊疆開拓精神和傑克·倫敦的那種「馬背上的水手」氣概以及那種「不自由勿寧死」「我唯一的遺憾是，只有一條生命獻給我的國家」的面臨生死抉擇時的崇高悲劇精神，都無不體現了浮士德精神那種沖創的生命意志和對「永恆的無限追求」，而這正是美國移民精神的生命基調，成為美國社會進步的內在驅力。

　　中國人是在 1840 年的隆隆炮聲中，開始反思自己的文化並取法西方進行改革的，屈指算來，我們的改革史已有一百五十年左右，相當於

美國二百餘年歷史之半，雖然我們也已取得一些令人矚目的成功，但危機依然存在，以至於在距鄭觀應作《盛世危言》後一百年的今天，新的「危言」依然振聾發聵：

中國將面臨被「開除球籍」的危險，而且將可能重演鴉片戰爭時期，人家洋槍洋炮我們大刀長矛的歷史悲劇。

讀完這兩本書我們可以感受到，中美文化的這些根本差異意味着，一個負荷沉重的鄉土精神的農業文明，若沒有文化整體結構性超越，「開除球籍」的悲劇勢難避免。無論是家族倫理、「自我主義」還是實用理性和阿波羅精神，都已無法挽回這種鄉土文明的衰落。

好在中國農民終於從土地上被喚醒起來，開始走出「差序格局」，開始改變「農之子恆為農」命運，學會賺錢、經商和創辦鄉鎮企業，開始向城市文明主動挑戰……但是，還沒有完全走出鄉土社會，我們就把超前消費的享樂主義、名副其實的實用主義學會了，而我們的哲學家，卻在「思辨的天空」，憚精極慮地構築那些蒼白無用的體系之網……我們的文化看似「中庸」，卻時常陷入兩極困境：要麼就為那種「差序格局」的道德和諧而犧牲社會和個體的進步，要麼就一頭扎進及時行樂的絕對實用主義泥坑，這不是一個更大的文化悲劇嗎？！

誠然，美國也並非一片樂土，特別在 20 世紀，美國精神在「情調腐俗、理想晦暗、道德敗壞」中呈現某種衰頹，但是正如康馬傑所言：美國人開國以來的精神氣質「大多保存下來了」，而且這種精神仍然支撐着這個世界頭號經濟強國。

那麼，在當代中國文化困境中，可否參照美國精神的清教倫理、實驗主義的行動哲學和那種「在狂風巨浪中駕駛一葉扁舟」的移民精神？！

這將是一個複雜的文化整合工程。

（原載《讀書》1989 年第 1 期）

「楚狂」精神

　　很早以來，人們就在議論黃河文化與長江文化的差異，顧頡剛先生就曾提出崑崙神話系統和蓬萊神話系統理論，李澤厚也曾在《美的歷程》中，以「先秦理性精神」和「楚漢浪漫主義」揭出齊魯中原文化與湘鄂荊楚文化的對立，但唯獨不提「楚狂」精神。

　　這是一種不同於中原的文化精神。

　　如果說，承繼周孔之道的中原文化保留着一種理性精神，那麼「楚狂」首先是一種生命意識，一種從原始楚巫文化中積澱下來的未被中原禮教文明所完全侵蝕的「浪漫主義」的生命原色，我可以開出一系列名字：莊子、接輿、荷蓧丈人、屈原、陳天華、譚嗣同、毛澤東……一個具有「楚狂」精神的人，內心深處始終躁動不安，仿佛燃燒着要摧毀一切的烈火。譚嗣同，這個渾身洋溢着陽剛之氣的瀏陽漢子，不管你是一個對生命多麼絕望的人，只要你一打開他的書，你就會獲取一種生命衝創的力量和激情，最初你會怦然心動，然後你會感覺到血管裏血在奔湧，當你讀到「我自橫刀向天笑，去留肝膽兩崑崙」「衝破倫常之網羅，衝破利祿之網羅……」時，你會在一陣感情狂濤中受到一次生命震撼。毛澤東，這個自稱兼有「虎氣」和「猴氣」的偉人，當他把「自信人生二百年，會當水擊三千里」「問蒼茫大地，誰主沉浮？」這種沉雄的情感宣泄出來的時候，你難道還不能感受到在他的人格精神的深層，奔突的正是那極富原創力的生生不息的生命之火嗎？

　　如果說，中原文化強調的是和諧，是一種樂感文化，那麼，「楚狂」精神中蘊含的卻是衝突意識，是一種悲劇精神。屈原受過中原文化的薰

陶，但他那悲劇性的一生，始終處在中原文化與荊楚文化、理性精神與感性生命、忠君奴才人格和楚狂獨立人格的衝突中，屈原自投汨羅江，從某種意義上，正是兩種文化衝突的結果，也是兩種人格分裂的結果。衝突常常伴隨着悲劇，但是楚狂精神直面悲劇，而且正是在這種悲劇中，體現人的價值。譚嗣同臨刑前的最後一句話：「……流血，請自嗣同始！」活脫出死亡悲劇中的崇高美與決不妥協的叛逆形象。

如果說，中庸妥協的絜矩之道是中原文化的主色調，那麼，「楚狂」精神常常表現為獨立不羈。在《論語》中，無論是那個高歌着「鳳兮鳳兮……往者不可諫，來者猶可追」的楚狂接輿，還是那兩個落拓不羈的長沮、桀溺先生，抑或是以調笑子路為能事的荷蓧丈人，我們仍可窺見不與世俗同流的楚狂風貌；而從那篇謳歌「生南國」之「後皇嘉樹」的《橘頌》中，我們仍會為屈原那分裂人格中的「舉世皆醉我獨醒」的先知氣概所折服；甚至掘開莊子齊物混世的「逍遙」表層，仍能體察到那種「乘天地之正、御六氣之辯」在大自然懷抱中保持特立獨行的楚狂精神。

也許正是這種源遠流長的楚狂精神，鑄造了近世一代瀟湘豪傑的文化心理結構，使湖南人獨步天下，無出其右。

楚狂精神而今安在？我馨香而禱之！

（原載湖南《東方時報》1988 年 10 月 28 日）

中國的第三次理性啟蒙

—— 近十年理論思潮的一種透視

　　當我們從思想文化史角度來審視這近十年的變化就會發現，在沸沸揚揚的理論喧囂背後，似乎蘊含着一種新的文化精神：中國第三次理性啟蒙。為了論述的需要，還是讓我們先作一個簡短的回顧吧。

　　第一次理性啟蒙發生在雅斯貝爾斯所謂「軸心時代」—— 孔子時代，與同期古希臘對自然本體（「火」「水」「數」……）的探求不同的是，孔子時代首先是群體人格的覺醒：人們開始從對大自然神祕魔力的崇拜、恐懼的「集體表象」中走出來，不是在虛幻的神人不分的世界中，企望於神或天，而是在人類自身生活的人文世界（倫常日用）中尋找自身的規定性，發現了人的群倫性：人的本質就根源於現實的宗法家族共同體關係中，人就是關係（「仁」），人的價值就在於群體價值、群倫價值，從此開始中國幾千年的倫理文明。

　　第二次理性啟蒙只匆匆進行了三十年，主要是自然本體的探求和個體價值的弘揚。戊戌思想家藉助西方近代科學補上了古希臘對自然本體探求的一課，近代科學給他們打開了一個無窮的時空宇宙，於是便開始產生了「宇宙為我簡編、民物為我文字」的科學實證精神和「自竭其耳目，自致其心思，貴自得而賤因人，喜善疑而慎信古」的懷疑意識和自我意識。另一方面，進化論則給人們揭開了人性的另一面 —— 個體價值，人本質上是一個孤獨的個體，只有在被捲入「物競天擇」的行列時，他才被迫加入了群體。從而引出「開明自營」的合理利己主義原則：「凡

事之不逾小己者，可以自由，非他人所可過問」，「人得自由，而以他人之自由為界」，個體不是宗法倫理關係網上無足輕重的紐結，個體的生存價值、人格尊嚴和獨立自由不能淹沒在群倫關係網中。這次啟蒙帶來了文化繁榮的時代，但隨着民族危機的加深，「五四」以後便被民族救亡所覆蓋而中斷了。

第三次理性啟蒙是在經歷了現代造神運動後於 20 世紀 70 年代末開始的，可以說是在更高層次上對第二次理性啟蒙的繼續，體現為在純粹理性、實踐理性和政治理性各領域的全方位啟蒙，總的特點是主體性的發現。

在純粹理性領域，根本問題是以階級鬥爭為特徵的蘇聯模式的教條主義作為絕對一元的理論框架和價值系統能不能被超越？蘇聯模式的唯物反映論，實際上是一種機械反映論，其科學基礎是牛頓力學。牛頓力學由於設置了絕對時空系統，因此認為，只要觀察正確（不摻雜主體因素），客體對象就能達到絕對客觀性，但相對論證明：時空與運動不可分割，而任何運動又是相對於主體設置的參照系而言，參照系改變，觀察結果就會不同。量子領域的「測不准原理」也認為，由於主體設計的觀察儀器的干擾，在微觀領域不可能達到絕對確定性，這些新理論提供了新的科學基礎。我認為近年來在思想界而不是在科學界討論相對論、量子力學、哥德爾定律、科學哲學和發生認識論，科學成就才化為了理性啟蒙。

在實踐理性領域，首先面臨的是傳統文化遺留下來的漠視個體價值的群體主義。20 世紀 80 年代初在文化理論界開始的人道主義大討論，開始了對人性的呼喚，人們在《1844 年經濟學 —— 哲學手稿》中發現：人是馬克思主義的出發點，個體不是被動的螺絲釘，應該更接近於馬克思所稱道的伊壁鳩魯筆下的有着「偏斜」傾向的「原子」，是實體而不僅是關係，不是前定的而有着反抗命運、確認自我的權利。道德不是一種他律型的外在約束而是個體的內在信念，個體憑自己的良知，可以選擇自己的行為方式，並對行為的後果自覺承擔社會責任。從人道主義討

論到傳統文化討論，也就是從人性啟蒙到深層的文化啟蒙，年輕一代力圖用意志自律和個體行為的自我選擇取代「螺絲釘」意識，確立倫理主體性。

在政治理性領域，如何清除封建專制政治遺留的「人治」精神，使中國逐步進入現代民主政治的軌道，是政治領域的一個艱難課題。近年關於「黨大」還是「法大」、「人治」還是「法治」的爭議和政治民主化、決策科學化的討論，形成了一股強大的政治理性啟蒙思潮，建立一個以法治系統為特徵的理性社會秩序從而保障公民的權利和自由是理性啟蒙的最高要求，但是法治不只取決於思想家書齋裏的沉思或宣傳家口頭的吶喊，更重要的是行動、是實踐的力量。

第三次理性啟蒙的總特點是主體性的發現，第一個發現者無疑是李澤厚，他在《康德述評》中提出了人類學本體論的實踐哲學，提出了認識的主體性（自由直觀）、倫理主體性（自由意志）和美學的主體性（自由感受），而這個主體性恰恰是人類歷史實踐長期積澱、內化而形成的文化心理結構。這樣，20 世紀 70 年代後期那種帶着「傷痕」，吐着積怨的政治的、文學的批判，就轉化為深層的文化心理批判。那種人道、人性的弘揚就轉化為文化的主體性弘揚。到 1985 年、1986 年，在文史哲各領域和傳統文化大討論中，主體性作為一種時代思潮，猛烈衝擊着絕對一元的理論框架和價值系統，主體開放了，隨之而來的是多元的理論框架，多元的價值取向、多元的政治經濟模式和多元的文化選擇⋯⋯

「多元」並不是隨意性，關鍵是如何從「多」中逼近、把握那永恆的定在「一」，這似乎又是一個悖論，悖論的解決，仍然取決於主體的選擇。上帝死了，人還在；獨斷論打破了，主體還在。

（原載《中國青年報》1986 年 11 月 23 日）

中國早期現代化研究的新視角

—— 評《離異與回歸》

在同中世紀封建生產方式激烈搏鬥中成熟起來的資本主義的大生產，以及民主政治制度和文化精神在近代對西歐、北美以外的封建國家產生了極其重大的影響。這種影響所導致的資本主義近代化（「早期現代化」）過程在近代中國究竟產生了怎樣的回應和結果呢？章開沅教授主持的中外近代化比較研究這一國家重點科研項目，對此做了較深入的研究，《離異與回歸》就是作者富有新意的作品。

現代化與發展的課題在 20 世紀五六十年代就已成為西方學術界的「顯學」，並且形成了社會學的、經濟學的、政治學的以及激進發展主義的多種現代化學派，而韋伯斯特、羅斯托、亨廷頓、布萊克等人則在現代化研究中各領風騷。而《離異與回歸》則獨闢蹊徑，從文化的角度切入現代化課題，突出了「社會文化土壤」對中國早期現代化的正面與負面效應。作者多年來經常談到的「社會歷史文化土壤」是指一種與「自然土壤」相對應的概念，「自然土壤」指自然地理環境、氣候、資源等方面，這無疑制約着一個國家的現代化特別是它的屬物（形而下）的層面，而「社會歷史文化土壤」則從根本上規定和制約着現代化的屬人（形而上）的層面，即現代化的主體層面。該書在引用《周禮·考工記》和《晏子春秋·內篇》中的「橘逾淮而北為枳」後指出，中國早期現代化過程中的一個普遍現象也就是「橘化為枳」——先進的西方科技，設備和企業組織，引進到衰老的大清帝國以後，卻成為如此扭曲的形象，而結出

的也只能是苦澀的果實。這裏就有一個「社會歷史文化土壤」問題，這裏的「社會歷史文化土壤」既包含着傳統政治制度、經濟結構等的制約，更主要是指「企業領導與勞動者的素質問題」（《離異與回歸》第143—151頁），也就是指作為現代化主體的人的文化心理結構問題。該書從「社會歷史文化土壤」入手，這就開闢了一條現代化研究的新思路。這是該書的第一個特點。

　　既然「社會歷史文化土壤」規定着和制約着中國早期現代化，那麼兩者之間的關係呈現出什麼特點呢？該書對此提出了一個有創見的理論模式即「離異與回歸」的模式。所謂「離異」是對湯因比《歷史研究》中的「脫離意志」的重新闡釋。按照湯因比的說法，一種文明在它的生長時期，其旺盛的創造力，可以使它在自己的內部和外部，在人們的內心引起自願的「歸附心理」，而當它逐漸喪失創造力的時候，則會使一部分民眾產生一種「脫離意志」，湯氏以此描述了舊的「親體」文明日漸走向滅亡和新的「子體」文明在「脫離」「親體」中誕生。書中將「脫離意志」闡釋為「離異」，用來概括從封建社會向資本主義社會演變過渡的一種文化傾向。文化「離異」有兩種類型：一種是新的社會制度在舊的社會母胎中孕育誕生，新的「子體」文明掙脫舊的「親體」文明的臍帶，這種「離異」的驅動力來自社會內部（如西歐）；而另一種「離異」的驅動力則主要來自社會外部，表現為落後文明向先進文明的模仿、學習和趨近以及對自身「親體」文明的「離異」（如中國）。所謂「回歸」則是對自然界和社會的一種普遍現象的理論概括。該書認為，從生物的返祖、某些動物的「返回性」（Homing）到人類的「回歸心理」以及西方的「現代懷舊」等等，都表明「回歸」也是一種普遍現象。而作為文化意義的「回歸」大抵亦有兩種類型：一種如西歐文藝復興「主要表現為從希臘、羅馬古代精神文明中尋求人文主義的力量」，一種如中國近代則「表現為從傳統文化中尋求本民族的主體意識，以求避免被先進的外國文明同化」。從離異與回歸的關係來說，「回歸總是發生在離異之後，沒有離異就沒有回歸」，離異是回歸的基礎；從「離異」與「回歸」

的作用與效果看，在近代中國，向西方學習而對傳統文化「離異」，從
總體上說是進步的歷史潮流，然而由於強弱貧富差距懸殊，其負面效果
則容易流於全盤西化主義和民族虛無主義，而向傳統文化的「回歸」則
相當複雜，一種是頑固派的守舊復古的倒退傾向，而另一種則是先進思
想家由於擔心獨立的民族精神的喪失，防止被西方同化的「回歸」，其
中包含着合理因素，但這種具有合理性的回歸有時也難免返古和復舊。
從理想層面看，應該是「離異不可無根，回歸不可返古。」「離異與回歸」
理論模式的提出，是該書的第二個特點。

　　該書的第三個特點是從中國近代化發展過程中，歷時態地考察「離
異」與「回歸」現象，並將中國早期現代化過程分為兩個階段。戊戌以
前「離異多於回歸」，作者結合亨廷頓（Huntington）等人的現代化理論
分別考察了龔自珍、魏源、馮桂芬、王韜、容閎等人思想行為中的「離
異」傾向，尤其在剖析洋務運動與近代化關係時，分析了四種群體勢力
對洋務運動的作用，即督撫群體（曾國藩、左宗棠、李鴻章）的決策、
思想先驅群體（郭嵩燾、馮桂芬等）的觀念、技術官僚群體（徐壽、徐
建寅等）的才智、經營管理者群體（盛宣懷、鄭觀應）的組織運營才能，
四者結合促成各項洋務事業的舉辦，從而推動了中國與農業宗法社會的
離異，逐步走上近代化道路。這種分析可謂發人之所未發。「離異」到戊
戌時期康有為、梁啟超、嚴復、譚嗣同達到高潮，中國經由外部世界的
衝擊，通過中西文化反覆對比，於是才有自己的「人的發現」，正是在
嚴復、梁啟超的「新民」（改造國民性）思潮中，「淮橘為枳」的「社會
歷史文化土壤」問題才被凸現出來。正是嚴復提出的「三民」說，才正
式提出「要把人從舊的傳統束縛中解放出來，塑造具有健全體魄與當代
道德觀念與知識結構的新人」，即是「人的近代化」的全面開始。但也
正是在甲午或戊戌以後，產生了「真正具有相當規模和更強烈的回歸現
象」。該書嚴格區分了戊戌時期王先謙、徐桐等頑固派、民初帝制復辟
等等「反動的回歸」與另一種「包含着進步內容的回歸」。認為，國粹
主義者或講述歷史、或整理國學、或研究語言、或探討制度、或品評人

物，其目的都是反對一味迷醉歐風美雨的崇外思想，以激發同胞的民族自信心和自豪感，然而歷史的諷刺就在於，雖然他們主觀上想與自己的民族一起進入 20 世紀，但傳統的幽靈卻將之拉回到古老的往昔。即便是孫中山，在「五四」時期所倡導的倫理道德觀念，基本上也未能超越農業宗法社會的傳統道德體系，可以說是對傳統文化的一次大幅度回歸。總之，中國近代化過程，「從離異始，以回歸終結，離異之中經常有回歸，回歸之中繼續有離異。」

最後一個特點則是該書作者結合自身經歷而體現在行文中的歷史參預意識。比如有一種傳統觀點將西方傳教士來華一概視為文化侵略，作者結合自己的訪美實地感受具體分析了這一問題，他認為，傳教曾為殖民主義所利用但與文化侵略並無必然關係。作者將歷史與現實聯繫起來進行分析，體現了一種歷史時間觀的多維融合：用「現在」來參預過去，用「當代」來參預「歷史」，歷史不再是一種封閉了的「完成態」，而是一種延續到「現在」並向未來開放的「未完成態」，歷史也不再是一種與主體（研究者）了無聯繫的對象性存在，而恰恰體現為主體與客體、歷史學家與歷史事實的「對話」過程。該書中的這種歷史參預感，也許本身就是中國「人的現代化」進程中的一種現代意識，一種對傳統史學觀念的有意義的「離異」。

該書「社會歷史文化土壤」課題和「離異與回歸」模式的提出，無疑是標誌着中國早期現代化研究一個新的進展。

（原載《中國社會科學》1990 年第 3 期）

近代思想文化的深層探索

—— 章開沅先生與中國近代思想文化史研究

　　章開沅教授是以辛亥革命史研究的卓越建樹飲譽海內外學術界的。然而，章教授更以辛亥革命為基點，以近代化為參照，將其研究引向近代思想文化的深層結構，從而為之開闢了一個學術新境界。

一、邁向「長時段」：「社會環境」與「社會歷史文化土壤」的提出

　　長期以來，由於蘇聯式馬克思主義的影響，強調「一切歷史都是階級鬥爭史」，史學界的主要精力集中在農民戰爭和政治事件範圍內，儘管建國以來的史學研究取得了長足的進步，但是有關經濟社會和思想文化史的研究仍相當薄弱。據資料統計，到 1984 年的建國 30 餘年間，真正冠以「文化」研究的著作僅僅只有兩本。中國近代史的研究也基本限定在所謂「八大事件」範圍內。當 20 世紀 70 年代末 80 年代初人民出版社出版由章開沅教授與林增平教授共同主編的三卷本《辛亥革命史》從而稱譽史學界時，章教授已經開始對辛亥革命史研究和歷史研究進行理性反思了。正是在這個理性反思的過程中，章教授提出了加強對「社會環境」的研究，並提出「社會歷史文化土壤學」構想。儘管在這之前，章教授也涉足過近代思想文化史的研究，如《辛亥革命前夜的一場大論戰》，但是從作為一種學術視野的新拓展、一種逐漸系統化的學術思想

的形成角度看，章教授對思想文化史的研究起步於 20 世紀 70 年代末
80 年代初，其研究的邏輯起點是對辛亥革命史研究的理性反省和理性批
判，從而引出社會歷史文化的深層探索。這個時期的代表作主要有《要
加強對辛亥革命期間社會環境的研究》《辛亥革命史研究中的一個問題》
《辛亥革命史研究如何深入》《關於改進研究中國資產階級方法的若干意
見》等 ❶。

　　對辛亥革命史的理性反思，涉及一個基本判斷。章開沅教授認為，
辛亥革命史研究已經過了童年時期，但還遠沒有達到成熟水平，「就局
部而言，可能在政治方面頗有水平的成果較多；但就整體而言，經濟、
文化領域的研究非常不足，薄弱環節以至空白地區很多」❷，「研究工作過
分集中於少數歷史人物和政治事件，而對整個社會環境的考察剖析卻非
常不夠。」❸ 造成這種局面的原因何在？關鍵在於「封建『正史』格局的
消極影響束縛着我們的思路」，正是這種「正史」格局強調「以個人為
中心，以政事為主體，以褒貶為筆法，以勸善懲惡為宗旨」❹，因此當務
之急是「需要不斷擴大自己的學術視野和研究幅度」❺，要充分認識到「歷
史誠然是由人的活動構成的，但它絕不是個人活動的簡單堆積，而是由
許多相互關連的群體（階級、階層、政黨、社團等等）組成的一種社會
運動」❻，因此，在人的歷史活動背後，我們不僅要「強調經濟動因的重
要性」，「也注意到經濟因素以外的其他社會諸因素以至某些自然條件對
於歷史發展的影響」❼，即「歷史傳統、社會結構、文化素質以至民族心

---

❶ 章開沅著：《辛亥革命與近代社會》，天津人民出版社，1985 年版；《辛亥前後史事論叢》，華
　中師範大學出版社，1990 年版。
❷ 《辛亥前後史事論叢》，第 44 頁。
❸ 《辛亥革命與近代社會》第 203 頁。
❹ 《辛亥革命與近代社會》第 209 頁。
❺ 《辛亥革命與近代社會》第 210 頁。
❻ 《辛亥革命與近代社會》第 209 頁。
❼ 《辛亥革命與近代社會》第 210 頁。

理、地理環境等許多方面」的影響 ❶。

如果我們考慮到法國年鑑學派在當代中國史學界發生影響主要還在 20 世紀 80 年代中期以後的因素，我們就應對章教授這幾篇論文給予足夠的注意，這是章教授學術思想的一個轉折點。在對傳統史學的理性批判上，在某種意義上與年鑑學派有着異曲同工之妙。

法國年鑑學派的重鎮布羅代爾認為，歷史可以被劃分為幾個層次，以時間劃分，可以把「歷史時間分為一個地理時間，一個社會時間，一個個體時間。」❷ 與地理時間相對應的是「長時段」，是「結構」；與「社會時間」對應的是「中時段」，是「局勢」；與「個體時間」對應的是「短時段」，是「事件」。年鑑學派認為，「事件」的歷史是「短時段」的歷史，充滿表面的喧囂，傳統史學所關注的就是這種短時段的表象的事件史、政治編年史，突出的是個別人物和政治事件。布羅代爾認為這種事件史「遠不能構成可以單獨成為科學研究對象的現實的全體，或巨大複雜的歷史結構」❸，而只有「結構」才構成「歷史的基礎又是歷史的障礙」，構成這種深層結構的要素是地理、氣候、生態環境、社會組織、思想傳統等。章教授雖然沒有明確闡述過「長時段」，但當他一旦考慮到「社會結構、民族心理乃至地理環境等自然條件對歷史發展的影響」時，就已經觸及年鑑學派所說的深層結構了。

如果說章教授在對辛亥革命史研究的理性反思中，已經觸及「長時段」的深層結構的話，那麼，在談到「辛亥革命史研究如何深入」的問題時，則直接指出了研究思想文化史的方向和課題：

在文化史和思想史領域，也是英雄大有用武之地，薄弱以至空缺的環節更多。即以進化論和西方近代哲學、社會政治學的介紹、傳播而

---

❶《辛亥前後史事論叢》，第 59 頁。

❷ Fernand Braudel：La Méditerranée et Le monde méditerranéen â L'époque de philipe II . Paris 1985. P. 14.

❸ 布羅代爾：《歷史與社會科學：長時段》，轉引自《人心中的歷史》，第 310 頁。

言，至今還缺乏較有分量的專門著作；新學與舊學之爭雖然言之已久，但系統而又深入的論著仍屬罕見。辛亥革命時期的思想史研究，長期局限於政治方面，特別是革命派方面。近些年的進展主要表現為對立憲派、國粹派、無政府主義派研究的加強，但學術史、宗教史的總體研究仍然相當薄弱。❶

　　走進歷史的深層結構，歷史不再是乾涸的教條，而會讓人發現豐富的寶藏：第一，歷史學的「邊界」應該開放，向其他社會科學滲透，藉助其他社會科學豐富自己，這使我們聯想到年鑒學派創始人費弗爾和布洛赫提出的打通史學與社會科學，使史學社會科學化，社會科學史學化❷；第二，作為文化的觀念形態思想史應該受到應有的重視，「反派」的思想也可以被納入我們的研究範圍；第三，作為人類的終極關懷的宗教，應該在我們的思想文化史中享有一席地位；第四，作為歷史積澱而形成的風俗習慣、歷史人口尤其是販夫走卒等芸芸眾生的生活樣態，構成了民族文化心理結構的最為穩定的基礎，深刻地影響着社會變遷，這是了解近代社會的基礎。關於這一點，章開沅教授曾反覆引用 1903 年的《湖北學生界》第一期和《浙江潮》第二期擬定的社會調查項目，這是一個涉及戶口、民智、地方貧富、風俗、望族、富戶、善堂義舉、乩壇、寺院庵廟、祕密會社、客民、盜夥、地棍、洋煙室、妓院、賭博場等各經濟社會文化的調研大綱。章開沅教授指出：「當年革命志士所提出的那些社會調查細目，其中相當一部分我們研究甚少，甚至毫無接觸。」❸其中特別是商會和「市民公社」，作為近代社會基層組織或「社會細胞」，

---

❶《辛亥前後史事論叢》，第 49—50 頁。

❷ 布羅代爾：《15—18 世紀的物質文明、經濟和資本主義》，三聯書店，1992 年版，第 1 卷，第 3 頁。

❸《辛亥前後史事論叢》，第 39 頁。

是揭開社會歷史文化深層結構的突破口 ❶。當年鑒學派倡導從英雄研究轉向平民研究，轉向凡夫俗子的日常生活、飲食起居、宗教習俗、社會組織、文化心態的長時段研究時，中國歷史學家也在向歷史的深層結構挺進，只不過沒有採用「長時段」的概念，而是以「社會歷史文化土壤學」明確提出。

　　章教授關於「社會歷史文化土壤學」的提出，至少可追溯到 1981 年發表的《要加強對辛亥革命期間社會環境的研究》，其思想淵源則可追溯到孫中山《改造中國之第一步》中提出的鏟除「三種陳土」思想。孫中山在經歷辛亥革命失敗以後，深感必須進一步分析與改革近代中國的社會土壤，「八年以來的中華民國，政治不良到這個地位，實因單破壞地面，沒有掘起地底陳土的緣故」，「我們既要改造中國……打地基須愈深，所挖的陳土須遠遠搬開。」但是孫中山所謂「三種陳土」，是指前清遺留體現的官僚、軍閥、政客。章教授認為，這並「未能前進一步接觸到產生這『三種陳土』的真正社會根源，即經濟、階級結構和文化傳統等」❷，在《關於改進研究中國資產階級方法的若干意見》一文附記中，章開沅教授認為他所說的「『歷史社會土壤學』，無非是強調社會環境即國情研究的重要性。」❸

　　從對辛亥革命史的理性反思開始，章教授的學術思想出現了新的轉折，那就是從短時段的事件史走向長時段的社會文化史，着重探討社會經濟細胞組織（商會、市民公社）、社會結構、文化心態。「社會環境」和「社會歷史文化土壤學」的提出，為其辛亥革命史研究開拓了一個學術新境界，逐步走向歷史的深層結構。那麼，「社會歷史文化土壤學」的基本內涵以及如何改造這一「社會歷史土壤」，我們將在下面展開討論。

---

❶ 章開沅教授關於近代商會和蘇州「市民公社」的強調闡發，在其弟子中已經結出豐碩的學術成果，此處不贅。

❷《辛亥前後史事論叢》，第 51 頁。

❸《辛亥前後史事論叢》，第 69 頁。

二、「社會歷史文化土壤」的基本內涵與「離異與回歸」模式的提出

　　「社會歷史文化土壤」的提出，目的是改造中國社會結構。中國社會結構的改造，在 19 世紀以後，無一例外地被納入資本主義近代化過程，因此，科學、客觀地闡述中國近代化過程即改造「社會歷史文化土壤」，便是章開沅教授在 20 世紀 80 年代中期以後思考的重心。作為思考結晶的便是由他主持的中外近代化比較這一國家重點科研項目，而直接回答如何改造「社會歷史文化土壤」的便是他提出的「離異與回歸」模式，即體現在如何回答傳統文化與近代化關係的《離異與回歸》[1] 這一著作中。

　　現代化與發展的課題在 20 世紀五六十年代就已成為西方學術界的「顯學」，並且形成了社會學的、經濟學的、政治學的以及激進發展主義的多種現代化學派，而韋伯斯特、羅斯托、亨廷頓、布萊克等人則在現代化研究中各領風騷，而《離異與回歸》則獨闢蹊徑，從文化的角度切入現代化課題，突出了「社會文化土壤」對中國早期現代化的正面與負面效應。作者多年來經常談到的「社會歷史文化土壤」是藉一種與「自然土壤」相對應的概念，「自然土壤」指自然地理環境、氣候、資源等方面，這無疑制約着一個國家的現代化特別是它的屬物（形而下）的層面，而「社會歷史文化土壤」則從根本上規定和制約着現代化的屬人（形而上）的層面，即現代化的主體層面。本書在引用《周禮·考工記》和《晏子春秋·內篇》中的「橘逾淮而北為枳」後指出，中國早期現代化過程中的一個普遍現象也就是「橘化為枳」，「先進的西方科技、設備和企業組織，引進到衰老的大清帝國以後，卻成為如此扭曲的形象，而結出的也只能是苦澀的果實。」這裏就有一個「社會歷史文化土壤」問題。這裏的「社會歷史文化土壤」既包含着傳統政治制度、經濟制度等的制約，

---

[1] 章開沅：《離異與回歸》，湖南人民出版社，1988 年版，第 143—151 頁。

更主要是指「企業領導與勞動者的素質問題」**❶**，也就是指作為現代化主體的人的文化心理結構問題。該書從「社會歷史文化土壤」入手，這就開闢了一條現代化研究的新思路。

　　既然「社會歷史文化土壤」規定着和制約着中國早期現代化，那麼兩者之間的關係呈現出什麼特點呢？該書對此提出了一個有創見的理論模式，即「離異與回歸」的模式。所謂「離異」是對湯因比《歷史研究》中的「脫離意志」的重新闡釋。按照湯因比的說法，一種文明在它的生長時期，其旺盛的創造力，可以使它在自己的內部和外部，在人們的內心引起自願的「歸附心理」，而當它逐漸喪失創造力的時候，則會使一部分民眾產生一種「脫離意志」，湯氏以此描述了舊的「親體」文明日漸走向滅亡和新的「子體」文明在脫離「親體」中誕生。書中將「脫離意志」闡釋為「離異」，用來概括從封建社會向資本主義社會演變過渡的一種文化傾向。文化「離異」有兩種類型：一種是新的社會制度在舊的社會母胎中孕育誕生，新的「子體」文明掙脫舊的「親體」文明的臍帶，這種「離異」的驅動力來自社會內部（如西歐）；而另一種「離異」的驅動力則主要來自社會外部，表現為落後文明向先進文明的模仿、學習和趨近以及對自身「親體」文明的「離異」（如中國）。所謂「回歸」則是對自然界和社會的一種普遍現象的理論概括。該書以為，從生物的返祖，某些動物的「返回性」（Homing）到人類的「回歸心理」以及西方的「現代懷舊」等等，都表明「回歸」也是一種普遍現象。而作為文化意義的「回歸」大抵亦有兩種類型：一種如西歐文藝復興，「主要表現為從希臘、羅馬古代精神文明中尋求人文主義的力量」，一種如中國近代則「表現為從傳統文化中尋求本民族的主體意識，以求避免被先進的外國文明同化。」從「離異」與「回歸」的關係來說，「回歸總是發生在離異之後，沒有離異就沒有回歸」，離異是回歸的基礎；從「離異」與「回

---

❶《離異與回歸》，第 1—2 頁。

歸」的作用與效果看，在近代中國，向西方學習而對傳統文化「離異」，從總體上說是進步的歷史潮流，然而由於強弱貧富懸殊，其負面效果則容易流於全盤西化主義和民族虛無主義。而向傳統文化的「回歸」則相當複雜，一種是頑固派的守舊復古的倒退傾向，而另一種則是先進思想家由於擔心獨立的民族精神的喪失，防止被西方同化的「回歸」，其中包含着合理因素，但這種具有合理性的回歸有時也難免返古和復舊。從理想層面看，應該是「離異不可無根，回歸不可返古。」❶

　　與此同時，章教授還從中國近代化發展過程中，歷時態地考察「離異」與「回歸」現象，並將中國早期現代化過程分為兩個階段。戊戌以前「離異多於回歸」，作者結合亨廷頓等人的現代化理論，分別考察了龔自珍、魏源、馮桂芬、王韜、容閎等人思想行為中的「離異」傾向，尤其在剖析洋務運動與近代化關係時，分析了四種群體勢力對洋務運動的作用，即督撫群體（曾國藩、左宗棠、李鴻章）的決策、思想先驅群體（郭嵩燾、馮桂芬等）的觀念、技術官僚群體（徐壽、徐建寅等）的才智、經營管理者群體（盛宣懷、鄭觀應）的組織運營才能，四者結合促成各項洋務事業的舉辦，從而推動了中國與農業宗法社會的離異，逐步走上近代化道路。這種分析可謂發人之所未發。「離異」到戊戌時期康有為、梁啟超、嚴復、譚嗣同達到高潮。中國經由外部世界的衝擊，通過中西文化反覆對比，於是才有自己的「人的發現」。正是在嚴復、梁啟超的「新民」（改造國民性）思潮中，「淮橘為枳」的「社會歷史文化土壤」問題才被凸現出來；正是嚴復提出的「三民」說，才正式提出要把人從舊的傳統束縛中解放出來，塑造具有健全體魄與當代道德觀念與知識結構的新人，即是「人的近代化」的全面開始。但也正是在甲午或戊戌以後，產生了「真正具有相當規模和更強烈的回歸現象」。該書嚴格區分了戊戌時期王先謙、徐桐等頑固派和民初帝制復辟等等「反動

---

❶《離異與回歸》，第 203─204 頁。

的回歸」與另一種「包含着進步內容的回歸」，認為，國粹主義者或講述歷史、或整理國學、或研究語言、或探討制度、或品評人物，其目的都是反對一味迷醉歐風美雨的崇外思想，以激發同胞的民族自信心和自豪感。然而歷史的諷刺就在於，雖然他們主觀上想與自己的民族一起進入 20 世紀，但傳統的幽靈卻將之拉回到古老的往昔。即使是孫中山，在「五四」時期所倡導的倫理道德觀念，也基本上未能超越農業宗法社會的傳統道德體系，可以說是對傳統文化的一次大幅度回歸。總之，中國近代化過程，「從離異開始，以回歸終結；離異之中經常有回歸，回歸之中繼續有離異。」

章開沅教授結合自身經歷在行文中體現了一種歷史參預意識。比如有一種傳統觀點將西方傳教士來華一概視為文化侵略，他結合自己的訪美實地感受具體分析了這一問題。他認為，傳教士曾為殖民主義所利用，但與文化侵略並無必然關係。章教授將歷史與現實聯繫起來進行分析，體現了一種歷史時間觀的多維融合：用「現在」來參預過去，用「當代」來參預歷史，歷史不再是一種封閉了的「完成態」，而是一種延續到「現在」並向未來開放的「未完成態」；歷史也不再是一種與主體（研究者）了無聯繫的對象性存在，而恰恰體現為主體與客體、歷史學家與歷史事實的「對話」過程。該書中的這種歷史參預感，也許本身就是中國「人的現代化」進程中的一種現代意識，一種對傳統史學觀念的有意義的「離異」。

三、國魂問題與民族文化心理結構的重建

「社會歷史文化土壤學」的提出，並不是一個形而上的觀念構造，而是直接從近代中國的歷史實踐中昇華的思想體系。從近代改良派思想家開始提出的國魂問題和國民精神改造問題，實際上也就是改造社會歷史文化土壤的精神層面、文化心理結構層面。從 20 世紀 80 年代初開始，章教授就相繼發表了《時代・祖國・鄉里》《論辛亥國魂之陶鑄》《論國魂》《國魂與國民精神試析》等文。這一組文章標誌着他的「社會歷史文

化土壤學」已經具有豐富的思想內涵，並直接指導研究實踐了。

中國的近代化歷程經歷了由器物層面進到制度層面再進而到文化心理層面，但是心理層面並不是從「五四」新文化運動開始的，而是從戊戌時期就已開始。章教授認為：

在戊戌維新時期，先進人士比較突出地提出國民素質改造問題，辛亥革命時期有關國魂、國民精神的謳歌與論述，則是前者的延續與發展。這是經過艱苦內省以後勇敢地提出的民族自我調節，即改進民族文化心理結構以適應國家近代化的需要。❶

改造國魂問題實際上就是一個由「舊魂」變「新魂」的過程。它包括兩方面內容：一是清除本民族由於長期處於封建專制主義奴役之下而形成的那些不良素質即「舊魂」。它包括奴隸魂、僕妾魂、囚虜魂、倡優魂、饑殍待斃奄奄一息之魂、犬馬豢養搖尾乞食之魂。總之，「無非是反映着已經結成反動文化同盟的帝國主義的奴化思想和封建主義的復古思想，是依附於半殖民地半封建的舊中國的腐朽意識形態。」❷一是培養增進適應時代潮流和社會發展需要的健康素質即「新魂」。新魂包括山海魂、軍人魂、遊俠魂、宗教魂、魔鬼魂、平民魂等。山海魂強調的是一種勇於探索、不畏險阻、一往直前的開拓、冒險和進取精神；軍人魂亦稱武士魂，主要是針對傳統思想提倡文靜使國民流於衰弱的弊病，提倡軍國民精神、嚴守紀律、強毅堅壯、同仇敵愾精神；遊俠魂則是和共和主義、革命主義、流血主義、暗殺主義聯繫在一起的；宗教魂提倡忠於信仰，獻身事業，犧牲一己以為眾生，忍苦耐勞以排萬難的精神；魔鬼魂則是提倡鑄革命時期所需要的保守機密、靈活、機動、聯繫祕密會社等素質和能力；平民魂亦稱社會魂，則是一種國民精神，追求自由、

---

❶《辛亥前後史事論叢》，第 141 頁。
❷《離異與回歸》，第 132 頁。

平等的精神 ❶。

　　改造民族文化心理結構，實際涉及一個如何對待外來文化和如何改造傳統文化的問題。

　　從對待外來文化的整體來看，近代中國實際經歷了一個從「憤悱」到「講畫」到「變力」的過程。章開沅教授認為，鴉片戰爭英國殖民者的堅船利炮所造成的殘暴罪行和嚴重後果，必然激起中華民族的情感層次的極大義憤即「憤悱」，但是魏源一派思想家的義憤又是和民族的覺醒聯繫在一起的，因此這種情感上的義憤亦滲透了理智成分。從「憤悱」到「講畫」則標誌着對待外來文化進入一個理性層次，即全面而深入的思考。這個「講畫」即是近代知識分子對近代化的認識過程，即沿着器物、制度、心情三個層次逐步昇華。經過從情感到理性的昇華，則必然要轉化為雷厲風行的實踐，這就是「變力」。變革的動力、力度經歷了從龔自珍所謂「山中之民」到太平天國農民革命到洋務集團到維新派和革命派的逐步深化過程，才得以推翻清朝、建立民國，推動中國近代化大大邁進了一步。但是這並沒有徹底動搖舊社會的根基 ❷。

　　但是具體到近代知識分子如何對待中西文化上，卻有着幾種類型。

　　一種類型以章太炎等人為代表，他們大多是從舊文化營壘中分化出來的進步人士。他們雖然打着復興古學或保存國粹的旗幟，但並非從根本上否定學習、引進西學或新學的必要，他們反對的只是以為外國一切都好的全盤西化主張。他們實際上是「發揚傳統文化中的優良部分，揚棄其中落後部分，吸收外來文化的積極因素，以實現中國式的文藝復興。」❸ 他們試圖用近代的科學方法對古學重新加以整理改造，但是他們還沒有掌握足以勝利改造傳統文化的有效武器，因此在古學範圍內所能實現的革新便非常有限，特別是在道德規範與價值觀念方面表現出的保

---

❶ 《離異與回歸》，第 142—145 頁。
❷ 章開沅《憤悱‧講畫‧變力》，載《歷史研究》1991 年，第 2 期。
❸ 《辛亥前後史事論叢》，第 146 頁。

守性比較濃厚。但是這一派的代表人物章太炎在對西方文化的理性反思上，體現出一種哲人的深沉的憂患意識，他對進化論、公理、唯物、真善美、代議政治等流行觀念的說難，對資本主義文明弊病的理性批判，堪稱具有超前意識 ❶。

　　另一種類型以孫中山為代表，他們大多是新式學堂培養出來的近代知識分子，其中一部分則是留學生。這些人開始接觸西方文明時，往往容易將其理想化，甚至產生某些全盤西化傾向；以後閱歷漸增，發現外國並非一切都好，中國傳統文化並非一無是處，於是轉向吸取傳統文化的優良部分以補救西方文明的弊端。

　　章開沅教授認為，孫中山對中西方文化的認識經歷了一個曲折的歷程。從對西方文化與世界的認識看，經歷了三個階段：1896 年前通過在夏威夷、廣州、中國香港等地接受新式教育，初步了解西方近代科學技術與社會政治學術的進步，認識到民族主義、民權主義為當時的世界潮流，但對西方文化的陰暗面估計不足。1897 年至 1917 年這一階段，通過認真攻讀西方資產階級以及各種社會流派的政治經濟理論書籍，並且通過歐美各國的實地考察，開始認識到資本主義制度也有自己的弊病。第三階段為 1918 年至 1925 年，十月革命和「五四運動」，使孫中山對世情的認識提到一個新階段 ❷。而孫中山對傳統文化的認識則經歷了一個從離異到回歸、離異之中經常有回歸、回歸之中繼續有離異的動態過程。但是更為可貴的是，孫中山在辛亥革命爆發以後就強調「仍取數千年舊有文化而融貫之」。孫中山對中西文化的融貫體現為三個層次：第一層次是政治上的「融貫」，其標誌是政治綱領的形式；第二層次是哲學上的「融貫」，其標誌是「知難行易」學說；第三層次則是倫理上的「融貫」，其標誌是提倡恢復「固有的舊道德」❸。

---

❶ 《〈俱分進化論〉的憂患意識》，載《歷史研究》1989 年，第 5 期。
❷ 《孫中山與世情》，載《辛亥前後史事論叢》，第 196 — 209 頁。
❸ 《辛亥前後史事論叢》，第 218 — 220 頁。

　　還有一種類型是 20 世紀初年中國最早一批無政府主義者，他們是聚集在巴黎出版的《新世紀》雜誌周圍的一批中國留學生。他們對傳統文化、固有道德以及儒學等採取全盤否定、徹底批判的態度，提出「祖宗革命」。他們的批判在當時雖然有一定積極意義，但是提出廢除家、國、綱紀和權威的虛無主義卻脫離社會實際，是極端錯誤的。

　　章開沅教授從對近代國魂問題和國民精神的研究中加以總結，認為改造國魂、民族文化心理結構的重建，必須「在繼續民族傳統文化精華的基礎上吸收外來文化的先進成分，加以融會陶鑄，使之形成新的既具有本民族特色又符合時代潮流前進方向的壯美文化體系。」

　　綜上所述，我們可以看到，章開沅教授的中國近代思想文化史的學術思想，是以對辛亥革命史研究的理性反思作為其邏輯起點，從而把短時段的政治事件史引向長時段的社會文化史。「社會環境」和「社會歷史文化土壤學」的提出，是其學術思想轉變的一個界標。「社會歷史文化土壤學」的提出，一方面向社會組織（商會、市民公社）、社會結構和市民的日常生活和市民心態史發展；另一方面向傳統文化心理結構發展，即通過對孫中山、章太炎等思想精英的個案剖析，逐步形成對傳統文化與近代化關係的認識，從而提出「離異與回歸」的思想模式；通過對近代國魂問題和國民精神問題的研究，逐步引出對重建中國民族文化心理結構的正確認識。這就是章開沅教授「社會歷史文化土壤學」的邏輯與歷史的發展軌跡。當然，20 世紀 80 年代章開沅教授大量的行政領導工作使之無暇作更多的體系構造，好在其弟子們沿着這一基本思路作了更細緻的專題研究，大多各有所成，這大概就是章開沅教授經常談到的「願為鋪路石子」的意義所在吧！

（原載《華中師範大學學報》1995 年第 6 期）

夢到徽州

—— 記與章開沅老師的最後一面

湯顯祖曰：無夢到徽州。我很少做夢，無料在章老師「頭七」之夜，我竟然夢到徽州：我與章開沅老師的最後一次餐敍。

記得是在 2018 年 5 月 22 日晚，原華中師大黨委書記、校長馬敏師兄來電說，章老師到了蕪湖，還要來馬鞍山，我一驚，我說我沒有邀請章老師來馬鞍山呵！師兄說，章老師這次是尋根而來，安徽蕪湖方面做了詳細安排，只有 24 日中午有個空檔時間可以見見老師。

24 日大約在 11：30 左右，我在馬鞍山深業華府會所佇候，章老師 92 歲耄耋高齡，仍然神清氣朗，健步下車，我迎上前去，不想後面跟隨了大約 20 餘人，記得有安徽師大一位副校長、蕪湖日報和蕪湖電視台一批記者，手拿「長槍短炮」，簡短參觀了深業華府沙盤，然後我和師兄弟馬敏、朱英、虞和平、彭南生等與先生合影留念後，便驅車至古床博物館二樓餐敍。我安排了獻花儀式後致辭。

我記得講了三句話：第一句話借用的是《論語》孔子說過的「仁者壽」；第二句話借用的是湯顯祖的「無夢到徽州」；第三句話借用的是《詩經》中的「稱彼兕觥，萬壽無疆」。記得當我講到我一個湖南人從來沒有想過要來安徽、來馬鞍山工作，怎麼會跑到安徽幹幾年，而且從困境中殺開一條血路時，我說，我敬愛的章老師原來就生長在蕪湖、馬鞍山；原來是先生的「福報」成全了我在安徽的成長。引來大家一陣熱烈的掌聲。

多年來我只知道先生是浙江吳興人，在餐敍中，我才第一次知道，

安徽是先生的出生地。安徽是晚清洋務運動的發源地之一，安慶、蕪湖誕生了中國第一代民族工業。章老師曾祖父維藩公在晚清時曾作過無為知州，後棄官經商，創辦了著名的蕪湖益新麵粉廠和馬鞍山凹山鐵礦，先生就出生在這樣一個富商之家，但經年之後，特別是日寇侵華後，家道中落，顛沛流離，這些民族工業已不復當年，幾經易手，新中國成立後，凹山鐵礦後來併入馬鋼。安徽師大研究近代民族工業，正在搜尋相關檔案及實物等第一手材料，先生以中國近代史大家，其先人創辦民族企業又是中國近現代民族工業史研究對象，無疑也是新聞媒體關注的一個新聞佳話。

記得作家柳青說過，人生的道路雖然漫長，但緊要處常常只有幾步。我深以為然，1987 年進入「章門」算是我人生之幾個緊要處之一。當年，我正在讀武漢大學中國近現代史碩士研究生二年級，那時，正是武大校長劉道玉推動高教改革的高潮，我們是最早的學分制改革受益者。當年，劉道玉又推出了一個「中期分流制」的改革舉措，就是在碩士研究生中，讀完二年級實行優劣分流，學業最差的可以淘汰，優秀的可以兩年畢業直接攻讀博士生，這其實就是後來的「碩博連讀制」，記得當時優秀研究生的條件除了學業考試成績，最難的一個量化條件是在兩年研究生期間至少在省級以上學術刊物上發表三篇以上論文，我剛好那兩年在中國社科院《史學理論》創刊號和影響較大的《中國青年報》等發表了五篇論文和散文，這使我成為 1985 級武漢大學五名可以提前攻讀博士學位的候選人之一，其他四名都在本校攻博，但由於當年武大中國近現代史尚無博士點，武漢地區只有華中師大有中國近現代史博士點，我就冒昧地給時任華師大校長的章老師寫了一封信，並隨信附上公開發表的五篇文章，雖然素昧平生，但很快我收到後來成為我師兄的周宏宇（現湖北省人大常委會副主任）轉來的電話，章老師很欣賞我的論文，只要外語考試過關，就可以提前攻讀 1987 級博士生。於是我便成為當時「章門」最年輕的博士生，那一屆，全校共有 7 名博士生，「章門」只有 1 名。

記得 1990 年我博士畢業答辯會後，章老師就去了美國普林斯頓大學，再見面已是 1994 年他回國在我深圳新家小住數日。再往後，我已

派駐中國香港，與章老師在香港幾乎每年都有見面機會。他經常來港講學，或參加中國香港校友會活動，印象最深的一次是貝德士文獻縮微膠卷運送入境。

　　現在外間最熟悉的記錄南京大屠殺的是「拉貝日記」，殊不知還有一個「貝德士筆記」，記錄了更詳細的南京大屠殺。貝德士是章老師在金陵大學的老師，也曾經是抗日戰爭時期留守南京外國人成立的南京國際安全區委員會的發起人和組織者之一，曾擔任金陵大學副校長，1937—1941年一直留守南京，後來返美耶魯大學任教；逝世後，其大量筆記、書信塵封在耶魯大學神學院圖書館，被章開沅老師1988年在耶魯大學講學時意外發現。「貝德士文獻」的發現，進一步推進了南京大屠殺的學術研究，也成為南京大屠殺歷史檔案的又一鐵證。章老師和留學美國的師兄弟們，將這一珍貴的歷史文獻拍照成大批量的縮微膠卷，可惜卻無法直接寄到國內，只能先郵寄至香港中文大學崇基學院，我通過與海關等多方努力，辦妥入境手續，將這批珍貴的貝德士文獻檔案縮微膠卷運回深圳，再轉達武漢華師。正是因為這批珍貴的歷史檔案，章老師在晚年開闢了「南京大屠殺」研究的新領域、新境界，華師中國近代史研究所奠定了繼辛亥革命、教會大學史、近代商會研究之後的又一「南京大屠殺」研究重鎮的學術地位。

　　我在華東八年，章老師是南京大學十大傑出校友，我也曾想陪他回母校看看。但我忙於企業實務，老師亦有事務在身，憾終未成行。除了兩次武漢出差短暫拜會先生之外，2018年5月24日是相聚時間較長，交談較多，也是最後一次面敍。一如既往，章老師還是一口中氣十足、充滿磁性的渾厚男中音和美式詼諧。在大學者中，有大學問的我見過，善表達的我也見過，有大學問且善表達的，我見過，但中國不多；有大學問且善表達，而且仁厚寬廣、提攜後學且形成有影響力的學術團隊的，中國鳳毛麟角；有大學問且善表達，且仁厚寬廣，且擁有充滿磁性的渾厚男中音的，章老師，中國唯一。

　　噫！微斯人，吾誰與歸？！

後記

　　我近年主持或參預甚至獲獎的「集體成果」，不在少數，而真正屬於我自己的東西，這算是第二本書。十餘年前開始發表有關嚴復及引起某些爭論的歷史認識的論文後，我一直想寫兩本純學術的著作，一本想通過重新解讀嚴復來回答世紀之交中國文化轉型問題；一本想疏理一下過去對歷史認識的思路，作一點形而上的思考。然而從（長）江邊到（南）海邊的十年轉徙，學院式道路中斷了，從寧靜的書齋到浮躁的社會，儘管我強迫自己每年發表兩至三篇還能拿得出手的專業論文，但寫作專著的計劃已是一再後延。友人提醒我今年是戊戌百年華誕，總得有點表示。我只好兩本並作一本，合其書名為《思想的歷史與歷史的思想》，算是奉獻給戊戌思想家的一份微薄禮物。

　　康有為曰：「吾學三十已成，此後不復有進，也不必求進。」我三十無成，但三十以前的思路、觀點至今沒有改變。人文學術資源極其匱乏的深圳，常常令我想起十年前在珞珈山、桂子山五年多寫作的自由空間與時間。那春季櫻花爛漫、秋季楓林盡染的珞珈山、八月飄桂的桂子山和師友相互砥礪的學術環境，給了我足夠的寫作激情、靈感和資源。如果說我現在還能間或出一點「乾貨」，無疑得益於十餘年前開始萌發的「火花」。

　　這裏，我要感謝廣東省社會科學院院長、廣東省社科聯主席、中國史學會副會長張磊研究員、中國社會科學院《史學理論》兩任主編陳啟能研究員、于沛研究員，正是因為他們鼓勵我在環境、語境極不利於人文學科研究的嶺南也不要放棄專業的良好忠告，我才重新拾起這支似乎不合時宜但決非無意義的筆；我也要感謝我的博士導師章開沅教授、我

的學兄馬敏教授、王傑研究員和香港浸會大學林啟彥博士等不斷給我提
供圈內信息和參預各種國際國內學術活動的機會。特別是張磊院長為我
的集子欣然作序，北京大學博士後、我的學兄歐陽哲生為本書的出版作
出了努力，在此表示衷心的感謝。

1998 年 7 月於香江黃埔花園

再版後記：
我們的1980年代

　　1980 年代是我求知求學的青春年代。記得 1979 年 8 月某日，我正在酷熱的水田裏插秧，忽然從湘江堤岸上傳來清脆的自行車鈴聲，騎着綠色郵車的郵遞員沖着我喊道：有郵件！這是我平生接到的第一封掛號郵信，我知道其分量，我將秧苗朝天空一拋，大步奔向堤岸。我有幸成為中國恢復高考後的「新三屆」之一員，隨後，在 1980 年代，十年磨一劍，讀書，思考，寫作，發表，這本論文集就是我 1980 年代學術和思想的結晶，今天由中華書局再版，既是對自己學術生涯的紀念，更是向 1980 年代致敬。

　　1980 年代是經濟社會轉型轉軌的大時代。「鬥爭」哲學被放棄了，回歸以常識理性和生存哲學；空洞政治被放棄了，回歸以務實經濟。一方面，改革從農村開始，「公社」變成了「鄉鎮」，「大隊」變成了「鄉村」，集體土地開始聯產承包，土地承包後，效率效益提高，中國農村出現了以億計的過剩而自由的勞動力大軍；另一方面，開放從深圳等特區開始，「外資」「港資」「台資」進入沿海地區，推動着各類市場的形成和市場經濟的誕生。正是由於這一改革開放，祖祖輩輩附着於土地的農民離土又離鄉，成為港澳台資的廉價勞動力的同時，也成為了中國農村城市化的主力軍。市場經濟、中國農村城市化和城市國際化浪潮，迅速從中國港澳台地區向經濟特區、向沿海和內地延伸，構成了一幅中國 1980 年代最具活力的經濟社會壯闊畫卷，特別是市場經濟，以一種無可阻擋的力量，喚醒了在中國大地沉睡幾千年的生產力，解放勞動力，去

賺錢，去創造價值，去創造財富，第一次煥發出無窮的偉力，直接把中
國經濟規模推向當今世界第二。

　　1980 年代也是中國 20 世紀下半葉乃至 21 世紀至今思想解放的大時
代。經典作家馬克思早就對亞細亞生產方式和東方專制主義有過深入研
究和精彩論述。東方專制主義對生產方式的桎梏（對私有產權的排斥）、
對人性的漠視，尤其是對作為個體的身體桎梏和精神桎梏，到「文革」
達到無以復加的地步，上千年以來的皇權主義及其伴生的法家法術勢權
術理念、相互揭發告密成風和東廠錦衣衛式的專制手段，在「文革」以
次生形態存在。「文革」結束後，1980 年代恰逢全球化浪潮、中美剛剛
建交等大事件，中國再次打開國門，開眼看世界，從長期閉關自守到全
面對外開放，古今中西思想文化及其學術流派在 1980 年代充分湧流，相
互激盪，相互批判，相互補充，都得到了最充分的表現，正是在中西思
想文化批判中逐步達到了當代中國的思想高峰。對「文革」的反思延伸
到對中國文化的反思和批判，學術理論界從馬克思《1844 年經濟學哲學
手稿》關於「個人的自由發展」理念出發，探索專制體制下人的「異化」
問題，高揚人的主體性，使對「文革」的批判，從事實批判轉向理論的
批判和建構，李澤厚從康德的三大批判到馬克思的實踐唯物主義，構建
起「人的實踐主體性論綱」，從實踐主體性的「歷史積澱」，建構起其美
學思想體系和中國四大美學主幹的中國美學史體系以及中國三大思想史
論。李澤厚的學術思想是 1980 年代思想解放的代表，其思想的創造性、
自洽的邏輯體系，特別是實踐主體性思想在文史哲各領域產生了廣泛而
深遠的影響，其三大思想史論、《批判哲學的批判》《美的歷程》等著作，
在 1980 年代青年學生中爭相傳讀，其影響的廣度和深度，至今無人出
其右。思想理論界關於人的主體性的高揚，與市場經濟勞動力的自由解
放，構成了 1980 年代既有區別又有內在聯繫的兩大寶貴的歷史遺產。

　　正是在這一思想解放的大時代背景下，我於 1985 年考入武漢大學
歷史系讀碩士研究生，我選擇了中國近代思想史作為我的研究方向。當
時，武大被稱為中國教育改革的「特區」，劉道玉校長在全國首推學分

制跨校、系選修課程等，因此，我有幸比較系統地跨校系選修了史、哲、文、美學等課程。更關鍵的是從 1985 年開始，北京大學哲學系湯一介教授主辦中國文化書院，我前後選修了五期講習班，有幸聆聽了梁漱溟、張岱年、季羨林、李澤厚、龐樸、王元化、陳鼓應、湯一介、樂黛雲以及美籍華裔學者杜維明、成中英、鄒讜等一大批國內外知名學者的講座和課程，和很多青年學人一樣，我的單一知識結構和思維方式發生裂變，我開始尋找打通文史哲的綜合路徑。正是在思想解放、寬容寬鬆寬厚「三寬」的學術環境下，1986 年，我在《福建論壇》首次發表《嚴復「三民」思想簡論》，這是我第一篇正式發表的關於中國近代思想史的論文。隨後，我連續發表了一組系列論文，這讓我有幸成為 1987 年武漢大學研究生教育「中期分流制」改革（碩士生修讀兩年後，學業特別優秀者可以提前半年或一年畢業）下首批提前一年畢業攻讀博士學位的五人之一，入華中師大校長章開沅教授門下繼續攻讀中國近代思想史方向博士學位。這期間，我陸續發表了一組近代尚力思潮的論文，我注意到論文被反覆引載甚至被多次抄襲。我關於「戰國策派」的研究，也是國內最早對戰國策派進行重新研究和評價的學術論文，也曾被多次引載。對歷史認識論的研究，始於我於 1987 年首次在中國社科院《史學理論》創刊號發表的論文，《二重歷史客體論試探》是我在《光明日報》發表的論文，一發表便引發了理論爭議和批判等。但是，構成我在 1980 年代持續思考的就是近代中國的思想文化轉型和人文重建問題。我從嚴復的「三民」思想（鼓民力、開民智、新民德）的研究和闡發中，提出了近代人文精神的三大重建：感性重建、理性重建和倫理重建。通過對近現代尚力思潮的挖掘和闡釋，突顯了感性生命的重建價值；通過對近代疑古思潮、科學主義等思潮的發掘和闡釋，突顯了理性精神的重建價值；通過探索近代國民意識和「公權」「私權」劃界（群己權界）等思想的發掘和闡釋，特別是通過闡釋嚴復對理性自由、劃界自由以及個體自由的不可入性（莫破），突顯了近代市民社會國民倫理精神的重建價值。「三大重建」的提出，既闡釋了近代中國的思想文化轉型的方向、內涵和

價值，也無疑回應了當時剛剛走出「文革」的當代中國的時代痛點。

　　1990 年，我告別了 11 年的大學生活，來到了深圳。此後 30 餘年，我在粵港澳灣區和長三角各個城市間不斷切換生活和工作場景，切換人生不同角色。30 餘年彈指一揮間，重新翻閱昔日的文字，品讀着 1980 年代，恍如昨日，歷歷在目。更引人深思的是，1980 年代面對的問題，現實中似乎有些悄然回歸，我們原以為中國都已經登上太空了，可我們有些思維方式似又回到馬克思所謂亞細亞生產方式狀態中。借用章太炎先生「俱分進化論」：不要相信歷史是線性進化的，相反，歷史是「善亦進化，惡亦進化」，某些方面歷史在進化，某些方面卻在退化。這大概就是歷史的「二律背反」。

　　康有為曰：「吾學三十已成，此後不復有進，亦不必求進。」本論集均寫作於我 30 歲前，先以論文形式發表，1998 年嶽麓書社結集出版。這次再版，除增補了當年遺漏的個別論文外，隻字未改，初心不變。在此，我特別懷念和感謝於去年仙逝的，我的博士導師章開沅教授、碩士導師吳劍傑教授；感謝原廣東省社科院長張磊研究員為拙著作序並給予較高的評價；感謝中華書局總編輯侯明、本書責任編輯王春永老師對本書的再版、審稿和提出的寶貴意見。

2022 年 3 月 15 日於金陵揚子江畔

史思之間
——近代中國的思想文化轉型論集

郭國燦　著

責任編輯　李夢珂
裝幀設計　鄭喆儀
排　　版　黎　浪
印　　務　劉漢舉

出版　　中華書局（香港）有限公司
　　　　香港北角英皇道 499 號北角工業大廈一樓 B
　　　　電話：（852）2137 2338　傳真：（852）2713 8202
　　　　電子郵件：info@chunghwabook.com.hk
　　　　網址：http://www.chunghwabook.com.hk

發行　　香港聯合書刊物流有限公司
　　　　香港新界荃灣德士古道 220-248 號
　　　　荃灣工業中心 16 樓
　　　　電話：（852）2150 2100　傳真：（852）2407 3062
　　　　電子郵件：info@suplogistics.com.hk

印刷　　美雅印刷製本有限公司
　　　　香港觀塘榮業街 6 號海濱工業大廈 4 樓 A 室

版次　　2022 年 4 月初版
　　　　© 2022 中華書局（香港）有限公司

規格　　16 開（230mm×160mm）

ISBN　　978-988-8760-91-6